麦积山石窟
遗址保护物理环境探索性研究

闫增峰 姚珊珊 著

科学出版社
北 京

内 容 简 介

湿润半湿润地区石窟遗址物理环境的研究，对该地区遗址的微气候调节控制和文物保护具有重要的价值。本书针对麦积山石窟物理环境的相关问题，主要开展了麦积山石窟建筑空间复原、洞窟微气候现状、洞窟热湿环境分析模型、自然通风特性、光环境及声环境优化分析等方面的研究。在湿润半湿润地区石窟类遗址的保护理念、物理环境模拟方法及预测机制、基于预防性保护的物理环境调控体系等多方面取得了一定的突破，推进了湿润半湿润地区石窟类遗址物理环境的保护工作。

本书可供从事洞窟遗址保护物理环境的科研人员和大专院校建筑技术专业的师生阅读、参考。

图书在版编目(CIP)数据

麦积山石窟遗址保护物理环境探索性研究 / 闫增峰，姚珊珊著. -- 北京：科学出版社，2024.9. -- ISBN 978-7-03-079254-9

Ⅰ. K879.244

中国国家版本馆 CIP 数据核字第 2024SR1870 号

责任编辑：崔　妍／责任校对：何艳萍
责任印制：吴兆东／封面设计：无极书装

科 学 出 版 社 出版
北京东黄城根北街16号
邮政编码：100717
http://www.sciencep.com

北京富资园科技发展有限公司印刷
科学出版社发行　各地新华书店经销
*

2024年9月第 一 版　开本：787×1092　1/16
2025年1月第二次印刷　印张：17
字数：404 000
定价：238.00元
（如有印装质量问题，我社负责调换）

国家自然科学基金

"多场耦合作用下麦积山石窟热湿环境调控理论与技术研究"

(编号：51978554) 资助出版

前　言

作为中国佛教艺术的瑰宝，麦积山石窟不仅在艺术和宗教上有着重要地位，还是研究古代建筑、雕刻和绘画艺术的重要实物资料。然而，麦积山石窟所在地的气候条件对文物的病害影响显著。潮湿的环境等自然因素对石窟的保护造成了巨大挑战。因此，研究麦积山石窟的物理环境调控对于石窟遗址的保护具有重要意义。在此基础上，作者与敦煌研究院、麦积山石窟艺术研究所共同开展了国家自然科学基金项目"多场耦合作用下麦积山石窟热湿环境调控理论与技术研究"的研究，在石窟类文物的保护研究方面取得了重大进展。研究结合麦积山石窟遗址保护环境的特点，提出了对于湿润半湿润地区石窟类遗址保护的基本思路。

1. **建设完善物理环境风险评估及预警平台**

通过全面的环境监测网络、数据采集与分析系统、风险评估模型和多层次的预警机制，实现对石窟遗址环境风险的全面评估和实时预警。这一系统能够及时捕捉和分析环境变化，提前识别和预防潜在威胁，确保石窟遗址在复杂的气候条件下始终处于安全与稳定的状态，为文物的长期保护提供了科学的保障。

2. **构建物理环境模拟方法及预测机制**

通过数值模拟技术、多因素耦合分析和机器学习方法，精确模拟和预测物理环境变化对石窟材料的影响。通过这些方法不仅可以深入理解环境因素对石窟材料的作用机理，还能够为制定科学有效的保护策略提供坚实的理论依据。通过准确预测可能的影响和损害，可以采取相应的预防性措施，最大程度地减少文物的损坏和破坏，确保石窟遗址的长期保存和保护。

3. **建立基于预防性保护的物理环境调控体系**

实施常态化监测和动态调控措施，能够及时发现石窟遗址环境变化的迹象，结合主动式和被动式调控手段，制定详细的管理制度和应急预案。在问题出现之前，可以通过有效的环境调控措施，防止或最小化潜在的环境威胁，确保石窟遗址的长期稳定和安全。这样的实践不仅可以保护珍贵的文化遗产，还能够为未来的保护工作提供宝贵的经验和指导。

4. **搭建多学科的石窟类遗址保护平台**

整合建筑物理学、环境科学、地质学、材料科学、考古学、历史学等多学科，建立综合性研究平台和学术交流机制，促进跨学科合作和人才培养，形成全面系统的保护方案，提升石窟遗址保护水平。

在充分总结已有研究结果的基础上，根据以上研究思路，采用建筑物理学、材料学以及文物保护等相关学科的理论和研究方法，初步解决了麦积山石窟保护物理环境的相关问题。主要开展的研究内容有以下几点。

（1）深入分析麦积山石窟风环境、热湿环境等微气候特点，并对地仗层热湿物性参数进行测试。在此基础上，总结麦积山石窟热湿环境的现状特点，掌握麦积山石窟微气候的现状及变化规律，为更加深刻地认识麦积山石窟文物劣化的特征及预防保护提供依据。

（2）建立麦积山石窟热湿环境量化分析模型，以研究不同因素作用下热湿环境的变化。基于多孔介质热湿耦合传递理论建立石窟的热湿环境分析模型，并通过实测数据进行误差分析，以验证模型的准确性。在此基础上，分析不同因素对麦积山石窟热湿环境的影响，进而提出不同类型石窟的热湿环境调控策略。

（3）研究麦积山石窟不同形制洞窟的自然通风特性，确定麦积山石窟自然通风的影响因素。通过对这些影响因素定性、定量分析，研究窟内外空气交换规律，可以明确影响麦积山石窟自然通风的关键因素，最终为洞窟自然通风设计提供一些理论支撑。

（4）设计适宜的麦积山石窟内外光环境保护展示方案。麦积山石窟光环境对窟内文物的保护和游客的参观效果均产生影响。对麦积山石窟光环境现状进行分析并提出合理的改进方案，可以最大限度地解决麦积山石窟展示和保护的矛盾，在保护石窟文物的前提下，将石窟内的佛像和壁画更好地进行展示。

（5）开展麦积山石窟大佛风化成因的研究。重点研究了麦积山石窟东、西崖大佛的物理风化因素的影响机理。结合实测数据分析和计算机模拟，给出太阳辐射对麦积山石窟大佛的影响程度，重点阐述了大佛在有无防护措施情况下太阳辐射量的变化情况及其分布规律，最终提出改善麦积山大佛物理风化程度的被动式调控策略。

（6）研究麦积山核心景区声景观现状、正负面声景观要素。对麦积山核心景区客观声环境物理数据、声景观现状和主观问卷调查进行分析，结合主观和客观的研究结果，对其声景观质量进行评价，并提出适宜可行的声景观优化建议，为以后同类型的遗产型风景名胜区声景观设计提供必要的参考。

通过以上研究，完成了麦积山石窟微气候测试、热湿环境分析模型、洞窟自然通风特性、光环境设计方案以及声景观优化等方面的研究。在湿润半湿润地区石窟类遗址的保护理念、物理环境模拟方法及预测机制、基于预防性保护的物理环境调控体系等多方面取得了一定的突破，推进了湿润半湿润地区石窟类遗址物理环境的保护工作。同时，研究成果在推动文化遗产保护技术水平、提升服务国家战略需求、促进学科建设与人才培养等方面具有重要意义，必将为我国文化遗产保护事业的发展贡献更多的力量。

目 录

前言
第一章 概述 ··· 1
　第一节 麦积山石窟介绍 ·· 1
　第二节 麦积山石窟气候环境 ·· 3
　第三节 麦积山石窟文物病害 ·· 6
　第四节 小结 ·· 10
第二章 麦积山石窟建筑空间研究 ·· 11
　第一节 麦积山石窟大尺度窟区模型 ·· 11
　第二节 麦积山石窟窟檐建筑形制 ·· 14
　第三节 第4窟窟檐建筑复原设计 ·· 16
　第四节 小结 ·· 26
第三章 麦积山石窟微气候及材料物性参数测试研究 ······························ 27
　第一节 麦积山石窟窟内风环境实测分析 ······································ 27
　第二节 麦积山石窟窟内热湿环境实测分析 ···································· 41
　第三节 麦积山石窟地仗层热湿物性参数测试 ·································· 64
　第四节 小结 ·· 74
第四章 麦积山石窟热湿环境特性及调控策略研究 ································ 75
　第一节 麦积山石窟全年热湿环境数值模型及验证 ······························ 75
　第二节 麦积山石窟窟内热湿环境量化分析 ···································· 91
　第三节 麦积山石窟热湿环境调控策略 ·· 103
　第四节 小结 ·· 115
第五章 麦积山石窟自然通风特性及调控措施研究 ································ 116
　第一节 麦积山石窟自然通风基础理论 ·· 116
　第二节 麦积山石窟自然通风模拟研究 ·· 122
　第三节 麦积山石窟自然通风调控措施研究 ···································· 144
　第四节 小结 ·· 152
第六章 麦积山石窟光环境研究 ·· 154
　第一节 麦积山石窟光环境现场实测 ·· 154
　第二节 麦积山石窟光环境模拟研究 ·· 164
　第三节 麦积山石窟光环境设计 ·· 176
　第四节 小结 ·· 188
第七章 麦积山石窟佛像风化机理研究 ·· 189
　第一节 麦积山石窟大佛风化因素 ·· 189

第二节	麦积山石窟大佛物理环境测试	194
第三节	麦积山石窟大佛太阳辐射模拟研究	202
第四节	麦积山石窟大佛风化被动式调控设计	212
第五节	小结	215

第八章 麦积山核心景区声景观研究 216
第一节	麦积山核心景区声景观评价方式和内容	216
第二节	麦积山核心景区声景观现状调查	221
第三节	麦积山核心景区声景观质量评价	230
第四节	小结	252

第九章 结论与展望 253
| 第一节 | 结论 | 253 |
| 第二节 | 展望 | 254 |

参考文献 256

后记 260

第一章 概 述

我国地域辽阔，有着丰富的文物古迹，这些宝贵的遗产是在特定历史时期、地理环境和宗教背景下形成。石窟寺作为我国文化遗产的瑰宝之一，汇聚了中国传统绘画和雕塑技艺，展现了独特的魅力，成为我国文化的重要组成部分，为世人所珍视。而麦积山石窟则是我国四大石窟之一，其独特的外观被形容为"民间积麦之状"。麦积山石窟艺术凝聚着独特的艺术风格和历史文化内涵，彰显了我国悠久的历史和灿烂的文化底蕴。

第一节 麦积山石窟介绍

麦积山石窟是中国石窟艺术中的一颗璀璨明珠，是南北朝石窟的代表窟群之一，与敦煌莫高窟、龙门石窟、云冈石窟并称为中国四大石窟，在古代文化史研究中占据重要地位（董玉祥，1983）。麦积山石窟始建于十六国后秦时期，先后历经北魏、西魏、北周、隋、唐、五代、宋、元、明、清等十二个朝代，共1600多年的开凿与修缮，现存窟龛221个，各类造像3938件10632身，壁画979.54m²。在西域地区、中原地区、南方地区文化的共同影响下，形成了独具特色的雕塑和壁画艺术风格。同时，麦积山石窟具有反映中国佛殿建筑形象的石窟形式及最早期的经变画等遗迹，是代表丝绸之路佛教艺术自东向西影响的转折性阶段的重要遗迹。

麦积山石窟规模宏大，壁画、塑像和建筑形式等在一定程度上反映了当时的政治、经济、文化水平，具有极高的文物价值。1961年3月4日，麦积山石窟成为第一批全国重点文物保护单位。2014年6月22日，麦积山石窟作为中国、哈萨克斯坦和吉尔吉斯斯坦三国联合申遗的"丝绸之路：长安-天山廊道的路网"中的一处重要遗址点，被联合国列入《世界遗产名录》。

麦积山石窟不仅是灿烂的艺术宝库，还是丰富的文化、科技宝库，蕴藏了许多珍贵的研究资料。多种形制的石窟类型、石构窟檐，特别是各种题材的壁画和泥塑，使麦积山石窟内容更加博大精深，为研究我国美术史、宗教、音乐舞蹈史、服饰、少数民族文字、古代科技等提供了丰富的资料。

一、麦积山石窟区位

麦积山石窟坐落于甘肃省天水市，它是小陇山的余脉之一，因山形似农家麦垛而得名"麦积山"。麦积山石窟在中国南北地理分界线秦岭山脉的西边，位于中国的东部和中部山带（昆仑—祁连—秦岭）与贺兰川的南北构造带的交汇处，华北板块与扬子板块的结合部，有其独特的典型地质构造意义。与此同时，它北邻渭水，南携嘉陵，跨越了我国南北气候分界线的秦岭流域，其山川地貌涵盖北方峰峦的雄伟壮丽和南方山水的明媚秀丽等特点（孙晓峰，2016）。

我国石窟寺分布区域较广，所处的外部气候条件差别较大，从西北的干旱地区到南方的湿润地区均有大量的石窟寺分布。干旱地区代表性石窟有敦煌莫高窟，湿润地区代表性石窟有栖霞山龛像。麦积山石窟位于秦岭西段，在干湿分区上处于湿润区和半湿润区之间的过渡区域。由于历经时间较长和所处环境的特殊性，泥塑存在风化、脱落、断裂，壁画存在起甲、空鼓、酥碱等病害，这些病害与窟内温湿度、地仗层的含湿量及可溶盐浓度的变化有较大的关系。因此，麦积山石窟物理环境研究对湿润半湿润地区的遗址保护具有重要意义。

二、麦积山石窟地形地质特点

麦积山位于106°E，34°21′N，海拔1671m，属于暖温带、湿润半湿润气候区（董广强，2000）。麦积山由红色和浅色岩石构成，气候环境较好，地理环境有南北过渡地带的特点（朱飙等，2010）。麦积山石窟地处小陇山林区边缘（图1.1），属大陆腹地，距海洋较远，处于东亚季风区内，受温湿的季风影响，四季分明、气候宜人、冬无严寒、夏无酷暑。此区域又是黄河、长江两大流域的分水岭地带，素有陇上"小江南"的美誉。

图1.1 麦积山石窟远景

麦积山是中生界的中心地区，以白垩系为主。区域内白垩系是构成麦积山石窟的重要地层，因此被命名为麦积山组。白垩系麦积山组以砾岩为主，粒径2～30cm不等（秦晓燕等，2015）。分类有层块砾岩、夹砂砾岩及砂质泥岩等。麦积山砂砾岩主要为砖红色—紫红色，抗风化能力强，因此发育成典型的丹霞地貌，崖面粗糙、挺拔险峻。由于砂砾岩中含有砾石和胶结物，当温度发生剧烈变化时，二者之间的温度应力会产生变化。同时，胶结物由于频繁地吸湿膨胀，放湿收缩，里面的黏土矿物会流失，进而胶结性能会产生影响，结构也会发生破坏，进而出现风化、脱落、渗漏等病害（胡丽，2018）。

麦积山石窟崖体岩石主要为砖红色或者紫红色的砾岩、砂砾岩和含砾粗砂岩。如图1.2所示，岩石切开后能明显看到大块的砾石，砾石尺寸大小不同，多呈次棱角状或棱角状，砾石之间含有砂和泥质胶结物质。

图 1.2　麦积山石窟崖体岩石成分

第二节　麦积山石窟气候环境

麦积山石窟属于湿润半湿润气候区，气候潮湿，雨水丰沛，每年4~9月阴雨天密集，窟区空气的平均相对湿度较高，阴雨天窟外空气水蒸气含量接近饱和。麦积山石窟多数为半开敞的洞窟形式，窟外大气环境变化对窟内文物赋存环境影响较大。自然通风引起窟内外空气交换，进而引起窟内微环境发生变化，从而对窟内文物产生影响。

一、风环境

自然风具有高度随机性，风结构复杂多变。麦积山景区地形复杂，气候多变，场地风环境较为复杂。对国家气象科学数据网（http://data.cma.cn/［2024-9-1］）麦积站（区站号：57014）的2019年全年风速数据进行分析，得到图1.3。全年月平均风速在1.47~2.42m/s之间，最小值出现在12月，最大值出现在4月。全年风速值较小，0.5m/s以下的小时数占比3.9%，0.5~2.5m/s小时数占比73.0%，2.5~4m/s小时数占比15.8%，4m/s以上小时数占比7.3%。从全年统计结果分析可知，出现较大风速的次数较少，仅2月和4月极个别时间会出现7m/s以上的大风天气。

麦积山石窟设置有小型气象站，测试窟区的风环境。通过对该气象站2019年12月和2020年7月的气象数据进行分析，绘制了冬夏季典型月份麦积山窟区的风向玫瑰图，如图1.4所示。可以看出，麦积山石窟冬季无主导风向，风速主要集中在0~2m/s，最大风速为6m/s（ENE）。夏季主导风向为SW，风速主要集中在0~1.5m/s之间变化，主导风向最大风速为1.5m/s。

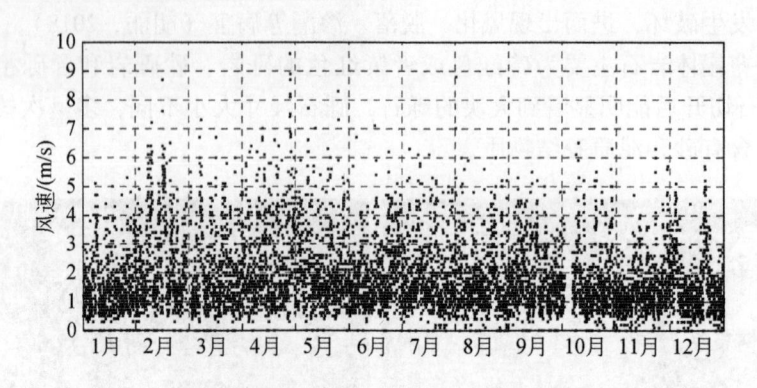

图 1.3　麦积山 2019 年全年风速数据分析

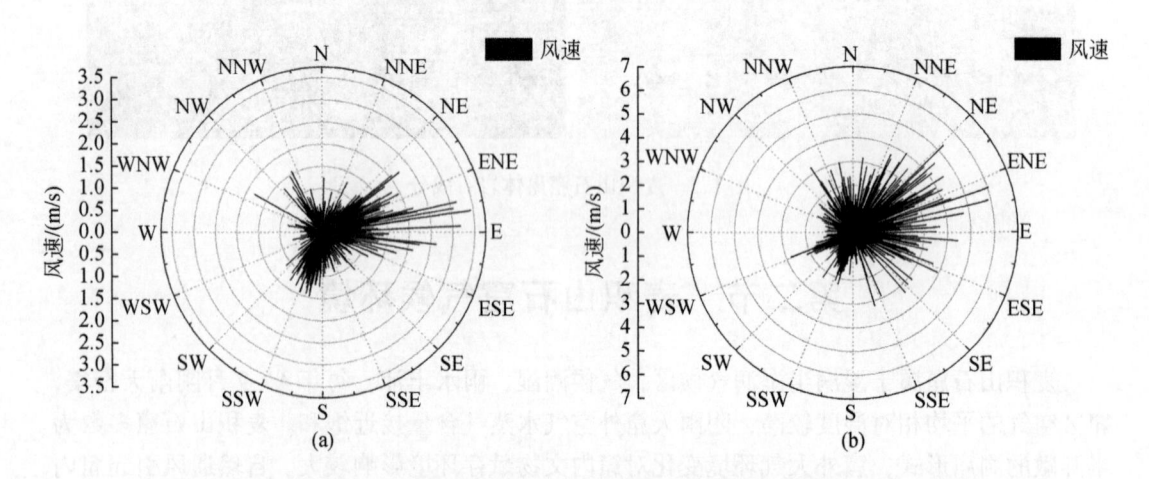

图 1.4　冬夏季典型月份麦积山窟区的风向玫瑰图
(a) 夏季典型月份麦积山窟区的风向玫瑰图；(b) 冬季典型月份麦积山窟区的风向玫瑰图

二、温湿度

麦积山气候潮湿，降雨丰富，根据《民用建筑热工设计规范》（GB 50176—2016），天水市属于寒冷 A 区，最冷月平均温度 -1.2℃，最热月平均温度 24.1℃，计算采暖期室外平均相对湿度 59%。而麦积山距离天水市区约 30km，景区植被茂盛，气候潮湿。年平均气温 7~11℃，无霜期 166~177 天，最冷月平均温度为 -3℃，最热月平均温度为 19℃，年平均降雨量约 558~820mm，降雨量集中在 4~9 月，相对湿度平均值为 85% 左右。

对麦积站（区站号：57014）的 2019 年全年温湿度数据进行统计，得到麦积山石窟窟外温湿度的变化特征。图 1.5（a）是全年逐月温度分析，全年月平均温度在 -0.7~23.7℃之间。最低温度出现在 1 月，为 -10.6℃，最高温度出现在 7 月，为 35.7℃。图 1.5（b）是全年逐月相对湿度分析，全年月平均相对湿度为 51%~76%。月最低相对湿度为 5%~30%，月最高相对湿度为 92%~98%。

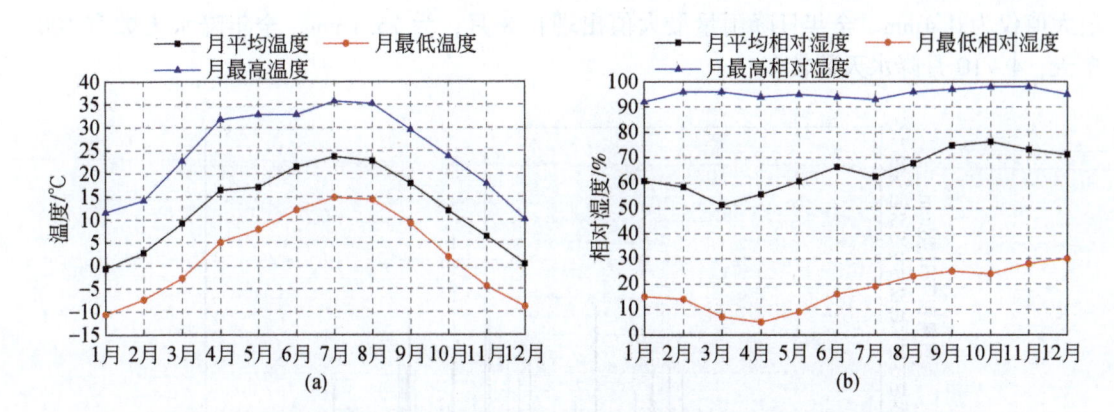

图1.5 对麦积站（区站号：57014）的2019年全年逐月温度和相对湿度分析
(a) 全年逐月温度变化分析；(b) 全年逐月相对湿度变化分析

如图1.6（a）所示，全年日平均温度为-4.9~28.2℃，日最高温度为-0.7~35.7℃，日最低温度为-10.6~23.2℃。日平均温度最低值出现在1月，1月日平均温度为-4.9~3.6℃，日最高温度为-0.7~11.6℃，日最低温度为-10.6~-0.4℃。日平均温度最高值出现在7月，日平均温度为18.6~28.2℃，日最高温度为21.9~35.7℃，日最低温度为14.8~23.2℃。从温度变化趋势看，全年呈现冬季寒冷夏季炎热的现象。

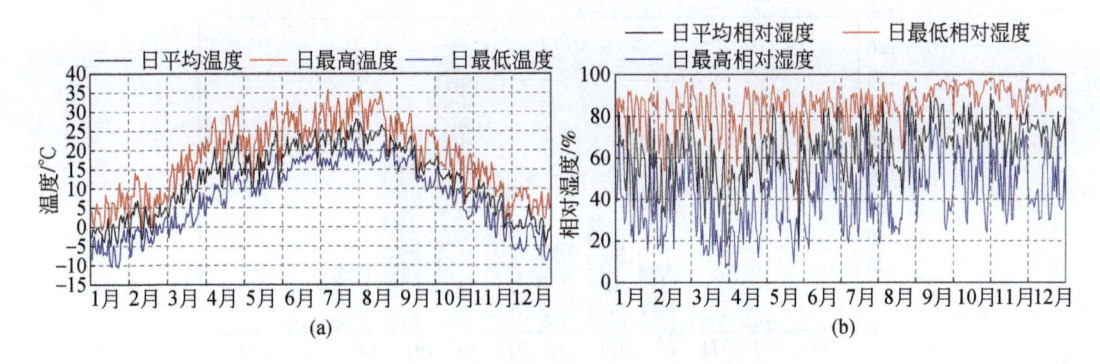

图1.6 2019年全年逐日温度和相对湿度变化分析
(a) 全年逐日温度变化分析；(b) 全年逐日相对湿度变化分析

对逐日相对湿度变化进行统计分析，得到图1.6（b）。由此可知，全年日平均相对湿度为17.2%~90.7%，日最低相对湿度为5%~83%，日最高相对湿度为35%~98%。日平均相对湿度最低值出现在3月，3月日平均相对湿度值为17.2%~81.1%。日平均相对湿度最高值出现在10月，10月日平均相对湿度值为64.6%~90.7%。从全年变化趋势看，气候相对潮湿，相对湿度大于60%的天数较多。

三、降雨量

麦积山所处地区冬季降水较少，夏季降水较多。如图1.7所示，2019年1月日降雨量最大值仅为0.4mm。全年日降雨量最大值出现在8月，为75.1mm。全年降水天数有100多天，4~10月降水天数较多。

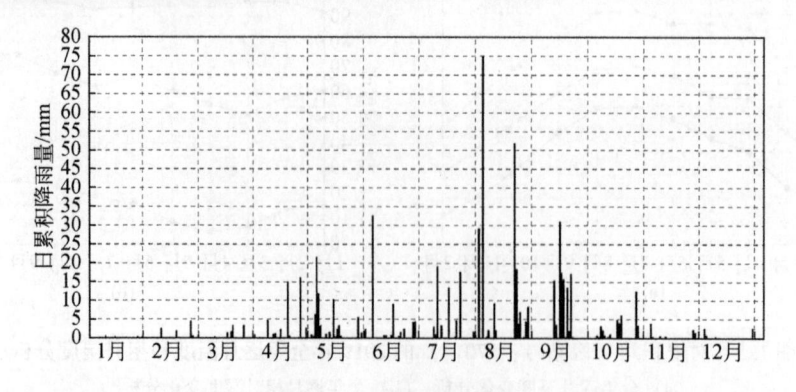

图1.7 日累积降雨量图

对月累积降雨量进行统计，得到图1.8，如图所示，1~3月、11~12月降雨量较少。4~9月降雨量较多。1月的月累积降雨量仅为1.4mm，4~9月的月累积降雨量均大于40mm，8月达到最大值，月累积降雨量为182.6mm。全年月累积降雨量最高的三个月是7月、8月和9月，均大于90mm。

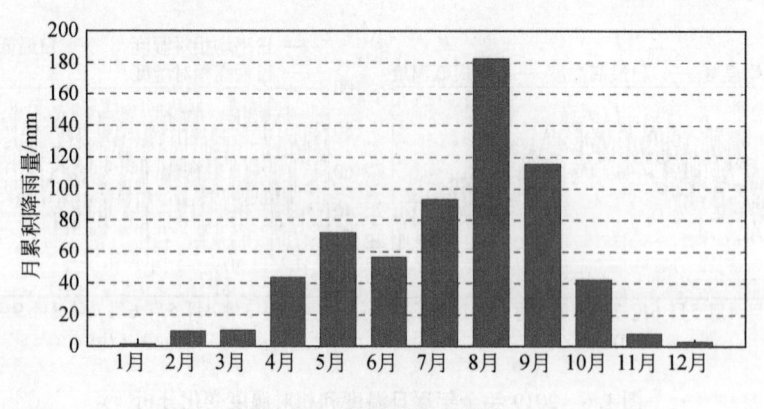

图1.8 月累积降雨量图

第三节 麦积山石窟文物病害

麦积山石窟规模大，文物数量多，洞窟病害较为复杂。麦积山石窟的文物病害主要包括以下方面。

一、岩体的风化与侵蚀

麦积山石窟岩体风化的因素很多，但主要有两个方面：一是岩体本身的质地，另一个是外部环境的影响。这两个因素中，岩体本身的质地是风化与侵蚀的内在因素和主要因素。麦积山石窟岩体主要由泥质胶结的砂砾岩组成，气候相对潮湿，昼夜温差较大，容易引起黏土矿物吸水膨胀和失水收缩。体积的变化最终导致砂砾岩的胶结状态受到破坏，即岩体风化。并且岩体中所含的可溶性盐由于温湿度的反复变化而出现结晶—溶解—重结晶的现象，产生的周期性内在应力也会使岩体风化，见图1.9。

图1.9 麦积山石窟岩石风化点

二、山体渗水

麦积山石窟开凿1600多年以来，受各种自然因素的作用和洞窟开挖的影响，山体产生许多裂隙，加上所在地区气候潮湿多雨，出现了严重的渗水病害。石窟渗水的表现特征有以下几种。

（一）直接滴水

直接滴水是指水在洞窟内部的某个位置以水珠直接滴落的形式出现，这些洞窟有第57窟、78窟、173窟等。其中第57窟情况最为严重，窟内右上角常年滴水不断，如今洞窟形制已完全被破坏，难以辨别原貌。滴水量是随着降水量的变化而变化，每年的总体变化趋势和降水量一致。

（二）渗水在局部位置渗洇

这种现象是指渗水并没有形成水滴下落，而是在出水点附近逐渐地向周围渗透。降雨之后，石窟内出现渗水的时间受到降雨强度以及洞窟位置的影响。这种现象可以看见明显的水分运动，在窟壁上形成明显的水线。有这种现象的洞窟有第48、80、52窟等。

(三) 窟壁潮湿

这种现象是指窟内没有明显的渗水点，降雨之后壁面有明显的潮湿现象。这一类的渗水现象对窟内影响时间比较长。有这类现象的洞窟有第127、133、94窟等（杨婷，2011）。其中127窟的窟壁潮湿现象最为明显，壁面上形成了白色和黑色的霉菌，如图1.10所示。

图1.10 127窟壁面上的霉菌
(a) 白色霉菌；(b) 黑色霉菌

三、壁画与泥塑病害

麦积山石窟的壁画结构由三部分组成：壁画的支撑结构为砂砾岩，胶结质为泥质；地仗层是泥和沙的混合物，一般掺有秸秆、麦草或者棉；颜料层多数采用天然矿物颜料，也包含少数植物颜料和人造颜料。麦积山石窟由于地震、气候潮湿、崖体渗水等各种自然因素和其他因素的影响，洞窟内壁画产生了多种病害。

(一) 壁画起甲脱落

起甲是指壁画的底色层、颜料层或表面涂层发生龟裂，进而呈鳞片状卷翘的现象。分为表面涂层起甲、颜料层起甲和颜料层黏附地仗层起甲。壁画起甲是由于壁画所处环境中温湿度的频繁变化，地仗层中可溶盐反复溶解膨胀和结晶收缩，导致地仗层由原来的密实状态变得疏松，黏附在地仗层上的颜料层与之结合力大大降低，从而产生壁画起甲、龟裂，最后脱落。

(二) 壁画空鼓脱落

空鼓是指壁画地仗层与支撑体（墙体、岩体或其他）之间由于黏结性能丧失或减弱，导致地仗层局部脱离支撑体，但脱离部分的周边仍与支撑体连接的现象。空鼓通常发生在地仗层与地仗层之间或者地仗层与支撑体之间。空鼓严重的情况下，外力或者振动，甚至壁画自身的重量都有可能造成壁画大面积的脱落。空鼓病害是麦积山石窟壁画最为普遍且最为严重的病害之一,在存有壁画的洞窟中约有70%的洞窟存在空鼓病害,且部分洞窟较为严重,如图1.11(a)所示。

图1.11 壁画空鼓和酥碱脱落
(a)壁画空鼓脱落;(b)壁画酥碱脱落

(三)壁画酥碱

壁画酥碱是指在水分的参与下,支撑体及地仗层中的矿物盐分在壁画表面产生富集的现象。盐类在壁画表面聚集就会出现"泛碱""白霜"现象。盐分在壁画表面富集,使壁画表层在盐分的影响下产生酥粉,最后导致颜料层脱落,如图1.11(b)所示。

(四)泥塑病害

麦积山石窟的佛像多为石胎,石胎表面上糊泥雕塑。一般的小佛像则是以十字形的木架为骨架,在骨架上包扎芦苇,四肢用麻绳扎紧,涂上地仗层,塑造出形体和面目。石窟泥塑大多施彩,分为突出墙面的高浮塑、完全离开墙面的圆塑、黏贴在墙面上的模制塑像和壁塑四类。彩塑病害大致与壁画相同,如图1.12所示,有起甲、空鼓、脱落等。

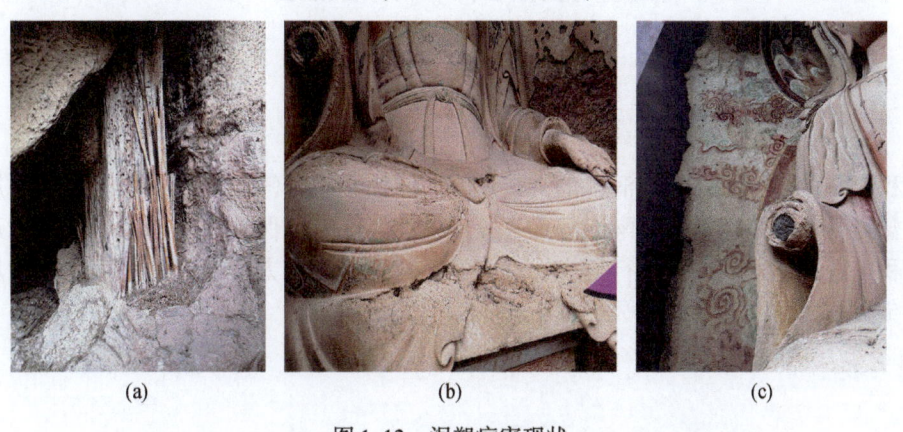

图1.12 泥塑病害现状
(a)泥塑内部骨架;(b)彩塑地仗层脱落;(c)彩塑手臂脱落

(五) 有害生物的破坏

麦积山景区气候温和，降水量充沛，植被丰富，是甘肃省境内生物多样性最为丰富的地区之一。良好的自然环境为许多动物提供了适宜的栖息场所，各种昆虫及小型动物在露天的洞窟内随意攀爬，并在洞窟中构筑巢穴、排泄粪便、产卵等，不仅污染塑像和壁画，如图 1.13 (a) 所示，而且对文物保护工作造成了严重的危害和干扰。麦积山石窟中有 80% 的洞窟均有不同种类的有害生物分布，其中有害生物较为严重的洞窟有 21 个，占调查总洞窟的 40%。不同类型的有害生物对石窟壁画、雕塑及相关建筑的损坏方式不同，主要表现在钻蛀石窟木制门窗和泥塑、壁画；在塑像和壁画上筑巢；动物的排泄物引起局部壁画颜料褪色、变色，甚至导致颜料层、白粉层翘起、脱落，加速壁画病害的发生等方面。

(六) 人为因素的破坏

麦积山石窟每年都会有大量的国内外游客前来参观。游客在参观的过程中有可能会对壁画和泥塑产生破坏，如游客在参观时对壁画和泥塑的涂画，影响文物的外观，并且对壁画和泥塑产生严重的破坏，如图 1.13 (b) 所示。

图 1.13 有害生物和人为因素的破坏现状
(a) 有害生物的破坏；(b) 人为因素的破坏

第四节 小 结

麦积山石窟位于湿润半湿润区的交接地带，较为湿润的气候环境使得麦积山石窟的壁画、雕塑等出现起甲、空鼓、酥碱等病害。因此，为了有效保护这些珍贵的文化遗产，需要对麦积山石窟的物理环境进行研究，进而制定科学的保护方案，以减缓病害的发展，确保这些宝贵的文物古迹能够永久保存下去，为后人传承。

第二章 麦积山石窟建筑空间研究

麦积山石窟开凿在悬崖之上,山体特色鲜明,是中国古代石窟艺术的杰作。麦积山石窟窟檐建筑也极具特色,是麦积山石窟建筑空间的重要组成部分。窟檐是在窟前依崖壁搭建或雕凿出来的木构或石构外檐建筑,亦有崖阁、屋形窟等称呼。石窟窟檐建筑源于印度石窟,传入中国后,与中国传统的木构建筑相融合,逐渐民族化,成为石窟重要的组成部分。因此,研究麦积山石窟建筑空间,不仅有助于了解中国古代建筑的发展历程和艺术风格,还能为我们解读当时的宗教信仰和社会文化提供重要线索。

第一节 麦积山石窟大尺度窟区模型

一、窟区无人机倾斜摄影

为了准确完成麦积山石窟窟区的模型构建,本章选用大疆无人机经纬 M200 V2 系列无人机作为倾斜摄影的仪器,为了保证照片采集的分辨率和精确程度,使用了在无人机下置云台系统,并采用了适配大疆经纬 M200 V2 无人机的高精度禅思 Zenmuse X5S 摄像头。根据研究需要,本次调研总共进行了两次倾斜摄影和一次立面摄影规划,共计获取了 580 张麦积山石窟高分辨率图像,为麦积山三维重构提供基础数据支持,部分图片见图 2.1。

图 2.1 麦积山石窟倾斜摄影图像

二、大尺度窟区模型建构

根据三维重构获取了高精度的麦积山石窟窟区模型（obj 格式，图2.2），但该模型精度过高细节过多，可以对获取的模型进行简化处理。获取的 obj 格式模型共计有1084万个左右的面，选取了 Cloud Compare 软件对模型进行了简化处理。

图2.2　麦积山石窟窟区模型（obj 格式）

Cloud Compare 是一个开源的 3D（three-dimensional）点云处理软件，最初是为了检测工业设施中使用激光扫描器获取的高密度 3D 点云数据中的变化而开发的。它不仅可以处理点云数据，还支持网格和标定图像。Cloud Compare 提供了一套基本工具，用于手动编辑和渲染 3D 点云与三角网格，并提供了多种高级处理算法。其可以读取极其复杂的模型，能对复杂模型进行切割且保留原有的模块，具有显著的优势。通过对模型的切割，获取了只包含麦积山窟区的 18 万个面的模型，见图2.3。

1084万网格

18万网格

108万网格

41万网格

图2.3　模型切割

第二章　麦积山石窟建筑空间研究

因为根据三维重构的模型噪点过多，所以需要对获取的高精度模型进行降噪处理。当前对于模型降噪的处理方法很多，但使用较多的是均值滤波的数据清洗方法。该方法是典型的线性滤波算法，其基本思想是用像素点周围的邻域像素的平均值来代替该像素的值。选取该方法对于切割后的模型进行降噪处理，使模型更为平滑精确，见图2.4。

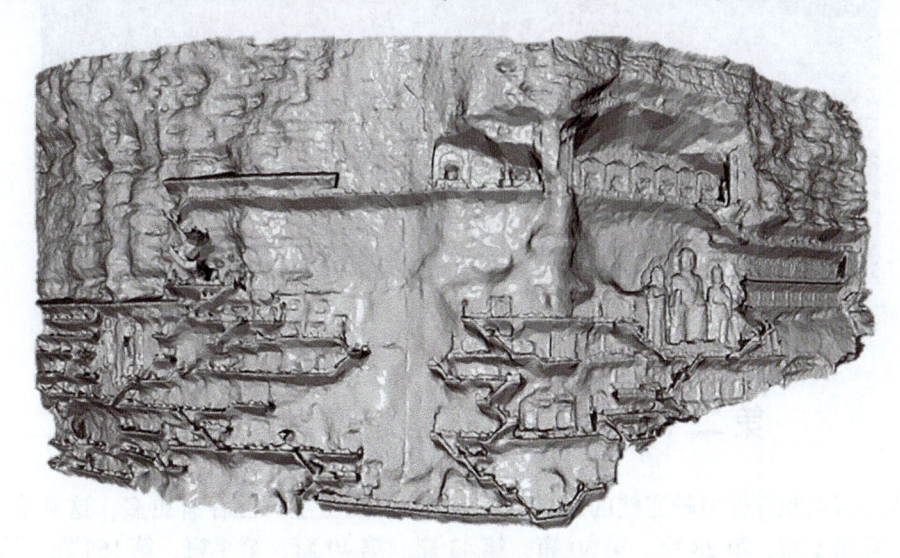

图2.4　均值滤波处理后的模型

据此获取了可以精确计算的窟区模型，由于地面的环境无法对壁面造成遮挡影响，可以单独裁剪麦积山石窟的山体模型。对山体模型采样的2万个点进行曲面重建，获得了有5854个面的山体遮挡构件，遮挡物构件处理见图2.5。对曲面重构后，窟区的渲染模型如图2.6所示。

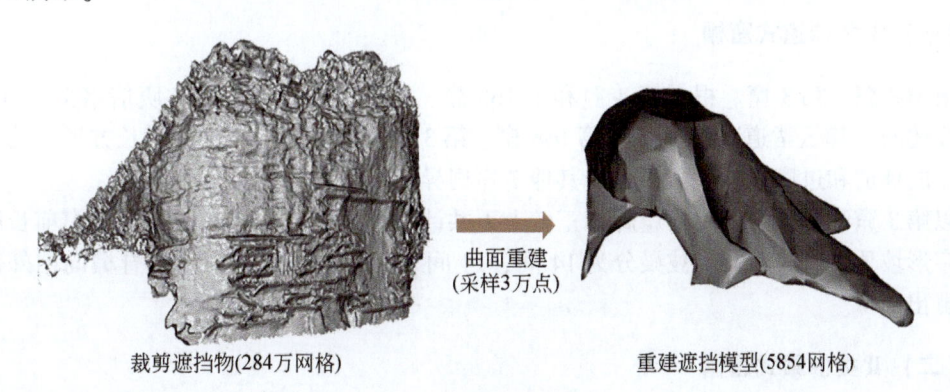

裁剪遮挡物(284万网格)　曲面重建(采样3万点)　重建遮挡模型(5854网格)

图2.5　遮挡物构件处理

图 2.6　窟区渲染模型

第二节　麦积山石窟窟檐建筑形制

麦积山石窟现存保留较完整的窟檐建筑有 9 个，历史上可能存有更多，这 9 个分别为麦积山石窟第 1 窟、第 28 窟、第 30 窟、第 43 窟、第 49 窟、第 3 窟、第 168 窟、第 4 窟、第 5 窟。本节通过实地调研，对现存的 9 座窟檐建筑进行测绘并绘制了相关的平立剖面图纸，进而对其形制进行分类分析。

一、立面形式分类

（一）Ⅰ类通道式窟檐

第 168 窟、第 3 窟。根据第 4 窟和第 168 窟、第 3 窟的位置关系，庾信铭文中对第 4 窟所描述的"梯云凿道"指的应是第 168 窟、第 3 窟。此二窟平面均为横长方形，功能为第 4 窟的梯道和过廊，其立面结构与其他 7 窟迥异。

以第 3 窟为例：第 3 窟为窟廊，正壁上下共计 6 排千佛，后壁未开龛室，窟前长廊凿出人字形坡顶，廊长 37m，被梁分为 14 间，14 间之间凿出月梁，廊顶自脊檩向内外侧斜下，雕出圆椽。

（二）Ⅱ类佛殿式窟檐

第 28 窟、30 窟、49 窟、43 窟、4 窟和 5 窟。此 6 窟仿照殿堂立面形象，依崖壁雕凿出檐柱、斗拱、阑额、檐檩、椽及屋顶。

（三）Ⅲ类崖墓式窟檐

第 1 窟为一座三间四柱、平顶、横长方形的涅槃窟，栌斗上雕凿出阑额，其上即为突出的崖壁，未雕出檐檩、椽及屋顶形象，立面形制与四川地区汉代流行的崖墓颇为相似。

二、斗拱形制分类

麦积山石窟的窟檐建筑的斗拱按形制不同分为以下两类（图2.7）。

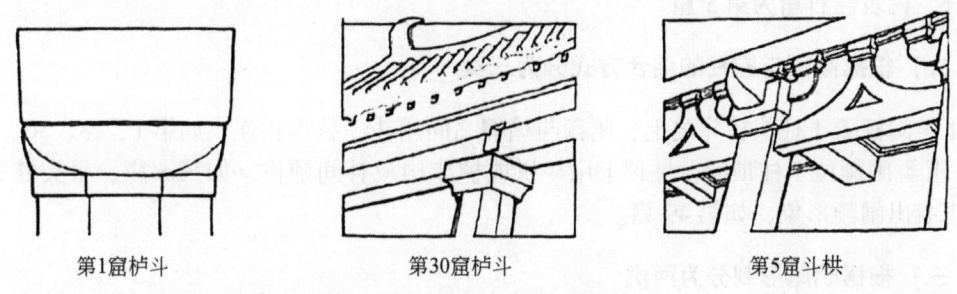

图2.7　Ⅰ、Ⅱ类斗拱形制（图片来源：《中国古代建筑十论》，2004年，复旦大学出版社）

（一）Ⅰ类单斗式

柱头上置栌斗，栌斗直接承托梁，不用斗拱。见于麦积山石窟第1窟、28窟、30窟和49窟。此类斗拱无斗耳，形制简单，与希腊多立克式柱的柱头颇为相似。

（二）Ⅱ类组合式

斗面作十字槽口状。横置泥道拱，泥道拱两端各置一散斗，斗口出梁首，梁上方雕出齐心斗，为简单的一斗三升式斗拱。见于麦积山石窟第43窟、第4窟和第5窟。这类斗拱形制在栌斗上加拱，但不见出跳者。

三、檐柱形制分类

麦积山石窟的窟檐建筑的檐柱按形制的不同分为以下三类（图2.8）。

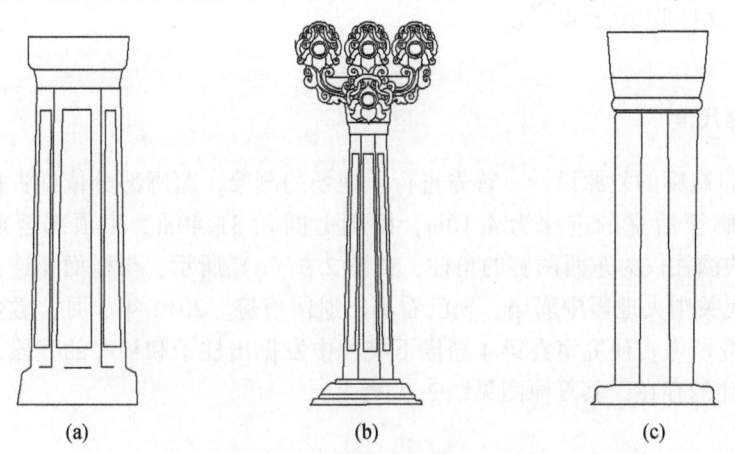

图2.8　檐柱形制图
（a）第30窟檐柱；（b）第43窟檐柱；（c）第1窟檐柱

(一) 根据檐柱断面分为三类

Ⅰ类檐柱断面为八角形，代表性石窟为第1、28、30、43、4窟。Ⅱ类檐柱断面呈圆形，瓜棱柱，有覆盆柱础，代表性石窟为第49窟。Ⅲ类檐柱断面为方形，柱身上小下大，有收分，代表性石窟为第5窟。

(二) 根据阑额与檐柱的结合方式分为三类

Ⅰ类阑额雕于柱头栌斗之上，阑额与檐檩之间用斗、替木相连，如第1、28、30、43、4窟。Ⅱ类阑额位于柱顶间，柱顶上用斗栱或栌斗构成补间铺作，如第5窟。Ⅲ类柱头栌斗上未雕出阑额形象，如第49窟。

(三) 根据鸱尾形制分为两类

Ⅰ类素平无线脚，鸱尾形象简洁浑厚，间距较长，如第28、30、4窟。Ⅱ类有数条线脚，位于正脊两端，弯曲上翘，做成鸟尾状，两鸱尾间距较短但形体较大，如第49、43窟。

第三节 第4窟窟檐建筑复原设计

麦积山石窟第4窟是麦积山石窟现存规模最大的北周仿宫殿式崖阁建筑，再现了北周时期中国北方建筑的真实水平，是麦积山现存最大的庑殿顶仿木构大型宫殿式建筑，也是国内现存最大的仿木构建筑，在中国建筑史上具有重要的实物参考价值（李裕群等，2013）。

第4窟在唐代的关中大地震中损毁严重，窟檐窟廊大面积崩塌，但是仍具有重要的参考价值和意义。第4窟表现建筑物的构造清晰，能够如实地表现了南北朝后期已经中国化了的佛殿的外部和内部面貌，在石窟发展史上具有重要意义。因此选取第4窟进行建筑做法复原设计的研究，有利于推进麦积山石窟考古和研究工作。

一、第4窟窟廊做法研究

(一) 窟廊尺度

对于第4窟窟廊的复原设计，首先进行了现场的测绘，窟廊部分依据古籍记载应为七间八柱式，窟廊至后室的进深为4.10m，面阔七间长31.40m，廊顶部至地面，高度为8.65m。现存的檐柱仅为东西两侧的角柱，如图2.9（a）所示，与崖面相连，剩余的中间6根檐柱在唐代关中大地震中崩塌，现已看不出遗留痕迹。2012年3月，敦煌研究院麦积山石窟艺术研究所考古研究室在第4窟崖下堆积中发掘出柱子和栌斗的残段，证明了历史上中间6根檐柱的存在，其复原图见图2.9（b）。

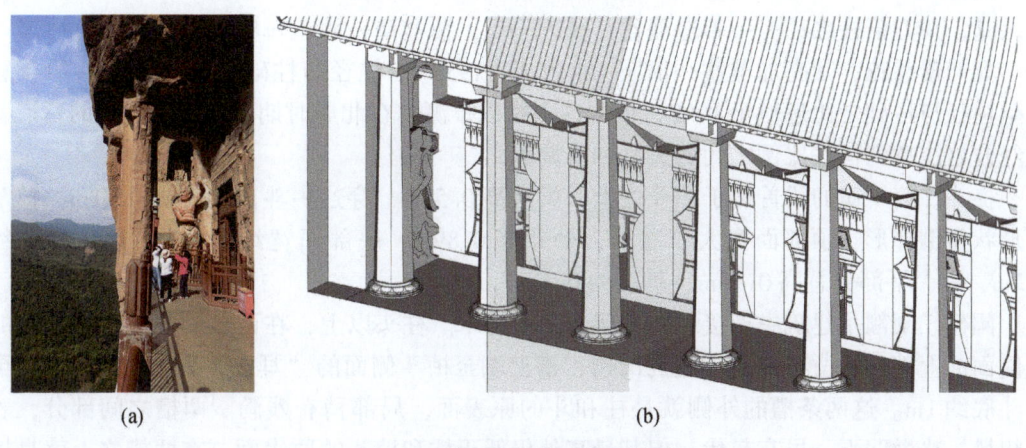

图 2.9　第 4 窟前廊现状及模型

（a）第 4 窟前廊现状；（b）SketchUp 复原前廊模型

（二）廊柱、栌斗、阑额

第 4 窟的廊柱断面呈八角形，廊柱八棱八面，柱身上收无卷杀，柱身的八面宽度不一，并非正八边形，而是四正面较宽四侧面较窄，宽窄之比略小于 2∶1，柱身素平，见图 2.10。

图 2.10　第 4 窟廊顶与窟廊东西侧现状

（a）窟廊顶现状；（b）窟廊西侧；（c）窟廊东侧力士及壁龛

廊柱。麦积山石窟艺术研究所考古研究室在 2007 年对西端廊柱进行了测量，测得柱高 7.16m（指自柱础上边至栌斗下方之间的距离），柱径顶部面宽 1m，底部面宽 1.02m，4 个侧面底边长约 0.35m。柱身下方的覆莲柱础高 0.47m，呈近圆形状，柱础底部直径为 2.08m，据傅熹年先生推测，莲瓣的分布从柱身正面各两瓣、侧面各一瓣，柱础应为 12 瓣莲瓣柱础，覆莲柱础在第 4、27 窟后室的账柱中也可以看到。《营造法式》卷记载："造柱础之制，其方倍柱之径……若造覆盆，每方一尺，覆盆高一寸；每覆盆高一寸；盆唇厚一分。如仰覆莲花，其高加覆盆一倍"（梁思成，1983）。柱径与柱础之比为1：2，第4窟柱础柱径与柱础之比近似于1：2，依据这点可以推测，在北周时期，中国古建筑的营造就已经开始注意到构件比例之间的关系和协调美。

栌斗。第4窟的梁首位于栌斗之上，梁首高0.59m，穿过栌斗向前伸出0.21m，栌斗的形状呈倒梯形，顶部面宽大于底部，栌斗高0.89m，底部面宽约1.05m，顶部面宽约1.2m，耳、平部分总高0.58m，敧高约0.31m。

阑额。阑额是建筑中连接纵向构架的水平枋木。柱头以上，在西柱的东侧面和东柱的西侧面的上部，各凿有两条垂直的凹槽，槽上端至栌斗侧面的"耳""平"部分，下端至栌斗底约1m。这两条槽的外侧就是柱和斗的原表面，局部稍有残泐。两槽之间部分，表面粗糙。略微凹下，虽有起伏，但其最高处仍低于柱和栌斗的原表面，在两槽之上就是栌斗上残存的断面构件。

初看起来，阑额的位置就有两种可能：一是两槽之间部分是阑额。栌斗上的矩形断面构件可能为泥道栱。二是栌斗上矩形断面构件为阑额。经过反复对比，阑额应当在栌斗上，呈矩形断面残迹，宽70cm，高50cm，而不可能在柱头之间，原因有二：第一，从柱头现状看，槽间部分凹下，边缘完整，和栌斗上构件突出的崩痕明显不同，不是突出构件崩残的痕迹。第二，两槽间宽度比栌斗上矩形断面构件窄近一半，目前看到，汉以来的建筑形式，其楣或阑额的断面都等于或大于栱或柱头枋（傅熹年等，1998）。这情况在第4窟紧邻的第5窟隋代窟廊上也可以看到，两者时间相差仅30年，所以就槽件宽度看，它也不可能是阑额。栌斗之上雕出阑额，断面为矩形。

第4窟的阑额雕刻在栌斗的上方，阑额与栌斗相接处凸出梁首，形成通面阔的纵向构架，用以支撑檐檩，此做法与第1、28、40、43窟相同，该做法也见于云冈第12窟窟檐和北魏宋绍祖墓石椁中。

斗栱。据西柱顶上残存小斗可推知，中间六根柱上应各有一个齐心斗、两个散斗，雕在阑额之上，没有栱。如图2.11（a）所示，根据1998年傅熹年先生在书中对西端柱头的特写和2012年麦积山石窟艺术研究所工作人员的勘察，本节对斗栱进行了复原设计，从图2.11（b）中可以看出，斗上承替木，替木上为檐檩，檐檩断面较宽，檐檩的上方雕出水平向前伸出呈扁矩形状的椽，椽之间相互平行，由于地震中导致窟檐和窟廊顶部的崩塌，现在仅存东西两侧的四根椽较为完整。这种在阑额上放斗，承替木、檐檩，不用栱的做法又见于第43窟。该栌斗上承阑额，额上放装饰性的三小斗，把三个小斗雕成三朵花。这两个窟相差30年左右，故能如此相似。第43窟明间正中在阑额与檐檩之间又雕出一朵花，和柱上的三朵相同，说明它的一个散斗是补间铺作。但限于面阔，第4窟的柱间似乎容纳不下一个补间散斗。散斗上的替木可能是每柱头上一个。如果柱间有散斗，也可能逐间连通，成一条方子。

（三）壁龛、廊顶、平棊

壁龛。第4窟到第5窟牛儿堂之间的通道，见图2.12（c），为窟廊西侧内壁下方开凿的一个小洞，洞口上方书有"小有洞天"的牌匾，为明代甘茹所写，并作五言律诗《小

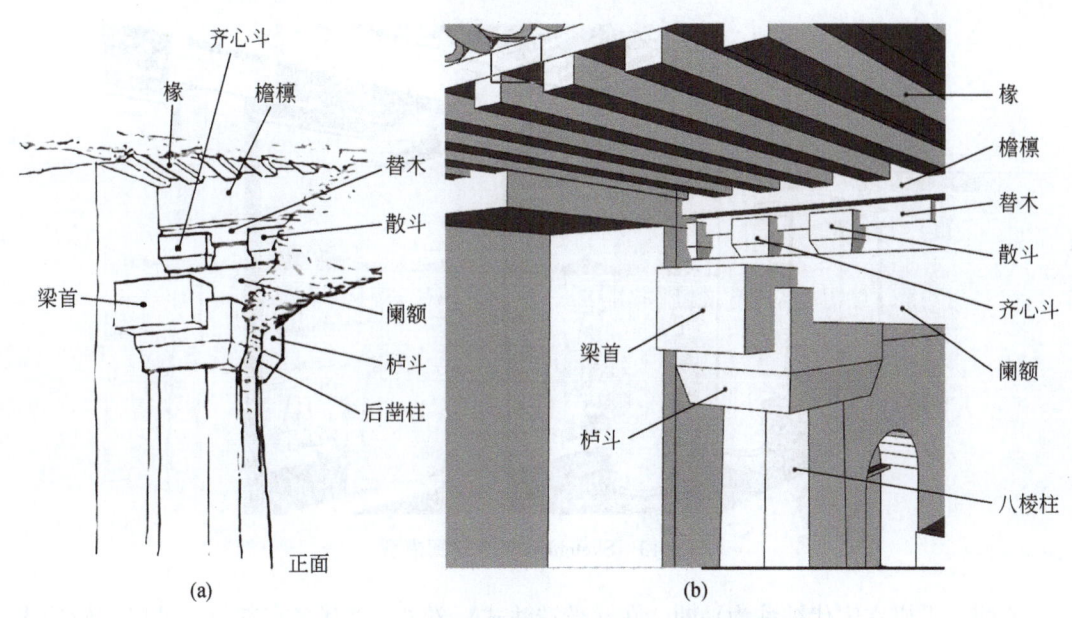

图 2.11 傅熹年所绘西端柱头及 SketchUp 复原图
(a) 傅熹年所绘西端柱头；(b) SketchUp 复原西端柱头

有洞》一首。据典籍记载，此洞原本尺寸更窄，仅能容一人匍匐而过，经甘茹命人扩凿后，现高约 1.2m，宽约 0.75m，能容纳一人弯腰而过，见图 2.12（b）。第 4 窟的西侧壁龛，如图 2.12（a）所示，就位于"小有洞天"之上，龛高 2.62m，宽 2.03m，进深 1.78m，内部形制原同第 4 窟后室一样，为平面方形四角攒尖顶，在宋代重修时被改造为平面八角形小龛，仿帐架式攒尖顶，龛口变小成为拱形。

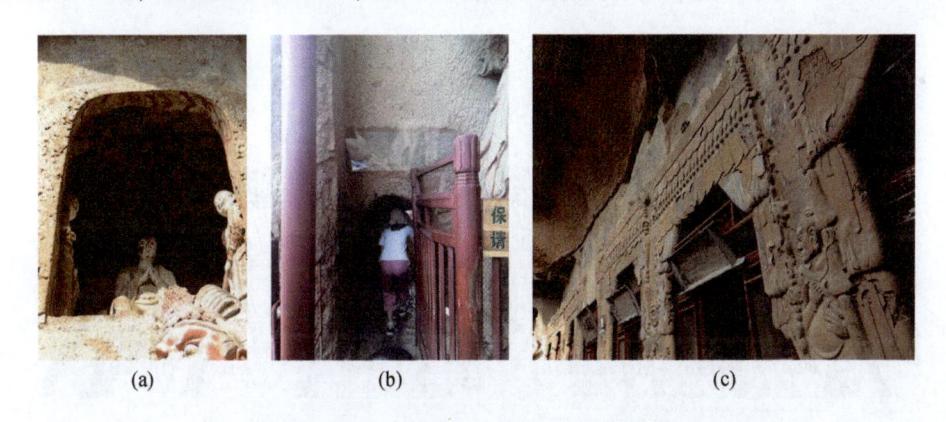

图 2.12 第 4 窟壁龛、小有洞天及廊顶现状
(a) 第 4 窟壁龛现状；(b) 小有洞天；(c) 第 4 窟坍塌廊顶现状

廊顶。廊顶根据窟廊的形制和后室 7 龛，也相对应分为 7 间，每间的廊顶在檐柱后方凿有梁，连接至后室上壁，梁的前端连接柱头的栌斗，在栌斗正面露出矩形垂直截出的梁头如图 2.13 所示。梁高约 0.6m，共计 8 根，中间 6 根已经崩塌，现仅余东西 2 根保存较为完整，因此，依据东西 2 根梁对中间崩塌的部分进行了复原。

图2.13　SketchUp复原窟廊模型

平棋。平棋在宋代被称为平闇，在《营造法式》卷八："其名有三……其以方椽施素版者，谓之平闇。造殿内平棊之制，于背版之上，四边程，程内用贴，贴内留转道，缠难子。分布隔截，或长或方，其中贴络华文。有十三品……"（梁思成，1983）。第4窟的7间廊顶，廊内梁间凿出平顶，现仅西侧廊顶保存有5方，其中2方绘有建筑形象，从现存的5方平棋可以看出，平棋被凿成内凹状，4边有方形边框，根据残存可推测，每间雕出6块平棋，7间共42块，平棋排列方式如图2.14所示，从现存的彩画片中可以推测出，平棋的边框涂有青色颜料，平棋中绘有壁画。麦积山石窟第5窟中也可见平棋，其他的实例也可见于巩县石窟第3窟、唐佛光寺东大殿。

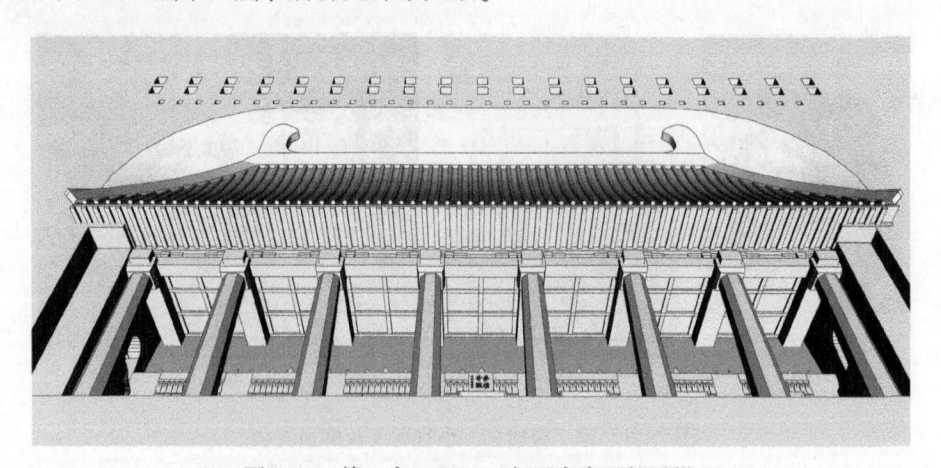

图2.14　第4窟SketchUp复原窟廊顶部平棋

二、第4窟屋顶做法研究

第4窟屋顶的现状如图2.15（a）所示，在地震中崩毁严重，原应在距第4窟地面的

16m高处，凿有单檐庑殿顶，正脊两端的鸱尾素平简洁无纹饰，西面的鸱尾位于角内第2间的中部，即自山面退入一间半。雕出瓦垄，表现出筒板瓦屋面，因屋顶坍塌而残存不多。

麦积山石窟艺术研究所考古研究室在2007年，对第4窟庑殿顶上方凹槽的建筑遗迹进行了考查，在庑殿顶的正脊处采集到两片琉璃瓦，主体为灰陶制，有绿釉，并发现三片凹面朝下倒扣在正脊的琉璃瓦，上部被白石灰水泥覆盖固定，经研究后推测为南宋重修第4窟时粘砌。

第4窟庑殿顶上方的建筑遗迹，即横槽和4排桩孔，横槽距第4窟地面约20.5m，均高1.07m，底部平均进深0.7m，顶部平均进深0.3m；4排桩孔上下两排尺寸较小，高约0.2m，面宽0.25m，进深0.1m，中间2排尺寸较大，高约0.72m，面宽0.6m，进深0.83m，研究室据其规模推测为北周时期修建第4窟时所开凿，如图2.15（b）所示。桩孔的上下2排进深较浅，不做承重，起辅助和装饰性作用，中间2排开孔面积大，进深较深，作主要的承重，考古研究室推测横槽和桩孔为北周开窟时用来搭建设置防雨檐所开凿（夏朗云等，2008）。

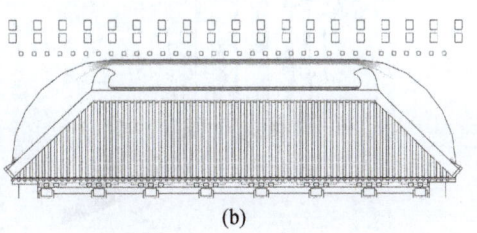

图2.15　第4窟屋顶现状及复原图
（a）第4窟屋顶现状；（b）SketchUp复原第4窟单檐庑殿顶

三、第4窟窟檐做法研究

麦积山石窟几座窟檐建筑，不仅建筑构架属于汉民族的形制，装饰所受外来建筑装饰影响也极小。麦积山石窟窟檐建筑的风格，几乎看不到印度、中亚建筑文化的因素，尽管这种窟檐建筑形式是效仿印度的，但内容反映的却是中国的本土建筑文化，外来的建筑形式并未动摇其基本结构。

以麦积山、天龙山为代表的陇右、晋中地区两处石窟的窟檐最具中国化。天龙山石窟和响堂山完成于北齐时期，但差别较大，响堂山石窟是北齐重点开凿的石窟。天龙山所在地晋阳，作为东魏、北齐的陪都，其地位显然优于其他地方，开凿造像活动之盛又在其他地方之上，《北齐书》中"（幼主）凿晋阳西山为大佛像，一夜燃油万盆，光照宫内"的记载，便是其真实写照。比起别都，恐所受政治影响约束更小。天龙山石窟现存石窟共25座，其中有8座利用弧突状的崖面凿有窟檐，开凿时间集中在北齐至唐。天龙山石窟这几座窟檐洞窟规模都不是很大，其规模远逊于麦积山石窟同时期开凿的几座大型石窟。窟檐构件的表达方式与麦积山石窟几座窟檐洞窟特征极为相似，这表明它们都是承袭着北魏窟前佛殿建筑雕刻传统的产物（张睿祥，2015）。

麦积山石窟第4窟窟檐的屋面部分，窟檐简洁质朴，没有云冈石窟华丽的装饰和柱础，改变了云冈石窟在垂直崖面上作平面浮雕的方式，转而采用嵌入崖壁的方式，雕刻出曲线屋面和檐椽，显示了当时开凿石窟时，规划设计、工匠技艺等方面的高超水平，是当时木构窟檐建筑发展已趋成熟的重要例证。

根据实测调研数据，结合傅熹年先生实测的剖面尺寸，绘制了第4窟剖面图，确定了窟檐出跳度，并在此基础上建立了SketchUp模型（图2.16）。

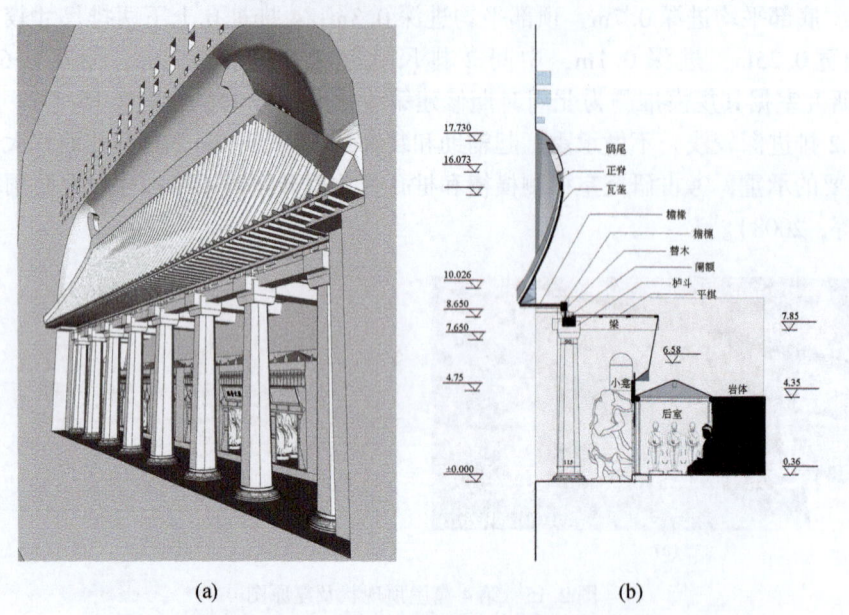

图2.16 第4窟SketchUp窟檐复原模型及剖面图（单位：m）
(a) 第4窟SketchUp窟檐复原模型；(b) 第4窟剖面图

四、第4窟后室做法研究

后室为一字排开的7座仿帐形佛龛，此形制在云冈石窟、龙门石窟、巩县石窟各石窟中大量出现，其中以巩县石窟第3窟与麦积山第4窟帐的外形和饰物极其相似。后室的总面阔略窄于前廊，7龛内部的形制一致，均雕作方锥顶斗四角攒尖顶佛帐内部形式，但从图2.17细看可知，龛外立面顶部的形制是覆斗顶，李裕群先生在其《北朝晚期石窟寺研究》一书中，按照窟龛形制将第4窟这7个龛内外形制做出分类（李裕群，2003）。

第4窟后室的龛门近似方形。龛内部四角雕出八角形帐柱，帐柱下为覆莲形柱础，帐柱紧贴石壁作为壁柱，柱顶雕出束莲，各柱顶之间雕出八角形断面的水平帐楣和斜向中心相交的帐杆，构成方锥形帐顶。帐楣和帐杆的两端和中间雕出来莲。窟顶中央有一大朵莲花，其中第7龛龛顶莲花已经脱落，露出方形插孔。7个龛大小基本相同（图2.18）。

图 2.17　第 4 窟后室窟龛四角攒尖顶及 SketchUp 复原图
(a) 第 4 窟后室窟龛四角攒尖顶；(b) SketchUp 复原四角攒尖顶

图 2.18　第 4 窟后室第 2 龛和第 5 龛龛内佛像
(a) 第 4 窟后室第 2 龛西侧佛像及上方千佛壁龛；(b) 第 4 窟后室第 5 龛内佛像

7 龛的外立面为了仿照佛帐顶部前坡面特征，在顶部做出梯形的斜坡面来对应。坡面下方的帐口呈竖向长方形，帐顶前缘凿有卯口，插有 5 个木制泥塑的花饰，此花饰同见于第 133 窟 16 号造像碑下端浮雕佛帐，称为"火珠"，像后世蕉叶帐上的蕉叶，每间帐顶的 5 个饰物中，两侧最外端雕作瑞兽，口衔下垂的流苏。"火珠"下方为两排帐头横坡，雕有鳞片形和倒三角形的垂饰，其下雕有幔帐，形态雕作左右勾起拦腰系住下垂状。7 龛之间和东西最外侧两端雕出 8 尊泥塑力士像，俗称"天龙八部"，均为石胎泥塑（图 2.19）。

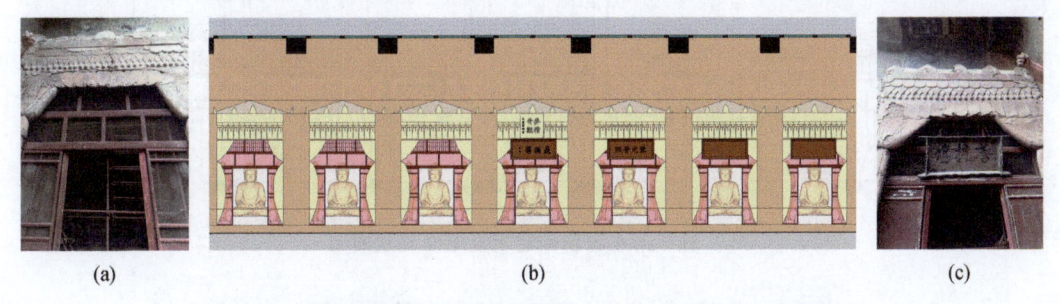

图 2.19　第 4 窟后室外立面现状及 SketchUp 复原后室正面剖切图
(a) 第 4 窟后室外立面现状；(b) SketchUp 复原后室正面剖切图；(c) 第 4 窟后室外立面现状

五、第4窟窟檐复原设计图

第4窟的复原设计做法及复原修复的多角度透视分别如图2.20~图2.23所示。

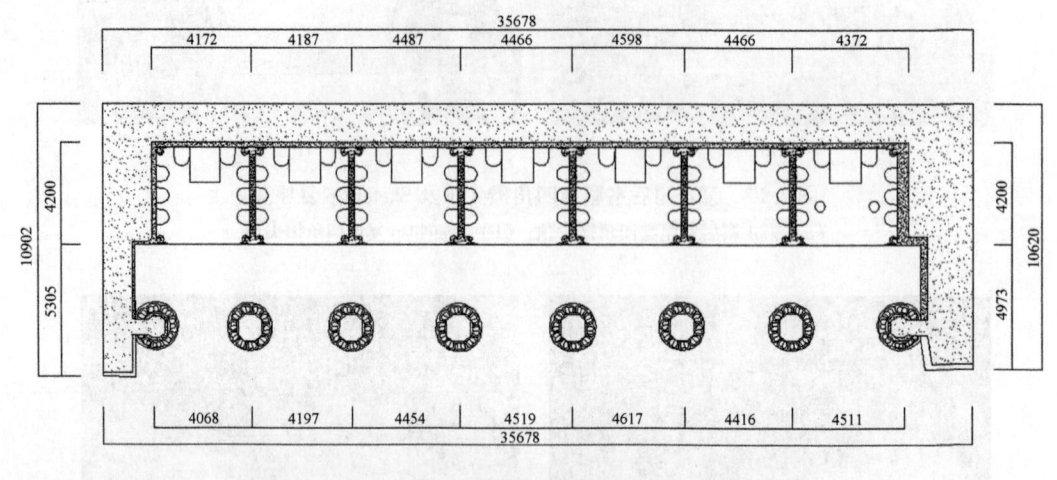

图2.20 第4窟窟檐建筑复原修复平面图（单位：mm）

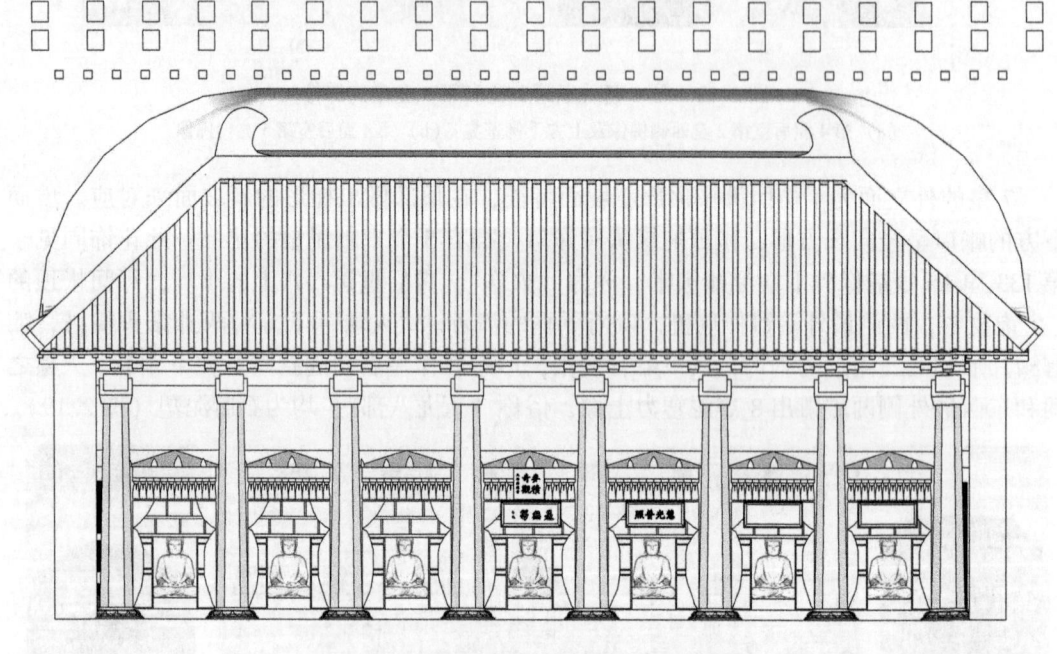

图2.21 第4窟窟檐建筑复原修复立面图

第二章　麦积山石窟建筑空间研究

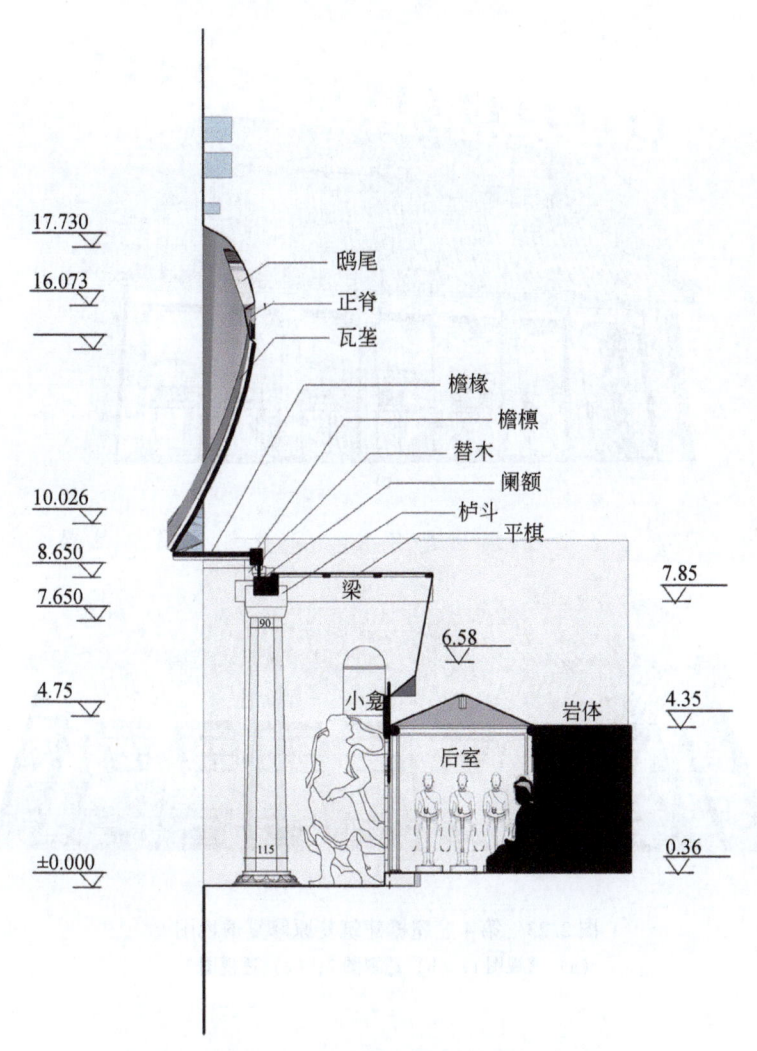

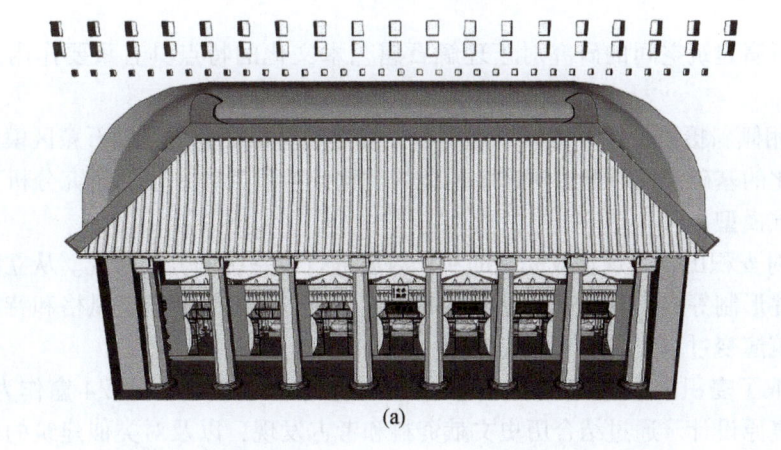

图 2.22　第 4 窟窟檐建筑复原修复剖面图（单位：m）

(a)

图 2.23　第 4 窟窟檐建筑复原修复透视图
(a) 透视图 1；(b) 透视图 2；(c) 透视图 3

第四节　小　　结

麦积山石窟建筑空间的研究对于理解石窟艺术文化的特点具有重要作用。研究总结如下：

（1）利用倾斜摄影、计算机模拟等手段，构建了高精度的大尺度石窟区模型，为研究提供了可视化的基础。同时通过对这一模型的优化，可以为进一步的研究分析工作提供较为准确的三维模型。

（2）针对麦积山石窟现存较完整的 9 个石窟进行了系统的分类研究。从立面形式、斗拱形制、檐柱形制等多个方面进行分析，揭示了不同石窟之间的建筑风格和特征差异，为理解石窟建筑演变过程提供了有力支撑。

（3）选取了麦积山石窟现存规模最大的北周仿宫殿式崖阁建筑第 4 窟作为研究对象，进行了建筑复原设计。通过结合历史文献资料和考古发现，以及对类似建筑的研究，尝试还原该石窟的原貌和历史面貌，为后续的保护修复工作提供了重要参考。

第三章　麦积山石窟微气候及材料物性参数测试研究

稳定、适宜的赋存环境是开展文物预防性保护的基础工作。长期处于不适宜的赋存环境中，窟内文物表面的成分和形态会逐渐发生变化，从而产生各种病害。为了能科学、合理、清晰地分析麦积山石窟热湿环境与文物保护的关系，对麦积山石窟风环境、热湿环境、地仗层热湿物性参数等进行测试分析，总结麦积山石窟热湿环境的现状特点，掌握麦积山石窟微气候的现状及变化规律，为更加深入地了解麦积山石窟文物劣化的特征及预防保护提供依据。

第一节　麦积山石窟窟内风环境实测分析

一、测试方案

（一）测试对象

测试对象麦积山石窟现存窟龛 221 个，其中东崖 54 个窟，西崖 140 个窟，其他地方 27 个。由于洞窟数量多，需要选取代表性洞窟进行实测。考虑到洞窟形制和洞窟开口对石窟自然通风影响很大，故选取敞口大窟和前壁开门的小型窟作为主要研究对象。研究选取第 126 窟和第 30 窟作为研究对象，窟内实景如图 3.1 所示，洞窟尺寸详见图 3.2、图 3.3。

图 3.1　第 126 和第 30 窟窟内实景
(a) 第 126 窟窟内实景；(b) 第 30 窟窟内实景

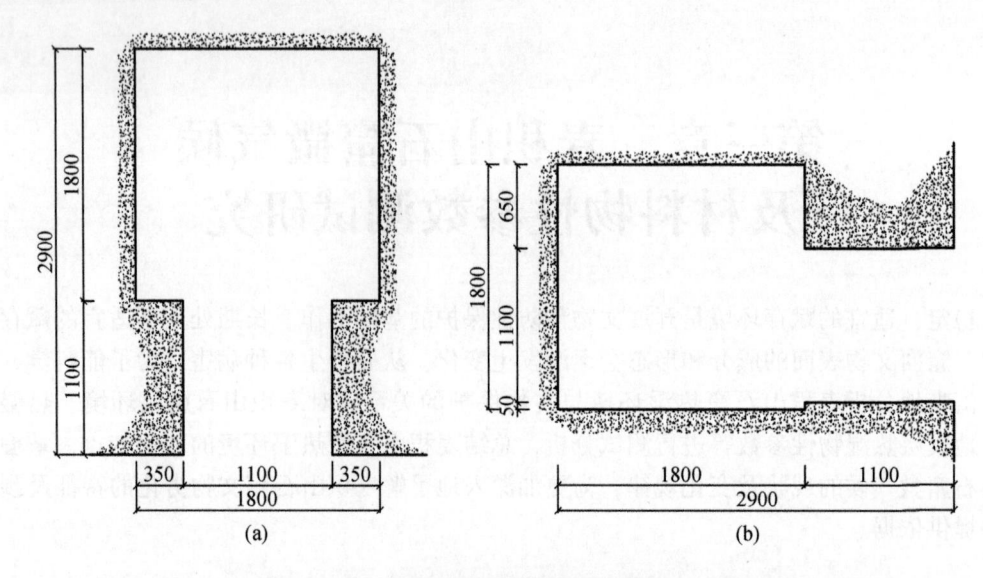

图 3.2　第 126 窟平面图及剖面图（单位：mm）
(a) 第 126 窟平面图；(b) 第 126 窟剖面图

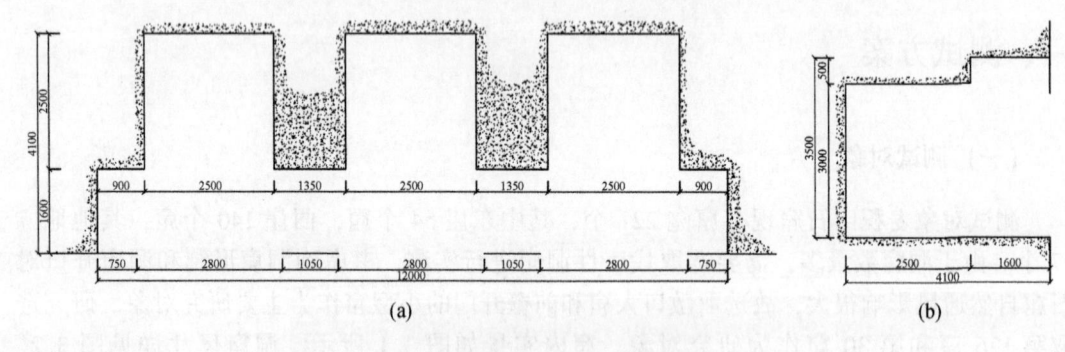

图 3.3　第 30 窟平面图及剖面图（单位：mm）
(a) 第 30 窟平面图；(b) 第 30 窟剖面图

第 126 窟：该窟是北魏时修建，窟内原塑一佛二菩萨像，佛半结跏趺坐正中，二菩萨侍立于两侧。宋代时曾对正中佛像进行了整体覆盖式重塑，并对右侧菩萨的局部也进行过补塑，佛像的面貌及服饰完全体现了宋代造像的风格。第 126 窟为中小型洞窟，此类洞窟在麦积山石窟中占绝大多数，如第 10、11、12、120、123 窟等。方形平顶窟为中小型洞窟的基本形制，后逐渐演变为低坛基、高坛基、穹窿顶、人字坡顶等多种形制。洞窟由主室、甬道和窟门组成，主室尺寸约为长 1.8m、宽 1.8m、高 1.8m；甬道尺寸约为长 1.1m、宽 1.1m、高 1.1m；窟门高 1.1m、宽 1.1m，面积为 1.21m²，装有纱窗，常年关闭。这类洞窟由于进深较小，窟内温湿度易受窟内外空气交换的影响。

第 30 窟：该窟修建于北魏后期，建筑物各部分之间已经形成了固定的比例关系。洞窟建筑通面阔 11.2m，自西向东，各间面阔依次为 3.71m、3.68m、3.81m。洞窟前室进深 1.6m，佛龛进深 2.5m。窟檐建筑已全部坍塌，窟内病害严重，窟门常年关闭。第 30 窟为敞口大窟，代表了众多开敞型洞窟和通风良好的洞窟，如第 3、4、5、25、28 窟等。另外，第 30 窟为三间式崖阁，由三个佛龛、一个前室和三个窟门组成，形制与第 126 窟有本质区别，可以作为对比研究。

（二）测试仪器

麦积山石窟洞窟自然通风现场实测的微环境参数主要包括窟外空气温度、窟外风速、洞窟壁面温度、窟内空气温度和窟内气流速度等。测试窟外空气温度的仪器为 Testo175-H2 型和 HOBO UX100-011 型电子温湿度记录仪，测试洞窟壁面温度的仪器为 ST60XB 红外测温仪，测试窟外风速的仪器为天建华仪 WFWZY-1 万向风速风温记录仪，测试窟内气流速度的仪器为 SWEMA 03+万向微风速仪。详情见表 3.1。

表 3.1　仪器参数及范围

型号	图片	仪器精度	测试范围
Testo175-H2		±0.6℃/±5% RH	-20~70℃/0%~100%
HOBO UX100-011		±0.21℃（0~50℃时）/±2.5% RH	-20~70℃/1%~95%
ST60XB		±1%/±1℃	-30~600℃
天建华仪 WFWZY-1		5% ±0.05m/s ±0.5℃	0.05~30m/s -20~80℃
SWEMA 03+		±0.03m/s/±3%	0.05~3m/s

注：RH-相对湿度，relative humidity。

（三）测点布置

第 126 窟：冬季测试时间为 2019 年 12 月 18 日，测试工况包括窟门开启、窟门关闭、封堵窟门下部通风口[图3.4(a)]3种工况。夏季测试时间为2020年7月11日至7月12日，测试工况包括窟门开启、窟门关闭、窟门下沿固定开口分别封堵0.28m[图3.4(b)]、0.56m、0.84m等5种工况，具体试验工况设置如表3.2所示。冬夏两季，第126窟均布置3个测点，在窟外设置一个风速仪和温湿度记录仪，甬道、主室分别安设一个SWEMA 03+万向微风速仪和温湿度记录仪，测试由窟门往主室方向上的风速及温度。3个测点距窟门的距离分别为0.3m、0.3m、1.7m，距离窟内地面均为0.75m，布置在洞窟中轴线上。具体测点布置如图3.5所示。

图3.4 第126窟封堵下部通风口和窟门下沿固定封堵28cm
(a) 第126窟封堵下部通风口；(b) 第126窟窟门下沿固定封堵28cm

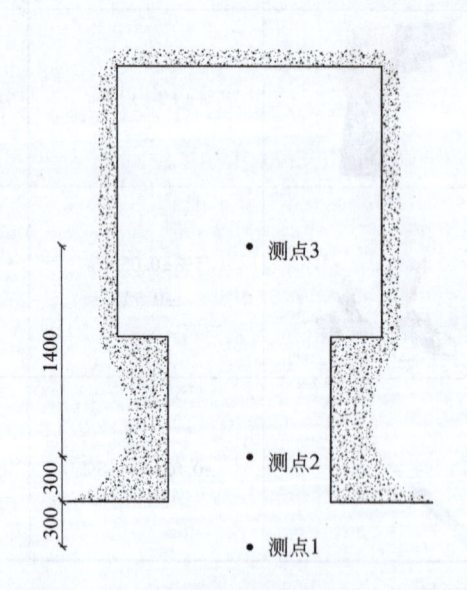

图3.5 第126窟测点布置图（单位：mm）

表3.2　第126窟试验工况

工况编号	试验时间	试验洞窟设置说明
工况一 2019年12月18日	11:15~11:30、14:35~14:50	窟门关闭
工况二 2019年12月18日	10:45~11:00、15:00~15:15	窟门开启
工况三 2019年12月18日	11:45~12:00、14:05~14:20	封堵下部通风口
工况四 2020年7月11~12日	12:00~12:15、10:00~16:00	窟门关闭
工况五 2020年7月11日	10:12~10:27	窟门开启
工况六 2020年7月11日	10:38~10:53	窟门上沿高度不变，封堵28cm
工况七 2020年7月11日	11:02~11:17	窟门上沿高度不变，封堵56cm
工况八 2020年7月11日	11:27~11:42	窟门上沿高度不变，封堵84cm

第30窟：冬季测试时间为2019年12月19~20日，夏季测试时间为2020年7月13~14日。第30窟仅有中窟门和东窟门两个窟门可以开启（图3.6），测点布置如图3.7所示，试验工况如表3.3所示。

图3.6　第30窟窟门

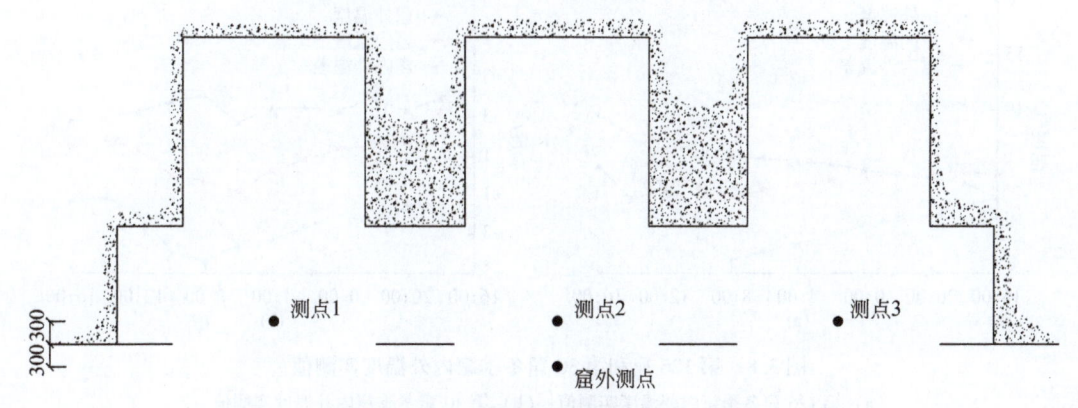

图3.7　第30窟测点布置图（单位：mm）

表 3.3　第 30 窟试验工况

工况编号	试验时间	试验洞窟设置说明
工况一 2019 年 12 月 19~20 日	11:05~11:20、15:00~15:15	窟门关闭
工况二 2019 年 12 月 19~20 日	11:45~12:00、15:30~15:50	窟中门开启，东、西门关闭
工况三 2019 年 12 月 19~20 日	16:00~16:20	窟东门开启，西、中门关闭
工况四 2020 年 7 月 13~14 日	10:30~16:00、10:00~10:20	窟门关闭
工况五 2020 年 7 月 14 日	10:30~10:50	窟东门开启，西、中门关闭
工况六 2020 年 7 月 14 日	11:30~11:50	窟中门开启，东、西门关闭
工况七 2020 年 7 月 14 日	11:00~11:20	窟东、中门开启，西门关闭

二、风环境测试结果

(一) 窟内外温度

冬季第 126 窟、第 30 窟内外温度实测值如图 3.8 所示。由此可知，第 126 窟、第 30 窟窟内外温度变化趋势一致，都是先下降后上升，这是因为窟内外环境通过窟门进行热量交换。窟外温度波动明显，窟内温度较为稳定，这是因为窟外温度受太阳辐射和空气上下对流的影响。由于太阳辐射对窟外温度的影响，中午 12:00 以后，第 126 窟窟内外温度均急剧上升。第 126 窟窟外温度、窟内温度最高值均出现在 18 日下午 16:00 左右，温度分别为 9.54℃、14.41℃；最低值出现在 18 日 8:00 左右，温度分别为-3.76℃、1.99℃；平均温度分别为 0.44℃、4.30℃；窟内外温差最大值出现在 18 日 8:00 左右，温差为 5.76℃，窟内外温差最小值出现在 18 日 14:00 左右，温差为 1.67℃，平均温差为 3.86℃。第 30 窟窟外温度、窟内温度最高值出现在 19 日 16:00 左右，温度分别为 2.12℃、7.47℃；最低值出现在 20 日 8:00 左右，分别为-5℃、-0.8℃；平均温度分别为-2.21℃、1.3℃；窟内外温差最大值出现在 19 日 16:00 左右，温差为 5.35℃，最小值出现在 20 日 16:00 左右，温差为 2.82℃，平均温差为 3.51℃。

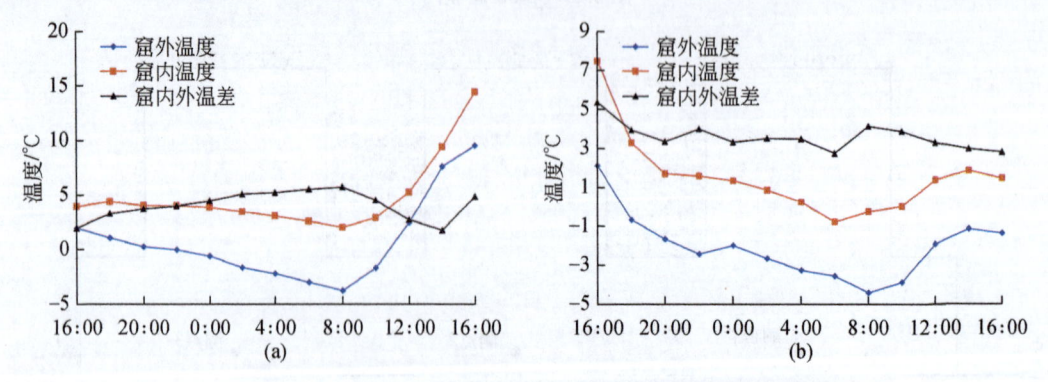

图 3.8　第 126 窟和第 30 窟冬季窟内外温度实测值
(a) 第 126 窟冬季窟内外温度实测值；(b) 第 30 窟冬季窟内外温度实测值

麦积山夏季雨水较多，夏季测试期间多为阴雨天气。2020年7月，第126窟、第30窟内外温度实测值如图3.9所示。由此可知，第126窟窟内外温度变化基本一致，12：00以前窟外温度低于窟内温度，且窟内外温度变化比较平缓，这是因为这个时间段是阴雨天的原因。12：00以后天气转晴，窟内外温度逐渐上升，窟外温度高于窟内温度，窟内外温差也逐渐增大。第126窟窟外温度、窟内温度最高值均出现在12日下午16：00左右，温度分别为25.10℃、21.60℃；最低值出现在6：00左右，温度分别为14.70℃、16.15℃；平均温度分别为17.31℃、17.94℃；窟内外温差最大值出现在8：00左右，温差为1.65℃，窟内外温差最小值出现在12日下午16：00左右，温差为-3.50℃，平均温差为0.64℃。第30窟在夜晚会窟内温度略高于窟外温度，早上8：00以后，窟外温度逐渐上升超过窟内温度。窟外温度、窟内温度最高值均出现在14：00左右，温度分别为28.20℃、23.23℃；最低值出现在6：00左右，温度分别为16.00℃、16.87℃；平均温度分别为21.60℃、19.37℃；窟内外温差最大值出现在6：00左右，温差为0.87℃，窟内外温差最小值出现在17：00左右，温差为-6.93℃，平均温差为-2.23℃。

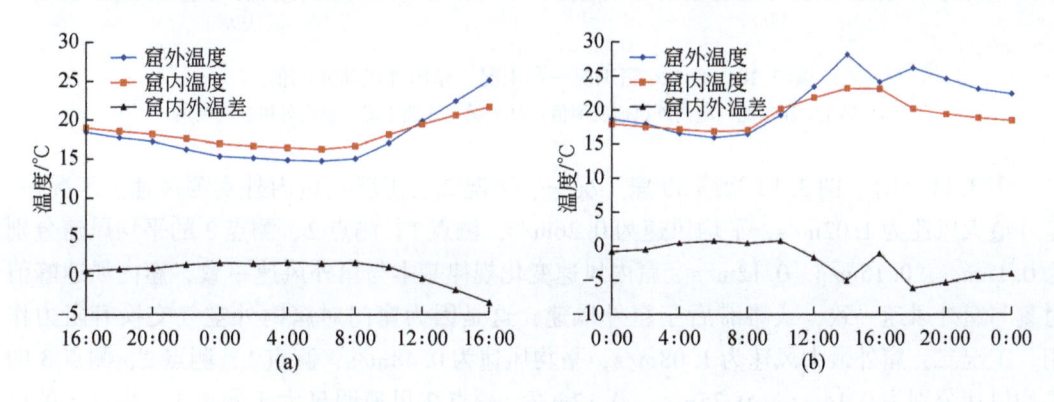

图3.9　第126窟和第30窟夏季窟内外温度实测值
（a）第126窟夏季窟内外温度实测值；（b）第30窟夏季窟内外温度实测值

（二）冬季洞窟实测风速

测试期间，对洞窟内外温度监测发现，15min内温度变化基本在0.1℃左右。因此，研究其他因素对洞窟自然通风的影响时，为尽量减少窟内外温差对洞窟自然通风的影响，将每个工况的测试时间设置为15min。同时，为了避免早晚时间不同引起的偶然误差，在测试时间允许的情况下，增设一组测试，从中选择误差较小的数据进行分析。

图3.10和图3.11（a）分别为第126窟工况一、工况二、工况三窟内外风速的实测值。由此可知，窟外风速分布基本无规律可循，与测试时间并无关联。测点2和测点3风速变化规律与窟外基本一致，数值上较窟外风速有大幅度降低，窟内风速沿洞窟进深方向递减。工况一，窟外最大风速为1.11m/s，最小风速为0m/s，平均风速为0.44m/s；甬道风速在0.10m/s上下波动，最大风速为0.19m/s，平均风速为0.08m/s，主室风速均在0.10m/s以下波动，平均风速为0.02m/s。工况二，窟外最大风速为0.99m/s，最小风速为0.03m/s，平均风速为0.35m/s；甬道风速在0.20m/s上下波动，与窟外风速相比，较

为稳定，最大风速为0.34m/s，平均风速为0.16m/s；主室风速仅有个别时刻超过了0.10m/s，平均风速为0.06m/s。工况三，窟外最大风速为1.11m/s，最小风速为0m/s，平均风速为0.52m/s；甬道和主室风速均在0.10m/s上下波动，平均风速分别为0.04m/s和0.01m/s。

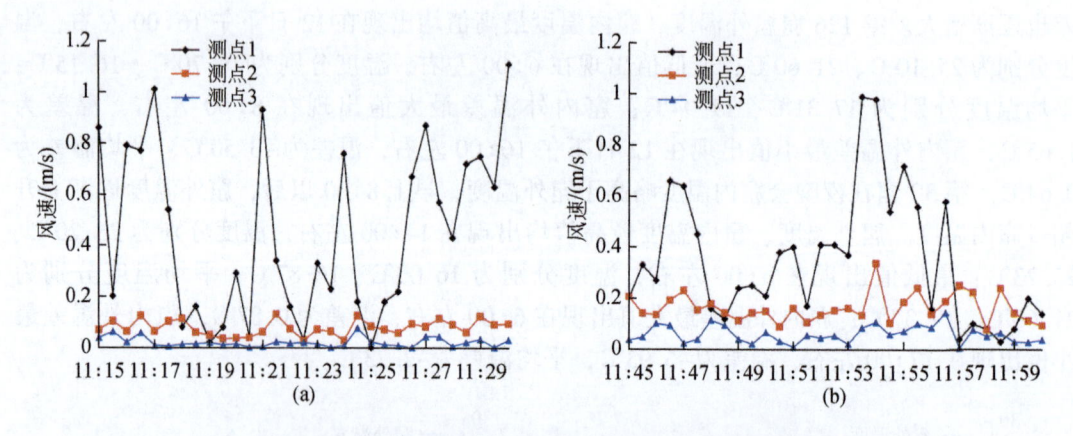

图3.10 第126窟工况一和工况二窟内外风速实测值
(a) 第126窟工况一窟内外风速实测值；(b) 第126窟工况二窟内外风速实测值

图3.11(b)、图3.12为第30窟工况一、工况二、工况三窟内外实测风速。工况一，窟外最大风速为1.02m/s，平均风速为0.26m/s，测点1、测点2、测点3的平均风速分别为0.12m/s、0.15m/s、0.12m/s。窟内风速变化规律基本与窟外风速一致，窟内风速峰值时刻与窟外风速一致，或略滞后于窟外风速，这是因为窟门对窟内外空气交换有阻力作用。工况二，窟外最大风速为1.08m/s，平均风速为0.48m/s，测点1、测点2、测点3的平均风速分别为0.14m/s、0.25m/s、0.12m/s。测点2风速明显大于测点1、测点3的风速，这是因为中窟门开启，测点2处通风口面积大于测点1、测点3处通风口面积。工况三，窟外最大风速为0.15m/s，平均风速为0.03m/s，测点1、测点2、测点3的平均风速分别为0.10m/s、0.06m/s、0.12m/s。测试时间内，窟外风速有一半时间为0m/s，窟外

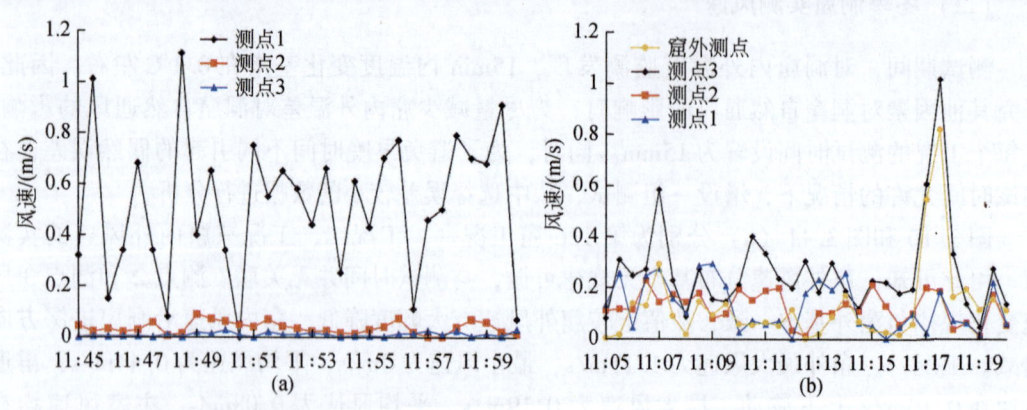

图3.11 第126窟工况三和第30窟工况一窟内外风速实测值
(a) 第126窟工况三窟窟内外风速实测值；(b) 第30窟工况一窟内外风速实测值

平均风速小于窟内3个测点的平均风速，由此推测工况三洞窟自然通风的驱动力主要为热压作用。测点3的平均风速最大，这是由于工况三东窟门开启，其通风口面积最大。

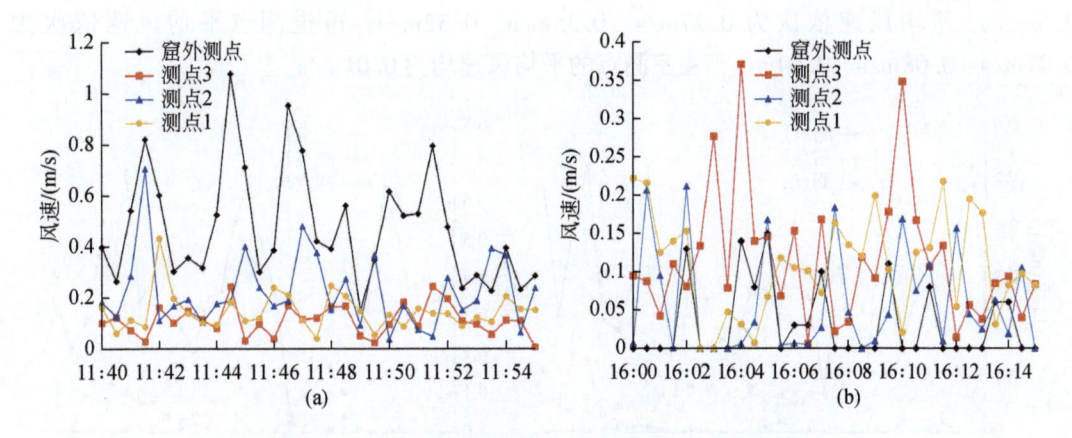

图 3.12 第 30 窟工况二和工况三窟内外风速实测值
(a) 第 30 窟工况二窟内外风速实测值；(b) 第 30 窟工况三窟内外风速实测值

(三) 夏季洞窟实测风速

图 3.13 为 126 窟工况四、工况五窟内外风速实测值，可以看出，甬道和主室风速变化规律与窟外风速基本一致，风速沿洞窟进深方向大幅度减小，且工况四的风速下降幅度大于工况五。这是因为工况四第 126 窟窟门关闭，洞窟通风口面积减少，同时纱窗的存在增加了洞窟自然通风阻力。工况四窟外最大风速为 0.70m/s，平均风速为 0.28m/s，甬道测点的平均风速为 0.01m/s，主室测点<0.01m/s；工况五窟外最大风速为 0.72m/s，平均风速为 0.48m/s，甬道和主室测点的平均风速分别为 0.13m/s、0.04m/s。

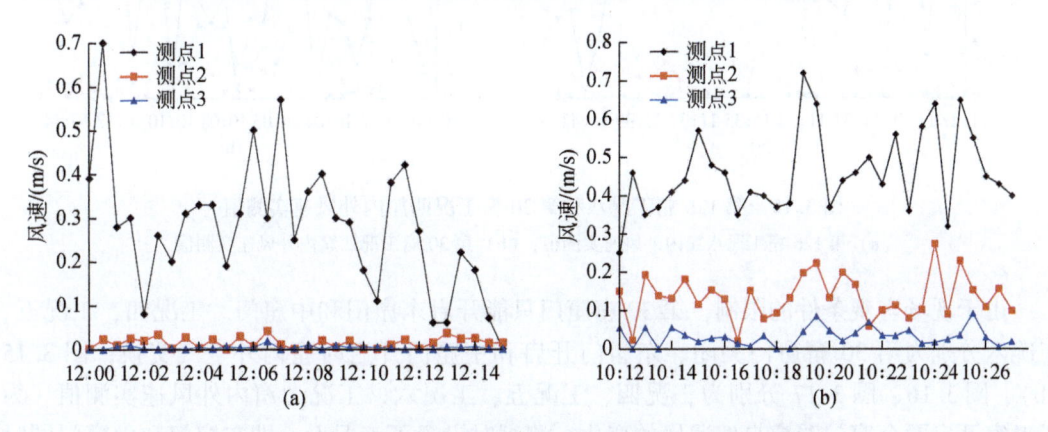

图 3.13 第 126 窟工况四和工况五窟内外风速实测值
(a) 第 126 窟工况四窟内外风速实测值；(b) 第 126 窟工况五窟内外风速实测值

图 3.14、图 3.15（a）分别为第 126 窟工况六、工况七、工况八的窟内外风速实测值。由此可知，甬道和主室风速变化趋势与窟外一致，风速沿洞窟方向大幅度降低。工况

六风速衰减最小，工况七次之，工况八最大，这是由于通风口遮挡高度依次增大，通风口面积依次减小。工况六、工况七、工况八窟外风速最大值依次为 0.56m/s、0.68m/s、0.63m/s，平均风速依次为 0.27m/s、0.35m/s、0.32m/s，甬道测点平均风速依次为 0.07m/s、0.08m/s、0.04m/s，主室测点的平均风速均为 0.01m/s。

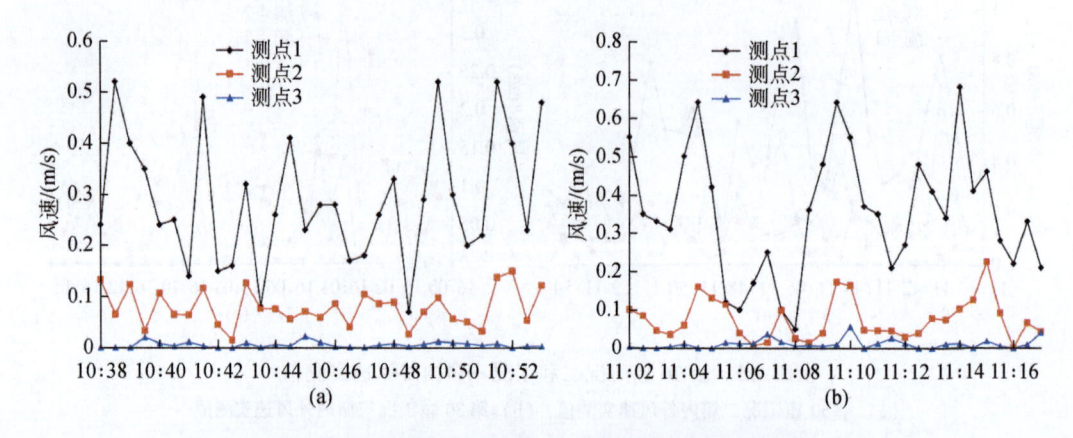

图 3.14 第 126 窟工况六和工况七窟内外风速实测值
（a）第 126 窟工况六窟内外风速实测值；（b）第 126 窟工况七窟内外风速实测值

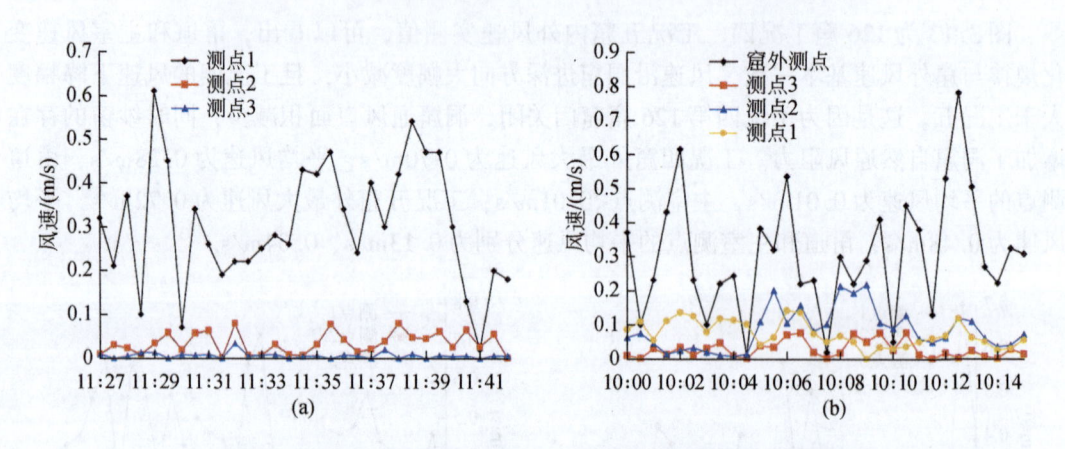

图 3.15 第 126 窟工况八和第 30 窟工况四窟内外风速实测值
（a）第 126 窟工况八窟内外风速实测值；（b）第 30 窟工况四窟内外风速实测值

由于现场客观条件的限制，第 30 窟窟门只能开启东窟门和中窟门。工况四、工况五、工况六分别为第 30 窟窟门关闭、东窟门开启和中窟门开启时窟内外空气交换，图 3.15（b）、图 3.16、图 3.17 分别为工况四、工况五、工况六、工况七窟内外风速实测值。为了考察开启两个窟门洞窟自然通风的变化，测试时设置了工况七，即东窟门和中窟门同时开启时的自然通风测试。

由图 3.15（b）～图 3.17 可知，所有工况下窟内风速变化趋势均与窟外风速一致，窟内风速较窟外风速均大幅度降低，开门位置测点的风速均大于其余测点的风速。工况四窟外风速最大值为 0.78m/s，平均值为 0.36m/s，三个测点平均风速依次为 0.02m/s、

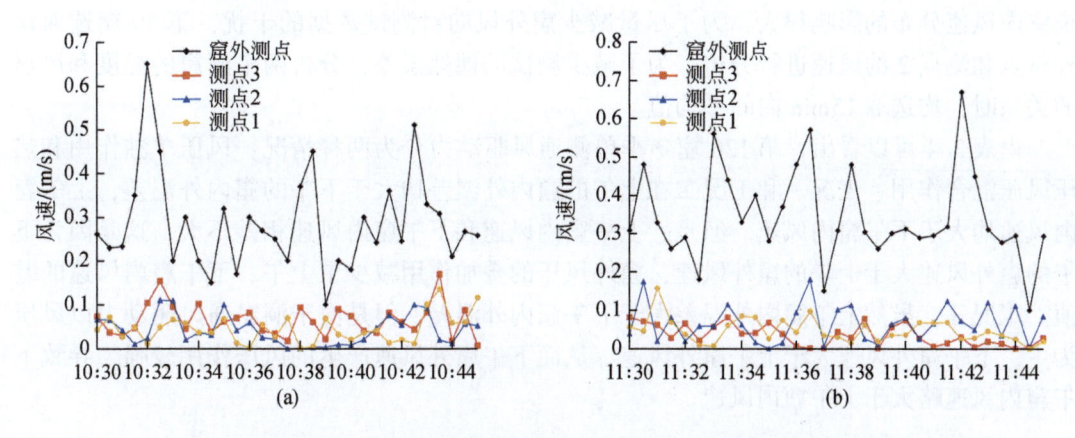

图 3.16　第 30 窟工况五和工况六窟内外风速实测值
(a) 第 30 窟工况五窟内外风速实测值；(b) 第 30 窟工况六窟内外风速实测值

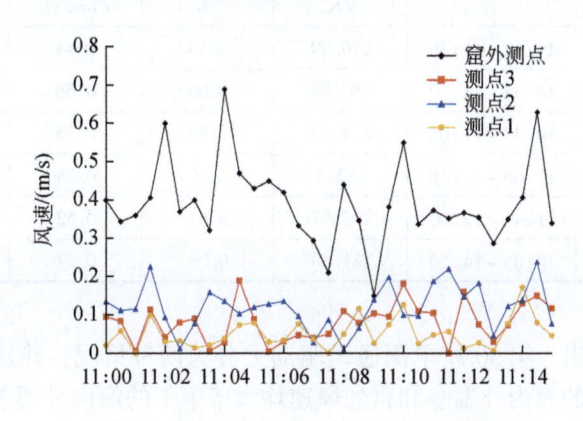

图 3.17　第 30 窟工况七窟内外风速实测值

0.08m/s、0.08m/s；工况五窟外风速最大值为 0.65m/s，平均值为 0.26m/s，三个测点平均风速依次为 0.05m/s、0.04m/s、0.06m/s；工况六窟外风速最大值为 0.67m/s，平均值为 0.32m/s，三个测点平均风速依次为 0.05m/s、0.08m/s、0.04m/s；工况七窟外风速最大值为 0.69m/s，平均值为 0.37m/s，三个测点平均风速依次为 0.05m/s、0.13m/s、0.09m/s。

三、风环境对比分析

（一）温度与风速的关系

温度对洞窟内风速的影响主要是通过窟内外温差形成的热压作用实现的。窟内外温差越大，热压作用越强，由热压作用产生的风速也就越大。由以上工况的实测数据可知，第 126 窟窟内风速沿进深方向下降很快，测点 3 的风速几乎为 0m/s。为增强不同工况洞窟风速对比分析的直观性，选取测点 1 和测点 2 的风速进行分析。风向对于单侧多开口通风系统室内风速分布的影响很大，为了尽量减少窟外风向对测试数据的干扰，第 30 窟选取窟外测点和测点 2 的风速进行分析。为了减少测试的偶然误差，分析两个洞窟的温度和风速的关系时，均选取 15min 内的平均值。

由表 3.4 可以看出，第 126 窟冬季单侧通风驱动力分为两种情况：风压单独作用和热压风压混合作用。工况一和工况二在上午的窟内外温差均大于下午的窟内外温差，上午窟内风速均大于下午窟内风速。但是，上午窟内风速和下午窟内风速相差不大，这是因为下午的窟外风速大于上午的窟外风速，窟外风压的叠加作用减少了上午、下午窟内风速的差值。工况三，虽然上午窟内外温差大于下午窟内外温差，但是由于洞窟通风驱动力以风压为主，下午窟外风速大于上午窟外风速，从而下午窟外风速产生的风压作用较强，导致下午窟内风速略大于上午窟内风速。

表 3.4　冬季第 126 窟温差风速关系

工况编号	测试日期	测试时间	窟外温度/K	窟内外温差/K	窟外风速/(m/s)	窟内风速/(m/s)	Ar 数
工况一	2019 年 12 月 18 日	11:15~11:30	276.99	3.18	0.44	0.08	0.55
		14:35~14:50	280.89	0.06	0.66	0.07	0.01
工况二		10:45~11:00	274.45	2.89	0.35	0.16	0.93
		15:00~15:15	282.5	1.5	0.38	0.14	0.40
工况三		11:45~12:00	275.57	3.62	0.52	0.04	0.02
		14:05~14:20	281.58	0.33	0.57	0.05	0.01

注：Ar 为阿基米德数。

由表 3.5 可以看出，第 30 窟单侧通风驱动力分为两种情况：热压通风、热压风压混合通风。工况一上午的窟内外温差和窟外风速均大于下午的窟内外温差和窟外风速，从而上午风压和热压的总压力较大，导致上午的窟内风速大于下午的窟内风速；工况二下午的窟内外温差大于上午的窟内外温差，但是上午的窟外风速较大，风压作用的叠加使得上午窟内风速大于下午的窟内风速。

表 3.5　冬季第 30 窟温差风速关系

工况编号	测试日期	测试时间	窟外温度/K	窟内外温差/K	窟外风速/(m/s)	窟内风速/(m/s)	Ar 数
工况一	2019 年 12 月 19 日	11:05~11:20	276.57	0.93	0.26	0.15	0.18
		15:00~15:15	273.25	0.70	0.07	0.12	1.93
工况二		11:45~12:00	277.64	0.75	0.48	0.25	0.44
		15:30~15:45	273.67	0.93	0.07	0.12	25.83

热压通风和热压风压混合通风时，窟内外温差较大的测试时段，窟内风速大于另一测试时段的窟内风速。为了进一步分析窟内外温差和风速的关系，在夏季上班时间（10:00~16:00）内对两个洞窟进行窟门关闭工况的自然通风测试。测试时间内的 Ar 数均在 1 左右变化，故洞窟单侧通风驱动力为热压和风压的混合作用。随着窟内外温差增大，窟内风速

也在逐渐增加，且大致呈线性关系：第126窟 $v=0.018\Delta T+0.04$，第30窟 $v=0.027\Delta T+0.03$，如图3.18所示。根据国内外学者对麦积山石窟洞窟微环境的监测可知，洞窟内外空气温度差值不超过10℃。由洞窟窟内外温差与窟内风速的线性关系式可知，窟内外温差的变化不会使窟内风速超过美国采暖、制冷与空调工程师学会（ASHRAE，American Society of Heating, Refrigerating and Air-Conditioning Engineers）推荐的古建筑室内设计风速的上限值0.25m/s。同时由冬夏两季对洞窟内外空气温度的监测可知，麦积山石窟洞窟窟内外温差的变化幅度在5℃以内，变化曲线波动较小；且温差与风速的线性关系式斜率均小于0.1，斜率较小，故可以合理推断窟内外温差对麦积山石窟洞窟自然通风影响不大，窟内外温差不是洞窟自然通风的主要影响因素。

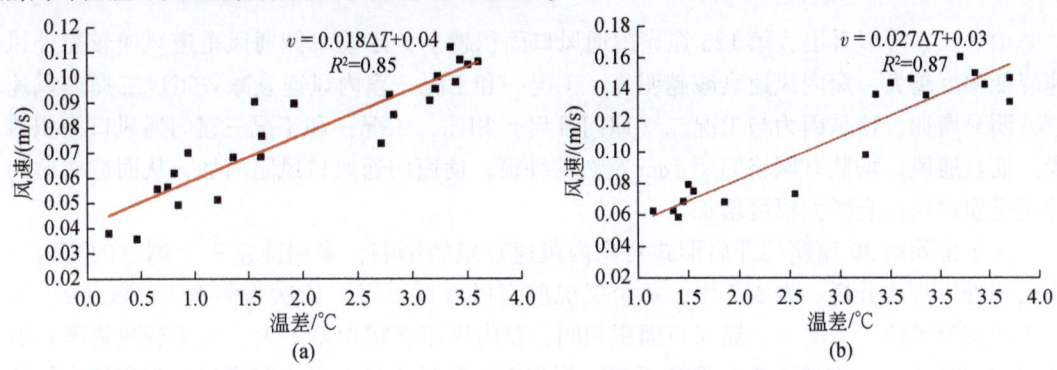

图3.18 夏季第126窟和第30窟窟内风速温差关系图
(a) 夏季第126窟窟内风速温差关系图；(b) 夏季第30窟窟内风速温差关系图

(二) 通风口与风速的关系

两个洞窟窟内风速的变化趋势与窟外风速的变化趋势基本一致，且窟内风速较窟外风速大幅度降低。窟内风速的衰减程度因窟门通风口面积的不同而差异较大，分析冬、夏两季窟内风速衰减与窟门通风口面积的关系，结果如表3.6、表3.7所示。

表3.6 冬季第126窟窟内通风口面积与窟内风速衰减关系

工况编号	通风口面积/m²	窟外风速/(m/s)	甬道风速/(m/s)	风速衰减/%
工况一	0.69	0.44	0.08	81.82
工况二	1.21	0.35	0.16	54.29
工况三	0.28	0.52	0.04	92.31

表3.7 冬季第30窟窟内通风口面积与窟内风速衰减关系

工况编号	通风口面积/m²	窟外风速/(m/s)	前室风速/(m/s)	风速衰减/%
工况一	3.02		0.12	53.85
	3.02	0.26	0.15	42.31
	3.02		0.12	53.85

续表

工况编号	通风口面积/m²	窟外风速/(m/s)	前室风速/(m/s)	风速衰减/%
工况二	3.02	0.48	0.14	70.83
	8.68		0.15	47.92
	3.02		0.12	75.00
工况三	3.02	0.15	0.10	33.33
	3.02		0.06	60.00
	8.68		0.12	20.00

由表 3.6 可以看出，第 126 窟窟门通风口面积越小，冬季单侧通风甬道风速较窟外风速降低幅度越大，窟内风速衰减越明显。工况一和工况三窟内风速衰减较工况二窟内风速衰减明显增加，这是因为与工况二（窟门开启）相比，工况一和工况三窟门通风口面积减少，而且通风口均装有网格间距 1cm 左右的纱窗，使窟门通风口风阻增加，从而造成这两种工况窟内风速衰减大幅度增加。

为了排除第 30 窟窟门开启形式对窟内风速衰减的影响，采用前室三个测点的窟内风速衰减进行对比分析。表 3.7 中，每个工况前室风速自上至下依次为测点 1、测点 2、测点 3 的实测风速。工况一，通风口面积相同，窟内风速衰减相差不大，风速衰减幅度差值基本在 10% 以内。对于工况二和工况三，通风口面积较大的测点，与通风口面积较小的测点相比，窟内风速衰减降低幅度均超过 10%，窟内风速衰减明显有所减小。

为了进一步分析通风口面积对窟内风速衰减的影响，在冬季测试的基础上，夏季测试增加了几组通风口面积递增的工况，通风口面积与风速衰减的关系如表 3.8、表 3.9 所示。

表 3.8 夏季第 126 窟通风口面积与风速衰减关系

工况编号	通风口面积/m²	窟外风速/(m/s)	甬道风速/(m/s)	风速衰减/%
工况四	0.69	0.28	0.01	96.43
工况五	1.21	0.48	0.13	72.92
工况六	0.90	0.27	0.07	74.07
工况七	0.59	0.35	0.08	77.14
工况八	0.29	0.32	0.04	87.50

由表 3.8 可知，随着第 126 窟窟门通风口面积的减小，洞窟夏季单侧通风甬道风速较窟外风速降低幅度在增加，窟内风速的衰减也越明显。工况四窟内风速衰减不符合这种递增的关系，这是因为虽然工况四窟门通风口面积大于工况七、工况八窟门通风口面积，但工况四窟门的四个通风口均装有纱窗，增加了风阻，使得窟内风速衰减幅度骤然增加。

表 3.9　夏季第 30 窟通风口面积与风速衰减关系

工况编号	通风口面积/m²	窟外风速/(m/s)	前室风速/(m/s)	风速衰减/%
工况四	3.02	0.36	0.02	94.44
	3.02		0.08	77.78
	3.02		0.08	77.78
工况五	3.02	0.26	0.05	80.77
	3.02		0.04	84.62
	8.68		0.06	76.92
工况六	3.02	0.32	0.05	84.38
	8.68		0.08	75.00
	3.02		0.04	87.50
工况七	3.02	0.37	0.05	86.49
	8.68		0.13	64.86
	8.68		0.09	75.68

由表 3.9 可知，第 30 窟夏季单侧通风窟内风速衰减规律与冬季窟内风速衰减规律基本一致。窟门通风口面积相同的测点，前室风速较窟外风速降低幅度相差不大；窟门通风口面积增大的测点，前室风速较窟外风速降低幅度明显减小，风速衰减幅度降低了 10% 左右。

第二节　麦积山石窟窟内热湿环境实测分析

一、测试洞窟分类

为了更好地分析麦积山石窟热湿环境的特点，根据洞窟尺寸、窟门通风口大小对热湿环境的影响，将选择测试的 6 个洞窟分为三类（表 3.10），洞窟分布如图 3.19 所示。其中第 127 窟进深较大，属于大型窟。第 101 窟、第 114 窟、第 17 窟尺寸较小，窟门通风口面积小，属于小型窟。第 25 窟、第 14 窟高度较大，进深较浅，窟门通风口面积较大，属于敞口浅窟。

表 3.10　三种类型石窟的尺度特点

类型	进深	通风口	代表性石窟
大型窟	大于 4m	面积小，通风口与窟门面积比小于 0.2	第 127 窟
小型窟	小于 4m	面积小，通风口与窟门面积比小于 0.2	第 101 窟、第 114 窟、第 17 窟
敞口浅窟	小于 2m	面积大，通风口与窟门面积比大于 0.5	第 25 窟、第 14 窟

图 3.19　测试洞窟位置图

(一) 大型窟

麦积山石窟大型窟的数目较少，第 127 窟较为典型。窟内壁画面积大，造像多且保存完好。第 127 窟始建于北魏，宋、元后重修。平面是横长方形，顶部为覆斗式。窟内正、左、右各开一个佛龛，中央有佛像三座，正壁、左壁、右壁各有佛像数座。

第 127 窟有甬道，如图 3.20 所示，甬道进深 2.82m、宽 2.07m、高 2m，主室进深 4.67m、宽 8.02m、高 4.32m。窟门为木制图 3.21（a），宽 1.8m、高 1.95m。窟门上有两个通风口，每个通风口宽 0.42m、高 0.52m。第 127 窟体积大，通风口面积小，如图 3.21 (b) 所示。

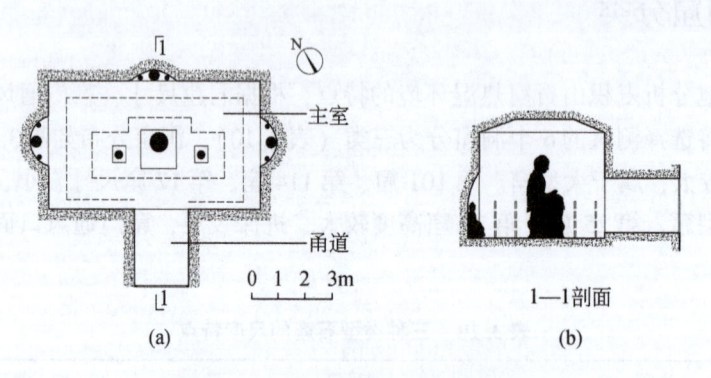

图 3.20　第 127 窟平面图和剖面图
(a) 第 127 窟平面图；(b) 第 127 窟剖面图

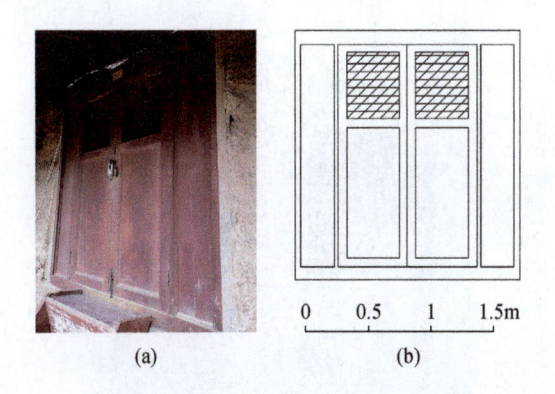

图 3.21　第 127 窟窟门现状和立面图
(a) 第 127 窟窟门现状；(b) 第 127 窟窟门立面图

（二）小型窟

1. 第 101 窟

第 101 窟是北魏晚期建造的石窟，洞窟形制为方形平顶窟。正壁佛像三座，左壁有一座，右壁有两座。窟内壁面和顶部均有壁画，壁画内容有项光和飞天等。图 3.22 是第 101 窟测试图纸，窟内有甬道，通风口面积较小。主室进深 2.19m，宽度 2.17m，高 2.22m；甬道进深 0.67m，宽度 0.69m，高度 1.02m；窟门宽度 0.72m，高度 1.03m；通风口有两扇，每扇宽度 0.2m，高度 0.34m，如图 3.23 所示。

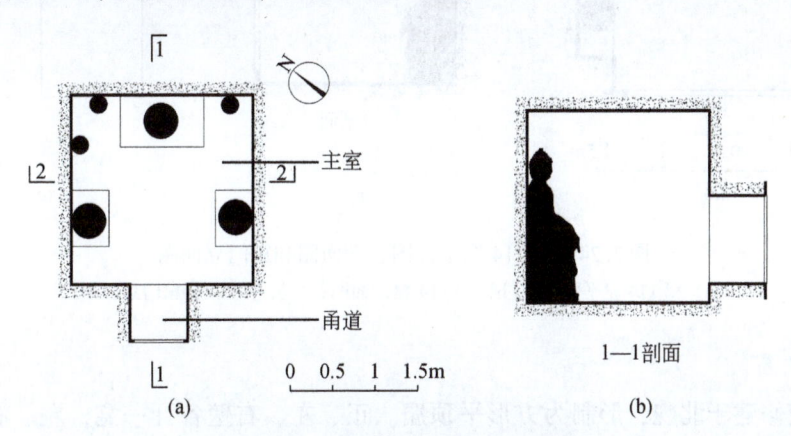

图 3.22　第 101 窟平面图和剖面图
(a) 第 101 窟平面图；(b) 第 101 窟剖面图

2. 第 114 窟

第 114 窟修建于北魏，形制为方形平顶窟，左、右壁前部各开一龛，窟内有佛像数座。与第 101 窟相比，第 114 窟无甬道，窟门面积相对较大。图 3.24 是第 114 窟的测绘图纸，洞窟进深 1.25m，宽度 1.6m，高 1.66m；窟门宽度 1.59m，高度 1.66m；通风口有两扇，每扇宽度 0.46m，高度 0.52m。

图 3.23　第 101 窟窟门现状图

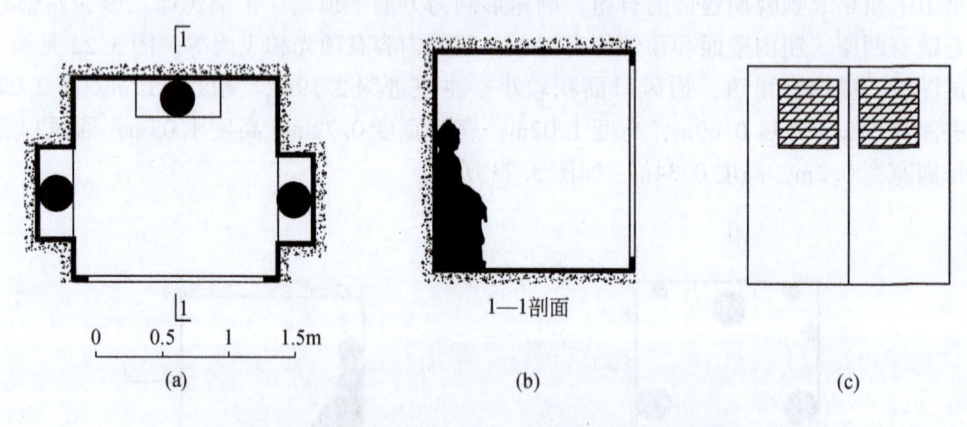

图 3.24　第 114 窟平面图、剖面图和窟门立面图
(a) 第 114 窟平面图；(b) 第 114 窟剖面图；(c) 第 114 窟窟门立面图

3. 第 17 窟

第 17 窟修建于北魏，形制为方形平顶窟。正、左、右壁各开一龛，左、右壁上部各开 4 个小龛，窟内存有少量壁画。图 3.25 是第 17 窟的测绘图纸，第 17 窟进深 0.88m，宽度 2.63m，高 1.78m；窟门宽度 2.63m，高度 1.65m；通风口有两扇，每扇宽度 0.38m，高度 0.75m。

(三) 敞口浅窟

1. 第 25 窟

第 25 窟是个圆券龛，修建于隋，明代进行过重修。窟内有菩萨一身，壁画有项光、

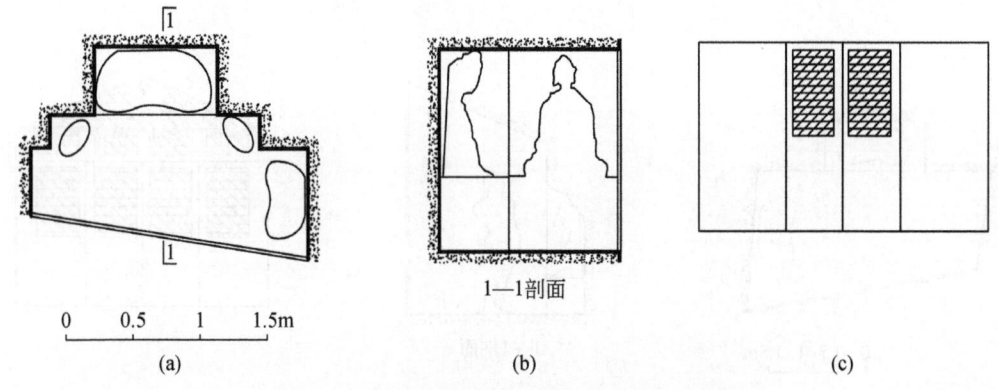

图 3.25　第 17 窟平面图、剖面图和窟门立面图
(a) 第 17 窟平面图；(b) 第 17 窟剖面图；(c) 第 17 窟窟门立面图

须弥座云纹等。如图 3.26 所示，第 25 窟进深较浅，仅为 1.4m，宽度为 3.6m，高度为 4.37m。窟门宽度 3.8m，高度 4.4m，通风口占比大。

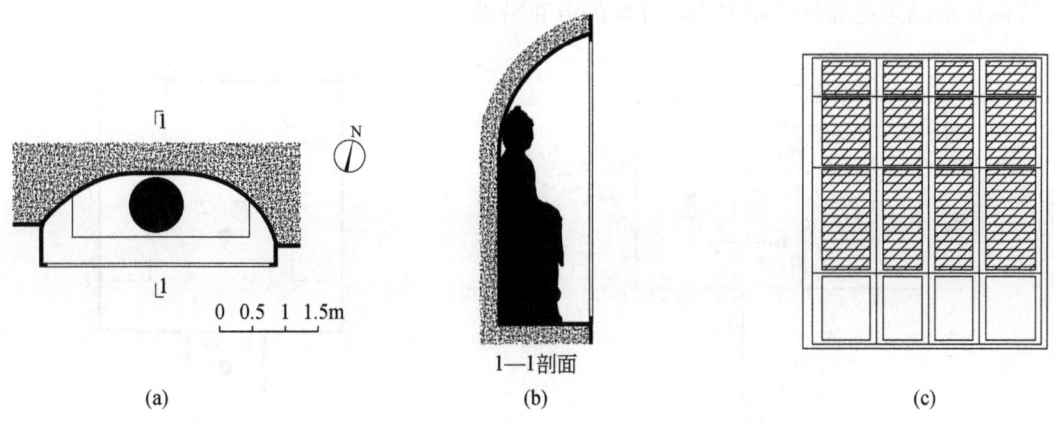

图 3.26　第 25 窟平面图、剖面图和窟门立面图
(a) 第 25 窟平面图；(b) 第 25 窟剖面图；(c) 第 25 窟窟门立面图

2. 第 14 窟

第 14 窟修建于北周，隋代进行过重修。洞窟形制为方形四角攒尖顶，正壁开有一龛。内部有佛像三座。如图 3.27 所示，第 14 窟进深 1.49~2.08m，宽度 3.5m 左右，高 2.47~3.38m；窟门宽度 3.74m，高度 2.52~3.38m；通风口面积约为 6.6m²。

二、典型季节热湿环境测试分析

(一) 测试方案

为了研究典型季节窟内热湿环境分布，对洞窟进行了夏季、雨季、冬季的窟内热湿环境测试。对 6 个窟进行典型季节窟内热湿环境测试，测点分布如图 3.28 所示。有甬道的

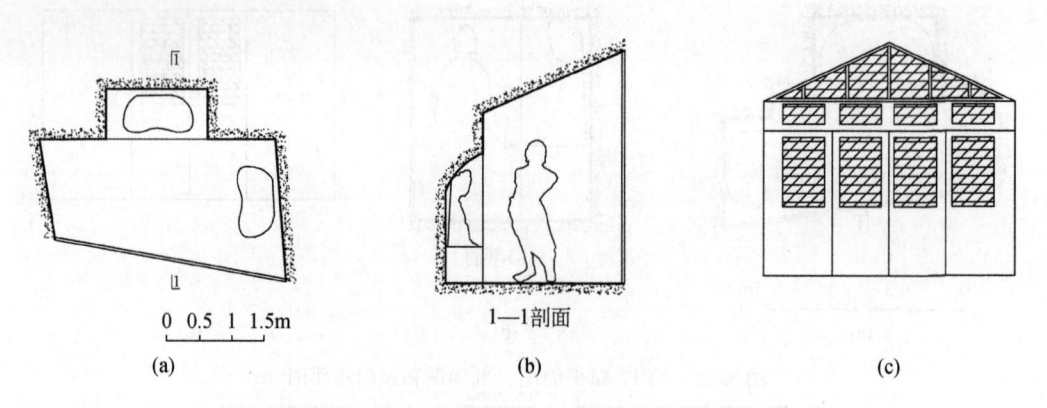

图 3.27　第 14 窟平面图、剖面图和窟门立面图
(a) 第 14 窟平面图；(b) 第 14 窟剖面图；(c) 第 14 窟窟门立面图

石窟测点分布在窟后壁、窟中心以及甬道。无甬道的石窟测点分布在窟后壁、窟中心处。这样测试的结果能够反映窟内热湿环境的分布特点。

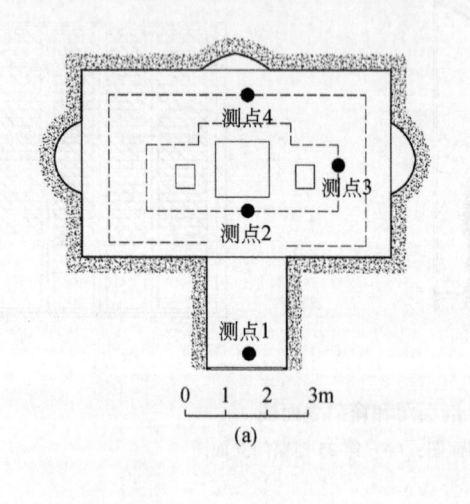

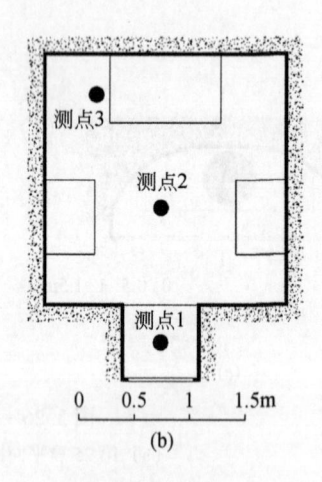

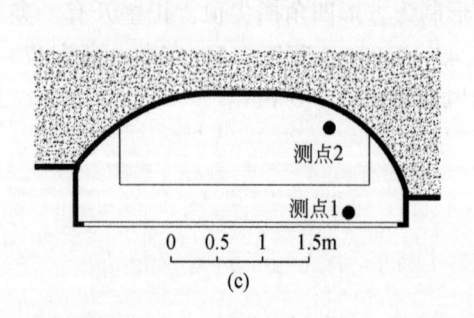

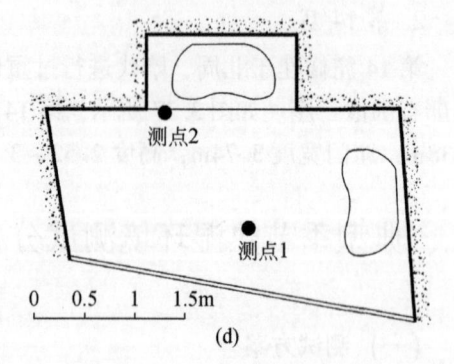

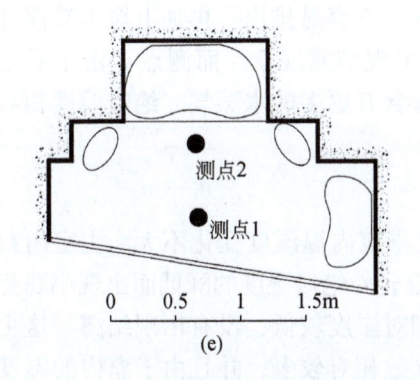

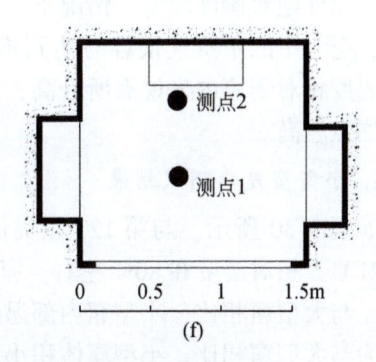

图 3.28　大型窟、小型窟和敞口浅窟典型季节测试点布置图
(a) 第 127 窟测点；(b) 第 101 窟测点；(c) 第 25 窟测点；(d) 第 14 窟测点；(e) 第 17 窟测点；(f) 第 114 窟测点

第 127 窟测点距离主室地面 1.1m；第 101 窟测点 1、3 距离主室地面 0.7m，测点 2 距离主室地面 0.9m。其余 4 个窟距离窟内地面如下：第 25 窟是 1.2m；第 14 窟是 1.2m；第 17 窟是 0.9m；第 114 窟是 0.7m，仪器参数见表 3.1。

(二) 夏季测试结果分析

1. 大型窟夏季测试结果

对第 127 窟 2018 年 8 月 16 日 10：00～20 日 9：00 的窟内外温湿度实测结果进行整理，得到图 3.29。由结果可知，夏季窟外温度较高时，窟内温湿度比较稳定，温度从甬道处到后壁处逐渐降低，相对湿度从甬道处到后壁处逐渐升高。主室内温度在 17～18℃ 之间，相对湿度接近 100%，窟内出现结露。绝对湿度甬道处（测点 1）最低，甬道与主室交接处（测点 2）最高。分析原因，第 127 窟通风口较小，窟内换气次数低，因此在夏季晴天正

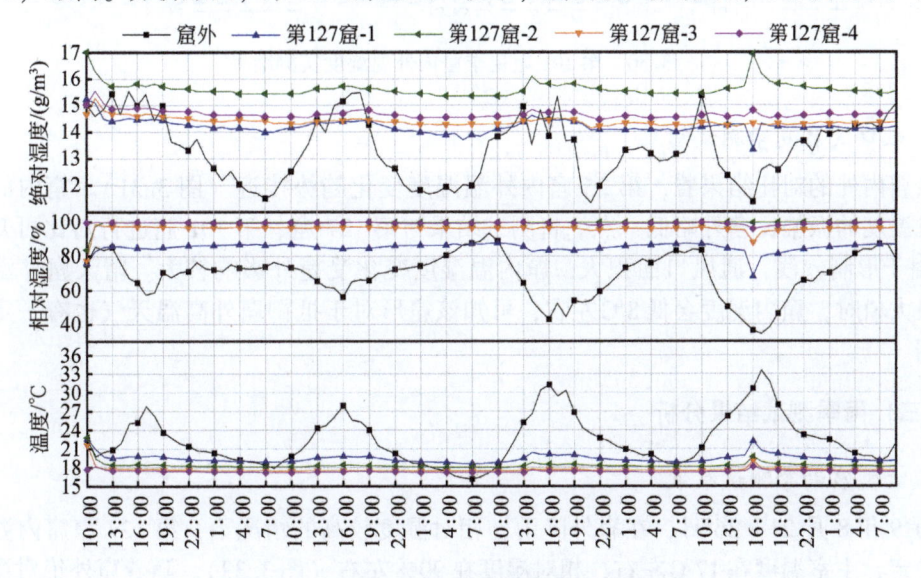

图 3.29　第 127 窟夏季窟内外温湿度实测结果

午时，窟外绝对湿度较低的情况下，窟内空气中的水汽不容易排出。再加上窟内较深处温度低，空气中的水蒸气很容易达到饱和状态，进而出现结露现象。而测点2由于靠近甬道，温度相对于窟内来说有所升高，因此空气中能够含有更多的水蒸气，绝对湿度相对于其他测点较高。

2. 小型窟夏季测试结果

如图3.30所示，与第127窟类似，第101窟夏季窟内温湿度变化不大，主室内温度20~21℃，相对湿度在80%左右。窟内绝对湿度随着窟外绝对湿度的降低而出现小趋势的下降。与大型窟相比，小型窟内部温度相对较高，相对湿度较低，没有出现结露。这主要是因为与大型窟相比，小型窟体积小，洞窟的换气次数相对较多，并且由于窟内的温度较高，窟内的相对湿度没有像大型窟那样出现100%的现象，但洞窟内仍然处在潮湿的状态。

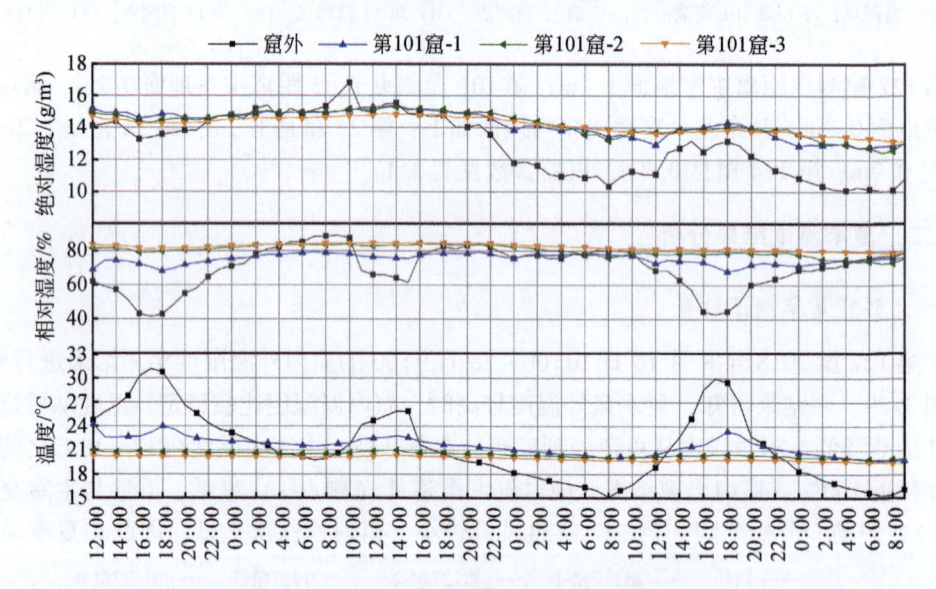

图3.30 第101窟夏季窟内外温湿度实测结果

3. 敞口浅窟夏季测试结果

从窟内外的对比结果看，第25窟内外温湿度变化趋势接近（图3.31）。窟内的温度和相对湿度的振幅比窟外略低一点。将测试结果与第127窟、第101窟进行对比可知，第25窟由于形制较浅，通风口面积大，窟内温湿度变化受窟外影响较大。晴天窟外温度出现日最大值时，窟内温度会低8℃左右，可知该窟形对于抵御窟外高温天气也有一定的积极作用。

(三) 雨季测试结果分析

1. 大型窟雨季测试结果

2019年8月21~26日，在窟外降雨，相对湿度较高的情况下，第127窟窟内温湿度较为稳定，主室温度在17℃左右，相对湿度在90%左右（图3.32）。随着窟外绝对湿度的升高，窟内绝对湿度也有小幅度增长的趋势。与夏季非降雨天气相比，虽然窟外相对湿度

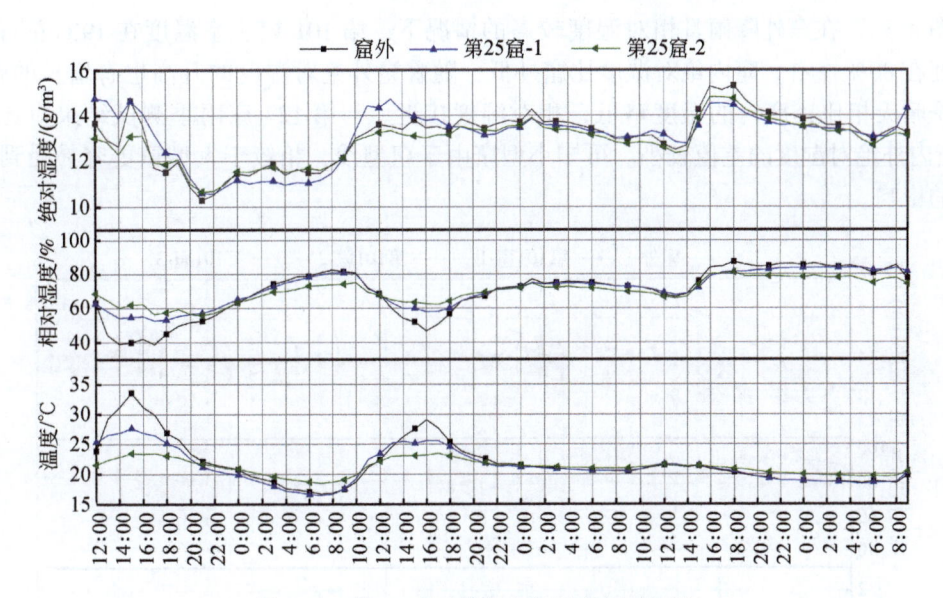

第三章　麦积山石窟微气候及材料物性参数测试研究

图3.31　第25窟夏季窟内温湿度实测结果

较高，窟内相对湿度反而低于100%。分析这种现象产生的原因，降雨天气导致窟外的温度降低，绝对湿度相较于晴天出现下降。同时由于换气次数较少，雨天封闭窟门的情况下，窟外的水汽不容易进入窟内，因此出现窟内绝对湿度小于窟外的情况。相对湿度与最高时相比，也有了一定程度的降低。

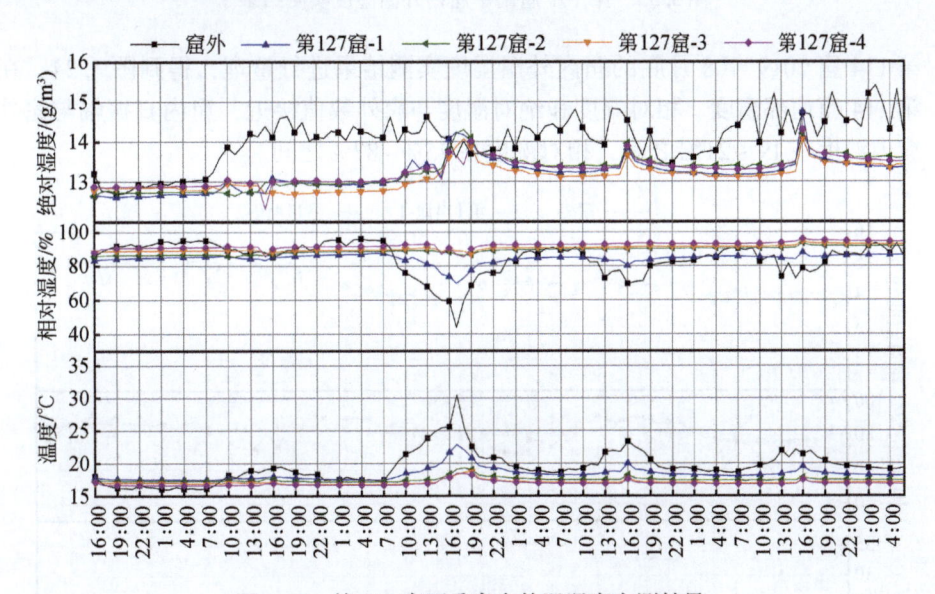

图3.32　第127窟雨季窟内外温湿度实测结果

2. 小型窟雨季测试结果

对第101窟2019年8月21日16:00~26日9:00的窟内外温湿度实测结果进行整理，

得到图3.33。在窟外降雨且相对湿度较高的情况下，第101窟主室温度在19℃左右，相对湿度在80%左右。窟内绝对湿度比窟外低，随着窟外绝对湿度的升高也有增长的趋势。与夏季晴天相比，窟内的温度略低，相对湿度接近。与第127窟雨季测试结果对比，第101窟内外绝对湿度的差值较小。可知小型窟由于窟型浅，相较于大型窟更容易受到窟外水汽的影响。

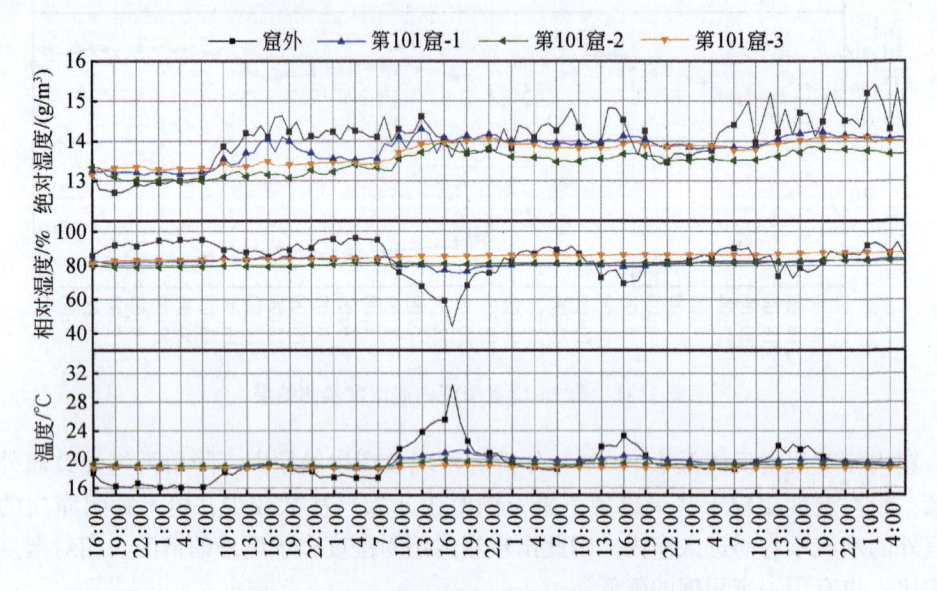

图3.33　第101窟雨季窟内外温湿度实测结果

对第114窟2019年8月底的窟内外温湿度实测结果进行整理，得到图3.34。在降雨天气，第114窟内部温度、相对湿度和绝对湿度与窟外数值接近，窟内日振幅与窟外相比较小。窟内温度在19~21℃之间，相对湿度在75%~87%之间。

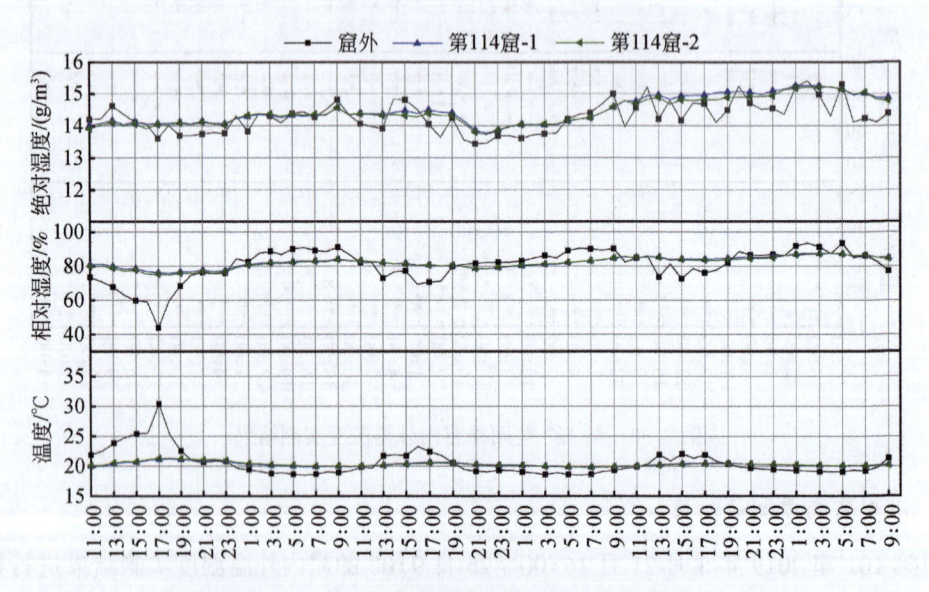

图3.34　第114窟雨季窟内外温湿度实测结果

第三章 麦积山石窟微气候及材料物性参数测试研究

图 3.35 是第 17 窟雨季的测试结果，如图所示，在一天时间内，窟外温度最大值为 16.3℃，最小值为 14.5℃。窟内温度相对稳定。测点 1 的温度波动为 17.0～19.9℃。测点 2 的温度波动较小，在 18.1～19.9℃之间。从温度测试结果可知，进深越大，温度越稳定，受窟外的影响越小。雨天窟内相对湿度比窟外低，测点 1 相对湿度在 75.7%～85.4% 之间，测点 2 的相对湿度在 74.3%～78.8% 之间。进深越大处，相对湿度越小，也更为稳定，受窟外的影响越小。绝对湿度窟内外波动幅度一致，差别不大，在 11.9～13.1g/m³ 之间。

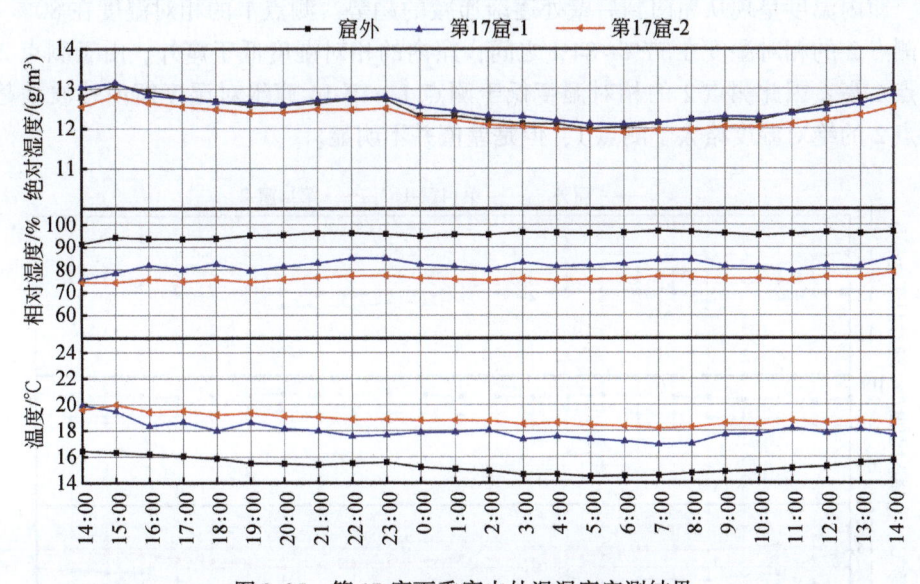

图 3.35 第 17 窟雨季窟内外温湿度实测结果

3. 敞口浅窟雨天测试结果

如图 3.36 所示，雨季第 25 窟内部温湿度波动趋势与窟外基本一致，窟内温度比窟外

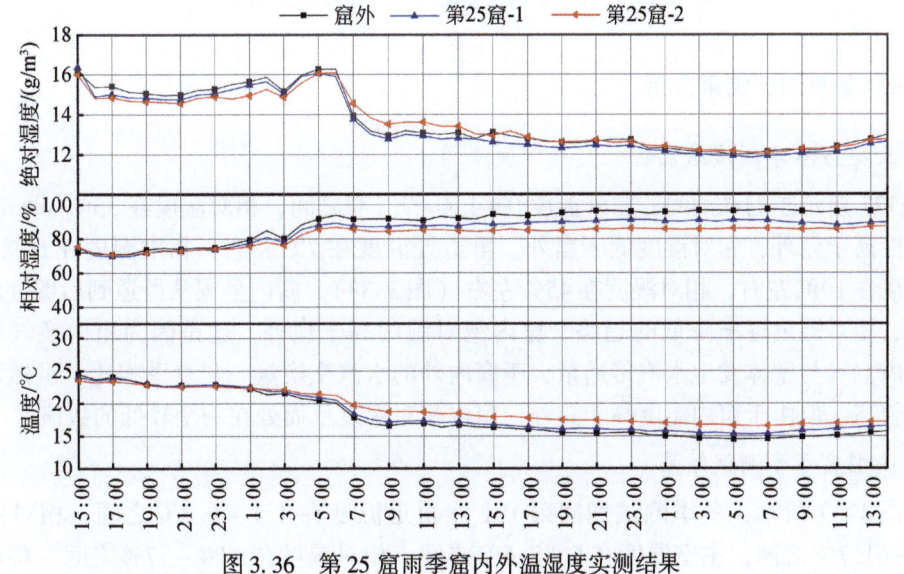

图 3.36 第 25 窟雨季窟内外温湿度实测结果

略高，相对湿度比窟外略低一些。这是因为崖体温度相对比较稳定，在窟外温度降低时，窟内温度受到崖体温度的影响，相对较高。

第14窟在降雨天，窟内温度波动幅度较小，全天窟外温度振幅为1.7℃，测点1温度振幅为2.2℃，测点2温度振幅为1.7℃（图3.37）。由此可见，窟内温度波动幅度基本与窟外一致。测点1的温度比窟外高0.5~1.7℃，测点2的温度比窟外高1.9~2.7℃。这是因为测点2更靠近崖体，温度受崖体影响较大。由温度分布可知，在雨天，窟外温度相对较低时，窟内温度呈现从窟门到后壁处逐渐递减的趋势。测点1的相对湿度在80%~89%之间，测点2的相对湿度在77%~84%之间，窟内的相对湿度低于窟外。由于测点2的温度比测点1高，因此测点2的相对湿度低于测点1。第14窟绝对湿度窟内外波动趋势一致，测点2的绝对湿度略大于测点1，但是差值并不明显。

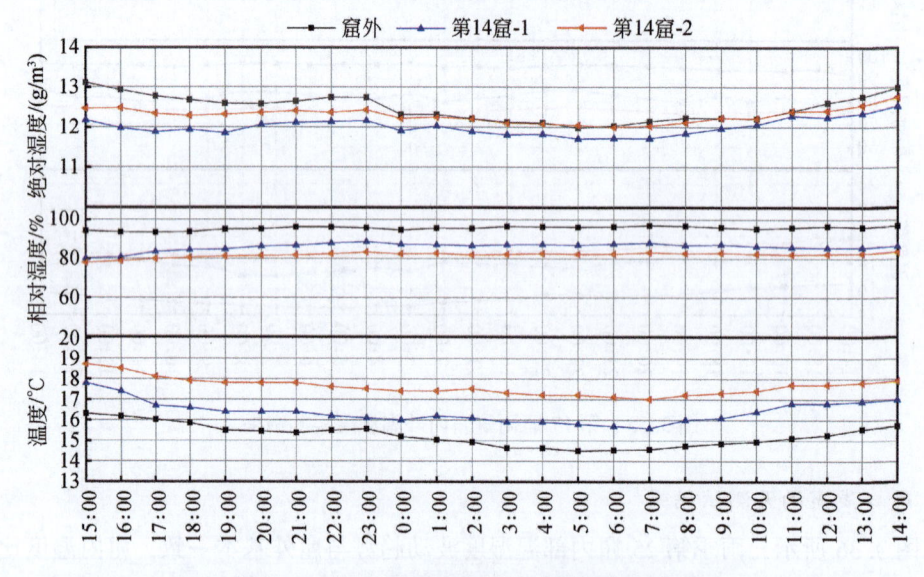

图3.37 第14窟雨季窟内外温湿度实测结果

（四）冬季测试结果分析

1. 大型窟冬季测试结果

第127窟冬季测试期间，窟外温度在-4.4~7.1℃之间，相对湿度在35%~96%之间。窟内温度高于窟外，相对湿度低于窟外。甬道处温度在7℃左右，相对湿度在50%左右；主室温度在10℃左右，相对湿度在45%左右（图3.38）。窟内呈现从甬道到后壁处温度逐渐升高，相对湿度逐渐降低的趋势。窟内绝对湿度高于窟外，这是因为窟内换气次数较低，窟内空气与壁体发生水汽传递量大于窟内外的水汽交换量。与夏季相比，虽然窟外相对湿度较高，但由于窟内温度高于窟外，窟内相对湿度反而处在一个较低的数值。

2. 小型窟冬季测试结果

如图3.39所示，冬季测试期间第101窟甬道温度在4.1~9.3℃之间，相对湿度在43.5%~61.7%之间；主室温度在6~8.6℃之间，相对湿度在44%~57%之间。窟内温度和绝对湿度高于窟外，相对湿度低于窟外。与夏季相比，窟内温度和相对湿度都较低。

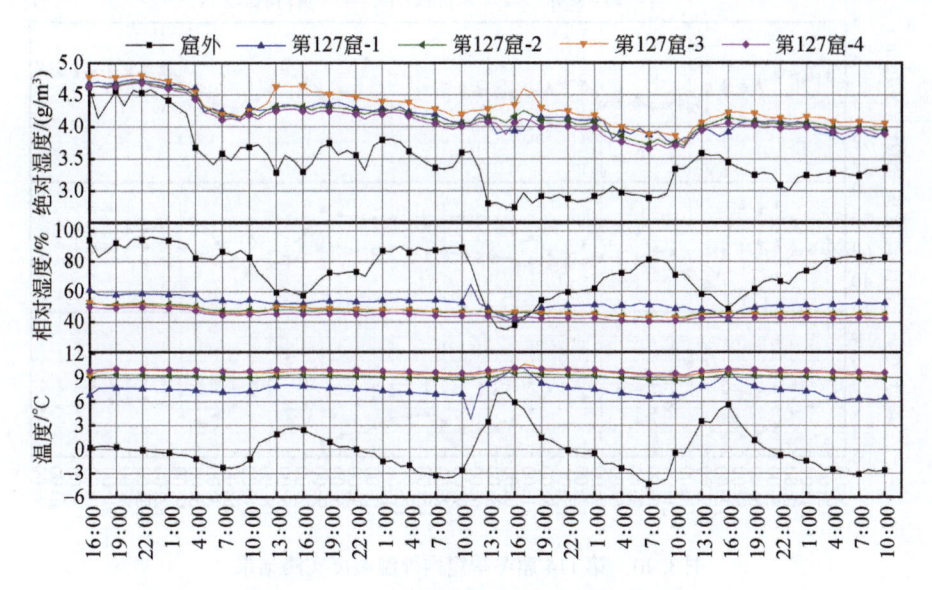

图3.38 第127窟冬季窟内外温湿度实测结果

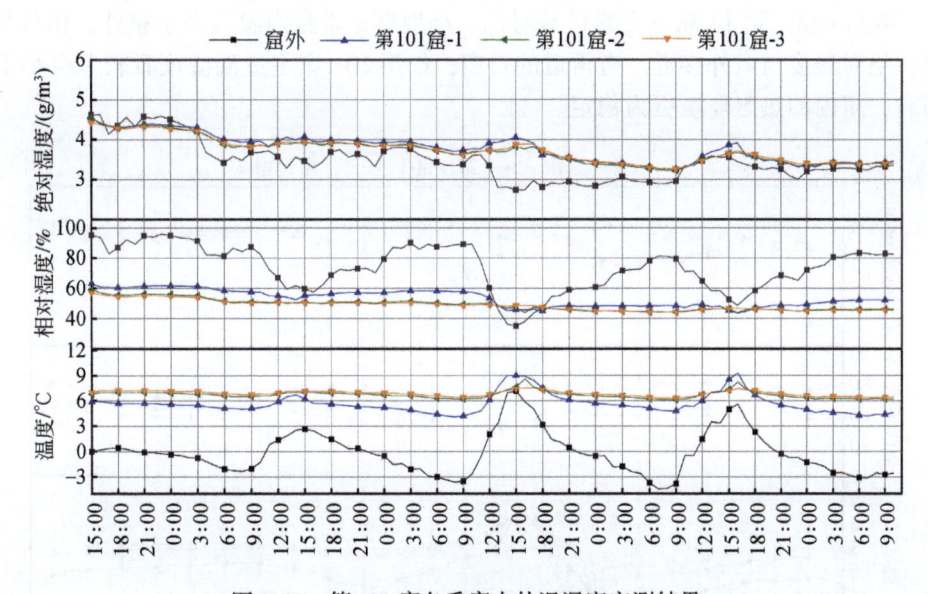

图3.39 第101窟冬季窟内外温湿度实测结果

对第114窟冬季测试结果进行整理得到图3.40。第114窟温度、相对湿度和绝对湿度变化趋势基本与窟外一致。测试期间，窟内温度高于窟外，相对湿度低于窟外，绝对湿度与窟外接近。与第101窟相比，第114窟没有甬道，因此温湿度没有第101窟稳定，日波动较为明显。以测点1为例，测试期间温度在-0.2~8.5℃之间，相对湿度在37%~67%之间。第114窟温度和相对湿度的日较差均大于第101窟。

图3.40 第114窟冬季窟内外温湿度实测结果

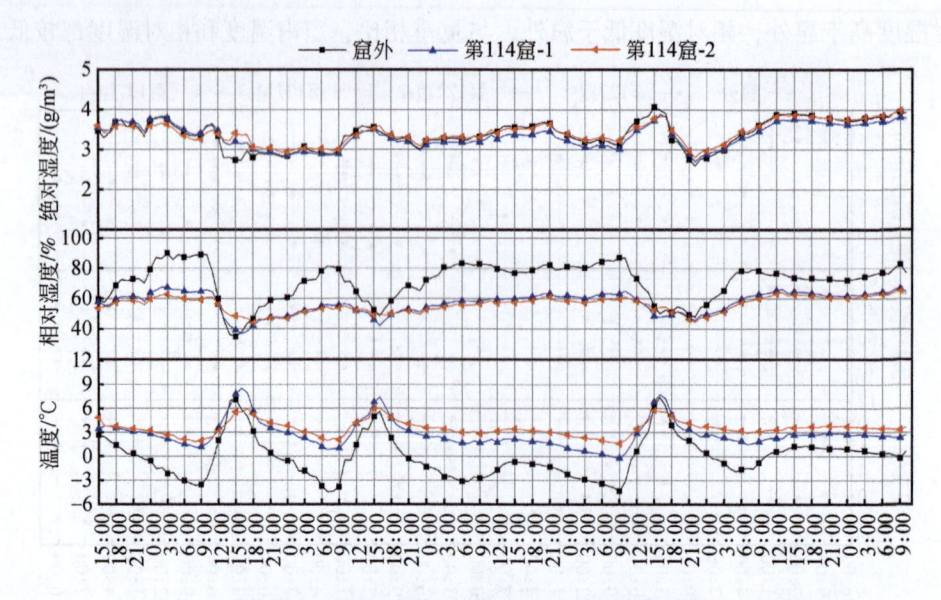

第17窟内部温度在-1~6.9℃之间，相对湿度在43%~72%之间（图3.41）。将第101窟、第114窟、第17窟三个窟进行对比，小型窟冬季窟内温度高于窟外，相对湿度低于窟外，绝对湿度与窟外接近。有甬道的石窟，如第101窟主室温湿度日较差会小于无甬道的石窟，窟内的热湿环境更为稳定。

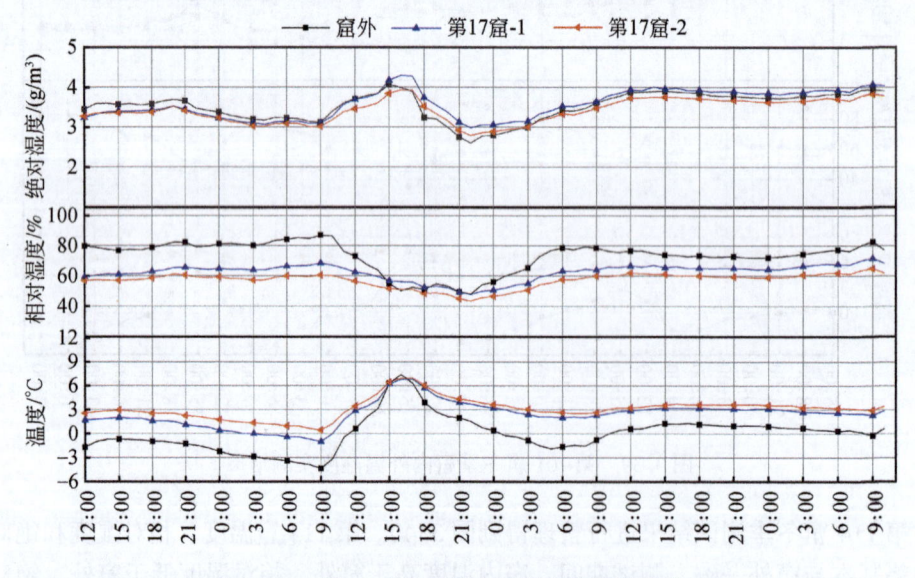

图3.41 第17窟冬季窟内外温湿度实测结果

3. 敞口浅窟冬季测试结果分析

对第25窟冬季测试结果进行整理，得到图3.42。第25窟内部冬季热湿环境变化趋势与窟外一致，窟内温度比窟外略高，相对湿度比窟外略低，绝对湿度基本一致。

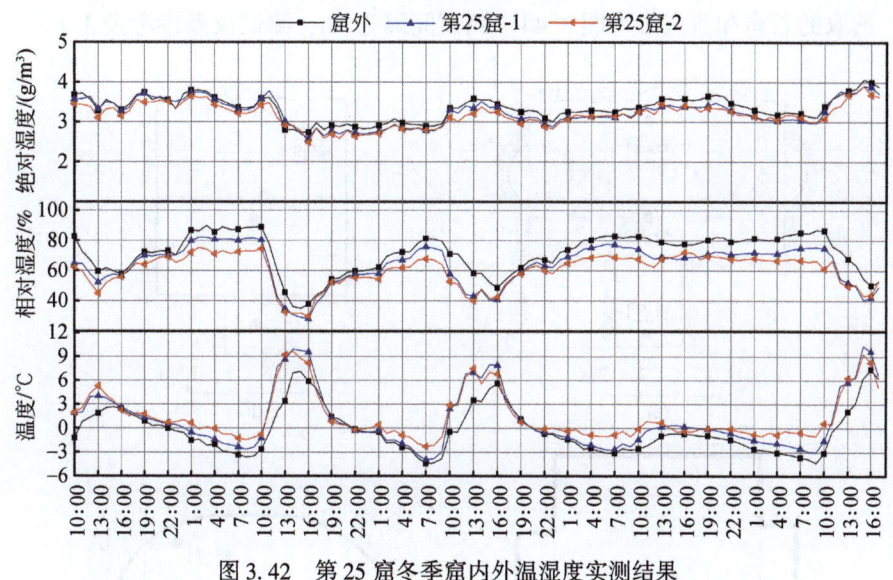

图 3.42　第 25 窟冬季窟内外温湿度实测结果

与第 25 窟相似，第 14 窟这类敞口浅窟热湿环境波动幅度基本与窟外一致，但也呈现出从窟口到后壁温度逐渐升高、相对湿度逐渐递减的趋势，只是变化趋势不如较为封闭的小型窟明显（图 3.43）。

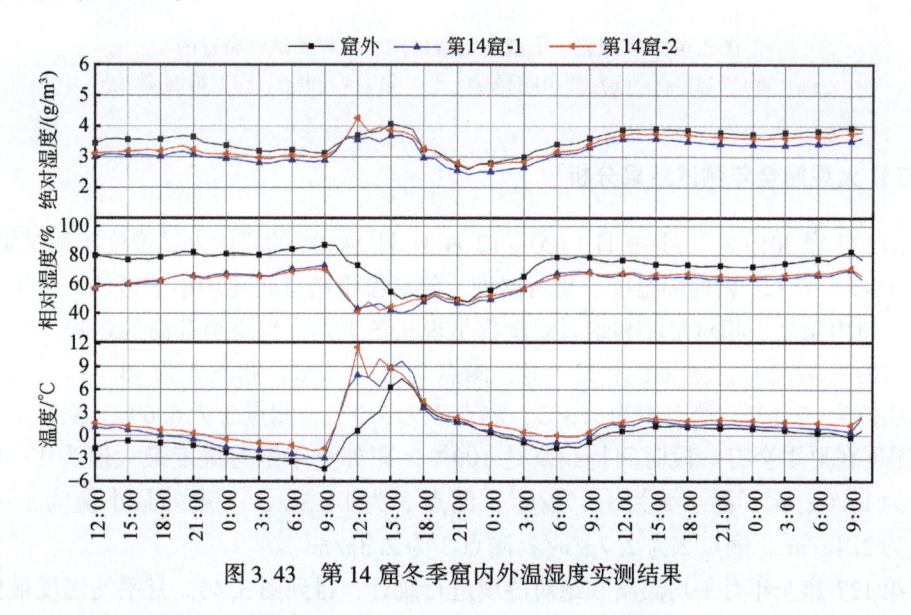

图 3.43　第 14 窟冬季窟内外温湿度实测结果

三、全年热湿环境测试

（一）测试方案

为了分析麦积山石窟全年热湿环境的特点，选取了三种类型的石窟进行全年的热湿环境测试，选取的石窟和测点参考图3.44，测试间隔为1h，测试仪器参考表3.1。

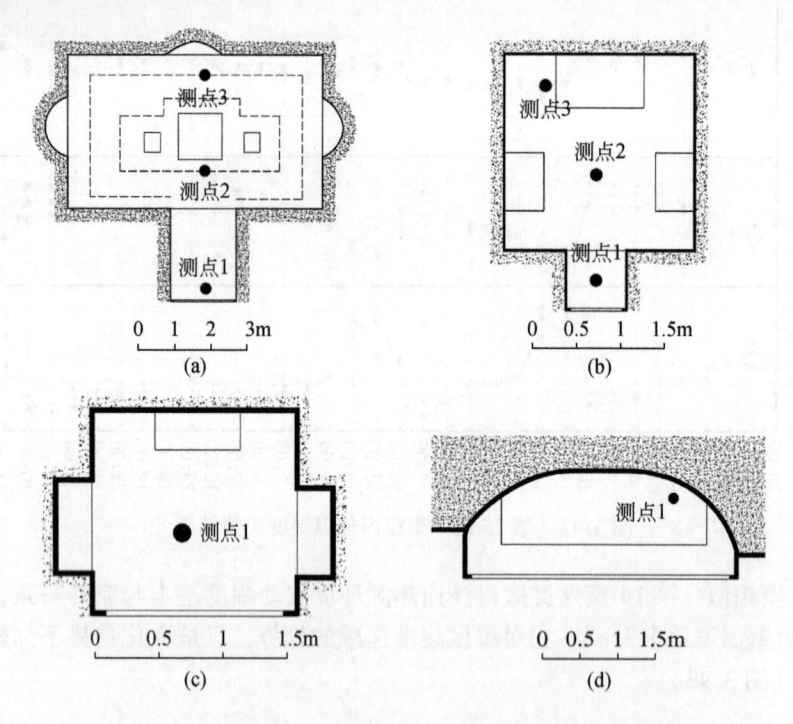

图3.44 大型窟、小型窟和敞口浅窟全年测试点布置图
(a) 第127窟测点；(b) 第101窟测点；(c) 第114窟测点；(d) 第25窟测点

(二) 大型窟全年测试结果分析

对第127窟2019年1月16日1:00~12月31日24:00的窟内外温湿度实测结果整理，得到图3.45。第127窟内部温度、相对湿度、绝对湿度的日较差均小于窟外。从年变化趋势上看，窟内温度、相对湿度和绝对湿度都呈现从冬季到夏季逐渐升高的趋势。窟外全年温度最大值为32.2℃，测点1为22.9℃，测点2为21.9℃，测点3为18.4℃。窟外全年温度最小值为-9.1℃，测点1为1.3℃，测点2为5.3℃，测点3为6.6℃。测点2和测点3相对湿度在夏季会有一段时间持续高达100%。窟外全年绝对湿度最大值为17.4g/m³，测点1为15.0g/m³，测点2为15.7g/m³，测点3为14.3g/m³。窟外最小值为1.4g/m³，测点1为2.4g/m³，测点2为2.7g/m³，测点3为2.3g/m³。

对第127窟全年月平均温度和绝对湿度进行统计，得到图3.46。月平均温度最低值出现在1、2月，窟外最高值出现在7月，窟内出现在8月。温度年较差呈现窟外>测点1>测点2>测点3，窟外为21.2℃，测点3为8.1℃，二者相差13.1℃。窟内温度全年波动趋势更为稳定。绝对湿度最大值出现在8月，最小值出现在1月。窟外绝对湿度年较差为10.0g/m³，窟内为10.2g/m³左右，绝对湿度年较差窟内、窟外比较接近。

对第127窟全年相对湿度进行统计，得到图3.47。窟外相对湿度月平均值在53.7%~81.2%之间，3月最低，9月最高，全年整体波动趋势没有较为明显的变化。窟内相对湿度

图 3.45 第 127 窟全年窟内外温湿度实测结果

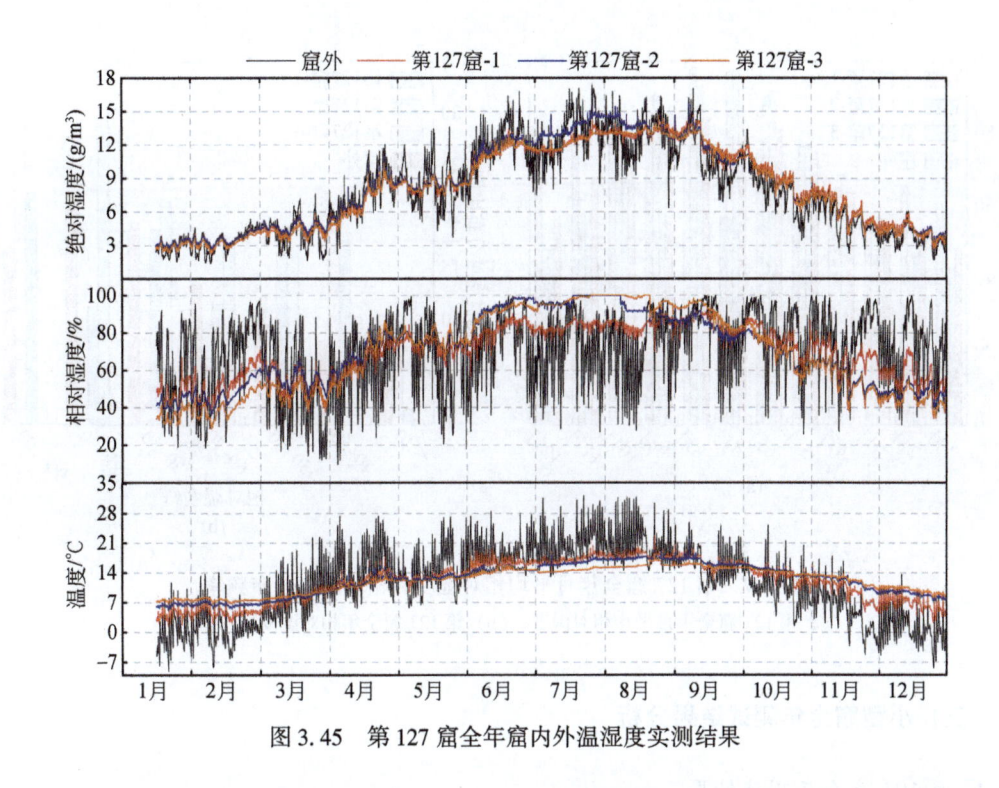

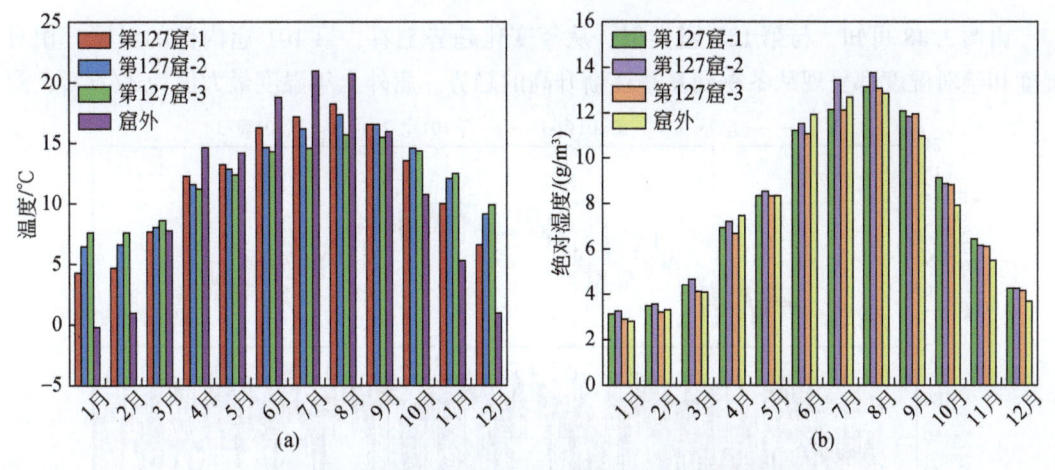

图 3.46 第 127 窟全年月平均温度和月平均绝对湿度
(a) 第 127 窟全年月平均温度；(b) 第 127 窟全年月平均绝对湿度

全年变化呈现冬季低，夏季高的趋势。三个测点月平均值最低值出现在 1 月，为 36.1%~48.3%，最大值出现在 7~9 月，为 83.0%~97.8%。测试期间，窟外相对湿度 70% 以上所占的比重最大，占总数的 58.1%；窟内相对湿度 70% 以上所占的比重为 52.5%~53.8%，比窟外略低。甬道处（测点 1）相对湿度 90% 以上所占的比重最低，占比 1.8%；主室内（测点 2 和测点 3）所占比重分别为 22.3% 和 28.9%，比窟外高。由结果可知，大型窟窟内比窟外更为潮湿。

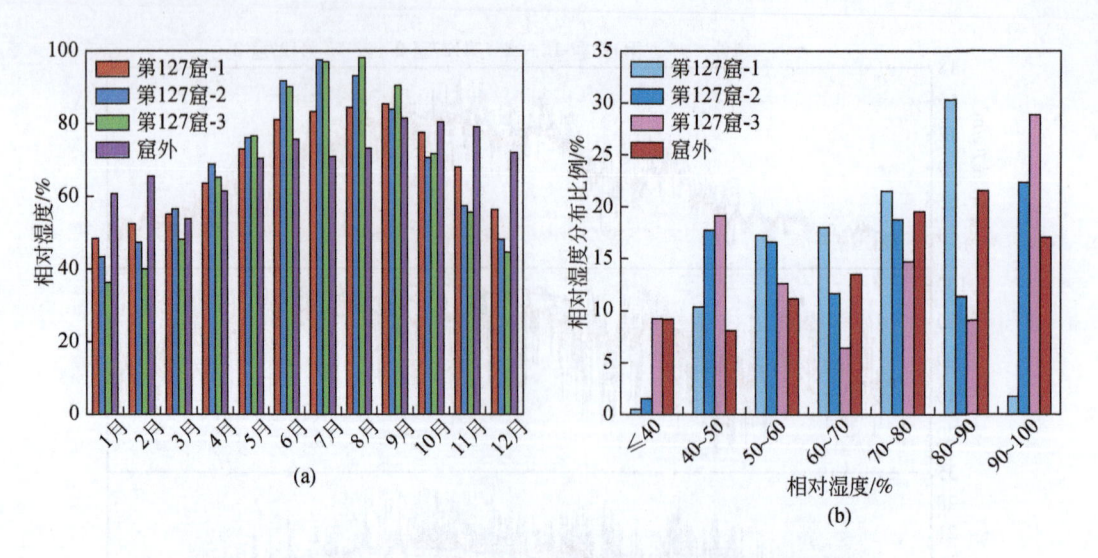

图 3.47　第 127 窟全年月平均相对湿度和相对湿度分布频率
(a) 第 127 窟全年月平均相对湿度；(b) 第 127 窟全年相对湿度分布频率

(三) 小型窟全年测试结果分析

1. 第 101 窟全年测试结果

由图 3.48 可知，与第 127 窟类似，从年变化趋势上看，第 101 窟内部的温度、相对湿度和绝对湿度都呈现从冬季到夏季逐渐升高的趋势。窟外全年温度最大值为 32.2℃，测

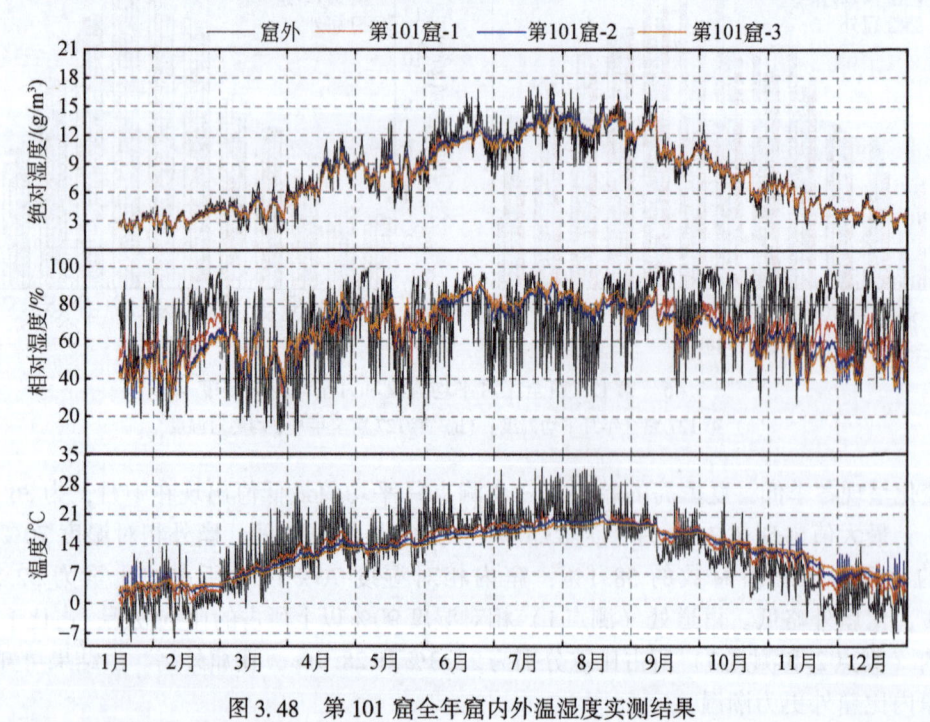

图 3.48　第 101 窟全年窟内外温湿度实测结果

点 1 为 22.1℃，测点 2 为 20.8℃，测点 3 为 19.5℃。窟外全年温度最小值为 -9.1℃，测点 1 为 -0.8℃，测点 2 为 1.5℃，测点 3 为 2℃。全年绝对湿度最大值窟外为 17.4g/m³，窟内为 15.8g/m³。全年绝对湿度最小值窟外为 1.4g/m³，窟内为 1.9g/m³。

对第 101 窟全年月平均温度和绝对湿度进行统计，得到图 3.49。窟外月平均温度最低值出现在 1 月，窟外最高值出现在 7 月，窟内最高值出现在 8 月。温度年较差窟外>测点 1>测点 2>测点 3，窟外为 21.2℃，测点 3 为 14.5℃，二者相差 6.7℃。从温度全年波动趋势上看，窟内更为稳定。窟外绝对湿度月平均值与窟内较为接近，差别不大。

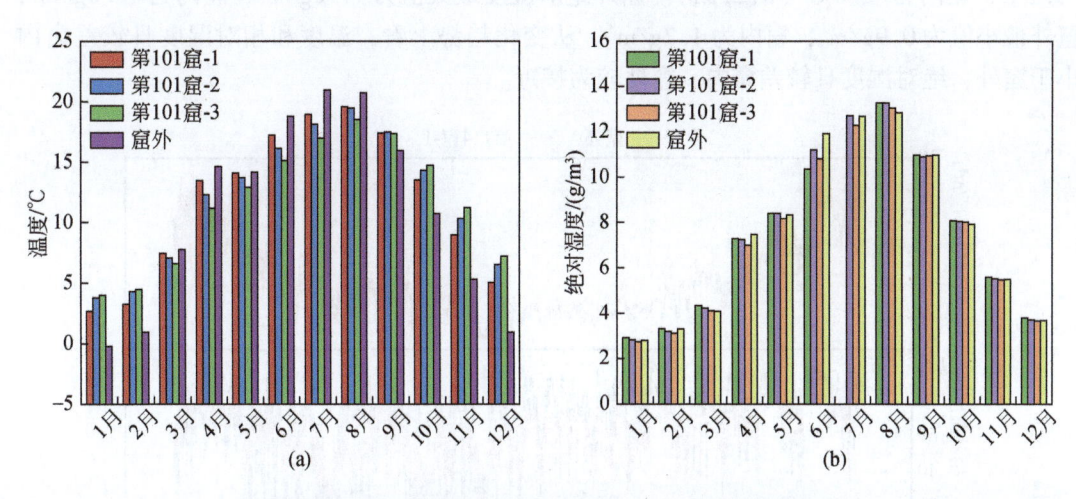

图 3.49 第 101 窟全年月平均温度和月平均绝对湿度
(a) 第 101 窟全年月平均温度；(b) 第 101 窟全年月平均绝对湿度

对第 101 窟全年相对湿度进行统计，得到图 3.50。窟内相对湿度全年变化呈现冬季低，夏季高的变化趋势。三个测点月平均值最低值出现在 1 月，为 42.8%~49.9%，最大

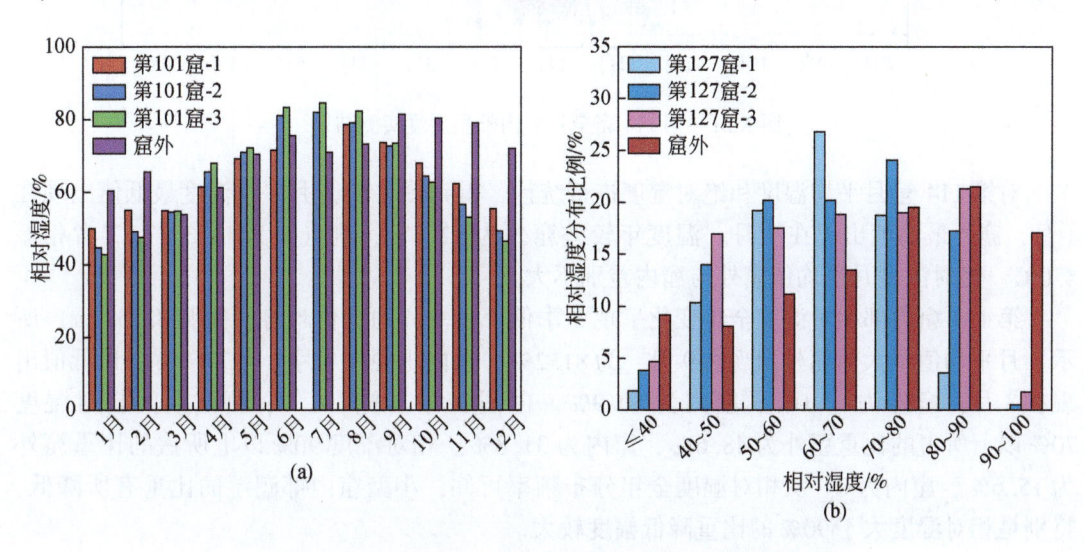

图 3.50 第 101 窟全年月平均相对湿度和相对湿度分布频率
(a) 第 101 窟全年月平均相对湿度；(b) 第 101 窟全年相对湿度分布频率

值出现在7~8月，为78.6%~84.4%。测试期间主室相对湿度70%以上所占的比重为42.0%左右，比窟外低16%。相对湿度90%以上主室内所占比重为1%左右，比窟外低。与大型窟相比，小型窟相对湿度90%以上所占的比重较低，相对湿度70%以上所占的比重也有所下降。

2. 第114窟全年测试结果

第114窟全年测试期间温度最大值窟外为30.5℃，窟内为22.0℃；最小值窟外为-9.1℃，窟内为-2.6℃（图3.51）。窟外绝对湿度最大值为17.2g/m³，窟内为15.6g/m³；窟外最小值为0.9g/m³，窟内为1.2g/m³。从变化趋势上看，温度和相对湿度日较差窟内小于窟外，绝对湿度日较差窟内、窟外较为接近。

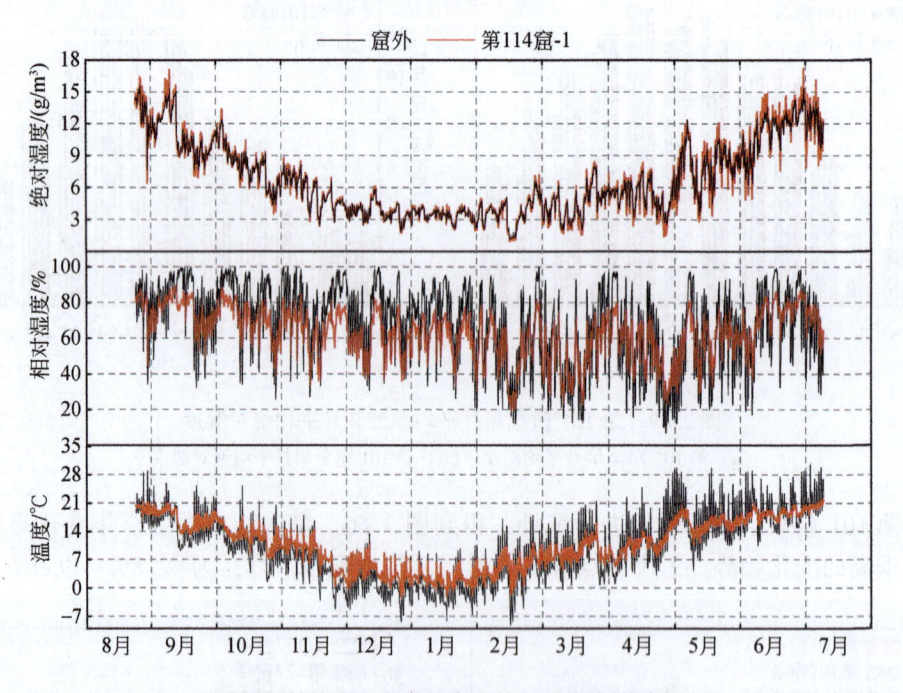

图3.51 第114窟全年窟内外温湿度实测结果

对第114窟月平均温度和绝对湿度进行统计，得到图3.52。月平均温度最低值出现在1月，窟外最高值出现在7月。温度年较差窟外为22.3℃，测点1为18.3℃，二者相差4.0℃。绝对湿度月平均值窟外与窟内差别不大。

第114窟内部相对湿度全年变化呈现冬季低，夏季高的变化趋势，如图3.53（a）所示。月平均值最大值窟外出现在9月，为81.2%，窟内出现在8月，为77.2%；最低值出现在3月，窟外为53.0%，窟内为50.9%。由图3.53（b）可知，测试期间相对湿度70%以上所占的比重窟外为48.6%，窟内为31.8%。相对湿度90%以上所占的比重窟外为15.6%，窟内为0。从相对湿度全年分布频率可知，小型窟内部潮湿的比重有所降低，特别是相对湿度大于90%的比重降低幅度较大。

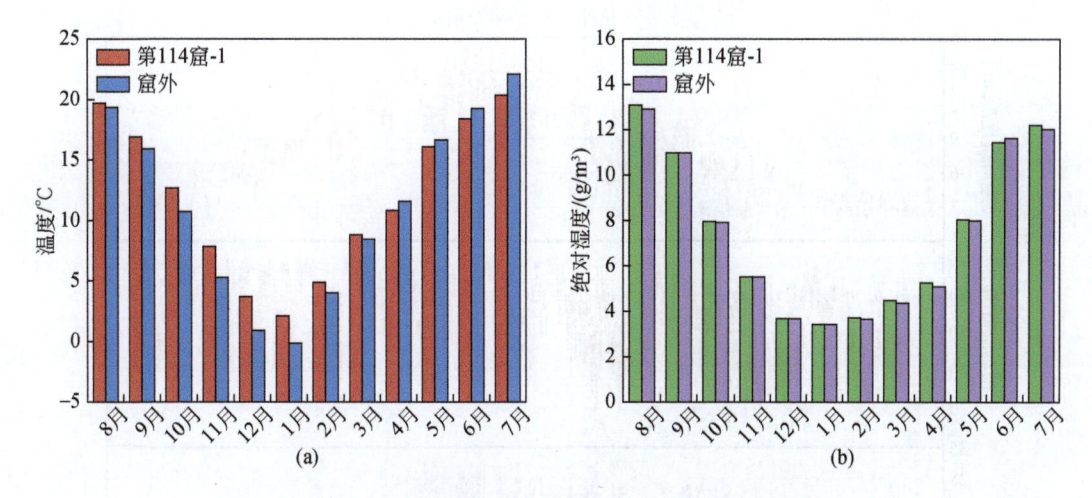

图 3.52　第 114 窟全年月平均温度和月平均绝对湿度
(a) 第 114 窟全年月平均温度；(b) 第 114 窟全年月平均绝对湿度

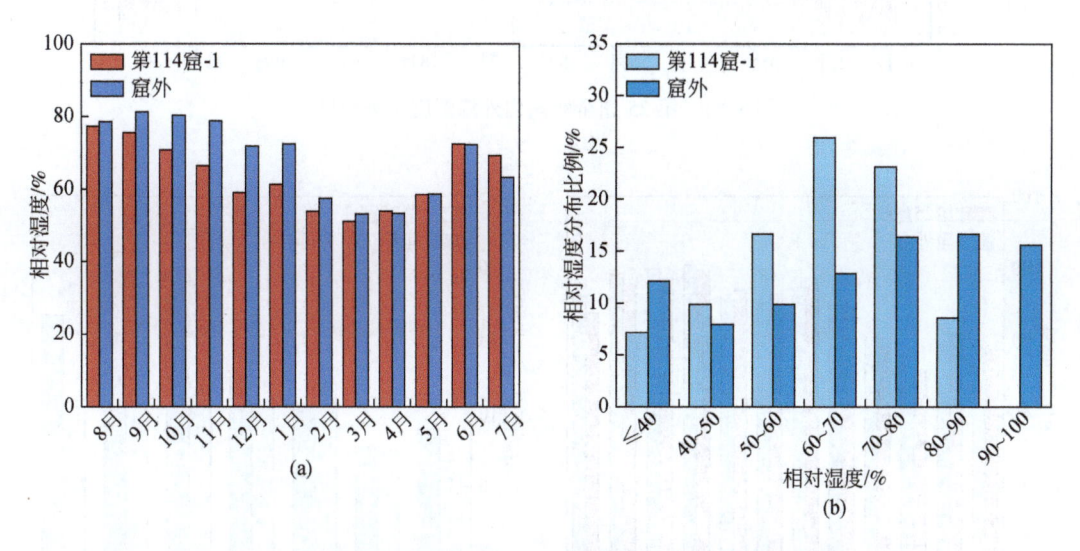

图 3.53　第 114 窟全年月平均相对湿度和相对湿度分布频率
(a) 第 114 窟全年月平均相对湿度；(b) 第 114 窟全年相对湿度分布频率

（四）敞口浅窟全年测试结果分析

由图 3.54 可知，第 25 窟全年波动趋势窟内外较为接近，温度和相对湿度日较差窟内略小于窟外，绝对湿度日较差非常接近。对第 25 窟全年相对湿度进行统计，得到图 3.55。第 25 窟月平均相对湿度窟内略小于窟外。测试期间相对湿度 70% 以上所占的比重窟外为 56.4%，窟内为 53.8%。相对湿度 90% 以上所占的比重窟外为 16.8%，窟内为 10.9%。从分布结果看，第 25 窟由于窟形较浅，通风口面积大，窟内温湿度波动受窟外影响较大，但窟内出现潮湿的频率相较于窟外有所降低。

图 3.54　第 25 窟全年窟内外温湿度实测结果

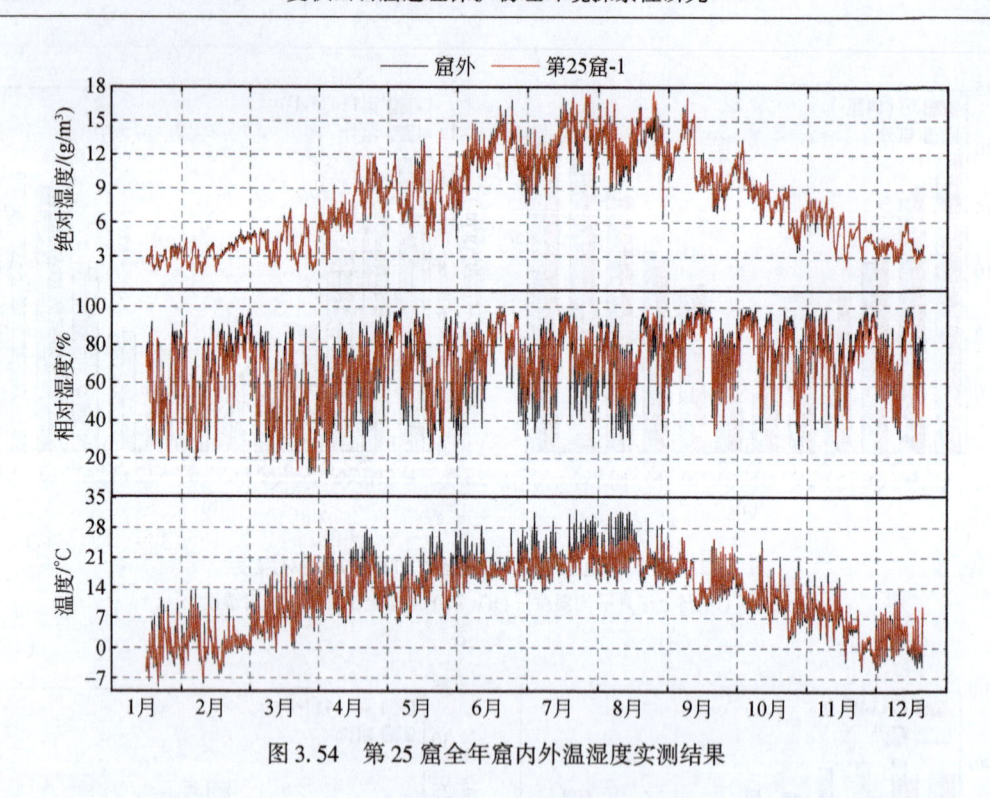

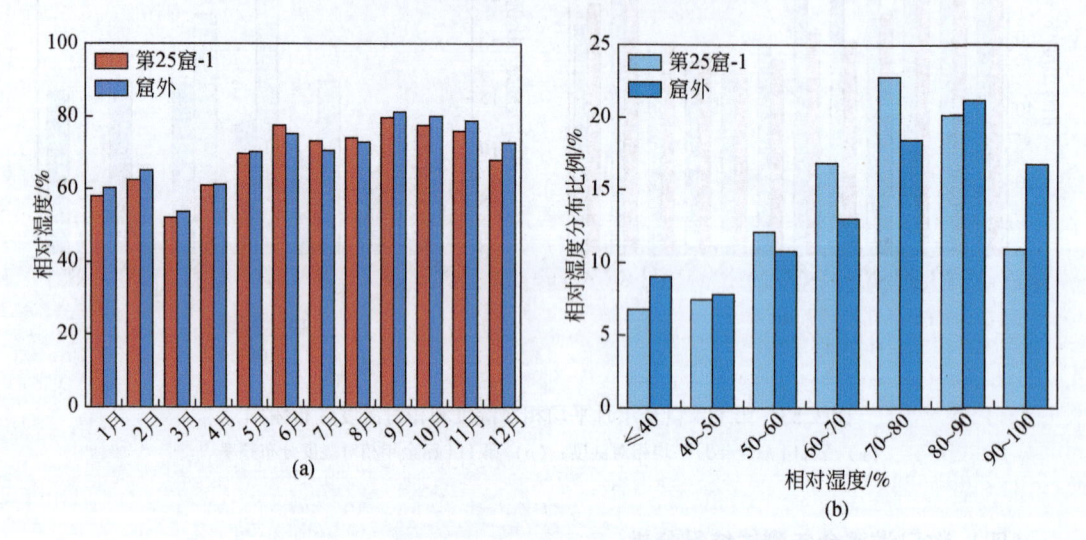

(a)

(b)

图 3.55　第 25 窟全年月平均相对湿度和相对湿度分布频率
（a）第 25 窟全年月平均相对湿度；（b）第 25 窟全年相对湿度分布频率

四、麦积山石窟热湿环境特点总结

通过对不同季节石窟的热湿环境的实测，总结了不同类型石窟的热湿环境特点（表

3.11)。大型窟夏季和冬季主室绝对湿度高于窟外,雨季低于窟外;夏季主室内出现长时间相对湿度100%的情况,雨季相对湿度在90%左右;全年窟内呈现冬季低温低湿,夏季高温高湿的现象;主室温湿度日变化小,年变化大。小型窟变化趋势与大型窟类似,全年窟内呈现冬季低温低湿,夏季高温高湿的现象;不同的地方在于,小型窟夏季主室内相对湿度虽然较高,但没有出现结露的现象,有甬道的洞窟夏季和冬季主室温湿度日变化较小,无甬道日变化较大。敞口浅窟温湿度日变化大,晴天温度日较差大于5℃,相对湿度日较差大于10%,并且年变化趋势与窟外接近。

将不同类型石窟的热湿环境特点进行对比,能够得到窟内热湿环境的特征,总结其变化规律。通过实测分析出不同石窟的相对湿度有着较大的差异性,考虑到湿度对石窟文物的重要影响,明确了在量化分析时必须同时考虑温度和湿度的共同作用。由于石窟形制较为特殊,通过实测可以得到定性的规律变化特点,但较难得到温湿度与影响因子定量化的回归公式。因此,需要通过有效的热湿环境分析模型,才能进一步进行影响因子的量化分析。

表 3.11 不同类型石窟的热湿环境特点

季节	大型窟	小型窟	敞口浅窟
夏季	①主室内绝对湿度高于窟外; ②主室内相对湿度达到100%; ③主室温湿度日变化很小($\Delta T<1$℃,$\Delta RH<5\%$)	①主室内绝对湿度高于窟外,差值小于大型窟; ②主室内相对湿度较高(>70%); ③有甬道主室温湿度日变化较小($\Delta T<1$℃,$\Delta RH<5\%$),无甬道日变化较大($\Delta T>1$℃,$\Delta RH>5\%$)	温湿度日变化大(晴天 $\Delta T>5$℃,$\Delta RH>10\%$)
雨季	①主室内绝对湿度低于窟外; ②主室内相对湿度在90%左右; ③主室温湿度日变化很小($\Delta T<1$℃,$\Delta RH<5\%$)	①主室内绝对湿度低于窟外; ②主室内相对湿度较高(>70%); ③主室温湿度日变化较小($\Delta T<1$℃,$\Delta RH<5\%$)	窟内温湿度日变化与窟外趋势一致
冬季	①主室内绝对湿度高于窟外; ②主室内相对湿度较低(<50%); ③主室温湿度日变化很小($\Delta T<1$℃,$\Delta RH<5\%$)	①主室内绝对湿度高于窟外; ②主室内相对湿度不高(<70%); ③有甬道主室温湿度日变化较小($\Delta T<1$℃,$\Delta RH<5\%$),无甬道日变化较大($\Delta T>1$℃,$\Delta RH>5\%$)	温湿度日变化大(晴天 $\Delta T>5$℃,$\Delta RH>10\%$)
全年	①窟内冬季低温低湿,夏季高温高湿; ②夏季主室内出现长时间相对湿度100%的情况; ③主室温湿度年变化较大($\Delta T>10$℃,$\Delta RH>50\%$)	①窟内冬季低温低湿,夏季高温高湿; ②主室夏季较长时间相对湿度大于80%; ③温湿度年变化较大($\Delta T>15$℃,$\Delta RH>50\%$)	温湿度年变化趋势与窟外一致

第三节 麦积山石窟地仗层热湿物性参数测试

一、热湿物性参数测试方案

地仗层材料是麦积山石窟壁画和泥塑的重要构成材料。因此，为了建立准确的热湿环境模型，对地仗层的热湿物性参数进行了测试。地仗层测试内容主要包括密度、孔隙率、导热系数、比热容、等温吸湿曲线、水蒸气渗透系数、渗透率。同时，对砂砾岩进行了密度、孔隙率、等温吸湿曲线和水蒸气渗透系数的测试。地仗层试样主要采用的是当地材料制作的仿制试块，砂砾岩试样是取自麦积山当地的岩石切割而成。

通过对麦积山石窟地仗层土沙比进行了文献调研，可知麦积山石窟地仗层含沙量较高，约占70%（李最雄，2005）。而修复时使用的地仗层含沙量较低，约占34%。实地调研过程中，通过对麦积山石窟修复人员的访谈，总结了修复时常用的土沙质量比为70：30。因此为了对比土沙比对地仗层热湿性能的影响，研究选取了当地材料（图3.56）制作成两种不同土沙比的地仗层仿制试块进行测试分析。

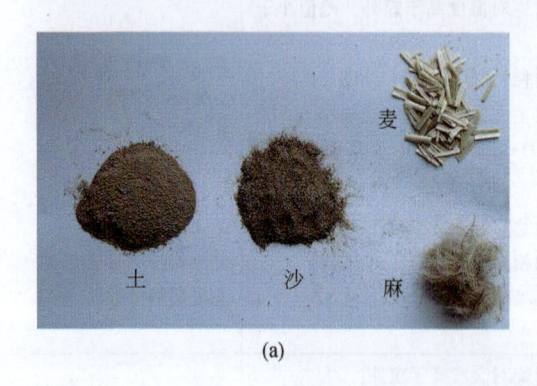

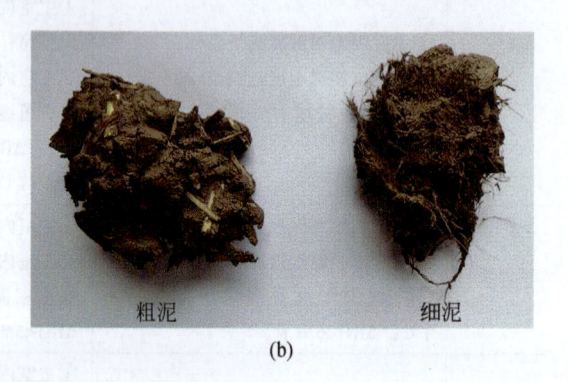

图3.56 地仗层试样所用材料及试样的粗泥和细泥
(a) 地仗层试样所用材料；(b) 试样的粗泥和细泥

如表3.12所示，A类试块粗泥层土：沙：麦草的质量比为30：70：2，细泥层土：沙：麻的质量比为30：70：2；B类试块粗泥层土：沙：麦草的质量比为70：30：2，细泥层土：沙：麻的质量比为70：30：2。制作后的粗泥和细泥如图3.56（b）所示。

表3.12 不同土沙比的地仗层试样

类型		质量比			
		土/%	沙/%	麦草/%	麻/%
类型A	粗泥层	30	70	2	—
	细泥层	30	70	—	2

续表

类型	质量比				
		土/%	沙/%	麦草/%	麻/%
类型 B	粗泥层	70	30	2	—
	细泥层	70	30	—	2

二、热湿物性参数测试方法

(一) 密度与孔隙率

1. 压汞法

地仗层的密度和孔隙率采用压汞法进行测试。压汞法，简称 MIP，又称汞孔隙率法。测试仪器为压汞仪。压汞法的原理是增加外部压力，使汞进入到气孔中。当外部压力越大，汞能进入的气孔半径就越小。通过测量不同压力下气孔中进入汞的量就能得到相应的孔的体积。根据汞在气孔中的表面张力和外部压力的平衡原理，得到汞孔径的计算方法，进而得到材料的孔隙率。

2. 真空饱和法试验

对于砂砾岩，密度及孔隙率可以采用真空饱和法试验测定。试验采用的仪器设备有真空干燥箱和静水天平。真空干燥箱的参数为：恒温波动度±1℃，真空度≤2mbar①，控制精度1%。静水天平的参数为：最小分度值0.1g。

试验步骤如下：首先，将试件进行干燥，至质量不再发生变化后，将试件放进真空干燥箱。其次，将真空干燥箱的气压降低至接近真空，并维持5h以上，称重得到干燥后的质量。再次，将试件放入蒸馏水中浸泡，水位高于试件顶部3cm，并将其在真空干燥箱放置24h以上。从次，将试件放入水中，称得有浮力状态下的质量。最后，擦去试件表面的附着水并直接称重。

表观密度计算公式如下：

$$\rho = \frac{M_{dry}\rho_1}{M_{wet}-M_{buoyancy}} \tag{3.1}$$

式中，M_{dry}为干燥状态质量，kg；$M_{buoyancy}$为浮力状态质量，kg；M_{wet}为浸水后质量，kg；ρ_1为水的密度，kg/m³。

真空饱和含湿量计算公式如下：

$$W_{vac} = \frac{M_{wet}-M_{dry}}{M_{dry}}\rho \tag{3.2}$$

式中，M_{dry}为干燥状态质量，kg；M_{wet}为浸水后质量，kg；ρ为试件的密度，kg/m³。

---

① 1bar = 10^5 Pa = 1dN/mm²。

孔隙率为

$$\Phi = \frac{W_{\text{vac}}}{\rho_1} \tag{3.3}$$

式中，W_{vac}为真空饱和含湿量，kg；ρ_1为水的密度，kg/m³。

（二）导热系数

采用热流计法对地仗层的导热系数进行测量。测试仪器为JW-Ⅲ型热流计式导热仪。仪器由热板、冷板、热流计、测量系统和控制系统等组成。测试是在室温条件下烘干后进行测试。

测试步骤如下：首先，将尺寸为300mm×300mm×30mm的试件进行干燥。其次，将干燥后的试件放入冷板和热板中间。最后，等待一段时间后，试件达到稳定状态，试件中心部位具有恒定的热流，记录冷热板的表面温度和热流密度。

导热系数的理论计算公式为

$$\lambda = q \frac{l}{\theta_1 - \theta_2} \tag{3.4}$$

式中，q为热流强度，W/m²；l为试件的厚度，m；θ_1、θ_2为热板和冷板的温度，℃。

（三）比热容

比热容是表示材料提高温度所需要热量的能力，即1kg的材料温度上升1K所需要的热量。比热容可以通过热扩散率和导热系数换算得到

$$\alpha_P = \frac{\lambda}{\rho c_P} \tag{3.5}$$

式中，α_P为热扩散率，m²/s；λ为导热系数，W/(m·K)；ρ为密度，kg/m³；c_P为比热容，J/(kg·K)。

热扩散率是通过将试样提高到一定温度并均匀稳定后，通过试样在稳定的冷却温度中的降温速率，计算出样品的热扩散系数。采用的仪器是热扩散系数测定仪（型号RKSY-Ⅱ），仪器扩散系数范围为0.01~5mm²/s，精度≤3%。

测试步骤如下：首先，将直径范围为48.0±0.5mm，高度范围为48.0±0.5mm的圆柱形块状试样的地仗层，用游标卡尺和天平测试直径、高度和质量。其次，在圆形表面中心钻一深35~40mm，直径2.5mm的小孔插入热电偶。在试样表面，涂上耦合剂放入试样筒中，保证试样和试样筒良好接触。再次，打开恒温箱电源，温度设置为50℃，启动恒温模式。再次，恒温水槽加满自来水，温度设置为25℃，开启制冷和循环模式。最后，将试块先放置在恒温箱中加热至恒温状态，然后移到恒温水槽中，记录试样在稳定的冷却温度中的降温速率。

（四）平衡吸湿

平衡吸湿试验是将干燥后的试块放入置有饱和盐溶液的干燥器内进行吸湿，直到试件质量不再发生变化。试件的尺寸为50mm×50mm×15mm。试验采用的仪器设备有干燥器、

高精度电子天平（分度值0.001g），干燥器内需采取扰动方法保证空气中相对湿度的均匀度。试验的计算方法如下：

$$U(\varphi)=\frac{M_{\text{wet}}(\varphi)-M_{\text{dry}}}{M_{\text{dry}}} \tag{3.6}$$

式中，$M_{\text{wet}}(\varphi)$ 为相对湿度下试件平衡后的质量，kg；M_{dry} 为试件干燥后的质量，kg。

试验中采用了8种饱和盐溶液，温度为25℃。如表3.13所示，饱和盐溶液对应的空气相对湿度分别为11.3±0.3%、32.8±0.2%、43.2±0.4%、52.9±0.2%、75.3±0.1%、84.3±0.3%、93.6±0.6%、97.3±0.5%。

表3.13　25℃时不同饱和盐溶液对应的空气相对湿度

名称	盐溶液	相对湿度/%
氯化锂	LiCl	11.3±0.3
氯化镁	MgCl$_2$	32.8±0.2
碳酸钾	K$_2$CO$_3$	43.2±0.4
硝酸镁	Mg(NO$_3$)$_2$	52.9±0.2
氯化钠	NaCl	75.3±0.1
氯化钾	KCl	84.3±0.3
硝酸钾	KNO$_3$	93.6±0.6
硫酸钾	K$_2$SO$_4$	97.3±0.5

资料来源：《建筑材料及制品的湿热性能吸湿性能的测定》（GB/T 20312-2006）。

（五）水蒸气渗透

采用干湿杯法对试件的水蒸气渗透系数进行测试。试验的原理是通过保持试件两侧稳定的温度和相对湿度，得到单位厚度的试件在单位面积上透过的水蒸气质量。试件的尺寸是100mm×100mm×20mm。

试验的步骤如下：首先，在容器内放置饱和盐溶液或者干燥器，将试件封装在容器端口部位置。其次，在另外一个较大的容器内部放置另一种饱和盐溶液，然后将封装好的试件与容器一起放置在内。最后，间隔一段时间对试件及容器进行称重，得到二者的总质量。

计算方法如下，单位面积试件的水蒸气传递速率可以由下面公式得到

$$j_v=\frac{M_t}{S} \tag{3.7}$$

式中，j_v 为单位面积试件的水蒸气传递速率，kg/(m^2·s)；M_t 为试件的质量变化速率，kg/s；S 为试件的表面积，m^2。

水蒸气传递中所受到的总阻力为

$$R_{v,\text{total}}=\frac{\Delta P_v}{j_v} \tag{3.8}$$

式中，$R_{v,\text{total}}$ 为水蒸气在传递中所受到的总阻力，Pa·s·m^2/kg；ΔP_v 为水蒸气压差，Pa；

j_v为单位面积试件的水蒸气传递速率，kg/(m²·s)。

一定压力和温度下，空气中的水蒸气渗透系数：

$$\delta_{air} = \frac{2.306 \times 10^{-5} P_o}{RT_P} \left(\frac{T}{273.15}\right)^{1.81} \quad (3.9)$$

式中，δ_{air}为一定压力和温度下空气中的水蒸气渗透系数，kg/(m·Pa·s)；P_o为标准大气压，Pa；R为理想气体常数，J/(kg·K)；T为温度，K；P为压力，Pa。

试件的水蒸气渗透阻为

$$R_v = R_{v,total} - \frac{l_{air}}{\delta_{air}} \quad (3.10)$$

式中，R_v为试件的水蒸气渗透阻，Pa·s·m²/kg；l_{air}为试件下表面与容器内部液面或者干燥剂上表面之间的空气层厚度，m；δ_{air}为一定压力和温度下空气中的水蒸气渗透系数，kg/(m·Pa·s)；$R_{v,total}$为水蒸气在传递中所受到的总阻力，Pa·s·m²/kg。

试件的水蒸气渗透系数为

$$\delta = \frac{l}{R_v} \quad (3.11)$$

式中，l为试件的厚度，m；R_v为试件的水蒸气渗透阻，Pa·s·m²/kg；δ为试件的水蒸气渗透系数，kg/(Pa·m·s)。

（六）渗透系数

渗透系数测试采用变水头渗透试验。试验用水采用纯水并进行脱气。试验时，水温为标准温度20℃，最大允许差值应为±2.0×10⁻ⁿcm/s（GB/T 50123-2019）。

试验的步骤如下：首先，将试件装入渗透容器中，并将水头与渗透容器连通。水头高度不应大于2m，待水头稳定后注入渗透容器。其次，开关气阀，并调整容器，直至溢出的水没有气泡。再次，在一定水头作用下静置一段时间，直至出水口有水流出。最后，在水头管中充水，关闭止水夹后，记录起始水头的高度和时间，并间隔预定时间连续测试数次。

三、热湿物性参数测试结果

（一）地仗层热湿物性参数测试结果

1. 密度和孔隙率

采用压汞法对地仗层试块进行孔隙率和密度测试。如表3.14所示，类型A和类型B测试结果近似，但也有所不同。类型A与类型B的真实密度接近。类型A表观密度为1610.25kg/m³，孔隙率为27.11%。类型B表观密度为1519.71kg/m³，孔隙率为30.18%。干燥状态下沙的密度比土大，类型A含沙多，孔隙率比类型B小，因此类型A表观密度比类型B大。

第三章 麦积山石窟微气候及材料物性参数测试研究

表 3.14 地仗层密度和孔隙率测试结果

	类型 A	类型 B
孔隙率/%	27.11	30.18
真实密度/(kg/m^3)	2209.15	2176.61
表观密度/(kg/m^3)	1610.25	1519.71

图 3.57（a）是累积进汞量与进汞压力之间的关系。随着进汞压力逐渐增加，累积进汞量逐渐减低。当压力达到 33000 psia[①] 时，类型 A 的累积进汞量为 0.148ml/g。类型 B 的累积进汞量高于类型 A，为 0.172ml/g。图 3.57（b）是汞侵入孔径和累积进汞量之间的关系。汞入侵孔径在 100~14000nm 时，类型 A 的累积进汞量大于类型 B，说明在这个范围内的孔径下，类型 A 的孔隙率高于 B。但当汞入侵孔径小于 100nm，大于 14000nm 时，类型 A 的累积进汞量小于类型 B，说明在这个范围内的孔径下，类型 A 的孔隙率低于类型 B。而从累积进汞量可以看出，地仗层类型 B 比类型 A 的孔隙率大。

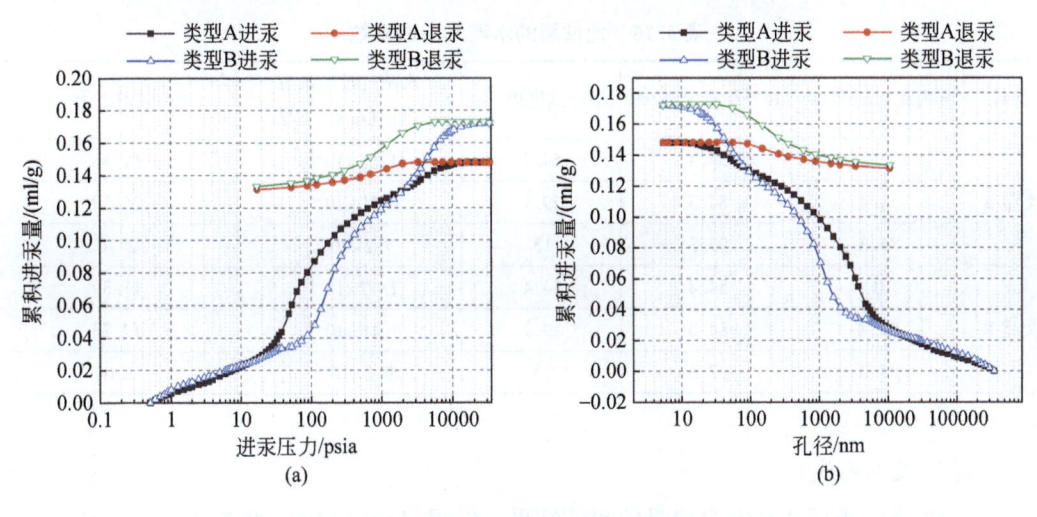

图 3.57 压汞和孔径分布曲线
(a) 压汞分布曲线；(b) 孔径分布曲线

2. 导热系数和热容

表 3.15 是 25℃ 下干燥试件的导热系数、热扩散率和比热容的测试结果。类型 A 试件导热系数为 0.215W/(m·K)，类型 B 试件导热系数为 0.275W/(m·K)。干燥沙子导热系数为 0.22W/(m·K)（隋晓凤等，2009），绝干土的导热系数为 0.58W/(m·K)（刘大龙等，2017）。可知干燥状态下土的导热系数大于沙子，因此土含量高的类型 B 试件导热系数大于类型 A。土壤固体矿物质热容量为 711.5~1088.1J/(kg·K)（邵明安等，2006）。空气的比热容为 1003J/(kg·K)。类型 B 试件密度小于类型 A，单位质量下体积

[①] ①1psia=6.895kPa。

较大，含有空气的量多，因此类型 B 试件比热容大于类型 A。

表 3.15　25℃下干燥试件的地仗层导热系数、热扩散率和比热容

	类型 A	类型 B
导热系数/[W/(m·K)]	0.215	0.275
热扩散率/(m²/s)	$1.66×10^{-7}$	$1.78×10^{-7}$
比热容/[J/(kg·K)]	806	1013

3. 水蒸气渗透系数

采用干湿杯法进行水蒸气渗透系数的测试，测试结果如表 3.16 所示。相同湿度环境下，类型 A 的水蒸气渗透系数小于类型 B。在低湿度环境下，水蒸气渗透系数类型 A 和类型 B 较为接近。中高湿度环境下，类型 A 和类型 B 的水蒸气渗透系数差值增大，说明在中高湿度环境下类型 B 的水蒸气渗透性更好。

表 3.16　地仗层的水蒸气渗透系数

材料	杯内相对湿度/%	杯外相对湿度/%	相对湿度差/%	水蒸气渗透系数/[kg/(m·s·Pa)]	湿阻因子
类型 A	0	54.4	54.4	$1.68×10^{-11}$	11.86
	54.4	84.3	29.9	$0.78×10^{-11}$	25.59
	84.3	97.3	13	$7.2×10^{-11}$	2.76
类型 B	0	54.4	54.4	$1.77×10^{-11}$	11.39
	54.4	84.3	29.9	$1.13×10^{-11}$	17.73
	84.3	97.3	13	$9.2×10^{-11}$	2.14

4. 等温吸湿曲线

图 3.58 是两类试样平衡含湿量的测试结果，结果显示，相对湿度在 11.3%~97.3% 之间时，类型 A 平衡含湿量的范围为 0.25%~2.74%，类型 B 平衡含湿量的范围为 0.44%~

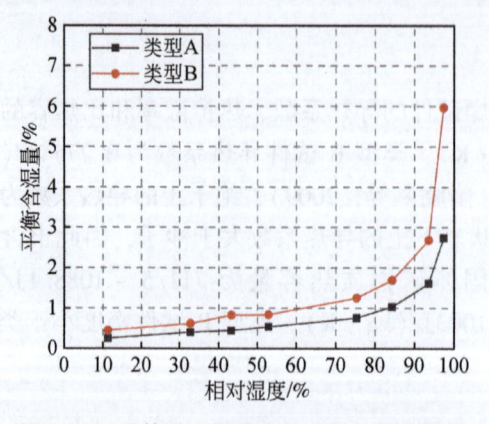

图 3.58　地仗层试样平衡含湿量的测试结果

5.96%。土的吸湿性能比沙更高,因此,类型 B 平衡含湿量的测试结果大于类型 A。在相对湿度 75.3% 以下时,二者的增长速度较缓。在相对湿度超过 75.3% 时,平衡含湿量的增长速度变快。

将测试结果进行拟合,采用的理论模型有 BET 模型 [式 (3.12)] (Anderson, 1946)、GAB 模型 [式 (3.13)] (Chowdhury et al., 2006)、Peleg 模型 [式 (3.14)] (Peleg, 1993)、Kumaran 模型 [式 (3.15)] (Kumaran, 1993)。理论模型公式如下:

$$U(\varphi) = \frac{a\varphi}{(1+b\varphi)(1-c\varphi)} \quad (3.12)$$

$$U(\varphi) = \frac{abc\varphi}{(1-b\varphi)(1-b\varphi+bc\varphi)} \quad (3.13)$$

$$U(\varphi) = a\varphi^b + c\varphi^d \quad (3.14)$$

$$U(\varphi) = \frac{\varphi}{a\varphi^2+b\varphi+c} \quad (3.15)$$

拟合结果如图 3.59 所示,拟合得到的公式常数见表 3.17。由拟合结果可知,所有模型拟合结果的调整后的 R^2 (adjusted R-squared) 均大于 0.950,说明上述 4 个模型均能取得较好的拟合结果。对于两种类型的地仗层试块,Peleg 模型拟合精度最高,类型 A 试块调整后的 R^2 为 0.990,类型 B 试块调整后的 R^2 为 0.993。

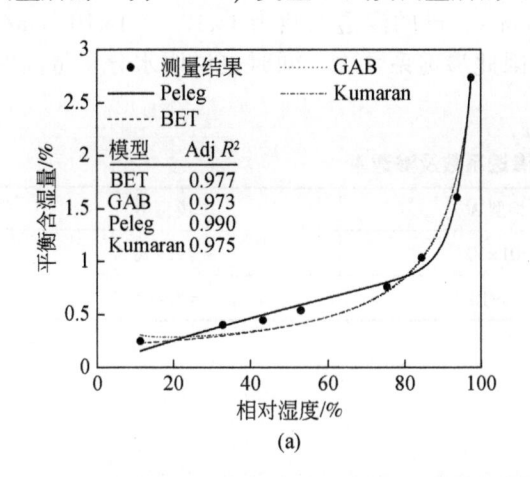

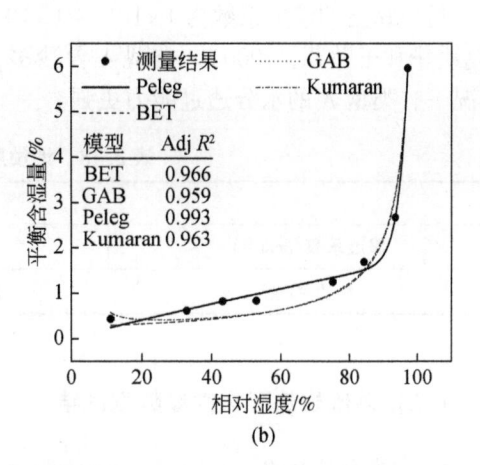

图 3.59 地仗层试件等温吸湿拟合结果
(a) 类型 A 地质层试件等温吸湿拟合结果;(b) 类型 B 地质层试件等温吸湿拟合结果

表 3.17 地仗层等温吸湿拟合函数表达式

模型	材料	常数	调整后的 R^2
BET 模型	类型 A	$a=12$, $b=5.765\times10^3$, $c=0.947$	0.977
	类型 B	$a=12$, $b=4.602\times10^3$, $c=0.982$	0.966
GAB 模型	类型 A	$a=2.09\times10^{-3}$, $b=0.946$, $c=1.181\times10^{45}$	0.973
	类型 B	$a=2.62\times10^{-3}$, $b=0.982$, $c=-1.268\times10^{45}$	0.959

续表

模型	材料	常数	调整后的 R^2
Peleg 模型	类型 A	$a=1.023\times10^{-2}$, $b=0.855$, $c=3.384\times10^{-2}$, $d=24.460$	0.990
	类型 B	$a=0.114$, $b=35.981$, $c=0.0173$, $d=0.892$	0.993
Kumaran 模型	类型 A	$a=-486.788$, $b=528.989$, $c=-17.158$	0.975
	类型 B	$a=-422.319$, $b=455.331$, $c=-26.545$	0.963

5. 渗透率

渗透率是指在一定压差下，材料允许流体通过的能力，是表征材料液体能力的参数。渗透率计算公式如下（殷宗泽，2007）：

$$K=k_1\frac{g}{v} \quad (3.16)$$

式中，K 为渗透系数，cm/s；k_1 为渗透率，m²；g 为重力加速度，m/s²；v 为运动学黏性系数，m²/s。

表 3.18 是试件渗透系数测试结果及换算得到的渗透率值。由测试结果可知，类型 A 渗透系数和渗透率的数值比类型 B 高，表明类型 A 对于水分的渗透能力更大。由文献可知，粉质黏土的渗透系数为 $1\times10^{-6}\sim1\times10^{-5}$ cm/s，砂的渗透系数为 $1\times10^{-3}\sim1\times10^{-1}$ cm/s（赵明华和王贻荪，2000）。类型 A 含沙多，因此渗透系数大，同时也说明水分含量高的情况下，类型 A 的水分透过能力更强。

表 3.18 地仗层渗透系数及渗透率

	类型 A	类型 B
渗透系数/(cm/s)	1.401×10^{-5}	3.791×10^{-6}
渗透率/m²	1.434×10^{-14}	3.880×10^{-15}

（二）砂砾岩热湿物性参数测试结果

1. 密度和孔隙率

采用真空饱和试验对砂砾岩的密度和孔隙率进行测试，得到表 3.19。砂砾岩的密度为 2449.62kg/m³，孔隙率为 7.17%。与地仗层相比，砂砾岩的孔隙率小于地仗层，密度大于地仗层。

表 3.19 砂砾岩的密度和孔隙率

材料	表观密度/(kg/m³)	真空饱和含湿量/(kg/m³)	孔隙率/%
砂砾岩	2449.62	71.69	7.17

2. 等温吸湿曲线

对砂砾岩的等温吸湿结果进行拟合，得到图 3.60，拟合得到的公式常数见表 3.20。

从拟合结果可知，4个模型的调整后的 R^2 均大于 0.950，其中 Peleg 模型拟合度最高，调整后的 R^2 结果为 0.994。砂砾岩的平衡含湿量随着相对湿度的增加而升高，当相对湿度大于 75% 时，平衡含湿量的增长趋势会加快。

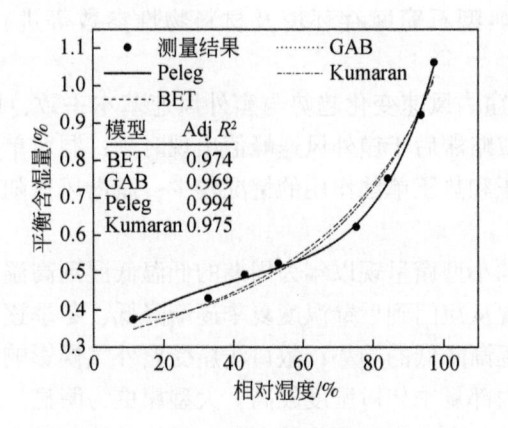

图 3.60 砂砾岩试件等温吸湿拟合结果

表 3.20 砂砾岩试件等温吸湿拟合函数表达式

材料	模型	常数	调整后的 R^2
砂砾岩	BET 模型	$a=12$, $b=3.741\times10^3$, $c=0.703$	0.974
	GAB 模型	$a=3.21\times10^{-3}$, $b=0.703$, $c=-1.432\times10^{45}$	0.969
	Peleg 模型	$a=5.74\times10^{-3}$, $b=0.207$, $c=5.78\times10^{-3}$, $d=6.691$	0.994
	Kumaran 模型	$a=-241.491$, $b=338.649$, $c=-5.758$	0.975

3. 水蒸气渗透系数

砂砾岩水蒸气渗透系数测试结果如表 3.21 所示。在中低相对湿度的环境下，砂砾岩的水蒸气渗透系数在 $9\times10^{-12}\,\text{kg}/(\text{m}\cdot\text{s}\cdot\text{Pa})$ 左右。在高相对湿度的环境下，水蒸气渗透系数为 $2.39\times10^{-11}\,\text{kg}/(\text{m}\cdot\text{s}\cdot\text{Pa})$。高相对湿度的环境下，水蒸气渗透系数大于低相对湿度的环境。

表 3.21 砂砾岩的水蒸气渗透系数

材料	杯内相对湿度/%	杯外相对湿度/%	相对湿度差/%	水蒸气渗透系数 /[kg/(m·s·Pa)]	湿阻因子
砂砾岩	0	54.4	54.4	9.03×10^{-12}	22.52
	54.4	84.3	29.9	9.44×10^{-12}	26.42
	84.3	97.3	13	2.39×10^{-11}	9.08

第四节 小 结

通过对麦积山石窟典型石窟赋存环境及材料物性参数等进行测试分析，研究结果如下：

第126窟和第30窟窟内风速变化趋势与窟外风速基本一致，窟内风速峰值出现时刻与窟外风速峰值一致，或略滞后于窟外风速峰值出现时刻；洞窟单侧通风驱动力以热压和风压共同作用为主，风压和热压单独作用的情况较少；窟内风速随窟内外温差，呈递增关系，且大致呈线性关系。

较为封闭的大型窟和小型窟呈现以年为周期的低温低湿到高温高湿的循环；大型窟和小型窟热湿环境分布呈现从窟门到后壁温度夏季逐渐降低、冬季逐渐升高的趋势，相对湿度夏季逐渐升高、冬季逐渐降低的趋势；敞口浅窟受窟外气候影响较大，温湿度变化趋势与窟外较为接近；石窟内部夏季相对湿度较高，大型窟更为明显，夏季容易出现结露。

土沙比对热物性参数的影响小于湿物性参数；导热系数两种类型较为接近，含沙量高的试样比热容和热扩散率相对较低；与含沙量高的试样相比，含沙量低的试样水蒸气渗透系数和平衡含湿量相对较高，而且高湿度环境下两种试样的差值变大；含沙量高的试样的渗透率高于含沙量低的试样。

第四章　麦积山石窟热湿环境特性及调控策略研究

石窟类遗址的预防性保护需要建立合理的热湿环境量化分析模型，以研究不同因素作用下热湿环境的变化。因此，需要基于多孔介质热湿耦合传递理论，建立石窟的热湿环境分析模型。本章内容建立了麦积山石窟热湿环境分析模型，并通过实测数据进行误差分析，以验证模型的准确性。在此基础上，分析不同因素对麦积山石窟热湿环境的影响，进而提出不同类型石窟的热湿环境调控策略。

第一节　麦积山石窟全年热湿环境数值模型及验证

一、热湿环境数值模型

石窟的赋存环境包括气象环境和地质环境。如图4.1所示，石窟赋存气象环境包括温度、相对湿度、太阳辐射、降雨、风等因子。地质环境包括崖体的温度、水分等因子。石窟受到气象因子和崖体温度、水分的双重作用。

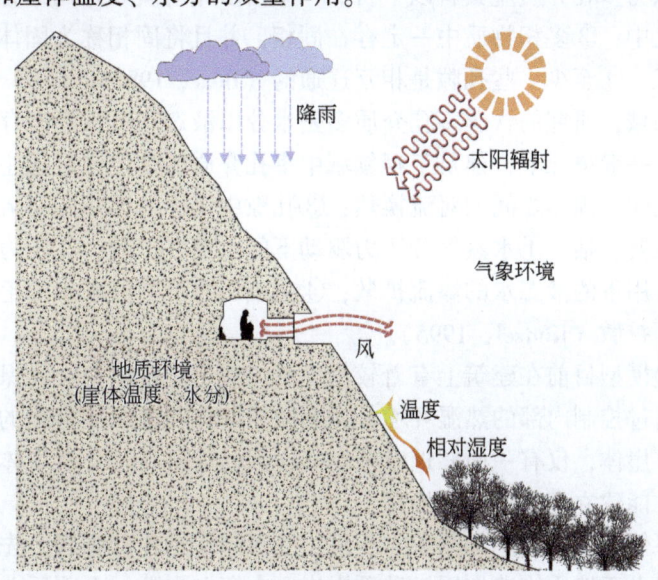

图 4.1　麦积山石窟赋存环境示意图

石窟与崖体的关系示意图如图4.2所示。石窟有一面与窟外空气相邻，受到太阳辐射、温湿度等大气环境的影响。其余的面靠近崖体，受到崖体温度和水分的作用。因此，窟内热湿环境的形成主要包括三个方面：崖体内部的热湿传递、壁体表面和空气的热质交换、窟内外热量和水汽的交换。崖体内部的热湿传递需要考虑到崖体内部温度和水分的影响；窟内壁体表面和空气的热质交换是分析石窟内表面与空气的热量和水分交换过程；窟内外热量和水汽的交换需要考虑窟外温度和水汽的影响；窟外壁体表面与空气的热质交换考虑到窟外温度、水汽及太阳辐射等对外壁体的影响。

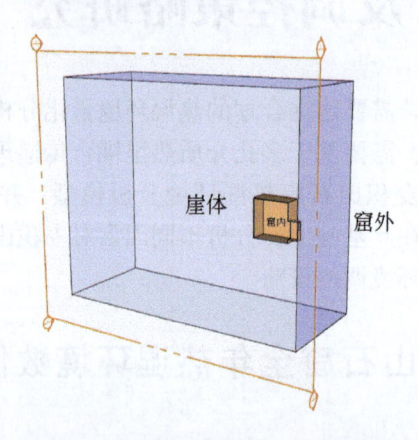

图4.2 石窟与崖体的关系示意图

（一）多孔材料热湿传递平衡方程

多孔材料是一种由孔隙空间构成的多相混合物，内部介质可以是气相、液相或者气液两相流体。一般认为多孔介质应具备以下特点：①由多相物质共存的组合体；②任何一相都弥散在其他相之中；③多相物质中一定存在固相，并且将固相称为固体骨架，固体骨架外的空间称作孔隙；④至少一些孔隙是相互连通的（Bear，1988）。

在建筑工程领域，研究的含湿多孔介质多是水分以液态和蒸汽形态存在于孔隙空间的非饱和多孔介质。一般情况下，建筑工程领域中多孔介质的热传递过程主要包括：①固体之间的导热；②流体与固体之间的对流换热；③孔隙中流体的导热和对流换热。多孔介质的物质传递过程主要包括：①水蒸气分压力驱动下的水蒸气扩散；②压力梯度下的水蒸气的对流；③重力作用下的液态水的渗流扩散；④毛细压力下的液态水的毛细迁移；⑤相对湿度梯度下的表面扩散（Künzel，1995）。

热湿耦合传递模型目前在建筑上有着较为广泛的应用。石窟在文物保护方面与历史建筑类似，都需要通过控制内部的热湿环境，达到减弱壁体和艺术品劣化的目的。然而与建筑不同，石窟内靠崖体，仅有一面靠近室外空气，因此需要同时分析崖体和室外气候对窟内环境的影响，才能建立有效的分析模型。

麦积山石窟崖体为砂砾岩。如图4.3所示，壁画制作是在砂砾岩上先涂抹地仗层，然后再敷彩。砂砾岩由于地质构造作用，砂砾岩岩石中存在裂隙，下雨后，裂隙边上较为潮湿，往往有水渗出（杨婷，2011）。石窟的热湿环境分析模型需要考虑岩体、气候等多方面的影响，因此，考虑到模型的复杂性，需要进行一定的简化。

（1）崖体与地仗层是单层均质的各向同性的多孔介质材料；

(2) 介质中各相均可处理成连续介质,且总处于热力学平衡状态;
(3) 多孔介质材料固相为刚性体,液相为不可压缩体,气相满足理想气体状态方程;
(4) 不考虑介质热湿传递过程中的体积变化,不考虑等温吸湿曲线的滞后效应;
(5) 忽略多孔介质内部的自然对流引起的水分和热量变化;
(6) 假设裂隙在崖体中均匀分布,长度一致。将裂隙水当作源项,降雨时存在裂隙水,不降雨时无裂隙水。

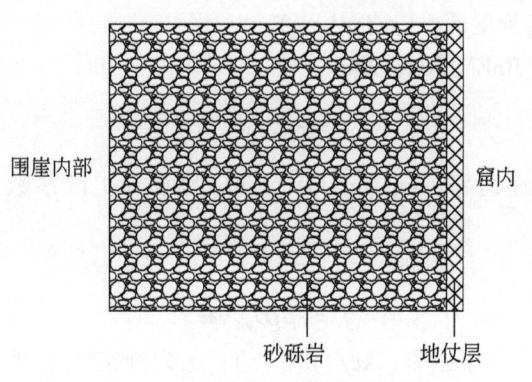

图 4.3 麦积山石窟崖体示意图

1. 含湿多孔介质的湿平衡方程

含湿多孔介质孔隙中,同时存在液态水和水蒸气。假设水蒸气和液态水处于热力学平衡状态:

$$\frac{\partial W}{\partial t} = -(G_v + G_l) + G_w \tag{4.1}$$

式中,W 为含水量,kg/m^3;t 为时间,s;G_v 为水蒸气的迁移量,$kg/(m^3 \cdot s)$;G_l 为液态水的迁移量,$kg/(m^3 \cdot s)$;G_w 为湿源项,$kg/(m^3 \cdot s)$。

水蒸气的传递机理有扩散和对流两种。因此,含湿多孔介质单元体内水蒸气的迁移量用公式表示为

$$G_v = \rho_g u_g \nabla w_v + \nabla j_v \tag{4.2}$$

式中,G_v 为水蒸气的迁移量,$kg/(m^3 \cdot s)$;ρ_g 为湿空气密度,kg/m^3;u_g 为湿空气的流速,m/s;w_v 为水蒸气的质量分数;j_v 为水蒸气的传递速率,$kg/(m^2 \cdot s)$。

液态水的传递机理有对流和毛细压力传递。含湿多孔介质单元体内液态水的迁移量用公式表示为

$$G_l = u_l \nabla \rho_l + \nabla j_l \tag{4.3}$$

式中,G_l 为液态水的迁移量,$kg/(m^3 \cdot s)$;u_l 为液态水的流速,m/s;ρ_l 为液态水的密度,kg/m^3;j_l 为液态水的传递速率,$kg/(m^2 \cdot s)$。

将式 (4.3) 和式 (4.2) 代入到式 (4.1) 中可得

$$\frac{\partial W}{\partial t} = -(\rho_g u_g \nabla w_v + \nabla j_v) - (v_l \nabla \rho_l + \nabla j_l) + G_w \tag{4.4}$$

式中,W 为含水量,kg/m^3;t 为时间,s;ρ_g 为湿空气密度,kg/m^3;u_g 为湿空气的流速,m/s;w_v 为水蒸气的质量分数;j_v 为水蒸气的传递速率,kg/m^3;v_l 为液态水的流速,m/s;

j_1为液态水的传递速率，kg/(m²·s)；G_w为湿源，kg/(m³·s)。

由测试结果可知，较封闭的洞窟内部风速很小，基本处于静风状态，因此环境压力不变的情况下，水蒸气和液态水传递的对流项可以忽略，式（4.4）可以写成：

$$\frac{\partial W}{\partial t}=-\nabla(j_1+j_v)+G_w \tag{4.5}$$

式中，W为含水量，kg/m³；j_1为液态水的传递速率，kg/(m²·s)；j_v为水蒸气扩散的传递速率，kg/(m²·s)；G_w为湿源，kg/(m³·s)。

由达西定律和标准 BSEN15026-2007[①] 得

$$j_1=-D_w\frac{\partial W}{\partial \varphi}\nabla\varphi \tag{4.6}$$

式中，j_1为液态水的传递速率，kg/(m²·s)；D_w为水分扩散系数，m²/s。W为含水量，kg/m³；φ为相对湿度。

由菲克定律得知：

$$j_v=-\rho_g D_{\text{eff}}\nabla w_v \tag{4.7}$$

式中，j_v为水蒸气扩散的传递速率，kg/(m²·s)；ρ_g为湿空气密度，kg/m³；D_{eff}为水蒸气有效扩散系数，m²/s；w_v为水蒸气的质量分数。

水蒸气有效扩散系数D_{eff}动势为总含水量，与温度、湿度、孔隙率等相关，根据Millington-Quirk方程可得（Millington et al., 1961）

$$D_{\text{eff}}=\frac{\varepsilon^{\frac{10}{3}}}{\phi^2}D_{vg}=\frac{[(1-s_1)\phi]^{\frac{10}{3}}}{\phi^2}D_{vg}=\phi^{\frac{4}{3}}(1-s_1)^{\frac{10}{3}}D_{vg} \tag{4.8}$$

将式（4.8）代入式（4.7）可得

$$j_v=-\rho_g\phi^{\frac{4}{3}}(1-s_1)^{\frac{10}{3}}D_{vg}\nabla w_v \tag{4.9}$$

式中，j_v为水蒸气扩散的传递速率，kg/(m²·s)；ρ_g为湿空气密度，kg/m³；ϕ为孔隙率；w_v为水蒸气的质量分数；s_1为液态水的饱和度；D_{vg}为空气中的水蒸气扩散系数，m²/s。

将裂隙水作为湿源，基质与裂缝之间的单位体积流量与裂缝和基质内部的压力有关（Warren and Root, 1963），忽略重力、水分流动引起的液态水压力，仅考虑毛细水压力的影响，则有

$$G_w=G_f=\alpha\rho_1\frac{k_1}{\mu_1}(P_{c,s}-P_{c,f})\beta \tag{4.10}$$

式中，G_f为裂隙水引起的水分变化量，kg/(m³·s)；ρ_1为液态水的密度，kg/m³；μ_1为水分的动力黏滞系数，Pa·s；k_1为渗透率，m²；$P_{c,s}$为基质中的毛细压力，Pa；$P_{c,f}$为裂隙中的毛细压力，Pa；α为形状因子，m⁻²；β为降雨因子，下雨时值为1，不下雨时值为0，G_w为湿源，kg/(m³·s)。

由开尔文定律可得

---

① Concepts R. 2007. Hygrothermal performance of building components and building elements—Assessment of moisture transfer by numerical simulation.

$$P_{c}=-\frac{RT\rho_{1}}{M_{v}}\ln\varphi \tag{4.11}$$

式中，P_c 为毛细水压力，Pa；R 为气体常数，J/(mol·K)；T 为温度，K；M_v 为水蒸气的摩尔质量，kg/mol；φ 为基质中的相对湿度。

将式（4.11）代入式（4.10）可以得到：

$$G_{w}=\alpha\rho_{1}\frac{k_{1}}{\mu_{1}}\cdot\frac{R\rho_{1}T}{M_{v}}(\ln\varphi_{f}-\ln\varphi)\beta \tag{4.12}$$

式中，G_w 为湿源，kg/(m³·s)；α 为形状因子，m⁻²；ρ_1 为液态水的密度，kg/m³；k_1 为渗透率，m²；μ_1 为水分的动力黏滞系数，Pa·s；R 为气体常数，J/(mol·K)；T 为温度，K；M_v 为水蒸气的摩尔质量，kg/mol；φ_f 为裂隙中的相对湿度；φ 为基质中的相对湿度；β 为降雨因子，下雨时值为 1，不下雨时值为 0。

将式（4.6）、（4.9）和（4.12）代入到式（4.5）中可以得到砂砾岩的湿平衡方程：

$$\frac{\partial W}{\partial t}=\nabla\left(D_{W}\frac{\partial W}{\partial \varphi}\nabla\varphi\right)+\nabla\left[\rho_{g}\phi^{\frac{4}{3}}(1-s_{1})^{\frac{10}{3}}D_{vg}\nabla w_{v}\right]$$
$$+\alpha\rho_{1}\frac{k_{1}}{\mu_{1}}\cdot\frac{R\rho_{1}T}{M_{v}}(\ln\varphi_{f}-\ln\varphi)\beta \tag{4.13}$$

式中，W 为多孔材料的含水量，kg/m³；t 为时间，s；D_W 为水分扩散系数，m²/s；φ 为相对湿度；ρ_g 为湿空气密度，kg/m³；ϕ 为孔隙率；w_v 为水蒸气的质量分数；s_1 为液态水的饱和度；D_{vg} 为空气中的水蒸气扩散系数，m²/s；α 为形状因子，m⁻²；ρ_1 为液态水的密度，kg/m³；k_1 为渗透率，m²；μ_1 为水分的动力黏滞系数，Pa·s；R 为气体常数，J/(mol·K)；T 为温度，K；M_v 为水蒸气的摩尔质量，kg/mol；φ_f 为裂隙中的相对湿度；β 为降雨因子，下雨时值为 1，不下雨时值为 0。

在式（4.13）中，水蒸气的质量分数 w_v 可以由以下公式进行计算：

$$w_{v}=\frac{M_{v}\varphi c_{sat}}{\rho_{g}} \tag{4.14}$$

式中，w_v 为水蒸气的质量分数；M_v 为水蒸气的摩尔质量，kg/mol；φ 为基质中的相对湿度；c_{sat} 为水蒸气的饱和浓度，mol/m³；ρ_g 为湿空气密度，kg/m³。

其中，水蒸气的饱和浓度 c_{sat} 可以换算成相对湿度和温度的函数：

$$c_{sat}=\frac{P_{s}T}{RT} \tag{4.15}$$

式中，c_{sat} 为水蒸气的饱和浓度，mol/m³；P_s 为水蒸气的饱和分压力，Pa；R 为气体常数，J/(mol·K)；T 为温度，K。

多孔材料的含水量 W 是指孔隙中水蒸气和液态水的总量，即

$$W=\phi s_{1}\rho_{1}+\phi s_{g}\rho_{g}w_{v} \tag{4.16}$$

式中，W 为多孔材料的含水量，kg/m³；ϕ 为多孔介质的孔隙率；s_1 为液态水的饱和度；s_g 为水蒸气的饱和度；ρ_1 为液态水的密度，kg/m³；ρ_g 为湿空气密度，kg/m³；w_v 为水蒸气的质量分数。

其中，s_1 和 s_g 是饱和度约束变量，指数 g 用于湿空气，指数 1 用于液态水。有

$$s_1+s_g=1 \tag{4.17}$$

式中，s_1 为液态水的饱和度；s_g 为水蒸气的饱和度。

所以式（4.16）可以写成：

$$W=\phi(1-s_g)\rho_1+\phi s_g\rho_g w_v \tag{4.18}$$

式中，W 为多孔材料的含水量，kg/m³；ϕ 为多孔介质的孔隙率；ρ_1 为液态水的密度，kg/m³；ρ_g 为湿空气密度，kg/m³；w_v 为水蒸气的质量分数；s_g 为水蒸气的饱和度。

2. 含湿多孔介质的热平衡方程

含湿多孔介质中，将多孔介质分为固相（多孔基体）、气相（湿空气）和液相（液态水）三种相，并通过各相属性来定义热属性参数。根据能量守恒定律，流入单元体内的热量应与单元体内焓变化之和相等，因此可以建立以下公式：

$$(\rho c_P)_{\text{eff}}\frac{\partial T}{\partial t}=-\nabla q+Q_g+Q_1+Q_{\text{evap}}+Q_w \tag{4.19}$$

式中，$(\rho c_P)_{\text{eff}}$ 为含湿材料有效的热属性，J/(m³·K)；q 为热流密度，W/m²；T 为温度，K；t 为时间，s；Q_g 为水蒸气传递引起的热量变化，W/m³；Q_1 为液态水传递引起的热量变化，W/m³；Q_{evap} 为蒸发或冷凝潜热源项，W/m³；Q_w 为其他热源项，W/m³。

热流密度 q 由以下公式计算得到：

$$q=-\lambda_{\text{eff}}\nabla T \tag{4.20}$$

式中，q 为热流密度，W/m²；λ_{eff} 为含湿材料有效导热系数，W/(m·K)；T 为温度，K。

水蒸气传递引起的热量变化 Q_g 可以由下列公式计算：

$$Q_g=-[(c_{P,v}-c_{P,a})j_v]\nabla T \tag{4.21}$$

式中，Q_g 为水蒸气传递引起的热量变化，W/m³；$c_{P,v}$ 为水蒸气的比热容，J/(kg·K)；$c_{P,a}$ 为干空气的比热容，J/(kg·K)；T 为温度，K；j_v 为水蒸气扩散的传递速率，kg/(m²·s)。

液态水传递引起的热量变化 Q_1 由下列公式得到：

$$Q_1=-c_{P,1}j_1\nabla T \tag{4.22}$$

式中，Q_1 为液态水传递引起的热量变化，W/m³；$c_{P,1}$ 为液态水的比热容，J/(kg·K)；j_1 为液态水的传递速率，kg/(m²·s)；T 为温度，K。

潜热源项 Q_{evap} 由以下公式计算：

$$Q_{\text{evap}}=L_v\left[\frac{\partial(\phi\rho_g w_v(1-s_1))}{\partial t}+\nabla j_v\right] \tag{4.23}$$

式中，Q_{evap} 为蒸发或冷凝潜热源项，W/m³；L_v 为潜热，J/kg；j_v 为水蒸气扩散的传递速率，kg/(m²·s)；ϕ 为多孔介质的孔隙率；ρ_g 为湿空气密度，kg/m³；w_v 为水蒸气的质量分数；s_1 为液态水的饱和度；t 为时间，s。

将裂隙水作为热源，考虑到裂隙体积相对于崖体体积较小，假设单位时间内进入裂隙的水分经过与崖体的热量交换，温度与崖体一致，则有

$$Q_w=Q_f=\frac{c_{P,1}M_f(T_f-T)n_f\beta}{V} \tag{4.24}$$

式中，Q_f 为裂隙水引起的热量变化，W/m³；$c_{P,1}$ 为液态水的比热容，J/(kg·K)；M_f 为单

个裂隙中水分的质量流量，kg/s；T_f为裂隙水的温度，K；T为基质的温度，K；n_f为崖体一定体积内的裂隙个数；β为降雨因子，降雨时值为1，不降雨时值为0；V为体积，m^3。

将式（4.20）~（4.24）代入式（4.19）中可以得到砂砾岩的热传递平衡方程：

$$(\rho c_P)_{\text{eff}}\frac{\partial T}{\partial t} = \nabla(\lambda_{\text{eff}}\nabla T) - [(c_{P,v}-c_{P,a})j_v]\nabla T - c_{P,1}j_1\nabla T + L_v\left[\frac{\partial(\phi\rho_g w_v(1-s_1))}{\partial t}+\nabla j_v\right]$$
$$+\frac{c_{P,1}M_f(T_f-T)n_f\beta}{V} \quad (4.25)$$

式中，$(\rho c_P)_{\text{eff}}$为含湿材料有效的热属性，J/m^3；T为温度，K；t为时间，s；λ_{eff}为含湿材料有效导热系数，$W/(m\cdot K)$；$c_{P,v}$为水蒸气的比热容，$J/(kg\cdot K)$；$c_{P,a}$为干空气的比热容，$J/(kg\cdot K)$；$c_{P,1}$为液态水的比热容，$J/(kg\cdot K)$；j_1为液态水的传递速率，$kg/(m^2\cdot s)$；j_v为水蒸气扩散的传递速率，$kg/(m^2\cdot s)$；L_v为潜热，J/kg；ϕ为多孔介质的孔隙率；ρ_g为湿空气密度，kg/m^3；w_v为水蒸气的质量分数；s_1为液态水的饱和度；M_f为单个裂隙中水分的质量流量，kg/s；T_f为裂隙水的温度，K；n_f为崖体单位体积裂隙个数；β为降雨因子，降雨时值为1，不降雨时值为0；V为体积，m^3。

式（4.25）中的j_v由式（4.9）计算得到，j_1由式（4.6）计算得到。有效的热属性$(\rho c_P)_{\text{eff}}$和有效导热系数λ_{eff}由以下公式计算得到（Datta，2007）：

$$(\rho c_P)_{\text{eff}} = \phi(1-s_1)\rho_g c_{P,g} + \phi s_1\rho_1 c_{P,1} + (1-\phi)\rho_s c_{P,s} \quad (4.26)$$

$$\lambda_{\text{eff}} = \lambda_s(1-\phi) + \lambda_1\phi s_1 + \lambda_g\phi(1-s_1) \quad (4.27)$$

式中，$(\rho c_P)_{\text{eff}}$为含湿材料有效的热属性，$J/(m^3\cdot K)$；λ_{eff}为含湿材料有效导热系数，$W/(m\cdot K)$；ϕ为多孔介质的孔隙率；s_1为液态水的饱和度；ρ_g为湿空气密度，kg/m^3；ρ_1为液态水的密度，kg/m^3；ρ_s为固相的密度，kg/m^3；$c_{P,g}$为湿空气的比热容，$J/(kg\cdot K)$；$c_{P,1}$为液态水的比热容，$J/(kg\cdot K)$；$c_{P,s}$为固相的比热容，$J/(kg\cdot K)$；λ_s为固相导热系数，$W/(m\cdot K)$；λ_1为液态水的导热系数，$W/(m\cdot K)$；λ_g为湿空气的导热系数，$W/(m\cdot K)$。

（二）窟内空气热湿平衡方程

1. 窟内空气的热量平衡方程

石窟内无设备、照明、人员等热源项，也无其他湿源项。并且大部分窟门通风口面积较小，通过门窗进入窟内的太阳辐射热量很少，因此可以忽略内壁表面的辐射及太阳辐射的影响。采用集总热容法，将窟内空气看作等温阈，即室内空气任一时刻的温度在空间分布是一致的（Incropera and Dewitt，2006）。考虑到窟内外空气的交换，将窟内空气的热平衡方程表示为

$$\int_V \rho_g c_{P,g}\mathrm{d}V\frac{\mathrm{d}T_i}{\mathrm{d}t} = \int_S q_o\mathrm{d}S - \int_S L_v j_o\mathrm{d}S + \frac{VNc_{P,g}\rho_g(T_e-T_i)}{3600} \quad (4.28)$$

式中，ρ_g为湿空气密度，kg/m^3；$c_{P,g}$为湿空气的比热容，$J/(kg\cdot K)$；V为体积，m^3；T_i为窟内空气的温度，K；T_e为窟外空气的温度，K；t为时间，s；q_o为壁面内表面与窟内空气之间的热交换通量，W/m^2；S为壁面面积，m^2；L_v为潜热，J/kg；j_o为壁面内表面与窟内空气的水分交换通量，$kg/(m^2\cdot s)$；N为换气次数，h^{-1}。

2. 窟内空气的水分平衡方程

在窟内无其他湿源项的情况下，考虑到窟内外空气交换引起的水分交换量，可以得到窟内空气单元体的湿平衡方程为

$$M_v \frac{\partial c_{v,i}}{\partial t} = \nabla (M_v D_{vg} \nabla c_{v,i}) + \frac{N M_v (c_{v,e} - c_{v,i})}{3600} \tag{4.29}$$

式中，M_v 为水蒸气的摩尔质量，kg/mol；$c_{v,i}$ 为窟内水蒸气的浓度，mol/m³；$c_{v,e}$ 为窟外水蒸气的浓度，mol/m³；t 为时间，s；D_{vg} 为空气中的水蒸气扩散系数，m²/s；N 为换气次数，h⁻¹。

其中水蒸气的浓度可以用相对湿度进行计算：

$$c_v = \varphi \cdot c_{sat} \tag{4.30}$$

式中，c_v 为水蒸气的浓度，mol/m³；φ 为相对湿度；c_{sat} 为水蒸气的饱和浓度，mol/m³。

(三) 材料表面与空气的热湿交换方程

1. 窟内壁体表面与空气的热湿交换方程

窟内壁体表面与窟内空气之间发生对流热交换、对流质交换，因此窟内表面的热湿交换方程可以表示为

$$j_o = M_v h_{m,o} (c_{v,o} - c_{v,i}) \tag{4.31}$$

$$q_o = h_{c,o} (T_o - T_i) \tag{4.32}$$

式中，j_o 为窟内壁体表面与窟内空气的水分交换通量，kg/(m²·s)；q_o 为窟内壁体表面与窟内空气之间的热交换通量，W/m²；M_v 为水蒸气的摩尔质量，kg/mol；$h_{m,o}$ 为内表面对流传质系数，m/s；$h_{c,o}$ 为内表面对流传热系数，W/(m²·K)；T_o 为内表面的温度，K；$c_{v,o}$ 为内表面水蒸气的浓度，mol/m³；T_i 为窟内空气的温度，K；$c_{v,i}$ 为窟内水蒸气的浓度，mol/m³。

2. 窟外壁体表面与空气的热湿交换方程

窟外壁体表面与大气环境通过对流和短波辐射作用进行热交换，通过对流进行水分交换，因此，窟外表面的热湿交换方程可以表示为

$$j_b = M_v h_{m,b} (c_{v,e} - c_{v,b}) \tag{4.33}$$

$$q_b = h_{c,b} (T_e - T_b) + \rho_{I,s} I_w \tag{4.34}$$

式中，j_b 为窟外壁体表面与窟外空气的水分交换通量，kg/(m²·s)；q_b 为窟外壁体表面与窟外空气之间的热交换通量，W/m²；M_v 为水蒸气的摩尔质量，kg/mol；$h_{m,b}$ 为外表面对流传质系数，m/s；$h_{c,b}$ 为外表面对流传热系数，W/(m²·K)；$c_{v,b}$ 为外表面的水蒸气的浓度，mol/m³；$c_{v,e}$ 为窟外水蒸气的浓度，mol/m³；T_b 为外表面的温度，K；T_e 为窟外空气的温度，K；$\rho_{I,s}$ 为太阳辐射吸收系数；I_w 为太阳辐射照度，W/m²。

其中表面质交换系数 h_m 可以根据热质传递类比公式由换热系数 h_c 得到 (Incropera and Dewitt, 2006):

$$h_m = \frac{D_{vg}}{\lambda_g} \left(\frac{\lambda_g}{\rho_g c_{P,g} D_{vg}} \right)^\omega h_c \tag{4.35}$$

式中，h_m 为对流传质系数，m/s；h_c 为对流传热系数，W/(m²·K)；D_{vg} 为空气中的水蒸气

扩散系数，m²/s；λ_g 为湿空气的导热系数，W/(m·K)；ρ_g 为湿空气密度，kg/m³；$c_{P,g}$ 为湿空气的比热容，J/(kg·K)；ω 为类比因子指数，取 1/3。

二、全年热湿环境分析模型参数设置

（一）分析软件

采用 COMSOL Multiphysics® （多物理场仿真软件）进行模拟计算，COMSOL 作为多场耦合分析软件，在材料的热湿传递上有着较为广泛的应用（Huang et al., 2018）。热湿环境的求解流程如图4.4所示，先建立几何模型，并输入相对应的气象数据、边界条件、材料热湿物性参数和初始条件。然后再进行网格划分，设定模拟的时间步长、求解器及控制参数。之后进行新的时间步骤计算，当模拟结果不收敛时，更新热湿系数计算温湿度场，当模拟结果收敛时，就可以输出热湿场的求解结果。

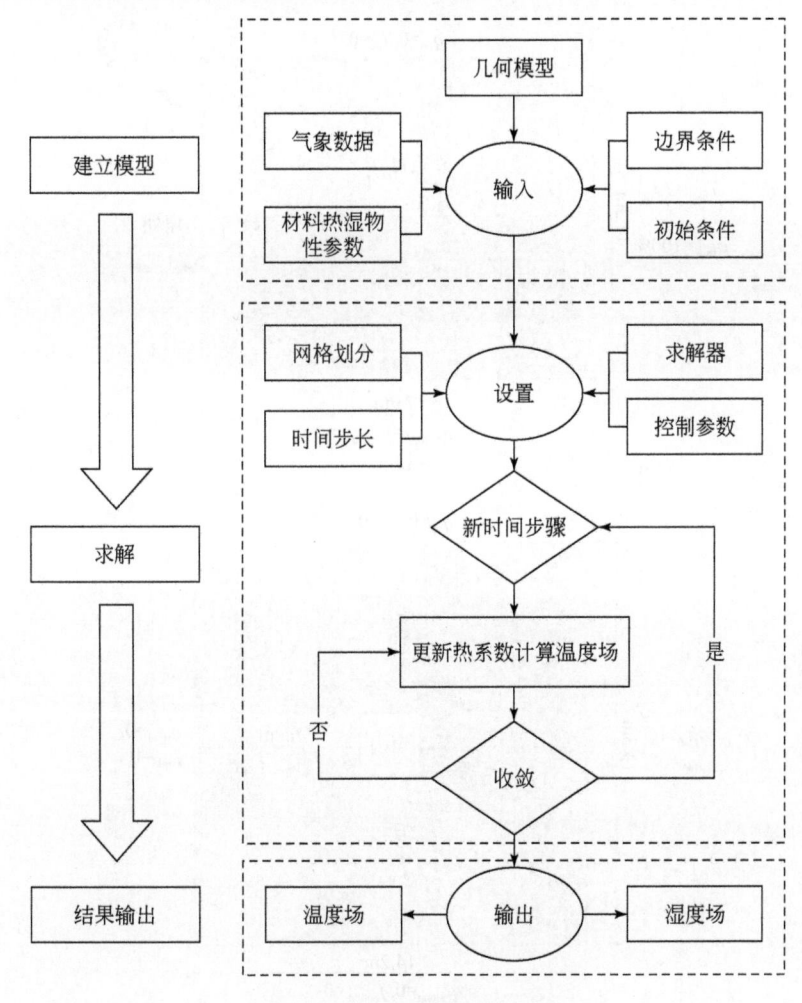

图4.4 热湿环境求解流程图

(二) 边界条件

以第101窟为例，进行麦积山石窟热湿模型的验证。图4.5（a）~（c）是分析模型示意图及边界条件。图4.5（a）是第101窟测绘图（图3.22）标注的1-1剖面（垂直于窟门方向）的分析模型示意图。1-1剖面的分析模型计算阈范围为17.9m×14.3m。石窟后侧崖体深度取15.0m，温湿度值取固定值，其中温度等于崖体深处的温度值，相对湿度取100%。石窟上侧和下侧都有其他洞窟，崖体计算长度取6.0m，上下侧为绝热绝湿边界条件，即热量传递速率和水分传递速率为0。石窟外侧跟窟外空气进行热量和水分的交换，并且受到太阳辐射的影响，边界条件参考式（4.33）、（4.34）。图4.5（b）是第101窟测绘图（图3.22）标注的2-2剖面（平行于窟门方向）的分析模型示意图。2-2剖面的分析模型计算阈范围为14.2m×14.3m，石窟左侧和右侧崖体计算范围取6.0m，边界条件为绝热绝湿。图4.5（c）是分析模型的平面示意图，计算阈范围为14.2m×17.9m，边界条件与图4.5（a）、（b）一致。

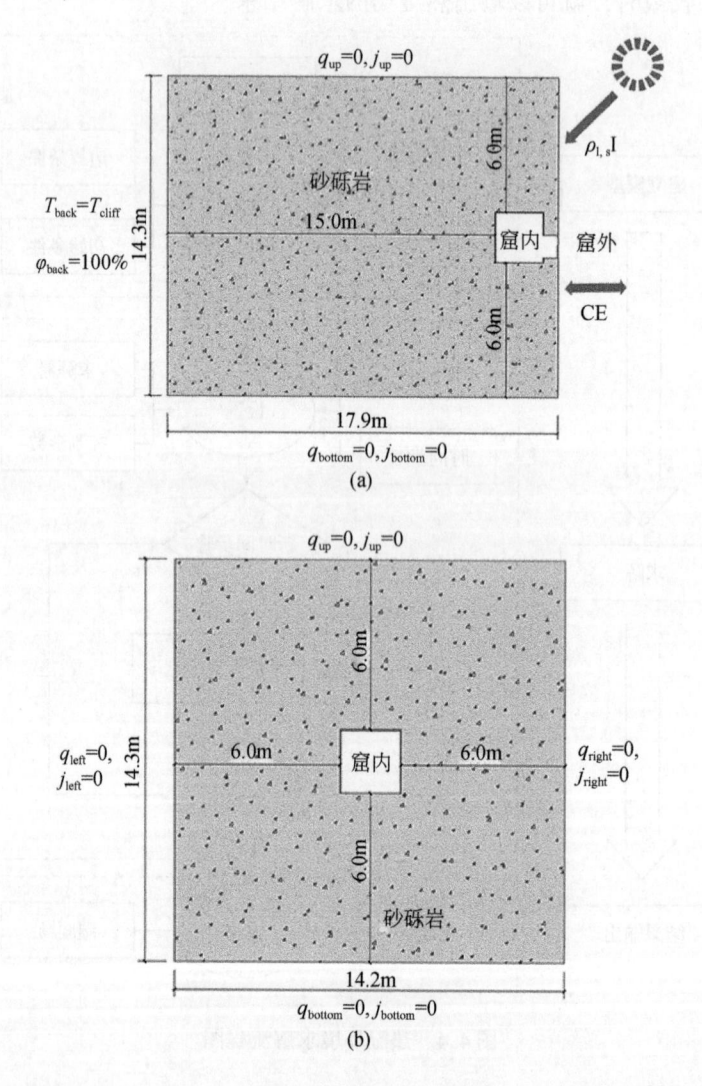

(a)

(b)

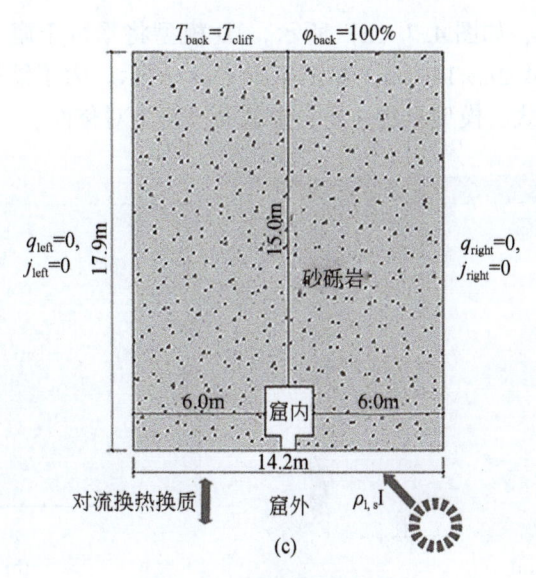

图 4.5 分析模型示意图

（a）垂直于窟门方向剖面（1-1 剖面）分析模型示意图；（b）平行于窟门方向剖面（2-2 剖面）分析模型示意图；（c）平面方向分析模型示意图

模型共分为 5 个计算阈（图 4.6）：石窟后侧崖体（区域 1）、石窟附近崖体（区域 2）、窟内空气（区域 3）、地仗层（区域 4）和窟门（区域 5）。其中地仗层厚度 0.035m，窟门为木材，厚度为 0.04m。区域 1、2、4、5 采用含湿多孔介质模块设定，区域 3 采用湿空气模块设定。因为裂隙主要分布在崖体较深处，石窟附近崖体和地仗层不考虑裂隙水的影响。模型中区域 1 裂隙水的计算项采用热源项和湿源项插入。区域 3 窟内外空气交换引起的热量和水分变化及蒸发潜热项同样采用热源项和湿源项插入。窟门在软件中设置为建筑材料。

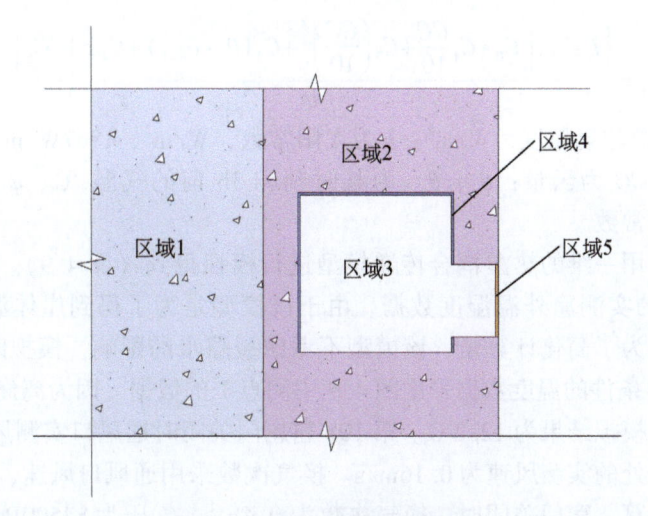

图 4.6 石窟分析模型区域划分

研究分别进行了 2D 和 3D 模型的模拟。考虑到窟外气候对窟内热湿环境的影响，2D

模型分析只取1-1截面，如图4.7（a）所示。3D模型将平行于窟门的方向也考虑进去，计算阈范围为17.9m×14.2m×14.3m，如图4.7（b）所示。为了缩短计算时间，3D模型建模采用中轴对称的方式，模型只建一半，中截面设置为对称面。

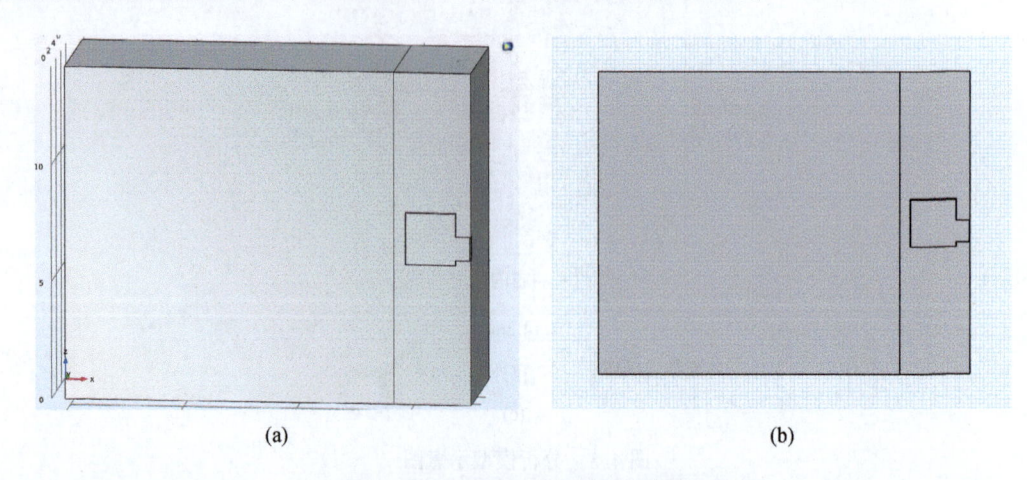

图4.7 2D和3D分析模型示意图
(a) 2D分析模型示意图；(b) 3D分析模型示意图

（三）模型参数

由于室外气候采用测试对象附近的监测数据可以提高模拟结果和实测结果的拟合度（Coelho et al., 2018），模拟用的窟外温湿度数据采用2019年的实测数据，窟外水蒸气浓度通过实测数据计算得到［图4.8（a）］。分析模型采用的太阳辐射量是通过水平面总辐射量计算得到的南向逐时太阳辐射值［图4.8（b）］，水平面总辐射量采用瞬时太阳辐射模型计算公式如下（张晴原和杨洪兴，2012）：

$$I_h = \frac{\left\{I_o \sinh\left[C_0 + C_1\dfrac{CC}{10} + C_2\left(\dfrac{CC}{10}\right)^2 + C_3(\theta_n - \theta_{n-3}) + C_4\varphi\right] - C_5\right\}}{b} \quad (4.36)$$

式中，I_h为水平面总辐射照度，W/m²；I_o为太阳常数，W/m²，1367W/m²（周勇，2019）；h为太阳高度角；CC为云量；θ_n、θ_{n-3}为某时刻和3h前的气温,℃；φ为相对湿度,％；$C_0 \cdots C_5$，以及b为常数。

崖体的温度采用一维的热湿耦合传递模型进行模拟得到（图4.9）。图4.9左侧的边界条件是2019年的实测窟外温湿度数据。由于该模型是为了得到崖体温度的边界条件，裂隙水影响较小，为了简化计算量，该模型不考虑裂隙水的影响，模拟时间为50年。图4.5（a）左侧边界条件的温度数据采用图4.9中测点1的数据，因为离崖面距离较大，所以温度是恒定的，模拟结果为12.2℃。第101窟窟门关闭时通风口实测风速为0.017m/s，窟门开启时，窟口处的实测风速为0.16m/s。换气次数采用通风口风速、通风口面积和洞窟体积进行近似计算。窟门关闭时，换气次数为0.4h⁻¹。气压为84500Pa。砂砾岩太阳辐射吸收系数取0.5，门太阳辐射吸收系数取0.65，窟内对流换热系数取8.7W/(m²·K)，窟外对流换热系数取23W/(m²·K)（柳孝图，2010）。区域1初始值温度设定为8℃，相

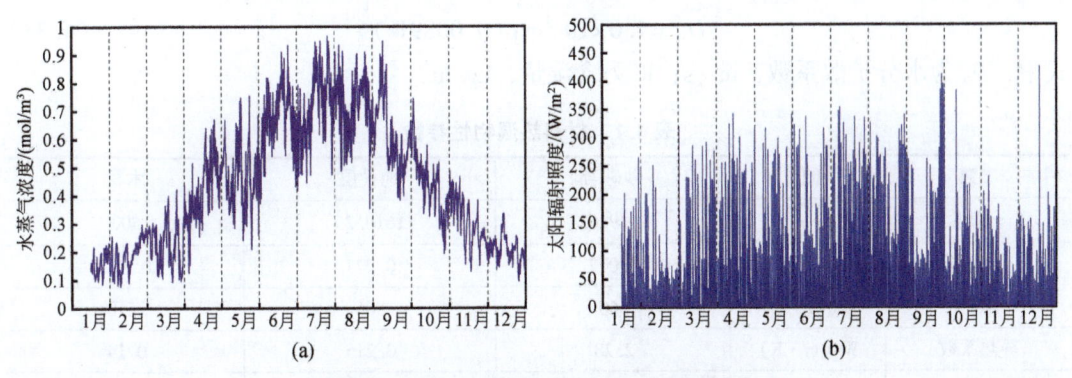

图 4.8 窟外水蒸气浓度和逐时太阳辐射值
(a) 窟外水蒸气浓度;(b) 南向逐时太阳辐射值

对湿度为 90%。区域 2~5 初始值温度设定为 6℃,相对湿度为 50%。参考文献(杨婷,2011)假设崖体中裂隙的长度和间距均为 7m,下雨时裂隙中相对湿度为 100%。单个裂隙中水分的质量流量 M_f 可以通过文献(杨婷,2011)中裂隙的单位长度每小时漏水量进行计算,为 0.003kg/s。模拟间隔为 1h,为了降低初始值对模拟结果的影响,模拟 2 个周期,每个周期的计算时间为 1 年。将第 1 个周期的模拟结果作为第 2 个周期的初始值,第 2 个周期的模拟结果作为最终结果进行分析。

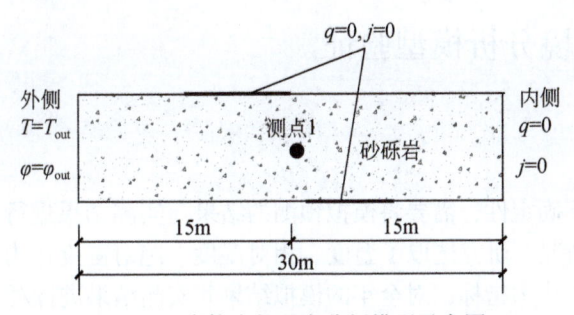

图 4.9 崖体内部温度分析模型示意图

(四) 材料参数

表 4.1 是材料的热湿物性参数。木材的热湿物性参数取自文献(何盛等,2017)。参考文献得到砂砾岩的导热系数(余如洋等,2020)、比热容(刘佑荣和唐辉明,1999)和渗透系数(杨婷,2011)。砂砾岩的干密度、孔隙率和等温吸湿曲线由第三章第三节得到。壁画地仗层采用第三章第三节类型 A 试样的测试数据。粗泥层土:沙:麦草质量为 30:70:2,细泥层土:沙:麻质量为 30:70:2。模型中渗透率由式(4.37)换算得到,液态水扩散系数参考文献(Koronthalyova and Holubek,2017)由式(4.38)计算得

$$K = k_1 \frac{g}{\upsilon} \tag{4.37}$$

式中,K 为渗透系数,cm/s;g 为重力加速度,m/s²;υ 为运动滞粘系数,m²/s;k_1 为渗透率,m²。

$$D_{\mathrm{W}} = 4.0 \times 10^{-9} \exp(0.0089W) \tag{4.38}$$

式中，D_{W}为水分扩散系数，$\mathrm{m^2/s}$；W为含湿量，$\mathrm{kg/m^3}$。

表4.1 材料热湿物性参数

参数	单位	砂砾岩	地仗层	木材
干密度	$\mathrm{kg/m^3}$	2449.62	1610.25	500
孔隙率	—	0.072	0.271	0.672
比热容	$\mathrm{J/(kg \cdot K)}$	860	806	2510
导热系数	$\mathrm{W/(m \cdot K)}$	2.28	0.215	0.14
水蒸气渗透系数	$\mathrm{kg/(m \cdot s \cdot Pa)}$	9.03×10^{-12}	1.68×10^{-11}	0.96×10^{-11}
渗透系数	$\mathrm{cm/s}$	6.0×10^{-6}	1.401×10^{-5}	—
等温吸湿曲线	模型	\multicolumn{3}{c}{$U(\varphi) = k_1 \varphi^{k_2} + k_3 \varphi^{k_4}$}	
等温吸湿曲线	拟合参数	$k_1 = 5.740 \times 10^{-3}$	$k_1 = 3.384 \times 10^{-2}$	$k_1 = 0.160$
等温吸湿曲线	拟合参数	$k_2 = 0.207$	$k_2 = 24.460$	$k_2 = 0.798$
等温吸湿曲线	拟合参数	$k_3 = 5.780 \times 10^{-3}$	$k_3 = 1.023 \times 10^{-2}$	$k_3 = 0.121$
等温吸湿曲线	拟合参数	$k_4 = 6.691$	$k_4 = 0.855$	$k_4 = 6.988$

三、全年热湿环境分析模型验证

（一）验证指标

为了减少模型的不确定性，需要将模拟预测的结果与实测结果进行对比，以验证模型是否能有效地模拟实际情况。研究选取了温度、相对湿度、绝对湿度作为参数，选取均方根误差RMSE、决定系数R^2作为指标，对全年的模拟结果和实测结果进行对比，公式如下：

$$\mathrm{RMSE} = \sqrt{\frac{1}{n}\sum_{i=1}^{n}(m_{\mathrm{meas},i} - m_{\mathrm{model},i})^2} \tag{4.39}$$

$$R^2 = 1 - \frac{\sum_{i=1}^{n}(m_{\mathrm{meas},i} - m_{\mathrm{model},i})^2}{\sum_{i=1}^{n}(m_{\mathrm{meas},i} - \overline{m_{\mathrm{meas}}})^2} \tag{4.40}$$

式中，n为数据个数；m_{meas}为实测结果；$\overline{m_{\mathrm{meas}}}$为实测结果的平均值；$m_{\mathrm{model}}$为模拟结果。RMSE和$R^2$广泛用于评价室内热湿环境分析模型，RMSE越小，$R^2$越大说明模型越精确。RMSE的温度值≤1℃、相对湿度值≤5%范围内被认为有较高的精度，温度值≤2℃、相对湿度≤10%范围内被认为精度相对较低（Huerto-Cardenas et al., 2020）。R^2大于0.75通常作为评价指标[①]，为了获得较高精度的模型，有的文献中R^2大于0.9（Shi et al., 2018）。

---

① ASHRAE. 2002. ASHRAE Guideline 14-2002 Measurement of Energy and Demand Savings.

(二) 验证结果

采用第 101 窟测点 2 的测试结果与模拟结果进行对比,得到图 4.10。从结果上看,模拟结果与实测数据趋势一致。温度和相对湿度 2D 模拟结果日波动幅度较大,3D 模拟结果日波动幅度与实测更为吻合。绝对湿度 2D 和 3D 模拟结果的变化趋势及波动幅度均与实测较为接近。对全年相对湿度分布进行统计可知,全年相对湿度 70% 以上的实测结果占比 41.8%,2D 模拟结果占比 45.9%,3D 模拟结果占比 44.5%。全年相对湿度 70% 以上占比实测结果与模拟结果相接近。

图 4.10 实测结果与模拟结果对比图

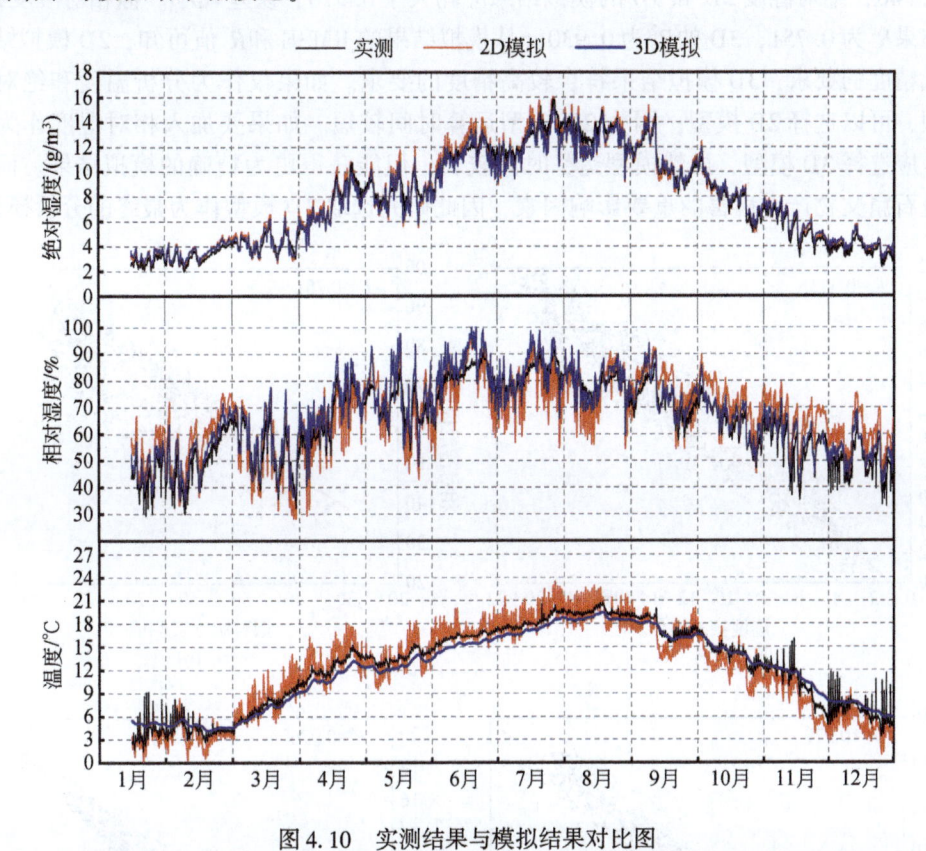

表 4.2 是 2D 和 3D 模拟结果 RMSE 值,可知 2D 模拟结果 RMSE 值温度<2℃、相对湿度<10%、绝对湿度<1g/m³。3D 模拟结果 RMSE<1℃、相对湿度<5%、绝对湿度<1g/m³。

表 4.2 2D 和 3D 模拟结果的 RMSE 值

		RMSE
2D 模拟	温度/℃	1.46
	相对湿度/%	7.60
	绝对湿度/(g/m³)	0.55

续表

	RMSE	
3D 模拟	温度/℃	0.99
	相对湿度/%	4.59
	绝对湿度/(g/m³)	0.54

图4.11是模拟结果和实测结果的线性拟合图,可知,温度2D和3D的模拟结果R^2均大于0.940,绝对湿度2D和3D的模拟结果R^2均大于0.970,误差较小。但相对湿度2D的模拟结果R^2为0.751,3D的R^2为0.930。从模拟结果的RMSE和R^2值可知,2D模拟结果符合较低精度的要求,3D模拟结果符合较高精度的要求。如果仅作为分析温度和绝对湿度的模型,可以选择2D模型,因为2D模型运算时间较短。如果要加入相对湿度作为分析要素,应选择3D模型,虽然模型运算时间较长,但能获得更为精确的模拟结果。而相对湿度是石窟文物产生病害的重要影响因素,因此研究选取3D模型作为最终的分析模型。

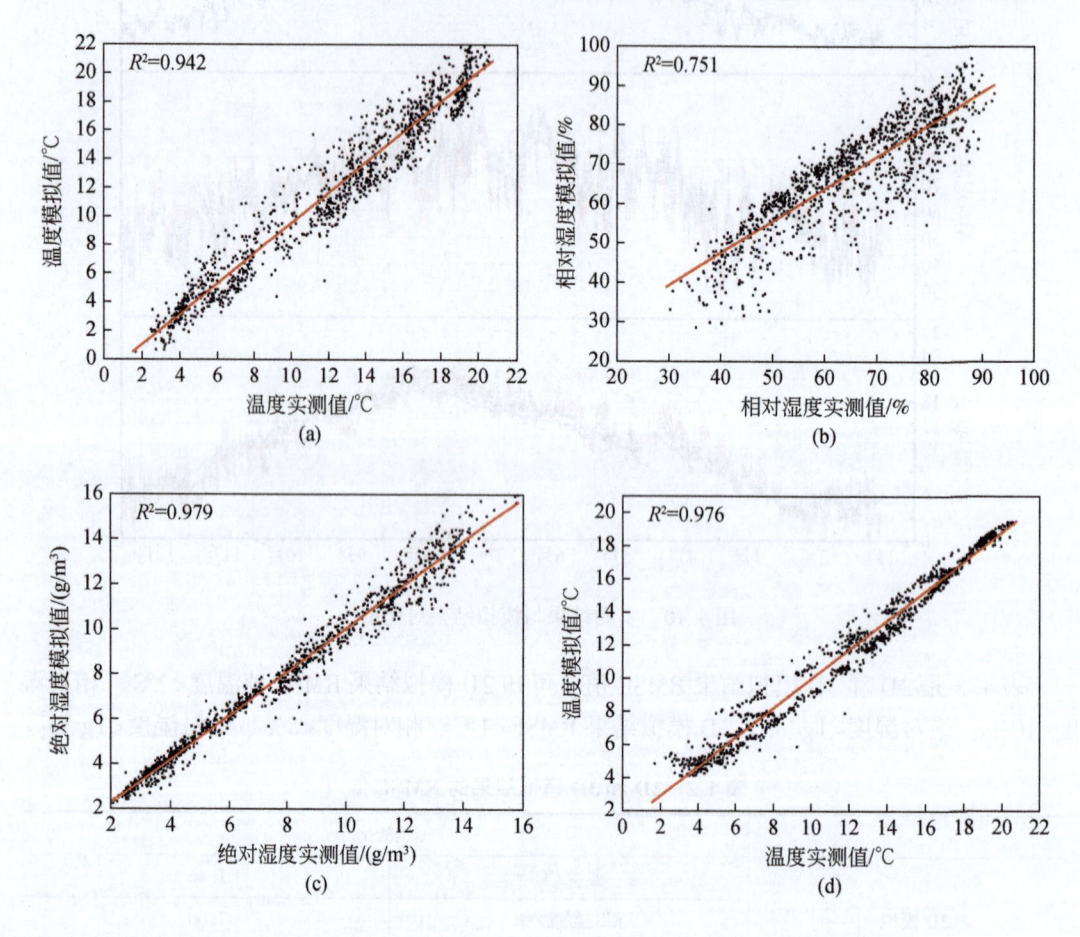

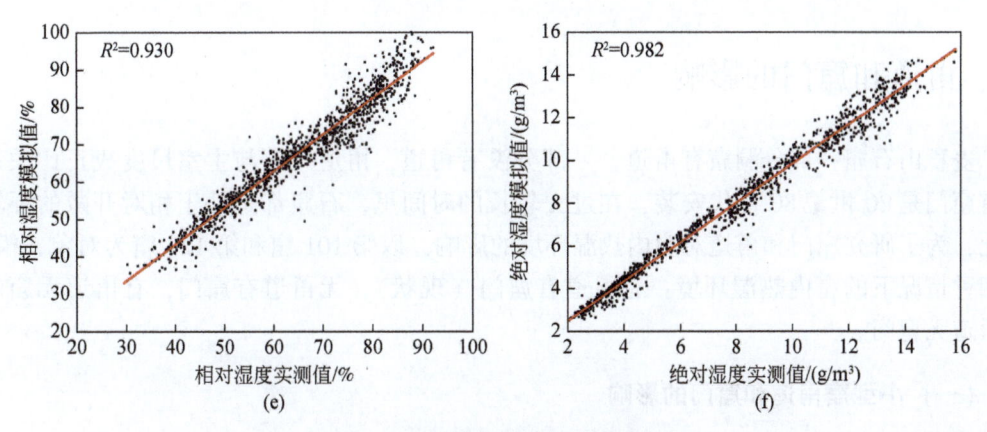

图4.11 实测结果和模拟结果相关性

(a) 2D 温度;(b) 2D 相对湿度;(c) 2D 绝对湿度;(d) 3D 温度;(e) 3D 相对湿度;(f) 3D 绝对湿度

窟内热湿环境的形成一方面受到崖体温度、水分的影响,一方面受到窟外气候的影响。研究是在多孔介质热质传递理论的基础上,考虑到崖体和窟外气候这两方面的影响,建立了2D和3D的热湿环境分析模型。对于温度和绝对湿度的模拟结果,2D和3D的精度都较高。但相对湿度2D的模拟精度低于3D。分析2D和3D的模拟结果可知,二者的主要差别是2D模型温度和相对湿度的日较差较大。而温度较小的差异容易引起模型相对湿度较大的偏差,因此2D模型在相对湿度上与实测结果的吻合度不如3D模型。总结这种结果产生的原因,2D模型仅仅考虑垂直于窟门方向的一个截面上的热湿传递,而对于第101窟这种甬道的宽和高都比主室小的石窟来说,模型并不能完全有效地模拟实际情况。从这个角度上来说,选择3D模型对这种类型石窟的热湿环境分析更为有利。

第二节 麦积山石窟窟内热湿环境量化分析

一、评价指标

麦积山石窟数目较多,类型多样。石窟热湿环境不仅受到窟外气候的影响,还与形制、大小、窟门等因素有关。本章第一节提出的全年热湿环境分析模型考虑到了崖体温度、太阳辐射的影响。因此,本小节主要是针对石窟自身的相关影响因素进行量化分析,其中,自然通风的影响用窟内外的换气次数进行量化分析。石窟文物的保护需要相对稳定的热湿环境,因此研究不同因素对石窟热湿环境的影响,对石窟预防性保护措施的提出,具有重要作用。为了评价热湿环境的稳定性,便于对模拟结果进行比较,采用日较差月均值(MADV)作为评价指标,计算公式如下:

$$\text{MADV} = \frac{1}{n}\sum_{i=1}^{n}(m_{\max,i} - m_{\min,i}) \tag{4.41}$$

式中,$m_{\max,i}$为每日最大值;$m_{\min,i}$为每日最小值;n为每月的天数;MADV为日较差月均值。

二、甬道和窟门的影响

麦积山石窟一部分洞窟有甬道，一部分没有甬道，甬道尺度与主室尺度成正比关系。现有窟门是20世纪80年代安装，在过去较长的时间里，石窟都是处于相对开敞的环境。因此，为了研究窟门和甬道对窟内热湿环境的影响，以第101窟和第127窟为对象，模拟了四种情况下的窟内热湿环境：有甬道有窟门（现状），无甬道有窟门，有甬道无窟门，无甬道无窟门。

(一) 小型窟甬道和窟门的影响

以第101窟为对象，通风口面积比参考第101窟现状，按照窟门开启和关闭时通风口处的风速，换算4种情况下的换气次数约为：有甬道有窟门换气次数为 $0.4h^{-1}$，无甬道有窟门换气次数为 $2.7h^{-1}$，有甬道无窟门换气次数为 $18h^{-1}$，无甬道无窟门换气次数为 $131h^{-1}$。

模拟结果如图4.12所示，对于第101窟，无甬道无窟门全年振幅最大，温度极差（最大值与最小值之差）为37.1℃，相对湿度极差为86.9%，绝对湿度极差为 $15.9g/m^3$。有甬道有窟门全年振幅最小，温度极差为15.3℃，相对湿度极差为65.0%，绝对湿度极差为 $12.7g/m^3$。

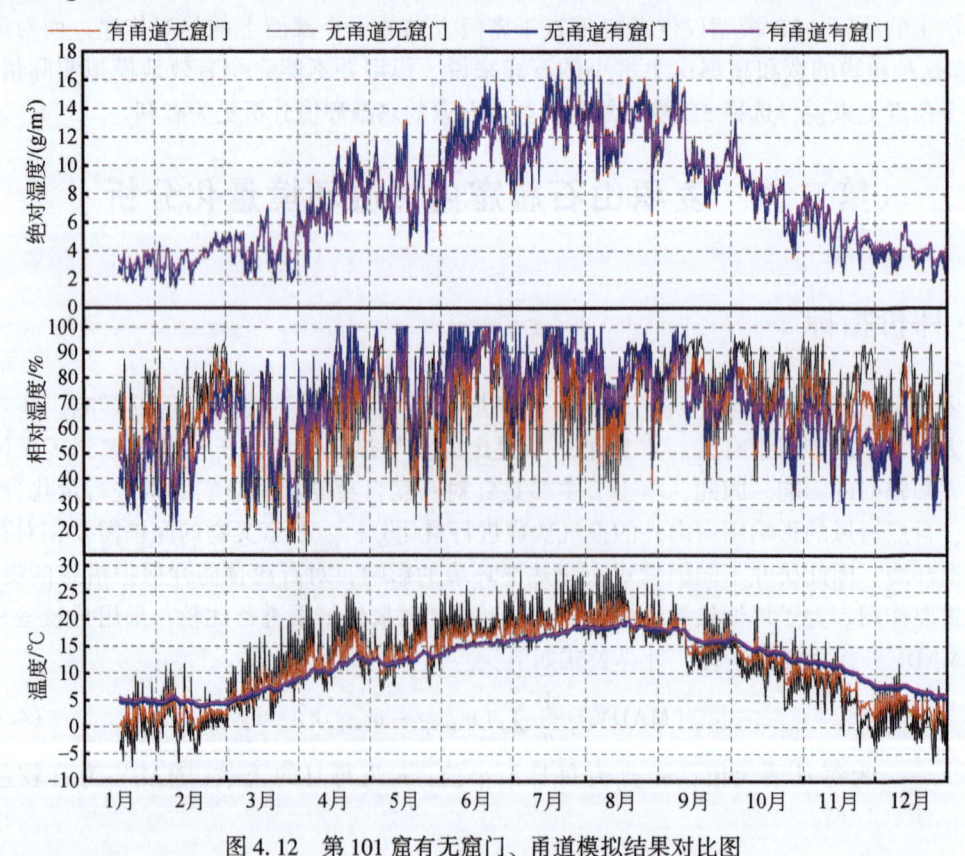

图4.12 第101窟有无窟门、甬道模拟结果对比图

统计日较差月均值，得到图 4.13（a）~（c）。从统计结果看，日较差月均值呈现有甬道有窟门<无甬道有窟门<有甬道无窟门<无甬道无窟门的趋势。在有窟门的情况下，有甬道比无甬道温度日较差月均值低 0.1~0.4℃，有甬道比无甬道相对湿度日较差月均值低 5.5%~9.4%，有甬道比无甬道绝对湿度日较差月均值低 0.40~1.43g/m³。在无窟门的情况下，对比无甬道，有甬道温度日较差月均值降低 2.9~5.3℃，相对湿度日较差月均值低 6.5%~11.1%，绝对湿度二者较为接近。

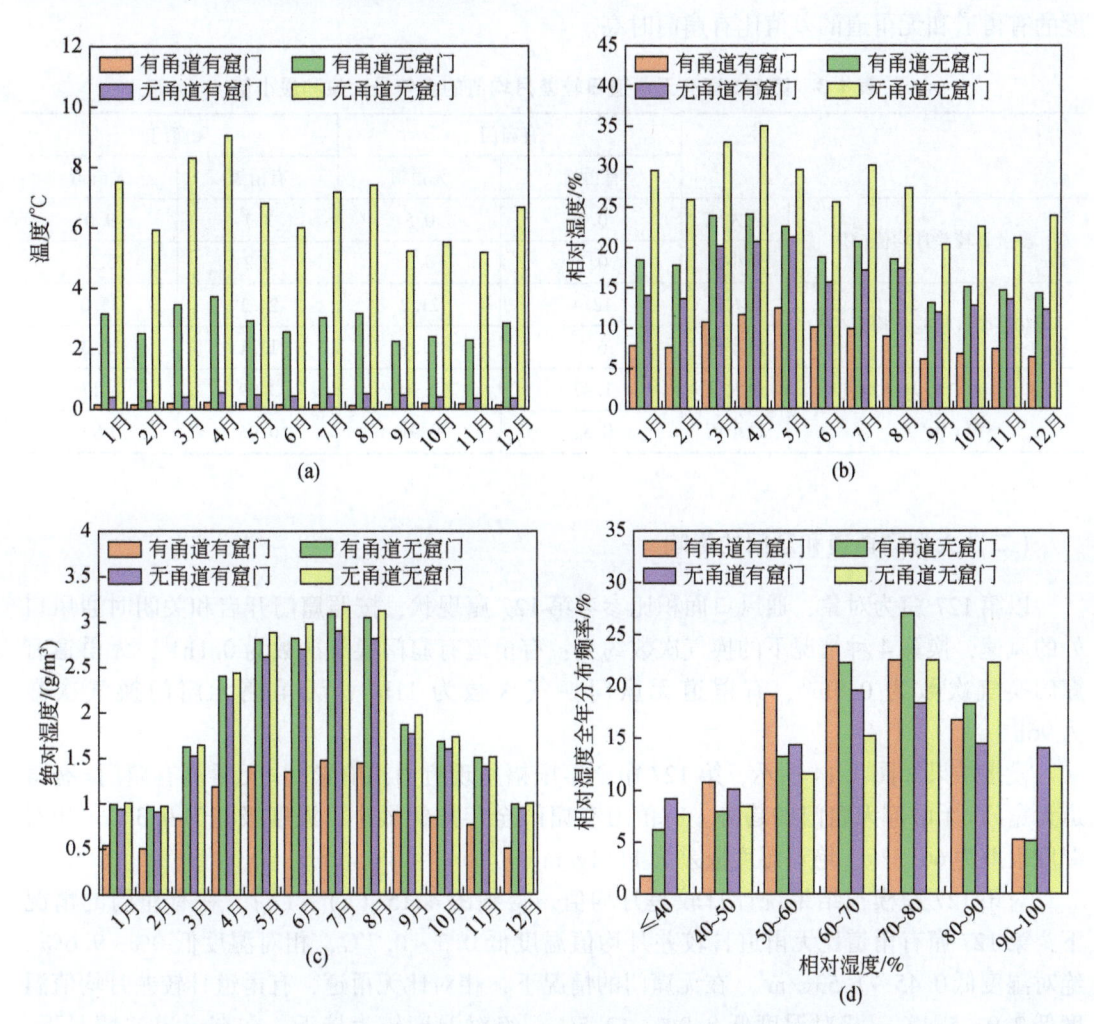

图 4.13 第 101 窟有无窟门、甬道日较差月均值及全年相对湿度频率统计图
(a) 温度日较差月均值；(b) 相对湿度日较差月均值；(c) 绝对湿度日较差月均值；(d) 全年相对湿度频率统计

在有甬道的情况下，有窟门比无窟门温度日较差月均值低 2.1~3.5℃，相对湿度日较差月均值低 7.0%~13.2%，绝对湿度日较差月均值低 0.45~1.61g/m³。

在无甬道的情况下，有窟门比无窟门的日较差月均值温度低 4.8~8.5℃，相对湿度低 7.6%~15.5%，绝对湿度较为接近。从全年相对湿度分布频率统计结果分析[图 4.13 (d)]，相对湿度大于 70% 的情况有甬道有窟门占比最低（占比 44.5%），无甬道无窟门占比最高（占比57.2%）。极湿（相对湿度90%~100%）的情况，无甬道有窟门的占比最高（占比14.0%）。

表4.3是第101窟有无甬道日较差月均值的全年最大值最小值。如表4.3所示，第101窟有甬道窟内温湿度的日较差月均值比无甬道低。有窟门时，有甬道比无甬道的日较差月均值最小值温度低0.2℃，相对湿度低5.8%，绝对湿度低0.4g/m³；日较差月均值最大值温度低0.3℃，相对湿度低8.8%，绝对湿度低1.43g/m³。无窟门时，温度、相对湿度的有甬道和无甬道的差值比有窟门时高。

表4.3 第101窟有无甬道日较差月均值的全年最大值和最小值

		有窟门		无窟门	
		有甬道	无甬道	有甬道	无甬道
温度日较差月均值/℃	最大值	0.2	0.5	3.7	9.0
	最小值	0.1	0.3	2.2	5.2
相对湿度日较差月均值/%	最大值	12.4	21.2	24.1	35.0
	最小值	6.1	11.9	13.1	20.3
绝对湿度日较差月均值/(g/m³)	最大值	1.47	2.90	3.09	3.17
	最小值	0.51	0.91	0.96	0.97

（二）大型窟甬道和窟门的影响

以第127窟为对象，通风口面积比参考第127窟现状，按照窟门开启和关闭时通风口处的风速，换算4种情况下的换气次数约为：有甬道有窟门换气次数为0.1h⁻¹，无甬道有窟门换气次数为0.8h⁻¹，有甬道无窟门换气次数为11h⁻¹，无甬道无窟门换气次数为96h⁻¹。

模拟结果如图4.14所示，第127窟全年振幅呈现有甬道有窟门＜无甬道有窟门＜有甬道无窟门＜无甬道无窟门的趋势。有甬道有窟门全年振幅最小，温度极差为9.3℃，相对湿度极差为66.3%，绝对湿度极差为11.4g/m³。

对第127窟模拟结果统计日较差月均值，得到图4.15（a）~（c）。在有窟门的情况下，第127窟有甬道比无甬道日较差月均值温度低0.3~0.7℃，相对湿度低0%~9.6%，绝对湿度低0.45~1.53g/m³。在无窟门的情况下，相对比无甬道，有甬道日较差月均值温度低2.9~5.4℃，相对湿度低8.0%~12.5%，绝对湿度较为接近。在有甬道的情况下，有窟门比无窟门的日较差月均值温度低2.6~4.3℃，相对湿度低8.6%~16.9%，绝对湿度低0.51~1.97g/m³。在无甬道的情况下，有窟门比无窟门的日较差月均值温度低5.0~9.0℃，相对湿度低10.8%~22.5%，绝对湿度低0.13~0.76g/m³。从全年相对湿度分布频率统计结果分析［图4.15（d）］，相对湿度大于70%的情况有甬道有窟门占比最低（占比48.2%），无甬道无窟门占比最高（占比57.6%）。极湿（相对湿度90%~100%）的情况，无甬道有窟门的占比最高（占比30.7%）。

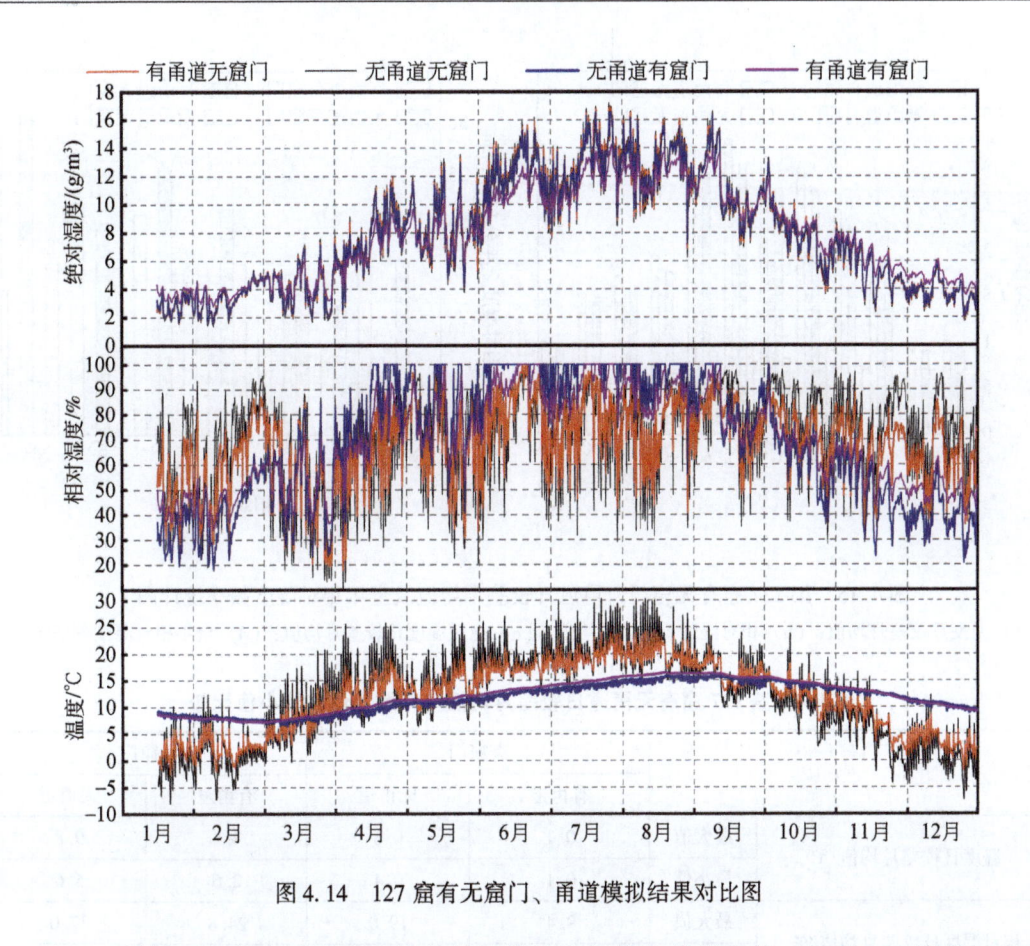

图 4.14 127 窟有无窟门、甬道模拟结果对比图

表 4.4 是第 127 窟有无甬道日较差月均值的全年最大值最小值。如表 4.4 所示，有窟门时，有甬道比无甬道的日较差月均值温度最小值低 0.3℃，最大值低 0.7℃；相对湿度最小值低 1.9%，最大值低 9.6%；绝对湿度最小值低 0.47g/m³，最大值低 1.52g/m³。无窟门时，温度、相对湿度的日较差月均值有无甬道的差值比有窟门时高。

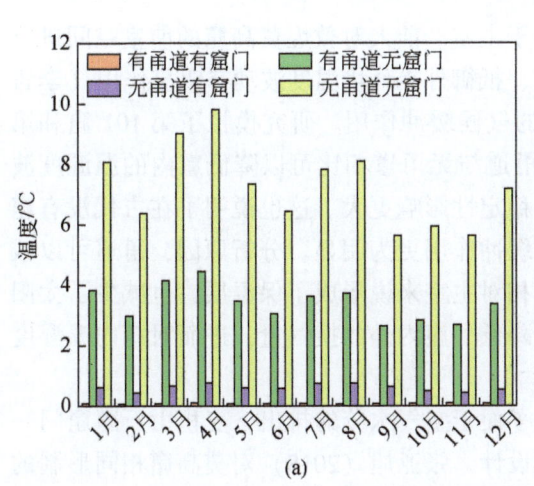

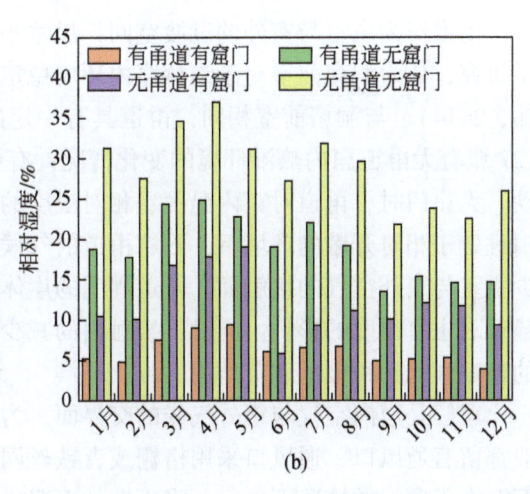

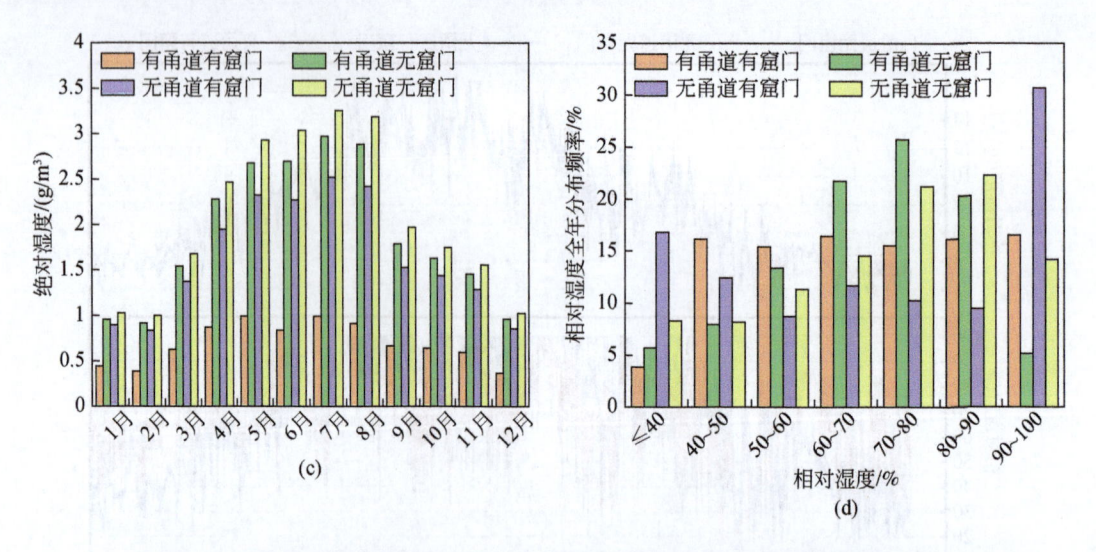

图 4.15 第 127 窟有无窟门、甬道日较差月均值及全年相对湿度频率统计图
(a) 温度日较差月均值；(b) 相对湿度日较差月均值；(c) 绝对湿度日较差月均值；(d) 全年相对湿度频率统计

表 4.4 第 127 窟有无甬道日较差月均值全年最大值和最小值比较

		有窟门		无窟门	
		有甬道	无甬道	有甬道	无甬道
温度日较差月均值/℃	最大值	0.1	0.8	4.4	9.8
	最小值	0.1	0.4	2.6	5.6
相对湿度日较差月均值/%	最大值	9.4	19.0	24.8	37.0
	最小值	3.9	5.8	13.5	21.8
绝对湿度日较差月均值/(g/m³)	最大值	1.00	2.52	2.96	3.25
	最小值	0.36	0.83	0.91	0.99

甬道作为主室与室外的过渡空间，尺寸小于主室。前人对敦煌莫高窟的前室空间进行了研究，认为洞窟前室对于维持窟内环境稳定、抵御外界环境温度波动有明显作用（李哲伟，2014）。与洞窟前室相同，甬道具有一定的气候缓冲作用。研究模拟了第 101 窟和第 127 窟有无甬道窟内热湿环境的变化情况，有甬道与无甬道相比可以降低窟内的温湿度波动。无窟门时，甬道对窟内温度、相对湿度的稳定性影响更大。这也说明了在古代没有窟门且处于相对开敞的环境下，石窟甬道的气候缓冲作用更为明显。分析原因，甬道可以减少主室与窟外空气的接触面。甬道周围的崖体相对主室来说形成了保温层，也减少了太阳辐射对主室温度的影响。同时，接触面的减少降低了窟内外的换气量，进而对窟内温湿度的稳定性起到积极的调节作用。

窟门是窟内空气与窟外气候的交界面。为了便于空气水分的排出，麦积山石窟窟门一般都留有通风口，通风口采用格栅或者铁丝网设计。张亚旭（2018）对莫高窟相同形制的石窟有无窟门的情况下进行了降雨期的温湿度监测，结果说明，窟门能有效地降低窟外气候对温度和相对湿度的影响,而窟门的频繁开启会造成窟内温度日较差增大(陈港泉,2016)。相较于无窟门的情况,有窟门时,窟内温度和相对湿度的日较差月均值均有较大程度的降低。从分析结果可知,窟门能够降低窟内温湿度波动幅度,但由于夏季窟内温度比无窟门时低,绝对湿度较为接近的情况下,相对湿度处于极湿的比例有所增加。因此,对于窟门的设计,不仅要考虑对窟内热湿环境稳定的作用,还要考虑窟门对窟内相对湿度的影响。在不考虑设备使用的情况下,可以根据窟内外空气含湿量的情况,通过适当地开启和封闭窟门,调节窟内的湿度。如果窟内空气含湿量低于窟外,可以关闭窟门甚至封堵通风口,以阻止湿空气进入;如果窟内空气含湿量高于窟外,可以及时开门通风,降低窟内相对湿度(董广强,2000)。

三、换气次数的影响

(一) 小型窟换气次数的影响

麦积山石窟气候相对潮湿,换气次数越大,窟外气候对窟内热湿环境的影响越显著。为了研究换气次数对窟内热湿环境的影响,对第 101 窟分析了以下 5 种情况下窟内的热湿环境变化:$0.1h^{-1}$, $0.4h^{-1}$(现状), $2h^{-1}$, $5h^{-1}$, $10h^{-1}$。

分析结果如图 4.16 所示,可知换气次数越大,窟内温度和相对湿度的振幅越大。

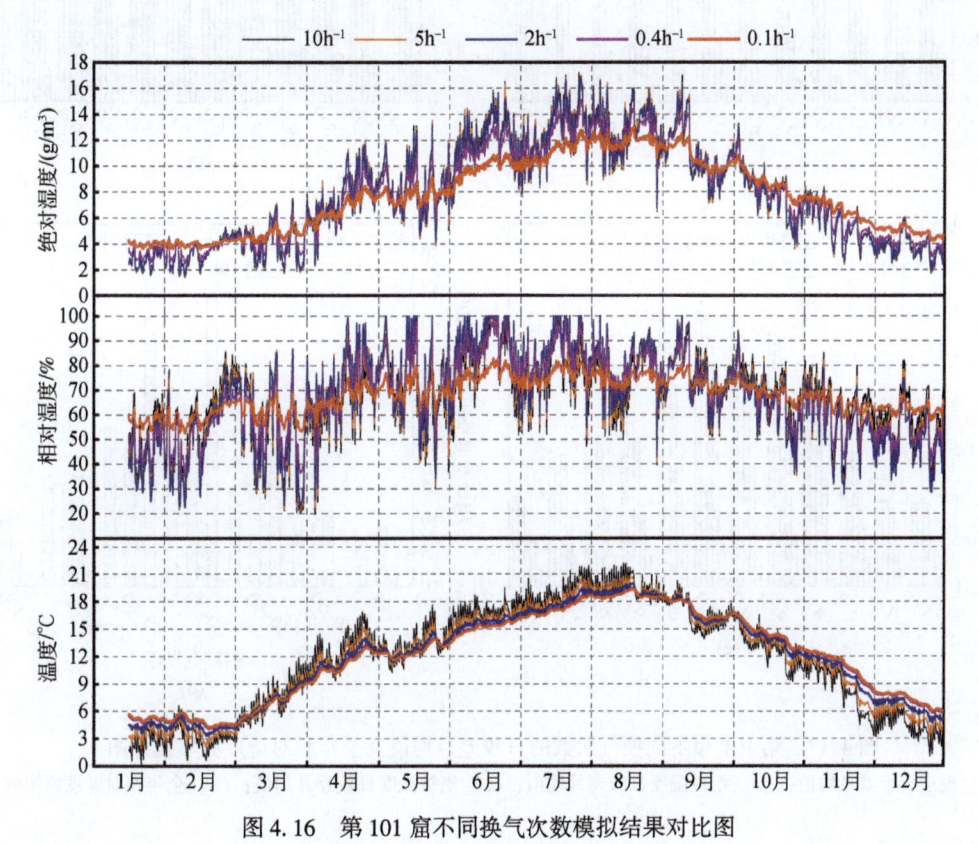

图 4.16 第 101 窟不同换气次数模拟结果对比图

0.1h⁻¹模拟结果的极差最小，10h⁻¹模拟结果的极差最大。换气次数0.1h⁻¹的温度极差15.1℃，相对湿度极差30.4%，绝对湿度极差9.37g/m³。相比于换气次数0.1h⁻¹，换气次数10h⁻¹的温度极差提高7.1℃，相对湿度极差提高49.7%，绝对湿度极差提高6.44g/m³。

图4.17（a）显示，温度日较差月均值0.1h⁻¹与0.4h⁻¹接近，其余三种情况差别较大，10h⁻¹比5h⁻¹温度日较差月均值高0.6~1.1℃。图4.17（b）、（c）显示，2h⁻¹、5h⁻¹、10h⁻¹相对湿度和绝对湿度日较差月均值相接近，与其余两个差别较大。与0.1h⁻¹相比，2h⁻¹日较差月均值相对湿度高8.4%~15.7%，绝对湿度高0.68~2.16g/m³。全年相对湿度分布频率统计结果显示[图4.17（d）]，相对湿度70%以上0.1h⁻¹的全年分布频率最低，占比42.9%，10h⁻¹全年分布频率最高，占比47.5%。极湿（相对湿度90%~100%）的情况下，2h⁻¹全年分布频率最高，占比10.6%，而0.1h⁻¹全年分布频率最低，占比0%。

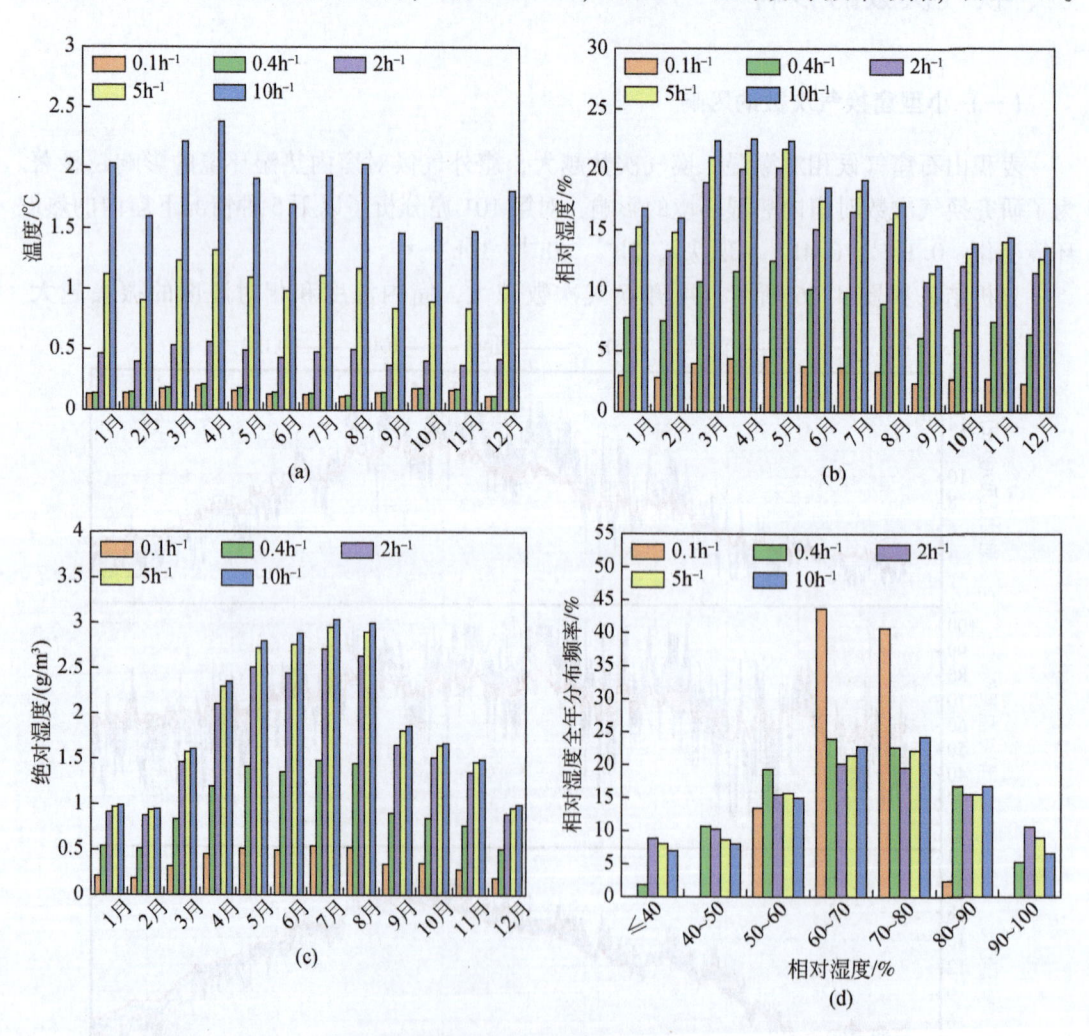

图4.17 第101窟不同换气次数的日较差月均值及全年相对湿度频率统计图
（a）温度日较差月均值；（b）相对湿度日较差月均值；（c）绝对湿度日较差月均值；（d）全年相对湿度频率统计

（二）大型窟换气次数的影响

对第 127 窟分析了以下 5 种情况下窟内的热湿环境变化：$0.1h^{-1}$（现状），$0.4h^{-1}$，$2h^{-1}$，$5h^{-1}$，$10h^{-1}$。如图 4.18 所示，随着换气次数增大，窟内温度、相对湿度和绝对湿度的极差随之变大。$0.1h^{-1}$ 模拟结果极差最小，$10h^{-1}$ 模拟结果极差最大。相对比于换气次数 $0.1h^{-1}$，换气次数 $10h^{-1}$ 极差温度高 17.0℃，相对湿度高 16.6%，绝对湿度高 $4.15g/m^3$。

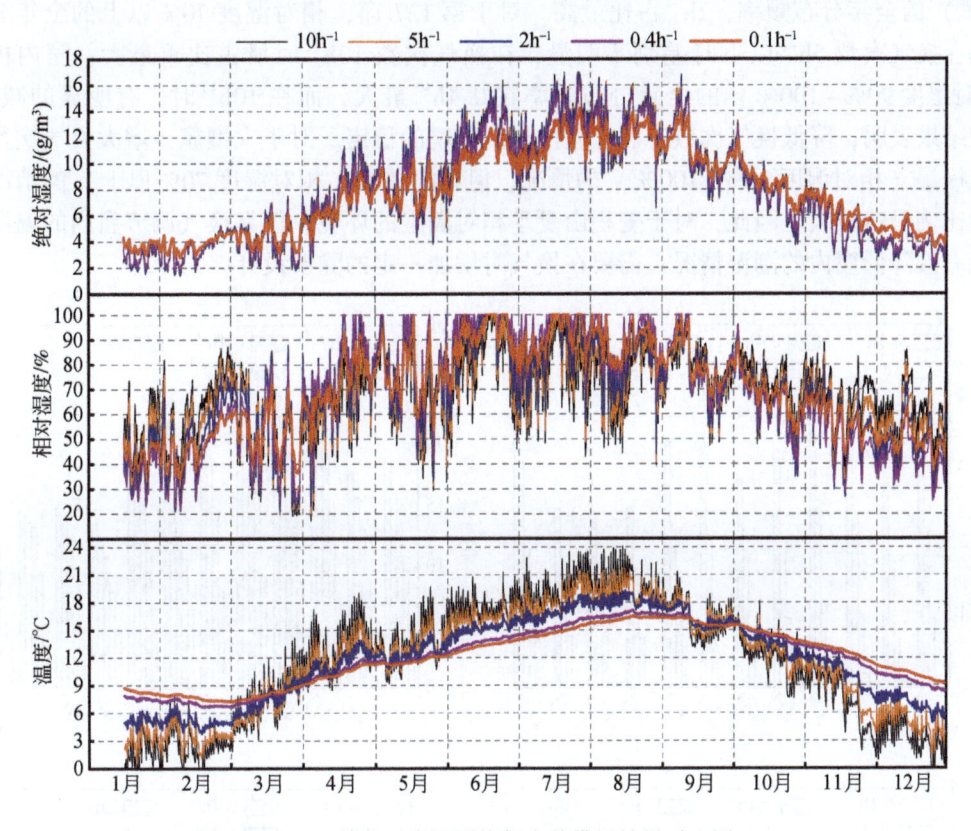

图 4.18 第 127 窟不同换气次数模拟结果对比图

图 4.19（a）显示，温度日较差月均值 $0.1h^{-1}$ 与 $0.4h^{-1}$ 接近，其余三种情况差别较大，$10h^{-1}$ 比 $5h^{-1}$ 温度日较差月均值高 0.9~1.6℃。图 4.19（b）（c）显示，$2h^{-1}$、$5h^{-1}$、$10h^{-1}$ 相对湿度和绝对湿度日较差月均值随着换气次数的增大而增加。与 $0.1h^{-1}$ 相比，$2h^{-1}$ 日较差月均值相对湿度高 6.0%~12.6%，绝对湿度高 0.51~$1.84g/m^3$。图 4.19（d）显示，相对湿度 70% 以上 $0.4h^{-1}$ 全年分布频率最低，占比 47.5%，$10h^{-1}$ 全年分布频率最高，占比 51.6%。极湿（相对湿度 90%~100%）的情况下，$0.4h^{-1}$ 全年分布频率最高，占比 22.9%，而 $10h^{-1}$ 全年分布频率最低，占比 6.0%。

换气次数对窟内温湿度的影响主要体现在温湿度的年振幅、日振幅的变化上。文献分析了石窟在不同换气次数下，内部的温湿度变化（李永辉，2010），随着换气次数增大，石窟温度的平均值会降低，年振幅会变小。研究比较了不同换气次数对石窟热湿环境的影响，随着换气次数的增加，第 101 窟和第 127 窟温度和相对湿度的年振幅和日振幅都随之加大。两个窟换气次数在2h⁻¹以下时,绝对湿度随着换气次数增加,年振幅和日较差都随之增加。换气次数在2h⁻¹以上时,绝对湿度的变化趋势较为接近。考虑到窟内空气的水分一方面来自崖体,一方面来自窟外空气。可知,对于这两种类型的石窟来说,当换气次数在2h⁻¹以下时,窟内空气的含湿量受到崖体和窟外空气的影响都较大;当换气次数在2h⁻¹以上时,窟内空气的含湿量受窟外空气的影响更大。对于第101窟,随着换气次数的增加,相对湿度70%以上的全年分布频率也随之增加;但窟内出现极湿(相对湿度90%~100%)的全年分布频率,2h⁻¹占比最高。对于第127窟,相对湿度70%以上的全年分布频率在换气次数5h⁻¹以下时差别不明显,在换气次数10h⁻¹时所占比重最大;窟内极湿(相对湿度90%~100%)的全年分布频率在0.4h⁻¹最大,而在10h⁻¹时,有明显的减少。研究结果表明,降低换气次数有利于窟内热湿环境的稳定。对于大型窟,增大换气次数能降低极湿(相对湿度90%~100%)的情况,但窟内潮湿(相对湿度70%以上)的情况所占的比例仍然较大。因此,对于麦积山夏季相对潮湿的环境,仅靠换气调节窟内的温湿度不能有效降低窟内的潮湿情况,需要在换气时增加一定的除湿设计。

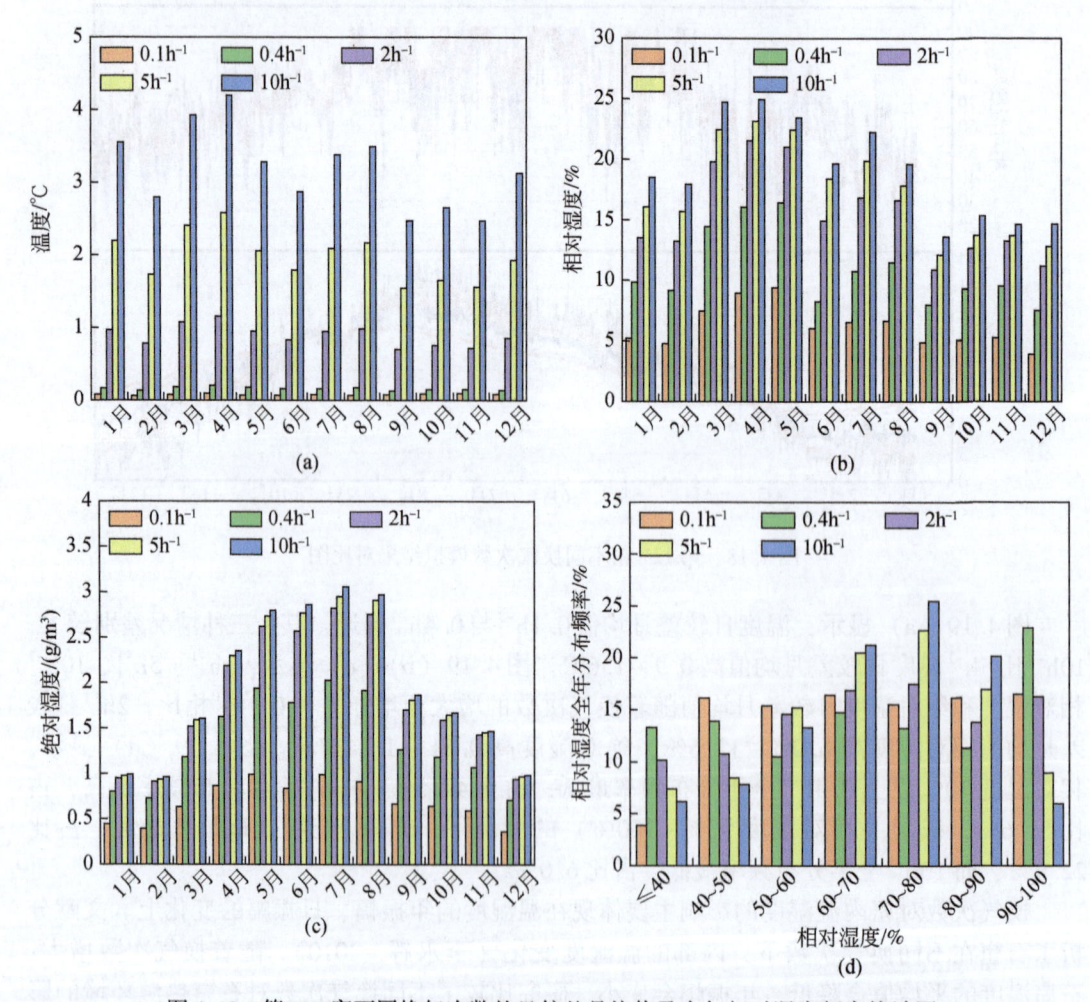

图4.19 第127窟不同换气次数的日较差月均值及全年相对湿度频率统计图
(a)温度日较差月均值;(b)相对湿度日较差月均值;(c)绝对湿度日较差月均值;(d)全年相对湿度频率统计

四、石窟尺寸的影响

为了研究石窟尺寸对热湿环境的影响，以第 101 窟为参考对象，按照同样的比例尺度模拟对比了以下 4 种情况下石窟热湿环境：进深 1m，进深 2.2m（现状），进深 3m，进深 4m。以上 4 种进深均为主室的尺寸，不包含甬道的尺寸。按照第 101 窟现状的通风口面积大小和窟口风速换算 4 种情况的换气次数约为：进深 1m 换气次数 4h^{-1}，进深 2.2m 换气次数 0.4h^{-1}，进深 3m 换气次数 0.2h^{-1}，进深 4m 换气次数 0.1h^{-1}。

分析结果如图 4.20 所示，随着进深增大，窟内温度、相对湿度、绝对湿度的振幅随之减小。进深 1m 的温度极差 20.6℃，相对湿度极差 74.5%，绝对湿度极差 14.8g/m^3。相对于进深 1m 的情况，进深 4m 的温度极差降低 10.3℃，相对湿度极差降低 13.2%，绝对湿度极差降低 3.96g/m^3。

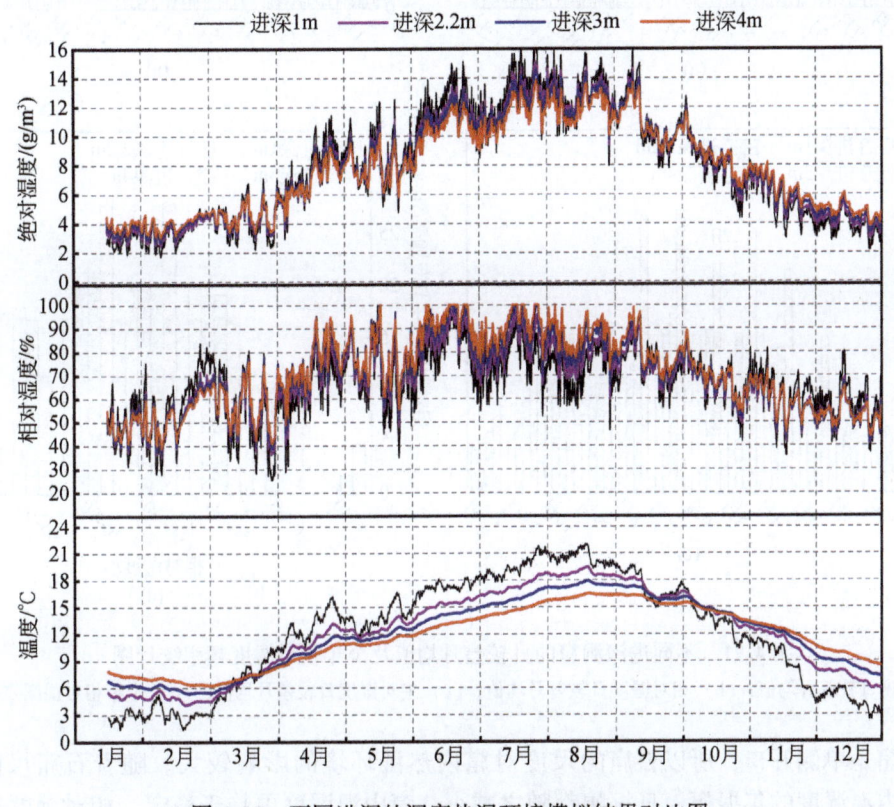

图 4.20 不同进深的洞窟热湿环境模拟结果对比图

如图 4.21（a）所示，进深 1m 的温度日较差月均值最大，其余三种情况较为接近。进深 1m 的温度日较差月均值比进深 4m 的高 0.4~0.6℃。如图 4.21（b）（c）所示，相对湿度和绝对湿度日较差月均值随着进深的增大而减小，其中进深 1m 的相对湿度日较差月均值在 9.2%~17.4% 之间，绝对湿度日较差月均值在 0.75~2.33g/m^3 之间。如图 4.21（d）所示，相对湿度 70% 以上的全年分布频率，进深 1m 占比 42.2%，进深 2.2m 占比

44.5%，进深3m占比49.4%，进深4m占比51.9%。极湿（相对湿度90%~100%）的情况下，进深4m全年分布频率最高，占比16.6%，而进深1m全年分布频率最低，占比为2.9%。

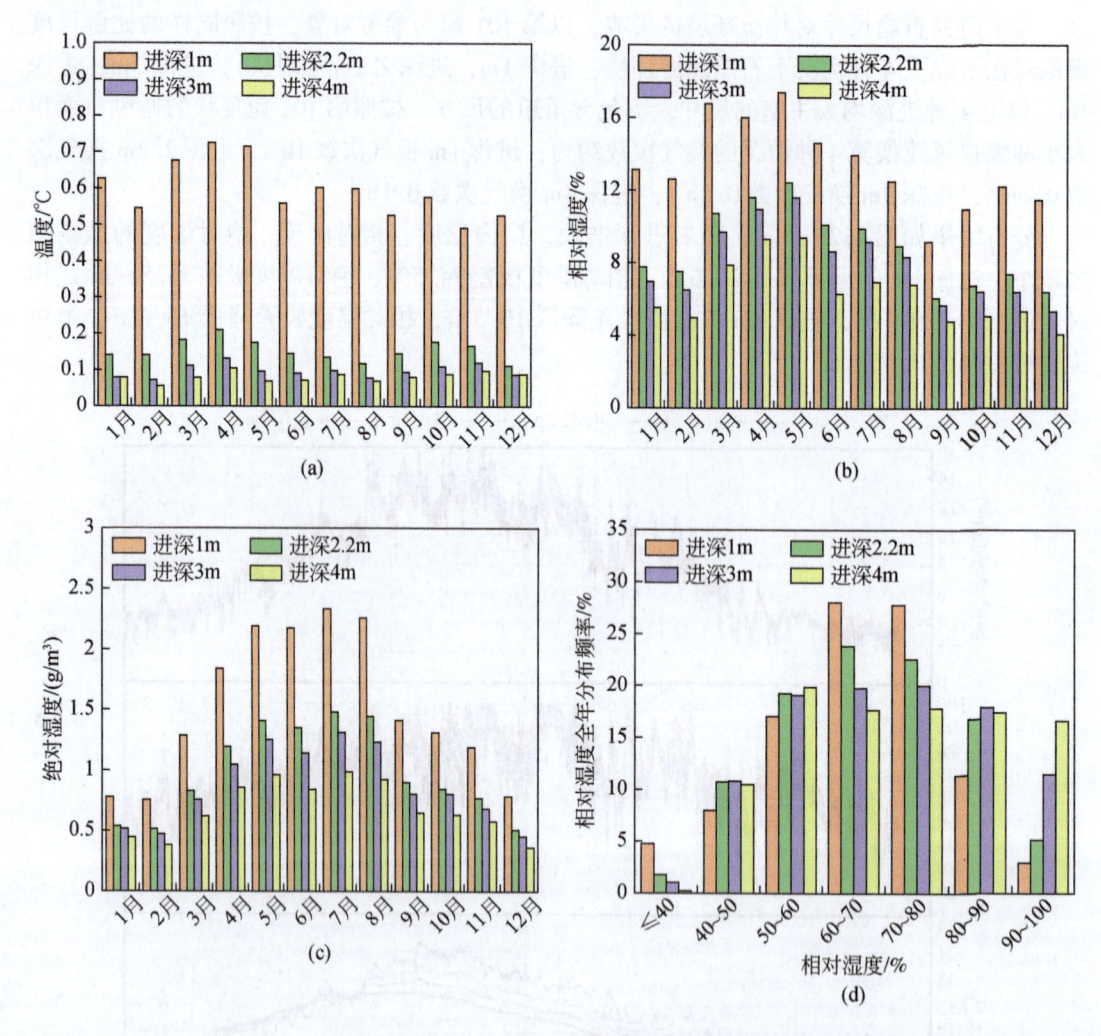

图4.21 不同进深洞窟的日较差月均值及全年相对湿度频率统计图
(a) 温度日较差月均值；(b) 相对湿度日较差月均值；(c) 绝对湿度日较差月均值；(d) 全年相对湿度频率统计

石窟是单侧开口，所以石窟的尺度对窟内热湿环境的影响较大。随着石窟尺度的增大，窟内温湿度的年振幅、日振幅都随之减小，窟内温湿度更趋于稳定。相对湿度70%以上全年分布频率随着石窟尺度的增大而增大。同时，窟内出现极湿（相对湿度90%~100%）的全年分布频率，也呈现出尺度大占比高，尺度小占比低的趋势。进深4m比进深1m的极湿全年分布频率高13.7%。分析这种现象产生的原因，石窟进深越深，窟内温度受崖体的影响越大，窟内温度越稳定。而窟内空气与壁体交换的水分含量也越多，同时由于换气次数降低，与窟外的水分交换量变少。因此，在夏季窟外绝对湿度较大的情况下，窟内出现极湿的频率增大，更容易产生结露。通过第三章实测麦积山进深较大石窟的温湿度，发现进深较大的石窟夏季窟内的相对湿度很容易达到100%，这与模型的模拟结果一致，同时证明了模型的有效性。

第三节　麦积山石窟热湿环境调控策略

根据麦积山石窟热湿环境的现状问题，总结了麦积山石窟的热湿环境调控措施，主要分为被动式调控措施和主动式调控措施。被动式调控措施是不依赖于能源和设备的调控措施，包括窟门和崖阁的设计，以及自然通风。其中窟门和崖阁的设计主要是为了降低窟内的温湿度波动幅度以及太阳辐射对窟内文物的影响，自然通风是为了降低夏季晴天窟内的相对湿度。主动式调控措施是依赖能源和设备的调控措施，主要是采用设备系统对窟内的温湿度进行控制，具体包括机械通风、除湿通风、升温降湿和控温控湿。主动式调控措施可以对窟内的温湿度进行调控，以降低窟内的相对湿度。

一、被动式调控措施

（一）窟门

窟门对热湿环境的稳定具有积极作用，因此对于温湿度日较差和年较差较大的石窟，可以采用窟门的设计来减少温湿度的波动。麦积山敞口浅窟大多通风口面积大，温湿度受气候的影响较为明显，因此可以重新设计窟门以减小温湿度的日振幅和年振幅。

以第14窟为研究对象，对第14窟的窟门进行设计。第14窟现状特点是窟门面积大，通风口所占的面积比高。为了比较窟门对热湿环境的影响效果，利用全年热湿环境模型对三种方案的热湿环境进行了模拟：①方案一，现状。换气次数20h^{-1}；②方案二，混凝土+木制窟门，如图4.22（a）所示。为了减少窟门的开启面积，窟口处砌筑混凝土，中间位置是窟门。混凝土厚度为200mm，窟门厚度为40mm，换气次数为0.7h^{-1}；③方案三，金

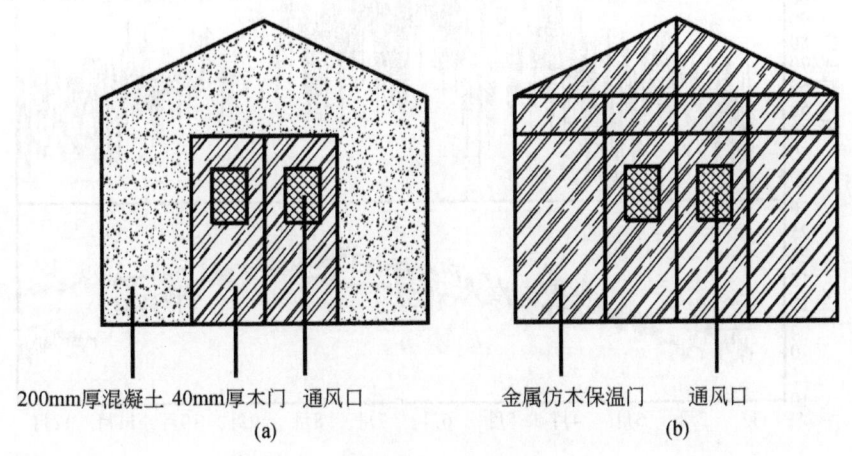

图4.22　第14窟窟门方案
(a) 方案一；(b) 方案二

属仿木保温门，如图4.22（b）所示。金属做边框，内部填聚苯乙烯（EPS）板。换气次数为$0.7h^{-1}$。为了节省计算时间，模拟时不考虑地仗层对窟内热湿环境的影响。混凝土和EPS的材料热湿物性参数如表4.5所示，混凝土的太阳辐射吸收系数为0.73。

表4.5 材料热湿物性参数（柳孝图，2010；李魁山等，2009）

参数	单位	混凝土	EPS
干密度	kg/m³	2500	30
比热容	J/(kg·K)	920	1380
导热系数	W/(m·K)	1.74	0.042
蒸汽渗透系数	kg/(m·s·Pa)	4.39×10^{-12}	4.5×10^{-12}
等温吸湿曲线	模型	$U(\varphi)=\dfrac{k_1\varphi}{(1+k_2\varphi)(1-k_3\varphi)}$	
	公式参数	$k_1=0.088$	$k_1=0.055$
	公式参数	$k_2=6.35$	$k_2=8.27$
	公式参数	$k_3=0.53$	$k_3=0.63$

模拟结果如图4.23所示，对于敞口浅窟，通过窟门的设计，能有效降低窟内温湿度的全年振幅。采用方案二（混凝土+木制窟门），窟内温度全年极差比现状低12.3℃，相

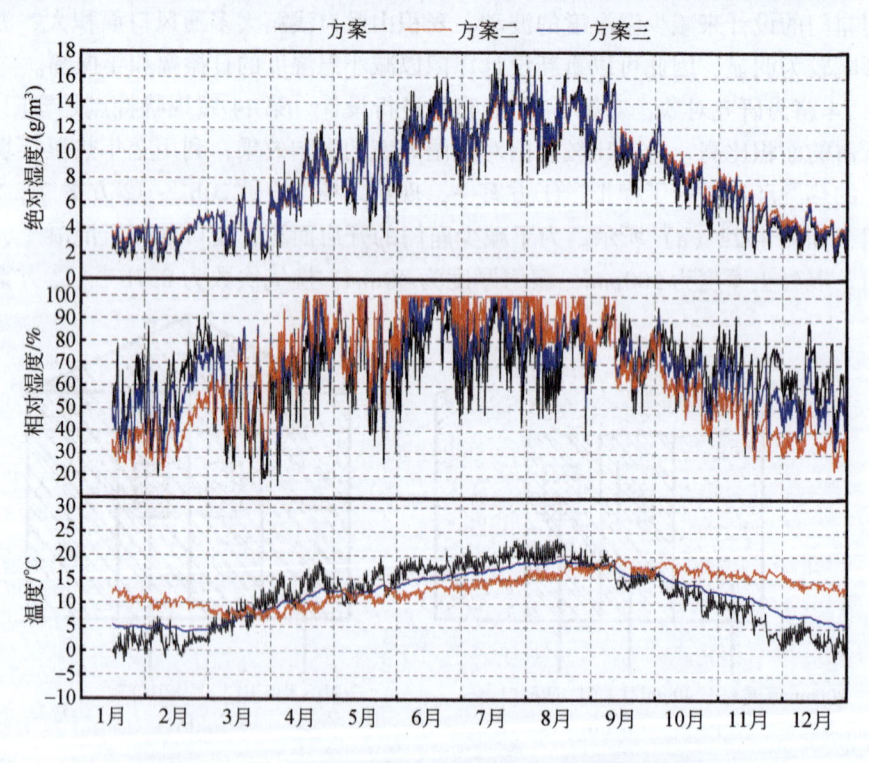

图4.23 第14窟不同窟门方案的热湿环境模拟结果图

对湿度全年极差低 6.1%，绝对湿度全年极差低 2.54g/m³。采用方案三（金属仿木保温门），窟内温度全年极差比现状低 10.5℃，相对湿度全年极差低 12.0%，绝对湿度全年极差低 1.76g/m³。

对第 14 窟的不同窟门方案模拟结果统计日较差月均值，得到图 4.24（a）~（c）。结果表明，窟门的设计能有效降低窟内温湿度的日较差月均值。与方案一相比，方案二的日较差月均值温度降低 0.9~2.1℃，相对湿度降低 4%~13.2%，绝对湿度降低 0.36~1.39g/m³；方案三的日较差月均值温度降低 1.7~3.1℃，相对湿度降低 3.8%~9.1%，绝对湿度降低 0.29~1.28g/m³。对比方案二和方案三，方案三的温度日较差月均值小于方案二，相对湿度和绝对湿度的日较差月均值大于方案二。全年相对湿度分布频率统计结果分析如图 4.24（d）所示，相对湿度大于 70% 的情况方案一占比 52.1%，方案二占比 45.2%，方案三占比 48.9%。可知方案二和方案三有助于降低窟内潮湿（相对湿度 70% 以上）的频率，但是会增加窟内极湿（相对湿度 90%~100%）的频率。

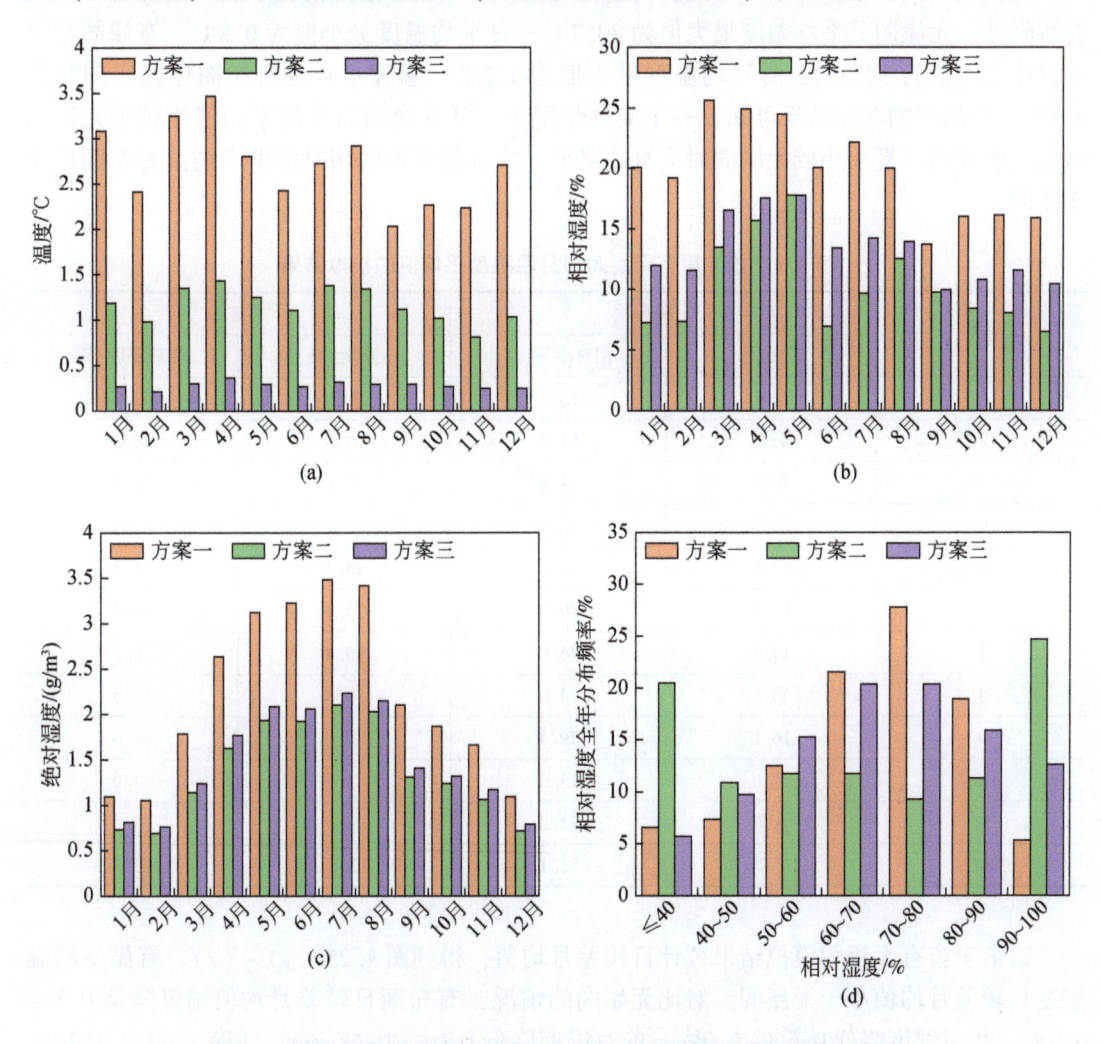

图 4.24 第 14 窟不同窟门日较差月均值及全年相对湿度频率统计图

（a）温度日较差月均值；（b）相对湿度日较差月均值；（c）绝对湿度日较差月均值；（d）全年相对湿度频率统计

从分析结果可知，对于敞口浅窟，窟门的设计可以有效降低窟内温度和相对湿度的年波动幅度和日波动幅度，有利于提高窟内温湿度的稳定性。但是由于窟门相对封闭，夏季窟内温度降低，会使窟内相对湿度大于90%的频率增加。因此，对于敞口浅窟，利用窟门的设计提高窟内热湿环境的稳定性时，还需要结合降湿的措施，以避免夏季窟内相对湿度过高。

（二）崖阁

崖阁对窟内微气候的调节起缓冲作用，同时能够防止太阳辐射直接照射到窟内的文物上，引起文物的劣化。以第4窟为研究对象，分别模拟有无崖阁两种情况下窟门封闭时内部的热湿环境。由于隔墙厚度相对崖体来说较小，可以将第4窟7个开间当作一个完整的计算域。封闭窟门时换气次数为15h^{-1}，开启窟门时换气次数为107h^{-1}。

模拟结果如表4.6所示，与无崖阁进行对比，第4窟有崖阁情况下窟内温度全年振幅有所降低。无崖阁月平均温度最大值为20.2℃，月平均温度最小值为0.8℃。有崖阁月平均温度最大值为19.8℃，月平均温度最小值为1.2℃。温度年较差有崖阁比无崖阁降低0.8℃。由温度的对比结果可知，有崖阁的情况下，冬季窟内温度的平均值相较于无崖阁时会有所提高，夏季相较无崖阁时会有所降低。大部分月份的相对湿度平均值有崖阁低于无崖阁。

表4.6 第4窟有无崖阁每月温湿度平均值的模拟结果

月份	无崖阁 温度/℃	无崖阁 相对湿度/%	有崖阁 温度/℃	有崖阁 相对湿度/%
1	0.8	55.1	1.2	53.3
2	1.6	61.3	2.0	59.5
3	6.9	54.8	7.0	54.3
4	13.5	63.2	13.4	63.8
5	13.6	71.0	13.5	71.7
6	17.7	79.0	17.4	80.4
7	19.7	74.6	19.4	76.1
8	20.2	74.0	19.8	75.5
9	16.1	79.4	16.0	80.0
10	11.6	75.0	11.7	74.6
11	6.7	71.3	7.0	69.8
12	2.2	65.1	2.6	63.1

对第4窟有无崖阁模拟结果统计日较差月均值，得到图4.25（a）~（c）。有崖阁的温湿度日较差月均值小于无崖阁。对比无崖阁的情况，有崖阁日较差月均值温度降低0.1~0.3℃，相对湿度降低0.6%~2.0%，绝对湿度降低0.04~0.18g/m³。相对湿度大于70%的情况无崖阁占比54.8%，有崖阁占比53.5%[图4.25（d）]。对比无崖阁的情况，有

崖阁相对湿度大于70%的全年分布频率降低1.3%。由此可知，崖阁对窟内温湿度的稳定性有一定的积极作用。

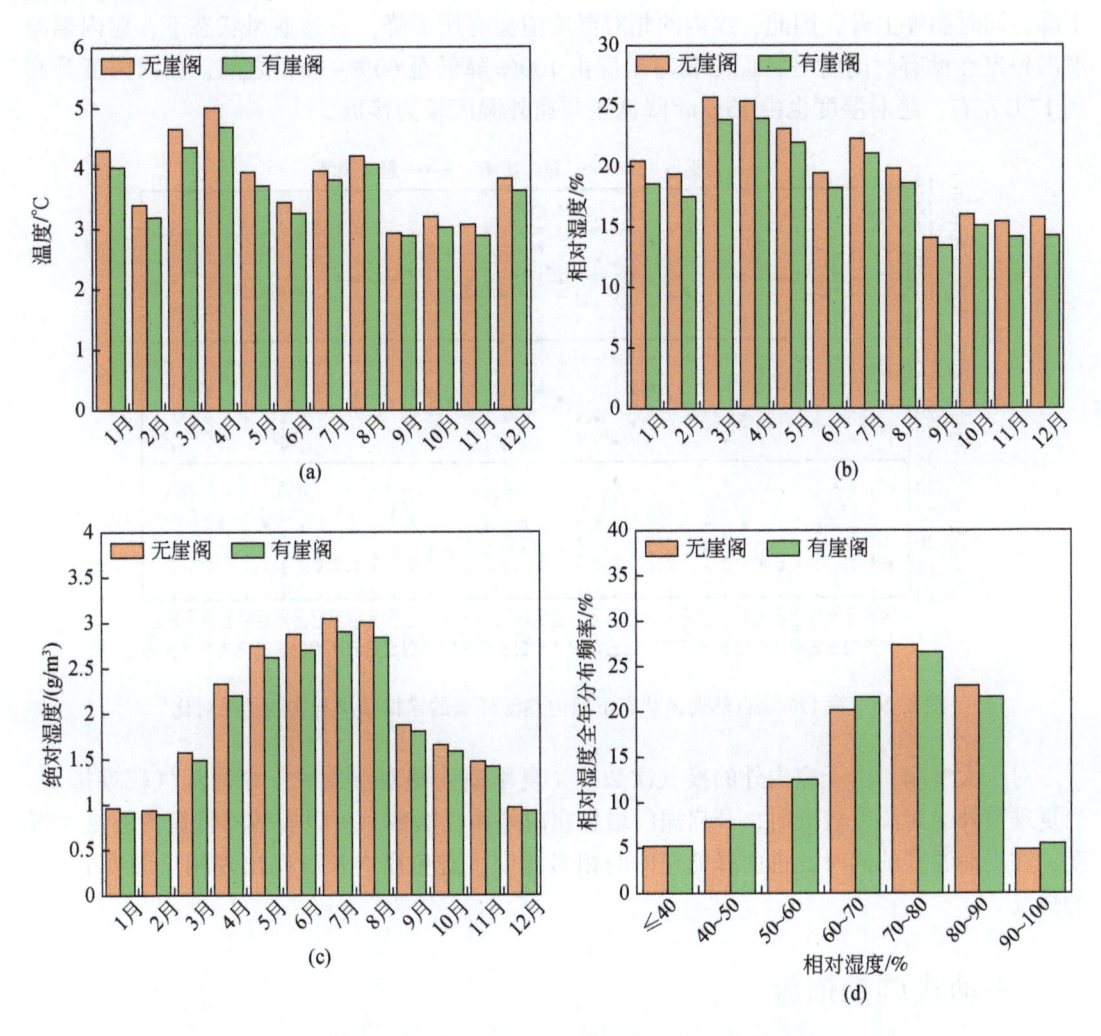

图 4.25　第 4 窟有无崖阁热湿环境日较差月均值及全年相对湿度频率统计图
（a）温度日较差月均值；（b）相对湿度日较差月均值；（c）绝对湿度日较差月均值；（d）全年相对湿度频率统计

（三）自然通风

麦积山石窟夏季窟内较为潮湿，当窟外绝对湿度低于窟内时，自然通风可以降低窟内的绝对湿度，以减少结露的可能性。

为了验证自然通风对窟内相对湿度的影响，以第 127 窟为研究对象，模拟了当窟外绝对湿度低于窟内时，窟门开启后自然通风状态下窟内的温湿度变化情况。模拟的时间为 2019 年 8 月 9 日 1:00~15 日 24:00。

图 4.26 是第 127 窟自然通风状态下窟内热湿环境模拟结果与实测结果的对比。如图 4.26 所示，夏季晴天的情况下，窟外温度呈现中午高、晚上低的趋势；相对湿度呈现中午

低、晚上高的趋势。窟内的温湿度比较稳定,大多数时间相对湿度和绝对湿度高于窟外。通过模拟发现,在这种情况下,打开窟门,增大换气次数,可以使窟内的绝对湿度值有所下降,同时温度上升,因此,窟内的相对湿度值会有所下降。自然通风状态下,窟内温湿度的稳定性没有封闭时好,但是相对湿度由100%降低至60%~90%之间,窟内温度升高到17℃左右,绝对湿度也由13g/m³降低至与窟外湿度较为接近。

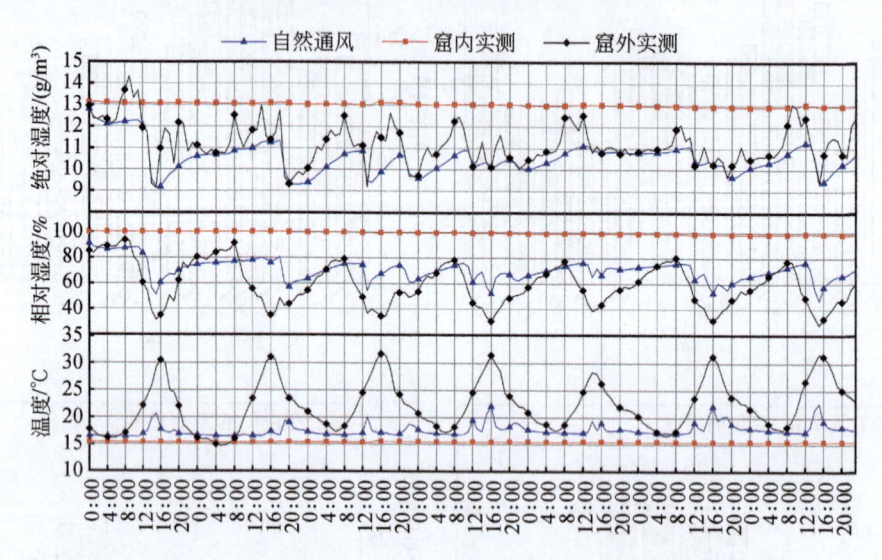

图 4.26 第 127 窟自然通风状态下窟内热湿环境的模拟结果与实测结果对比

对于大型窟,由于窟内外的换气次数少,夏季窟内绝对湿度大,窟内湿气较难排出。当夏季窟外绝对湿度较低时,开启窟门增加窟内外换气次数,可以有效降低窟内的绝对湿度,在提高温度的同时,进而降低窟内的相对湿度,避免窟内长时间出现相对湿度100%的情况。

二、主动式调控措施

麦积山石窟夏季窟内较为潮湿,大型窟开启窟门进行自然通风,可以降低窟内出现结露的频率。但是麦积山石窟艺术研究所保护措施上要求,窟门开启时必须有研究所工作人员值守。而石窟数量较多,因此管理起来并不方便。同时,自然通风虽然能降低窟内的绝对湿度和相对湿度,但是会提高温湿度的日较差。所以,对于麦积山石窟,可以考虑结合主动式的调控措施,对窟内进行温湿度调控。

如图 4.27 所示,以第 127 窟为例,考虑到主室墙壁和屋顶都有壁画,进风口可以设置在地面上,出风口可以设置在窟门上。进风口共有 6 个,每个面积为 0.4m²;出风口有 1 个,面积为 0.22m²。为了避免洞窟内气流的扰动,系统送风速度最大为 0.2m/s(王江丽,2016),因此,进风口的风速采用 0.2m/s。模拟时间为 2019 年 7 月 23 日。

采用 COMSOL 多场耦合分析软件进行送风后窟内温湿度分布的模拟分析。图 4.28 是分析模型的示意图。计算域范围和边界条件如图 4.28 所示,石窟后侧、左侧、右侧崖体

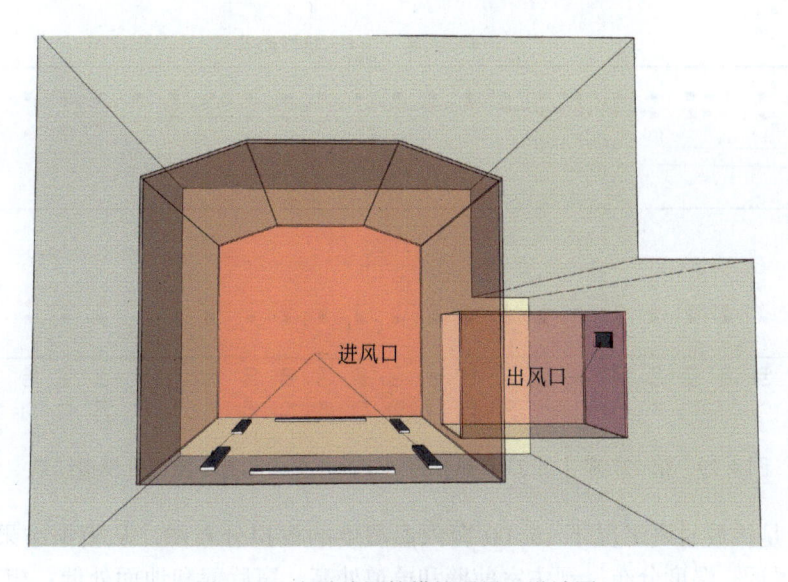

图4.27 主动式调控措施通风口设计图

计算长度取1m，温湿度分别为该位置处模拟得到的温湿度值。石窟外侧壁体跟窟外空气发生热量和水分的交换，并且受到太阳辐射的影响，边界条件参考式（4.33）和式（4.34）。

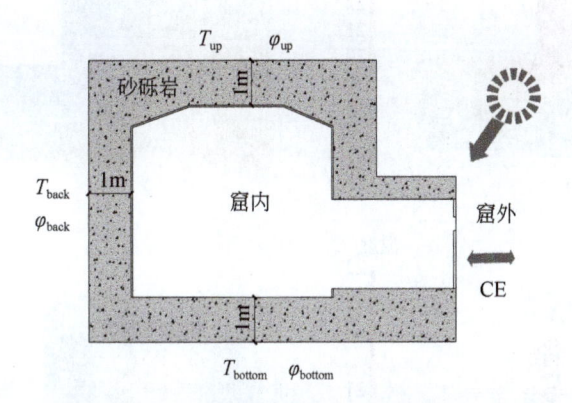

图4.28 主动式调控措施分析模型示意图

（一）机械通风

将室外的空气通过设备引入到窟内，图4.29是第127窟7月23日机械通风工况下窟内温湿度模拟结果所示。机械通风工况下，窟内温度为17.5~19.5℃，相对湿度为73%~93%。与实测结果对比，窟内的温度升高1.2~2.7℃，相对湿度降低6.5%~26.8%。与夏季窟内相对湿度达到100%的现状相比，采用机械通风可以使相对湿度有所降低，温度有所升高。但由于夏季晴天时，窟外的绝对湿度日波动较大，采用机械通风虽然可以使相对湿度有所降低，但相对湿度日较差达20%。

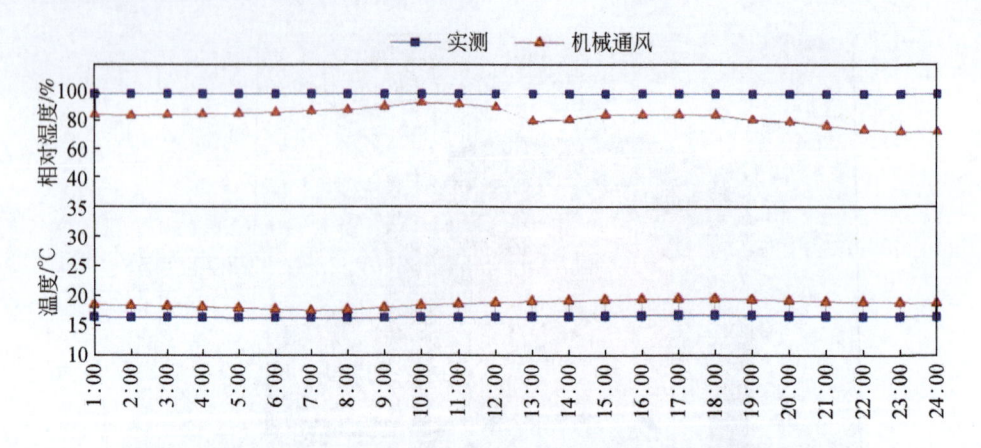

图 4.29　第 127 窟 7 月 23 日机械通风工况下窟内测点 2 温湿度模拟结果

图 4.30 是机械通风工况下 15:00 窟内温湿度的模拟分布图。从模拟结果可以看到，除了通风口附近，温度分布呈现主室前壁和甬道处高，窟后壁和地面处低；相对湿度呈现主室前壁和甬道处低，窟后壁和地面处高。同一时刻下，窟内不同位置温湿度会有一定的差异，但除了主室前壁和通风口附近，主室内大部分区域的温湿度分布相对均匀。

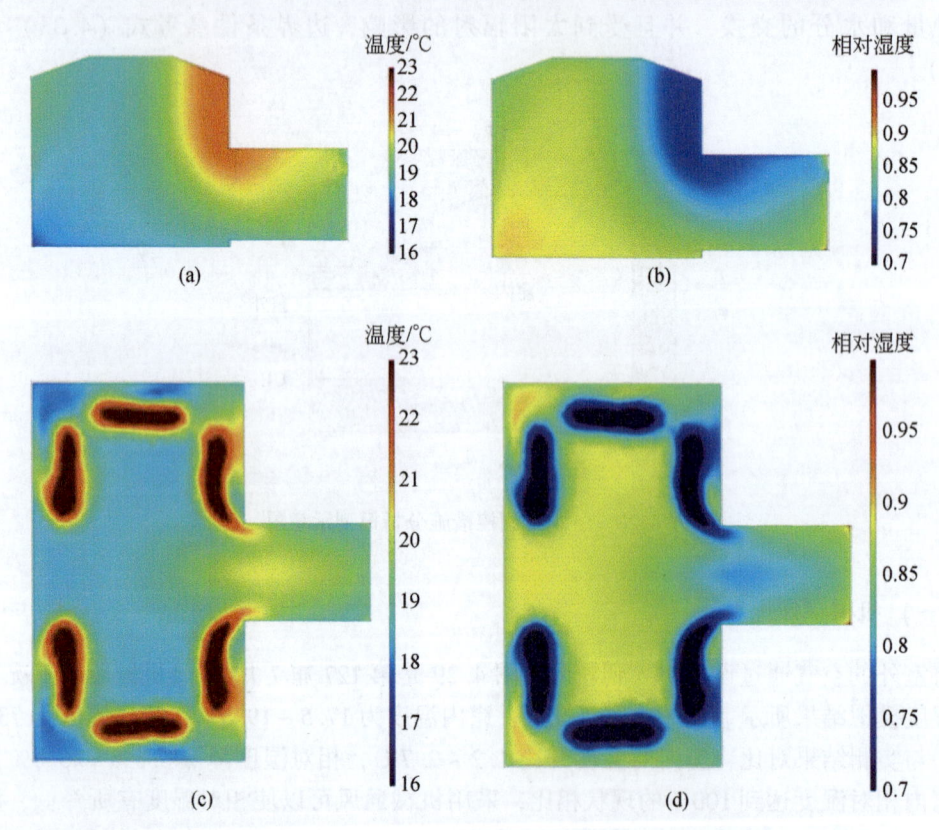

图 4.30　第 127 窟 7 月 23 日 15:00 机械通风工况下窟内温湿度模拟分布图
(a) 1-1 剖面温度；(b) 1-1 剖面相对湿度；(c) 距离地面 1.2m 处平面温度；(d) 距离地面 1.2m 处平面相对湿度

(二) 除湿通风

除湿通风是将窟外空气引入到窟内时,对空气进行除湿处理,以降低空气中水分的含量。图 4.31 是将进风口的相对湿度降低为 40% 得到的第 127 窟 7 月 23 日 15:00 窟内测点 2 的温湿度模拟结果。与机械通风相比,窟内温度的模拟结果基本一致,相对湿度有所降低,范围为 49%~76%。温度日较差为 1.9℃,相对湿度日较差为 27.0%。对引入的空气进行除湿,可以使窟内空气相对湿度降到 80% 以下。

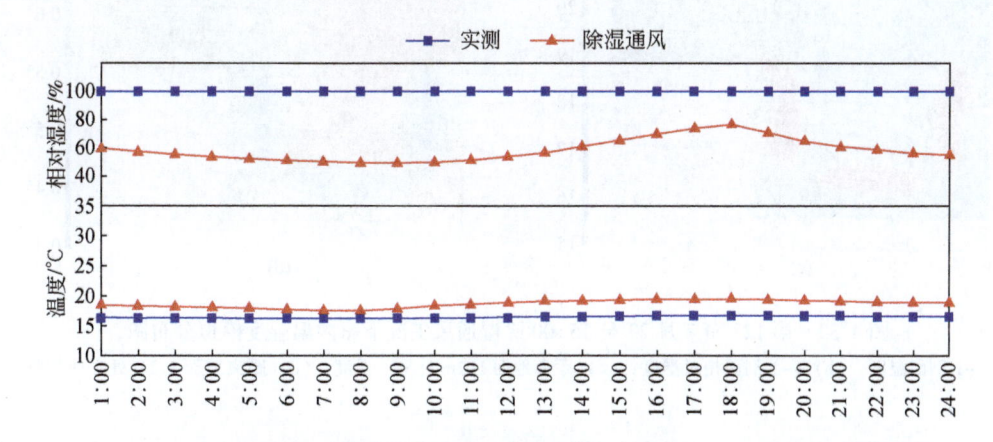

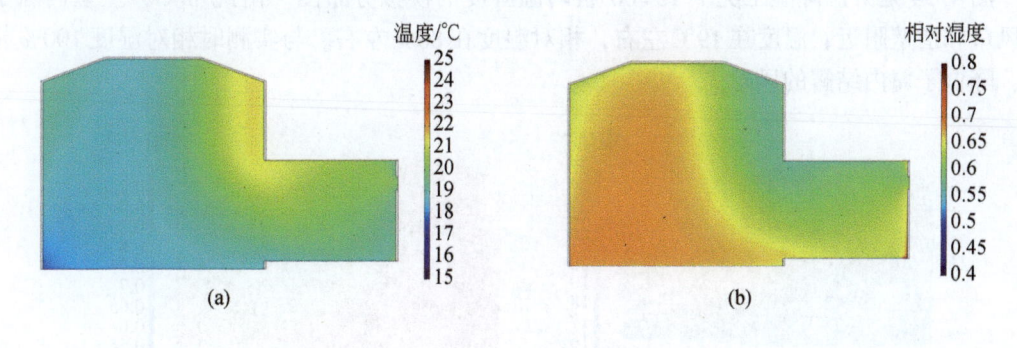

图 4.31 第 127 窟 7 月 23 日 15:00 除湿通风工况下窟内测点 2 温湿度的模拟结果

图 4.32 是除湿通风情况下 15:00 窟内温湿度模拟分布图。与机械通风模拟结果类似,除了通风口附近,温度分布呈现主室前壁和甬道处温度较高,窟后壁和地面处温度较低;相对湿度正好相反。与机械通风不同的地方在于,窟内的相对湿度有了较大程度的降低。

(三) 升温降湿

空气在相同含湿量的情况下,温度升高相对湿度会下降。因此,升温降湿是通过对引入窟外空气进行升温,进而降低窟内的相对湿度。图 4.33 是引入窟外空气时将进风口的温度升高到 35℃,含湿量不变的情况下得到的模拟结果。结果显示,相较于实测的窟内温湿度,升温降湿使窟内空气温度升高 2.9~3.3℃,相对湿度降低 11.1%~31.2%。与机械通风相比,窟内的相对湿度降低 1.2%~8.4%。

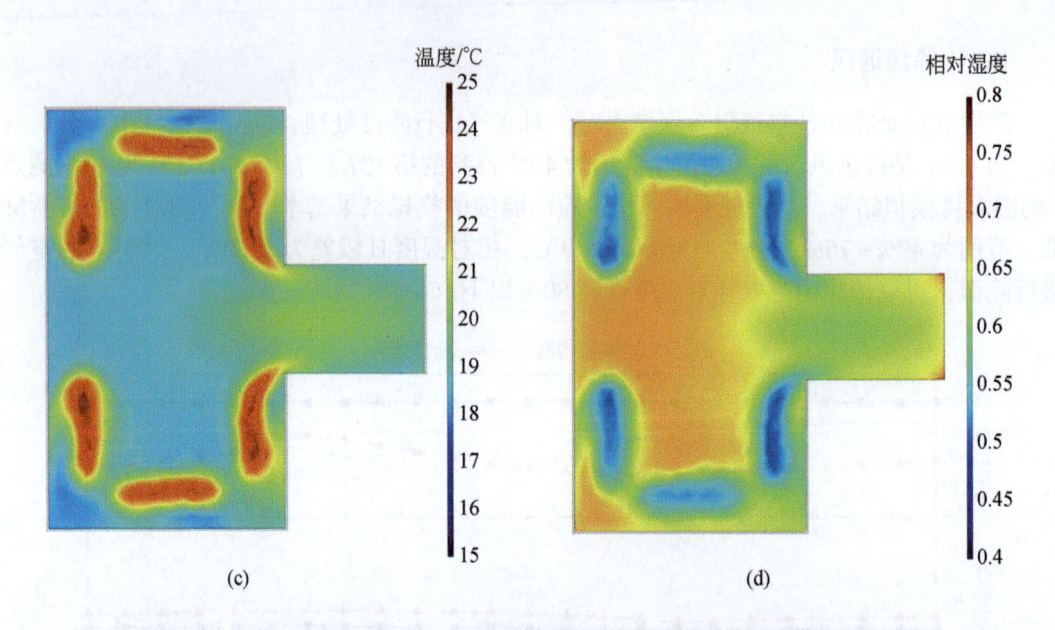

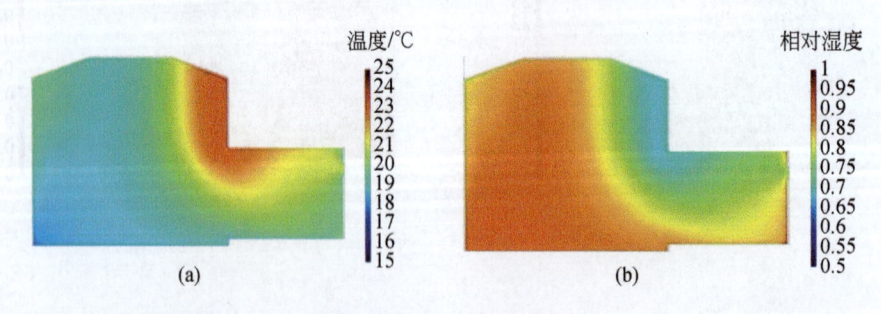

图 4.32　第 127 窟 7 月 23 日 15:00 除湿通风工况下窟内温湿度模拟分布图
(a) 1-1 剖面温度；(b) 1-1 剖面相对湿度；(c) 距离地面 1.2m 处平面温度；(d) 距离地面 1.2m 处平面相对湿度

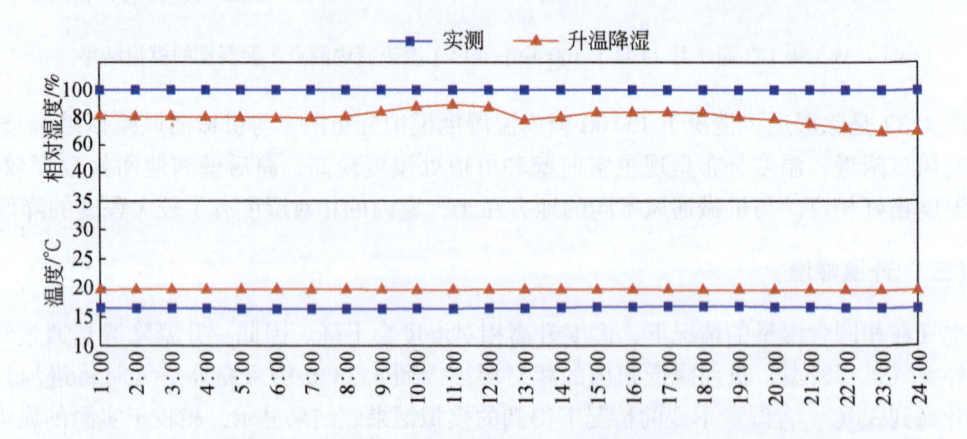

图 4.33　第 127 窟 7 月 23 日 15:00 升温降湿工况下窟内测点 2 温湿度的模拟结果

图 4.34 是升温降湿工况下 15:00 窟内温湿度的模拟分布图。由此可知，主室内除了通风口和前壁附近，温度在 19℃ 左右，相对湿度在 80% 左右。与实测时相对湿度 100% 相比，降低了窟内结露的风险。

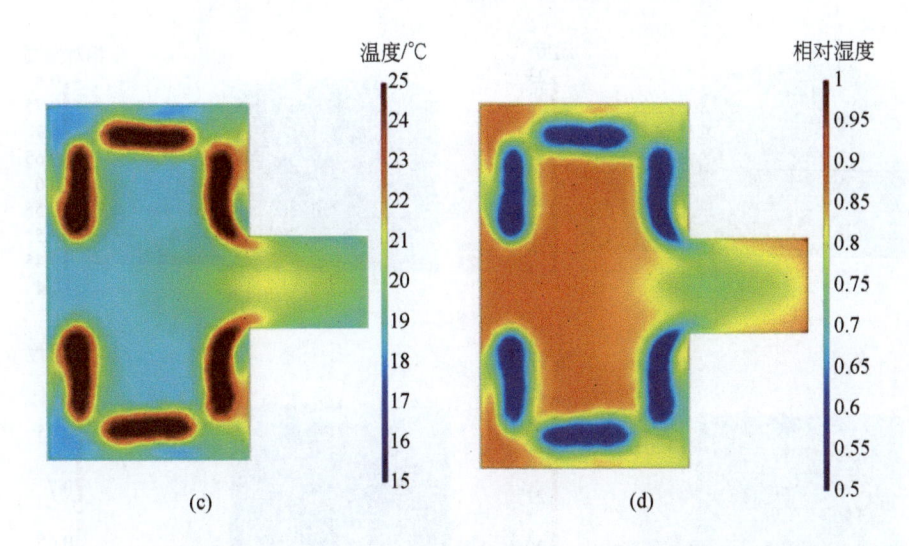

图 4.34 第 127 窟 7 月 23 日 15:00 升温降湿工况下窟内温湿度模拟分布图
(a) 1-1 剖面温度;(b) 1-1 剖面相对湿度;(c) 距离地面 1.2m 处平面温度;(d) 距离地面 1.2m 处平面相对湿度

(四) 控温控湿

控温控湿是指对进风口的空气温度和相对湿度进行控制,以相对精准地控制进入窟内的空气中的水分含量。图 4.35 是进风口温度为 20℃,相对湿度为 40% 时窟内温湿度的模拟结果。模拟得到窟内的温度在 18℃ 左右,相对湿度在 47.6%~59.0% 之间。与实测结果相比,温度提高了 1.6~2.1℃,相对湿度降低了 41.0%~52.4%。

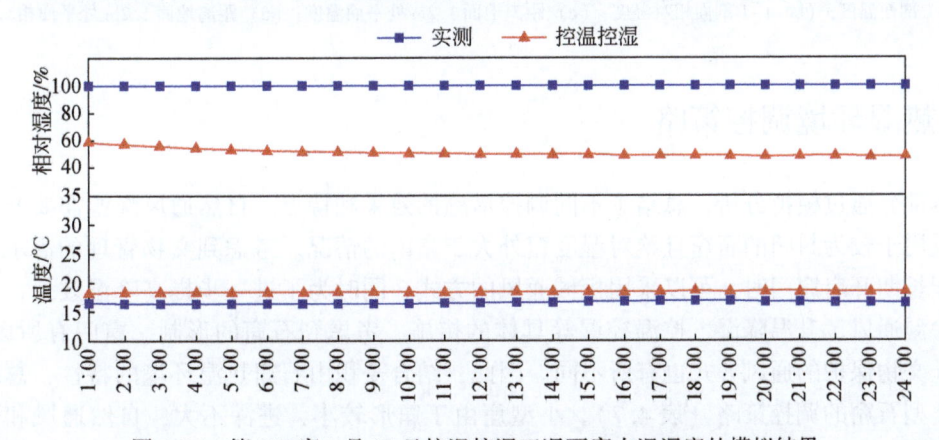

图 4.35 第 127 窟 7 月 23 日控温控湿工况下窟内温湿度的模拟结果

图 4.36 控温控湿工况下 15:00 窟内温湿度的模拟分布图。相对于其他三种主动式措施,控温控湿工况下窟内温湿度的分布更为均匀,主室温度在 18℃ 左右,甬道温度在 18.5℃ 左右,主室相对湿度在 50% 左右,甬道相对湿度在 48% 左右。

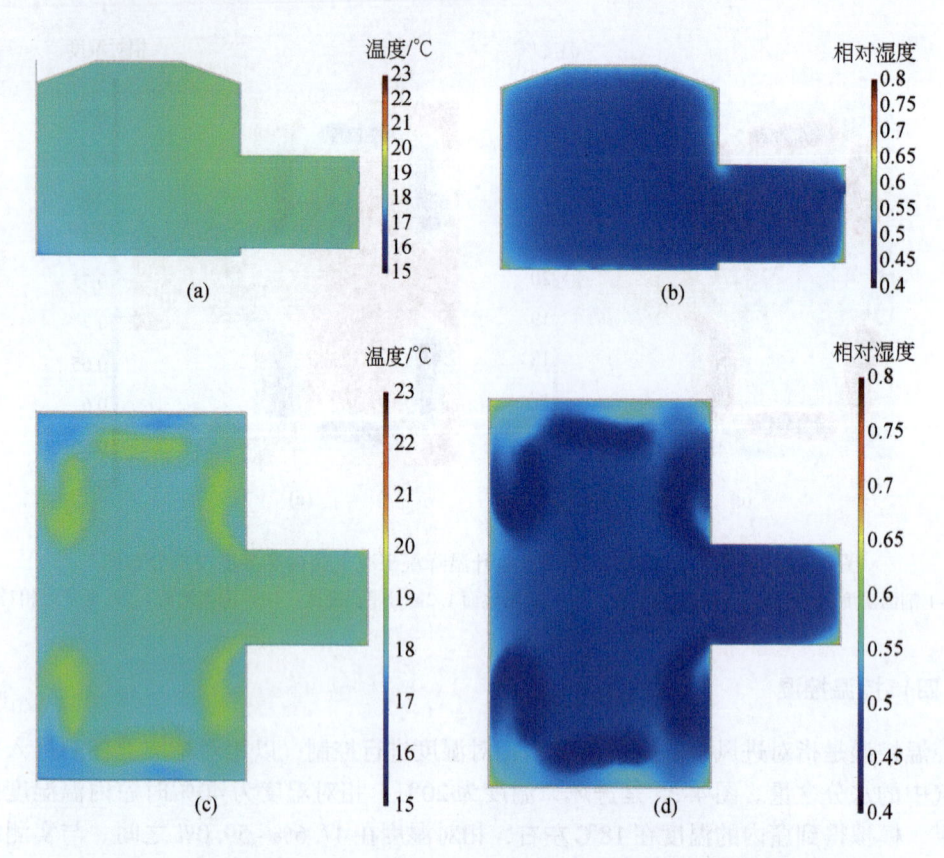

图4.36 第127窟7月23日15:00控温控湿工况下窟内温湿度模拟分布图
（a）1-1剖面温度；（b）1-1剖面相对湿度；（c）距离地面1.2m处平面温度；（d）距离地面1.2m处平面相对湿度

三、热湿环境调控策略

本部分通过模拟分析，总结了不同调控措施的效果和特点。自然通风降湿需要开启窟门，适用于较为封闭的石窟且绝对湿度窟外大于窟内的情况。考虑到文物管理的需求，当不便于长期开启窟门时，可以采用机械通风的方式，同时为了进一步提高降湿效果，可以采用除湿通风、升温降湿、控温控湿等具体的措施。考虑到石窟的形制、窟门有所区别，适用于文物保护的通风方式也有所不同。因此，结合麦积山石窟热湿环境的特性，总结了不同类型石窟的调控策略（表4.7）。小型窟由于窟形较小，进深不大，自然通风和机械通风效果接近。因此小型窟可以通过窟门、自然通风的方式调节窟内的温湿度。同时为了降低夏季的相对湿度，小型窟也可以采取除湿通风、升温降湿和控温控湿的方式。大型窟由于进深较大，窟门对窟内热湿环境的影响较小，因此被动式调控措施可以采取自然通风的方式。同时大型窟夏季容易出现结露，所以采用主动式调控措施可以降低窟内相对湿度达到100%的频率。敞口浅窟由于进深浅、窟门面积大，可以采取被动式调控措施的窟门和崖阁的方式调节窟内热湿环境。由之前的分析可知，当敞口浅窟窟门封闭性提高，窟内夏季会出现相对湿度升高的情况，因此可以结合主动式调控措施的除湿通风、升温降湿和控温控湿来进一步控制窟内的温湿度。

表 4.7 不同类型石窟的调控策略

石窟类型	被动式调控措施			主动式调控措施			
	窟门	崖阁	自然通风	机械通风	除湿通风	升温降湿	控温控湿
小型窟	√		√		√	√	√
大型窟		√	√	√	√	√	√
敞口浅窟	√			√	√	√	√

麦积山石窟数目较多，类型也各不相同。而且室外气候变化较大，不同类型的石窟需要根据气候条件灵活选择具体的调控措施，以更好地达到文物保护的目的。

第四节 小 结

麦积山石窟热湿环境分析模型是量化分析麦积山石窟热湿环境的基础，能够分析不同影响因素作用下麦积山石窟热湿环境的变化规律，为提出麦积山石窟热湿环境调控策略提供分析方法。研究总结如下。

(1) 基于多孔材料热湿耦合传递理论，建立了麦积山石窟热湿环境数值模型。根据石窟类遗址的特点，提出了麦积山石窟全年热湿环境分析模型的计算区域和边界条件，并通过第101窟的实测结果验证了全年热湿环境分析模型的有效性。

(2) 揭示了不同影响因素作用下麦积山石窟窟内空气热湿环境的变化特征：①甬道作为气候缓冲区，可以有效地减弱窟外气候环境变化对窟内热湿环境的影响，无窟门时甬道的调节作用比有窟门时更为明显；②相较于无窟门的情况，有窟门情况下窟内的温湿度更为稳定，但窟内极湿（相对湿度90%~100%）的全年分布频率有所升高；③随着换气次数的降低，窟内温湿度的日振幅和年振幅都随之降低，同时窟内潮湿（相对湿度70%以上）的全年分布频率也随着降低，但比重仍然较大；④随着石窟尺度的增大，窟内温湿度的日振幅和年振幅随之减小，但是窟内极湿（相对湿度90%~100%）的全年分布频率有所升高，容易产生结露。

(3) 根据麦积山石窟热湿环境特点，提出了石窟热湿环境的被动式调控措施和主动式调控措施，并模拟分析了不同调控措施的具体效果。被动式调控措施包括窟门、崖阁和自然通风；主动式调控措施包括机械通风、除湿通风、升温降湿和控温控湿。在此基础上，总结了不同类型石窟的调控策略。被动式措施可以提高窟内温湿度的稳定性，主动式措施能够降低夏季窟内的相对湿度，因此麦积山石窟可以通过主被动措施结合的方式，达到热湿环境的调控目的。

第五章　麦积山石窟自然通风特性及调控措施研究

麦积山石窟文物赋存环境包括空气温度、空气相对湿度及气流速度等物理参数。窟区气候通过窟内外空气交换影响窟内文物赋存环境。甬道在一定程度上可以缓冲窟区气候对窟内文物赋存环境的影响，但通过窟门进入窟内的气流仍会影响主室的温湿度，对窟内文物赋存环境造成扰动。因此，明确麦积山石窟自然通风的影响因素，研究窟内外空气交换机理与规律对于麦积山石窟的保护工作意义重大。

第一节　麦积山石窟自然通风基础理论

一、单侧通风基本原理

麦积山石窟坐北朝南，东、西、北三面均被山体包围，仅南面通过窟门与外界大气环境相连，故可将洞窟视为单侧通风建筑。洞窟在窟内外温差和窟外风的作用下，形成窟内外空气压差，从而造成洞窟内外空气交换。

建筑物在开口处存在空气压差，从而产生自然通风。根据产生压差的动力来源，可将建筑自然通风分为三种类型：热压单独作用自然通风，风压单独作用自然通风，热压风压混合作用自然通风。麦积山石窟洞窟单侧通风属于建筑自然通风，也可分为这三类。

（一）热压作用下的单侧通风

热压作用主导的单侧通风主要有两种形式的窟内外气流运动。一种是窟内空气温度高于窟外温度时，窟外冷空气从窟门下部通风口（或通风口下部）进入窟内，窟内热空气从窟门上部通风口（或通风口上部）排出洞窟；另一种是窟外空气温度高于窟内空气温度时，窟外热空气从窟门上部通风口（或通风口上部）进入窟内，窟内冷空气从窟门下部通风口（或通风口下部）排向窟外。窟内外热压主要是由窟内外空气温度差引起的空气密度差造成的，通风口存在高度差时，压差 p_s 是由空气密度在垂直方向的分布梯度引起的，它可以通过式（5.1）求得（Awbi，2002）

$$p_s = -\rho_0 g H \left(1 - \frac{T_e}{T_i}\right) \tag{5.1}$$

式中，T_e 为窟外气温，K；T_i 为窟内气温，K；ρ_0 为窟外气温 T_e 下的空气密度，kg/m³；g 为重力加速度，m/s²；H 为通风口的高度差，m。

由式（5.1）可以看出，热压大小与通风口高度和窟内外空气温度有关，方向仅与窟内外温度有关。通风口高差和窟内外空气温差越大，热压越大，热压作用越强烈。窟外气温大于窟内气温时，热压方向为"+"；反之，为"-"。

(二) 风压作用下的单侧通风

当自然风吹向建筑表面时，建筑的阻碍作用会改变建筑外表面的流体形态和流场分布。由伯努利方程可知，迎风面上，气流由于建筑的阻碍，速度产生衰减，气流一部分动压会转化为静压，故迎风面形成正压区。同理，气流流经建筑背风面时产生涡旋，使风速升高，进而形成负压区。静压升高或降低的部分就被称为风压。

以开口上游风静压为参考值，气流作用于表面的平均风压 p_w（Chu et al., 2015）由下式决定：

$$p_w = 0.5 C_{pu} \rho_0 u^2 \tag{5.2}$$

式中，C_{pu} 为风压系数；u 为基准面（洞窟或通风口高度）的风速，m/s；ρ_0 为窟外气温 T_e 下的空气密度。

通过实际建筑的缩尺模型或建筑构件的风洞实验，可得到压差，或者通过现场实测实际建筑中压差，进而推算风压系数。在建筑表面 C_{pu} 值取决于：

(1) 建筑几何形式；

(2) 相对于建筑的风速（速度与风向）；

(3) 建筑的暴露情况，即建筑相对于其他建筑的位置、地形和风向的地形粗糙度（Awbi，2002）。

(三) 热压、风压共同作用下的单侧通风

当洞窟单侧通风的动力来源既有热压又有风压时，热压和风压并不是简单的线性叠加。由于自然风具有高度可变性、随机性、紊乱性，导致风压受影响因素较多，如窟外风速、窟外风压等。如果热压作用和风压作用方向一致，两种压力互相增强，从而提升风速；如果热压作用和风压作用方向相反，两种压力会互相消减，导致风速降低。甚至在一定条件下，这两种压力会互相抵消，从而没有气流通过窟门通风口。

在热压、风压共同作用下，洞窟通风口两侧全压差 Δp 计算公式（Awbi，2002）如下：

$$\Delta p = p_s + p_w \tag{5.3}$$

建筑通风中，通风口可分为大开口和小开口，大开口一般为门窗等尺寸较大的开口，小开口为路径较深且极为狭窄的缝隙开口（如灰缝连接处）。由此，麦积山石窟洞窟通风口可视为大开口，其通风量计算可通过 Awbi（Awbi，2002）给出的大开口通风量计算公式计算：

$$Q = C_d A \sqrt{\frac{2\Delta p}{\rho_0}} \tag{5.4}$$

式中，C_d 为开口的流量系数，在边缘明显的洞口流动时，取值为 0.61；Δp 为通风口两侧全压差；A 为有效通风面积，m²；ρ_0 为窟外气温 T_e 下的空气密度。

(四) 单侧通风驱动力判断

麦积山石窟窟内冬暖夏凉，窟内外温差明显，热压必然引起窟内外空气交换。由于麦

积山景区地形复杂,自然风结构多变,季节性差异较大,实测研究无法对风压、热压单独研究。当窟外风速较小时,风压对洞窟自然通风的影响可以忽略,引起窟内外空气交换的主导驱动力是热压作用。随着窟外风速的增加,风压对洞窟自然通风的控制逐渐增强,引起窟内外空气交换的驱动力开始变成热压、风压共同作用。直到窟外风速增大到某一个值,热压对洞窟自然通风的影响可以忽略,引起窟内外空气交换的主导驱动力变为风压作用。

1995年Dascalaki和Santamouris(Dascalaki and Santamouris,1995)提出,建筑单侧通风可采用A_r数判断占主导作用的驱动力,A_r数即G_r数和R_e数平方的比值来判断单侧通风的主导驱动力。其中,G_r数为浮升力和黏性力的比值,表征自然对流的大小;R_e数为惯性力和黏性力的比值,表征流态形式。龙天谕和蔡增基(龙天谕和蔡增基,2013)给出了A_r数的计算公式:

$$A_r = \frac{G_r}{R_e^2} = \frac{g\Delta T}{\nu^2 T_0} \cdot \frac{H^3}{L^2} \tag{5.5}$$

式中,ν为空气的黏性系数,m²/s;L为特征长度,m;H为特征高度,m。

当$A_r \gg 1$时,单侧开口自然通风主导驱动力为热压,可以不考虑风压作用;当$A_r \ll 1$时,风压占主导作用,热压微弱,可不考虑;当$A_r \approx 1$时,热压风压共同作用。由式(5.5)可以看出,除了通风口的定型尺寸和重力加速度,A_r数与窟内外温差有关。

二、麦积山石窟自然通风影响因素

石窟寺建筑不同于普通民用建筑,基于保护窟内文物的目的,在窟外复杂风场的条件下,洞窟自然通风必将受到多重因素影响。麦积山石窟自然通风应结合当地气候条件和文物赋存环境,排出窟内湿气,减少窟外气候对窟内微环境扰动,维持窟内文物赋存环境稳定。

(一)温湿度对自然通风的影响

麦积山石窟窟内文物主要为泥塑和壁画,它们的支撑体为砂砾岩,地仗层为黏土。窟内温湿度骤变会对窟内文物产生破坏,其破坏形式有收缩干裂、表面酥松脱落和冻融破坏等。麦积山景区距市区约30km,窟区植被茂密,气候潮湿。最冷月平均温度为-3℃,最热月平均温度为19℃,年平均降雨量800~1000mm,降雨主要集中在4~9月,平均相对湿度在70%左右。雨季时,窟外空气中水蒸气含量饱和,窟内外空气交换将窟外湿空气带入室内,造成窟内湿度增加。此时,应尽量关闭窟门,减少洞窟自然通风,降低窟外环境对窟内文物赋存环境的扰动。

麦积山海拔在1400~1800m,最高峰可达2200m以上。麦积山山体由古近纪—新近纪红色砂砾岩构成。总的变化规律是在纵向上,由下到上沉积物的颗粒由细变粗,横向上由东南向西北沉积物由粗变细。麦积山山体上部岩性主要为红色砂砾岩和砾岩,比较坚硬,形成高陡岩壁山体;下部岩性为胶结程度较差的砾岩、砂砾岩夹薄层砂岩及含砾泥岩,性质较软,形成较缓斜坡。由此,山体中的水分会沿着岩体裂隙向洞窟周围岩体迁徙,从而造成窟内湿度增加。此时，应该在天气晴朗且窟外空气湿度降低时开窟门，将窟内湿空气排出室外。

温度对麦积山石窟自然通风的影响主要是通过热压作用来实现的，由式（5.1）、（5.4）可以看出，窟内外温差越大，窟内外热压越大，热压作用越强，由热压作用产生的通风量也越多。同时，由式（5.5）可以看出，随着窟内外温差的增加，A_r 数逐渐增加，热压作用对窟内外空气交换的控制作用也越强。

此外，窟内外空气温度的大小关系还决定着由热压作用产生的窟内外气流运动的流动方向。当窟内空气温度高于窟外空气温度时，窟外冷空气通过开口下部进入窟内，窟内暖空气通过开口上部流向窟外；当窟内空气温度低于窟外空气温度时，窟内外气流运动的流动方向相反。窟外空气流入和窟内空气流出方向发生改变的高度是中和面，此处窟内外压力相等。

(二) 自然风对自然通风的影响

风向和风速是自然风的两个重要特征，为了直观地反映风速和风向，通常以风向玫瑰图表示。风向是指风吹来的方向，风向投射角是风向投射线和房屋墙面的法线的交角。风向投射角大小影响通风量，风向投射角越小，通过开口的通风量越大。当风向与建筑物的迎风面构成一个角度时，即有一定的风向投射角，这时风斜吹进室内的流场范围和风速都有影响。根据试验资料可知（表5.1），当投射角从0°加大到60°时，风速降低了50%，这对室内通风效果有所降低（刘加平，2010）。

表5.1 风向投射角与流场的影响

风向投射角 α/(°)	室内风速降低值/%	屋后旋涡区深度
0	0	3.75H
30	13	3H
45	30	1.5H
60	50	1.5H

由式（5.2）、（5.4）可以看出，风压和通风量随室外风速增加而增大。室外自然风具有高度的可变性、随机性、紊乱性，由于大气边界层的存在，自然风的速度 U_h 随距地高度的变化而变化。ASHRAE手册中给出了室外风速的计算公式[①]

$$U_h = U_{met} \left(\frac{\delta'_{met}}{h_{met}}\right)^{\alpha'_{met}} \left(\frac{h}{\delta'}\right)^{\alpha'} \tag{5.6}$$

式中，U_h 为当地 h 高度处的风速，m/s；δ' 为不同地貌相应的边界层厚度，m；α' 为不同地貌相应的地面粗糙度指数，下标met表示气象站观测点数据；δ' 和 α' 按表5.2取值，气象站参数通常取为 $\alpha' = 0.14$，$\delta' = 270$m。

---

① ASHRAE. 2009. ASHRAE Handbook-2009 Fundamentals, Chapter 24 Airflow around buildings. American Society of Heating, Refrigerating and Air Conditioning Engineers, Inc., Atlanta.

表5.2 大气边界层计算参数

分类	地点及描述	α'	δ'/m
1	大城市市中心，周围50%以上建筑高于21m	0.33	460
2	城市或城市郊区，周围有一些建筑	0.22	370
3	开阔地，仅有少数低于10m的建筑	0.14	270
4	平地，周围无任何遮挡	0.10	210

资料来源：李晓锋.2018.建筑自然通风设计与应用.北京：中国建筑工业出版社.

（三）洞窟类型对自然通风的影响

敞口大窟，如第3、4、5、98、78、44、30窟等，这类洞窟装有木门窗，为了便于游客参观和通风，部分装有纱窗，通风情况良好，窟内环境易受窟外气候影响。前壁开门的大型窟，如第165、127、133窟，此类窟窟门小、进深大、内部空间大，窟内受窟外影响较小。窟内外空气交换主要依靠窟内外温差形成的热压进行，通风微弱，关门时窟内风速几乎为0。前壁开门的小型窟，如第10、11、12、126窟等，此类窟装有木质窟门，装有纱窗，进深浅，窟内环境易受窟外气候影响。

由此，敞口大窟和前壁开门的中小型窟通风良好，是由于通风口面积大、洞窟进深较小的缘故，窟外气候易通过窟内外空气交换影响窟内文物赋存环境。所以，应研究两类洞窟的通风现状，为保护窟内文物赋存环境提供一些理论基础。

（四）洞窟开口对自然通风的影响

门窗开口面积对洞窟自然通风的影响显著。石窟寺门窗是后期基于保护窟内文物的目的而修建的。目前，国内尚无相关规范对石窟寺门窗开口面积做出规定。普通建筑对门窗开口面积的要求主要表现在保温节能和通风采光上。比如，我国《严寒和寒冷地区居住建筑节能设计标准》（JGJ 26—2018）明确规定窗户面积不宜过大，在严寒地区，居住建筑北向、东西向和南向的窗墙面积比应分别控制在25%、30%和45%左右。

开口面积对洞窟自然通风的影响主要是通过开口的定型尺寸和有效通风面积来实现的。由式（5.5）可以看出，当窟外风速和窟内外温差一定时，A_r数仅与开口定型尺寸有关。由式（5.4）可以看出，有效通风面积越大，通过开口的通风量越大。

相同开口面积，不同的开口位置，窟内流场差异很大。开口位置是影响洞窟通风效率和通风质量的重要因素。民用建筑开口位置通常位于距地面90cm的位置，麦积山石窟洞窟开口位置差异很大，要具体问题具体分析。单侧通风又可分为单侧单开口和单侧多开口，两种通风形式的影响因素和室内流场分布差异很大。麦积山石窟大部分洞窟是5个面包围在山体中，在南侧仅有一个窟门与窟外空气相通，为单侧单开口洞窟；另一部分洞窟存在多个窟门与窟外环境联通，可视为单侧多开口洞窟。

三、麦积山石窟自然通风评价指标

(一) 风速和风量

窟内外空气交换引起窟内外动量、能量交换，从而引起文物赋存环境变化。气流速度过大，会对窟内流场造成较大扰动；同时，窟内风速的提升会加快壁面与窟内环境热量与水分的迁移，进而加速窟内文物病害的产生。自然通风量近似为风速与通风截面积的乘积，风量的大小直接影响自然通风带入或排出洞窟湿空气的多少。因此，可用窟内气流速度和通风量作为洞窟自然通风的评价指标。

(二) 空气交换率和空气龄

暖通空调领域，空气交换率表示单位时间内室内外空气完全交换的次数，它表示通风系统将空气输送至整个房间的能力，又被称为换气次数。换气次数是房间自然通风的空气总量与房间体积的比值，洞窟的换气次数 N 可按式 (5.7) 计算，其影响因素包括洞窟容积、洞窟高度、进出风口的位置关系等。

$$N = \frac{Q_1}{V} \tag{5.7}$$

式中，N 为洞窟单侧通风的换气次数，h^{-1}；Q_1 为洞窟单侧通风的通风量，m^3/h；V 为洞窟容积，m^3。

室内气流分布是无法用换气次数衡量的，这种情况常使用空气龄定量分析室内空气质量。空气龄 T_i 为空气微团进入房间以来的时间，它描述了室外新风在室内停留时间。空气龄反映了室内空气的新鲜程度，它可以综合衡量房间的通风换气效果，是评价室内空气品质的重要指标 (Awbi, 2002)。实际工程中，常采用示踪气体法或者计算流体力学的方法确定房间的空气龄。

(三) 新风有效进深

室外新风在风压或热压作用下，由房间开口进入室内后，与室内空气充分混合，从而发生动量和能量交换。由于室内阻力的存在，这种运动会逐渐减弱，动量、能量不再发生交换，直至室内气流处于静止状态。通风口到室内风速衰减至 0 的位置之间的距离，即为新风有效进深。新风有效进深描述了室外新风由建筑开口进入室内后，在室内的作用范围。自然风具有随机性、复杂性等特点，从而洞窟新风有效进深差异很大，窟外气候对窟内文物赋存环境的扰动不同，洞窟自然通风效果也不尽相同。因此，新风有效进深可作为窟外扰动或自然通风效果的评价指标。

第二节　麦积山石窟自然通风模拟研究

一、计算流体力学基本原理

（一）流体动力学控制方程

现场测试的方法可以反映洞窟通风现状和一般规律，但有限的测点并不能显示洞窟整体风场分布特征。因此，需要对洞窟自然通风进行数值模拟研究，更加全面、直观、定量地分析各个因素对洞窟单侧通风的影响，同时，通过与实测工况的对比，验证模拟研究的可行性。本模拟研究，主要是通过控制变量法对比分析不同窟外风速、风向、窟门形制等通风工况，以及窟内风场分布的差异。

Fluent 是国际上比较流行的计算流体力学（computational fluid dynamics）商用软件。"computational fluid dynamics" 简称 CFD，CFD 软件是从流体力学的基本定律出发，对流场进行分析、计算以及预测的软件。

Fluent 进行求解流体流动的数值计算时，须满足三大守恒方程，即质量守恒方程、动量守恒方程和能量守恒方程（陈丽萍，2016）。

质量守恒方程：

$$\frac{\partial \rho}{\partial t} + \mathrm{div}(\rho \boldsymbol{u}) = 0 \tag{5.8}$$

动量守恒方程：

$$\frac{\partial (\rho \boldsymbol{u})}{\partial t} + \mathrm{div}(\rho \boldsymbol{u}\boldsymbol{u}) = \mathrm{div}(\mu \cdot \mathrm{grad} \boldsymbol{u}) - \frac{\partial p}{\partial n} + S_n \tag{5.9}$$

能量守恒方程：

$$\frac{\partial (\rho i)}{\partial t} + \mathrm{div}(\rho \boldsymbol{u} i) = \mathrm{div}(\lambda \cdot \mathrm{grad} T) - p \cdot \mathrm{div}(\boldsymbol{u}) + S_T \tag{5.10}$$

式中，$\boldsymbol{u} = u\boldsymbol{i} + v\boldsymbol{j} + w\boldsymbol{k}$；$u$、$v$、$w$ 为流速在 x、y、z 坐标方向的分量；ρ 为流体密度；μ 为流体动力黏度；λ 为导热系数；p 为流体压力；S_n 为流体各方向的源；S_T 为热源；t 为时间。

（二）湍流模型

目前，Fluent 软件提供的湍流模型包括 Spalart-Allmaras 模型、k-ε 模型、k-ω 模型、雷诺应力模型（RSM）以及大涡模拟（LES）模型等，其中 k-ε 模型中的标准 k-ε 模型应用最为广泛，而且具有计算量合适、计算精度高和数据积累较多等优点。本章模拟研究也选用标准 k-ε 模型进行计算，其方程表达式如下：

$$\rho \frac{\mathrm{D}k}{\mathrm{D}t} = \frac{\partial}{\partial x_i}\left[\left(\mu + \frac{\mu_t}{\sigma_k}\right)\frac{\partial k}{\partial x_i}\right] + G_k + G_b - \rho\varepsilon - Y_M \tag{5.11}$$

$$\rho \frac{\mathrm{D}\varepsilon}{\mathrm{D}t} = \frac{\partial}{\partial x_i}\left[\left(\mu + \frac{\mu_t}{\sigma_\varepsilon}\right)\frac{\partial \varepsilon}{\partial x_i}\right] + C_{1\varepsilon}\frac{\varepsilon}{k}(G_k + C_{3\varepsilon}G_b) - C_{2\varepsilon}\rho\frac{\varepsilon^2}{k} \tag{5.12}$$

式中，G_k 为平均速度梯度引起的湍动能产生；G_b 为浮力引起的湍动能产生；Y_M 为可压缩湍流脉动膨胀对总的耗散率的影响；$\mu_t = \rho C_\mu k^2/\varepsilon$ 为湍流黏性系数；$C_{1\varepsilon}$、$C_{2\varepsilon}$、$C_{3\varepsilon}$ 为经验常数，Fluent 中分别默认为 1.44、1.92、0.09；σ_k、σ_ε 分别为湍动能 k 和耗散率 ε 的湍流普朗特数，分别取 1.0、1.3；μ 为流体动力黏度；ρ 为流体密度。

采用有限容积法（finite volume method, FVM）对上述方程进行离散，离散格式采用二阶迎风格式，压力与动量方程的耦合采用压力耦合方程组的半隐式方法（SIMPLE 算法）。有限容积法是一种发展迅速、应用广泛的离散化方法，其特点是计算效率高，二阶迎风格式具有求解精确、稳定等优点。

（三）计算流程

麦积山石窟洞窟自然通风模拟研究具体流程为：①Gambit 建立洞窟三维模型；②Gambit 洞窟三维模型网格化；③Gambit 洞窟三维模型导入 CFD 软件 Fluent；④Fluent 软件中选择物理模型，设置数值计算边界，定义洞窟壁面物性参数；⑤Fluent 软件初始化后，进行洞窟单侧通风数值计算；⑥将 Fluent 软件计算结果导入 Tecplot 软件，进行相应的后处理操作；⑦对 Tecplot 软件后处理结果进行分析。

二、麦积山石窟自然通风数值模拟

（一）建立模型

采用 Gambit 建立第 126 窟、第 30 窟洞窟三维模型。第 126 窟由窟门、甬道和主室组成，建模时对洞窟进行了适当简化，甬道为 1.1m×1.1m×1.1m 的正方体，主室为 1.8m×1.8m×1.8m 的正方体，通风口尺寸按具体工况尺寸设置。第 30 窟由三个窟门、前室和三个佛龛组成，形制较为复杂。简化处理后，前室长 1.6m，宽 12m，高 3.5m；三个佛龛长 2.5m，宽 2.5m，高 3.0m，间隔 1.35m，通风口的尺寸按具体工况设置，模型见图 5.1。

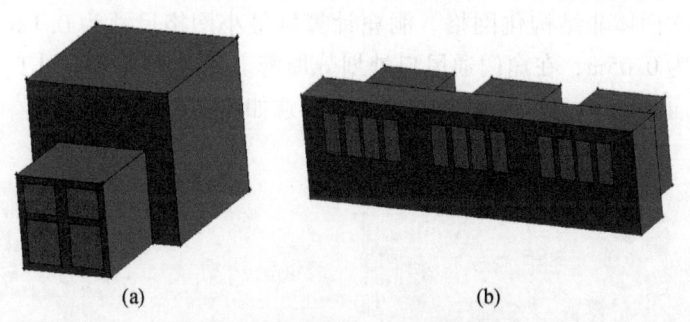

图 5.1 第 126 窟和第 30 窟模型
(a) 第 126 窟模型；(b) 第 30 窟模型

（二）计算区域和网格划分

为了确保室外计算域气流不受墙壁黏性作用的影响，计算域尺寸应满足以下要求

(Allocca et al., 2003): 前端≥5H, 后端≥10H, 左右两侧≥5H, 高度≥5H (其中H为洞窟高度)。最后室外计算域尺寸定为: 第126窟计算域宽约20m, 长约30m, 高约10m, 如图5.2 (a) 所示; 第30窟计算域宽约42m, 长约50m, 高约15m, 如图5.2 (b) 所示。

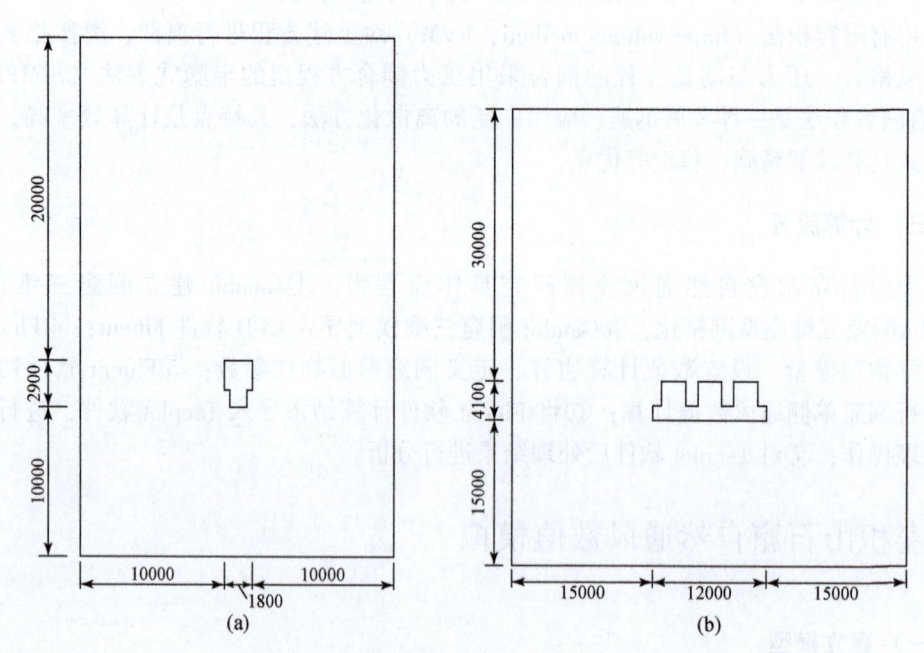

图5.2 第126窟和第30窟计算域 (单位: mm)
(a) 第126窟计算域相对位置示意图; (b) 第30窟计算域相对位置示意图

网格划分是将连续的计算区域划分成多个子区域,确定各个区域的关键节点后,计算机再对其进行模拟计算。网格划分是Fluent模拟计算的基础,网格划分质量直接影响数值计算的准确性和效率 (王福军, 2004)。本次模拟采用一步法模拟自然风经由窟门通风口进入窟内,选用六面体非结构化网格。洞窟计算域最小网格尺寸为0.1m, 最大为0.5m; 洞窟内网格间距为0.05m, 在窟门通风口处划分加密。不同洞窟、不同工况,网格数量各不相同。第126窟和第30窟计算域及网格划分示意如图5.3所示。

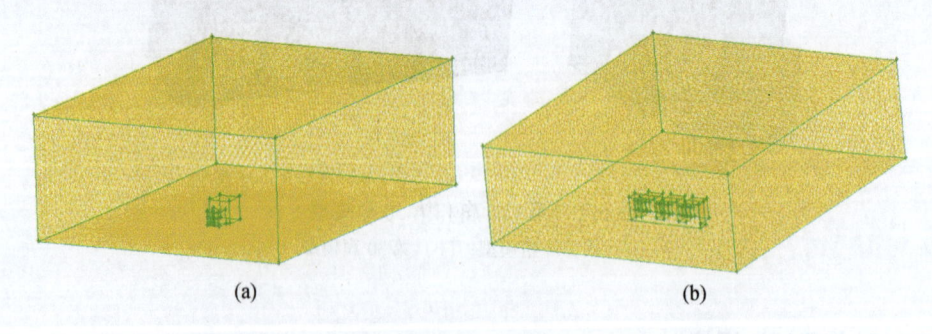

图5.3 第126窟和第30窟计算域及网格划分示意图
(a) 第126窟计算域及网格划分示意图; (b) 第30窟计算域及网格划分示意图

(三) 边界条件

Fluent 软件提供的边界条件类型丰富，包括 wall（壁面边界）、velocity-inlet（速度进口）、pressure-inlet（压力进口）等十余种边界条件（韩占忠等，2004）。正确地设置边界条件是模拟计算的基础。本次模拟边界条件设置分为窟外计算域和窟内区域两部分。窟外计算域入口设置 velocity-inlet（速度进口），出口处设置为 outflow（自由出口），顶部及侧面的边界条件为 symmetry（对称）。洞窟内壁面均设置为 wall（壁面边界），通风口设置为 interior（内部开口）。温度及风速根据实测数据设置，对于极端天气，可根据气象站数据设置。

三、数值模拟有效性验证

为了验证 Fluent 软件数值模拟物理模型各种设置的可靠性，按照冬季第 126 窟窟门开启（表 5.3 工况二）的窟内外测试数据设置边界条件（表 5.4），进行洞窟单侧通风数值模拟。窟外风温为 271.83K，窟外风速为 0.35m/s，在洞窟沿进深方向设置一条高 0.75m 的直线，这条直线上的气流速度分布如图 5.4（a）所示，各个测点模拟风速和实测风速结果对比如图 5.4（b）所示。

表 5.3 冬季第 126 窟通风口面积与风速关系

工况编号	通风口面积/m²	窟外风速/（m/s）	甬道风速/（m/s）	风速衰减/%
工况一	0.69	0.44	0.08	81.82
工况二	1.21	0.35	0.16	54.29
工况三	0.28	0.52	0.04	92.31

表 5.4 冬季第 126 窟工况二边界条件

壁面位置	边界条件	壁面位置	边界条件
甬道东壁面	273.35K	甬道西壁面	273.35K
甬道顶壁面	274.35K	甬道底壁面	272.95K
主室东壁面	276.52K	主室西壁面	276.73K
主室南壁面	276.53K	主室北壁面	277.82K
主室顶壁面	278.75K	主室底壁面	276.15K

由图 5.4（a）可以看出，窟外风由窟门通风口进入窟内后在甬道骤降，风速沿洞窟进深方向递减，主室基本为静风区。模拟风速变化规律与实测风速变化规律基本一致。由图 5.4（b）可以看出，模拟风速和实测风速在数值上略有差别，这是因为 Gambit 建立洞窟模型时，无法做到与实际完全一样，存在着一定差异。因此，可以认为本次模拟研究建立的洞窟物理模型以及各种模拟设置是可靠的。

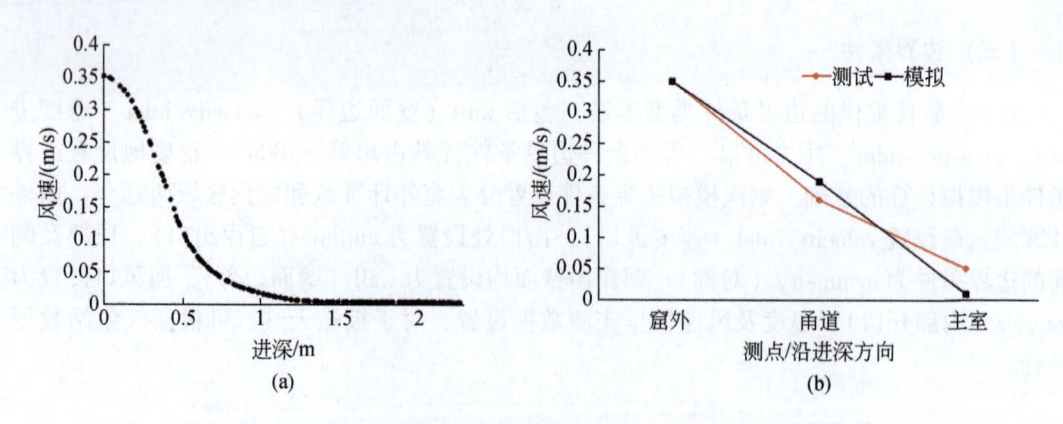

图 5.4 风速与窟内进深关系示意图及模拟风速与实测风速对比图
（a）风速与窟内进深关系示意图；（b）模拟风速与实测风速对比图

四、窟外风对洞窟自然通风的影响

（一）窟外风速

考虑到洞窟窟门开启现状，为了便于模拟研究，将洞窟设定为冬季关门状态进行单侧通风数值模拟，边界条件如表 5.5 和表 5.6 所示。麦积山窟区风速主要集中在 0~2m/s，最大风速为 6m/s，将窟外风速分别设置为 0.5m/s、1.5m/s、3m/s、4.5m/s、6m/s，风向为 S（$\alpha=0°$，α 为风向投射角），对第 126 窟、第 30 窟进行单侧通风数值模拟。

表 5.5 冬季第 126 窟工况一边界条件

壁面位置	边界条件	壁面位置	边界条件
甬道东壁面	274.15K	甬道西壁面	274.05K
甬道顶壁面	275.15K	甬道底壁面	273.75K
主室东壁面	277.08K	主室西壁面	277.25K
主室南壁面	276.75K	主室北壁面	278.35K
主室顶壁面	279.05K	主室底壁面	276.52k
窟门	272.45K	窟外	271.65K，0.5~6m/s

表 5.6 冬季第 30 窟工况一边界条件

壁面位置	边界条件	壁面位置	边界条件
前室东壁面	276.72K	中窟东壁面	275.85K
前室西壁面	276.7K	中窟西壁面	275.75K
前室北壁面	277.11K	中窟北壁面	278.25K
前室顶壁面	277.75K	中窟顶壁面	278.45K

续表

壁面位置	边界条件	壁面位置	边界条件
前室底壁面	276.29K	中窟底壁面	276.65K
东窟东壁面	276.35K	西窟东壁面	276.95K
东窟西壁面	275.65K	西窟西壁面	277.75K
东窟北壁面	277.45K	西窟北壁面	278.15K
东窟顶壁面	278.45K	西窟顶壁面	279.35K
东窟底壁面	276.65K	西窟底壁面	277.45K
窟门	273.15K	窟外	272.5K，0.5~6m/s

为直观反映第126窟窟内风场分布情况，选取垂直通风口靠近主室中轴线的平面 $Z=0.75$、$X=0.75$（坐标原点为甬道底面西南顶点）作为研究平面。在不同窟外风速条件下，第126窟窟内风速云图如图5.5所示。可以看出，随着窟外风速增大，甬道和主室风速整

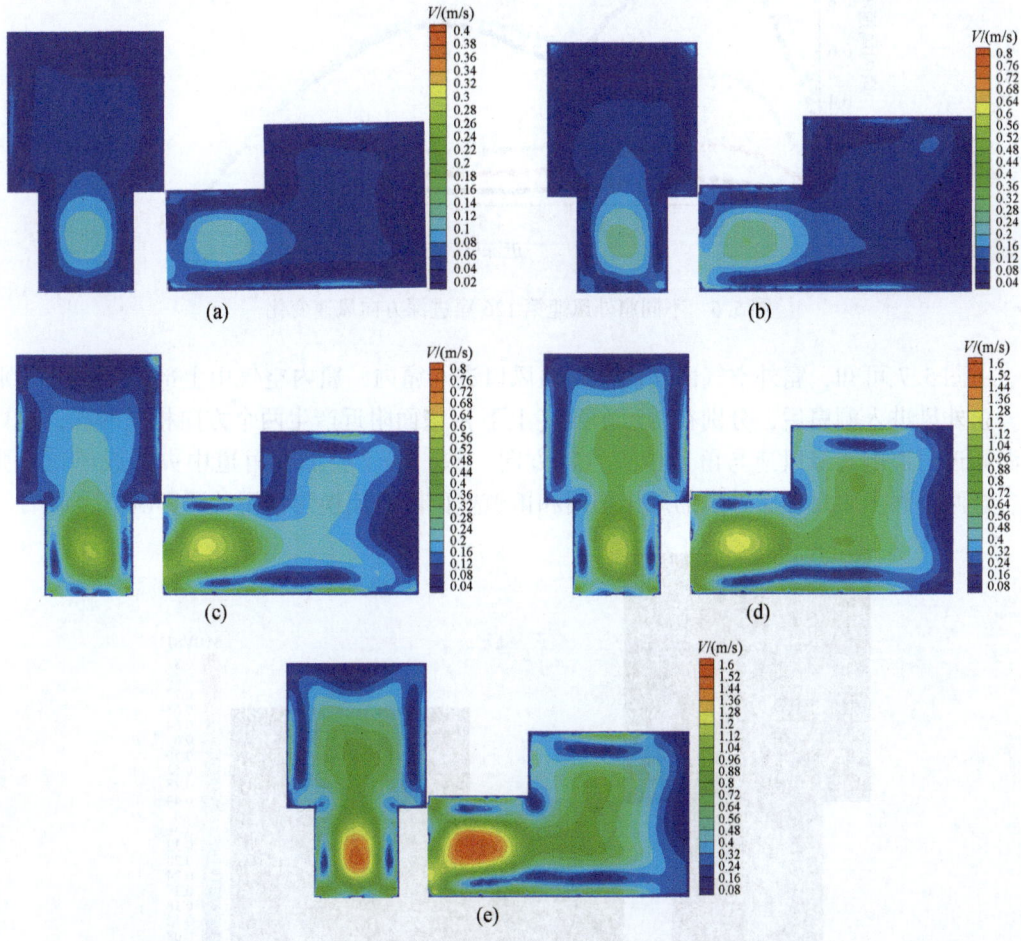

图5.5 不同窟外风速条件下的第126窟窟内风速云图
(a) $v=0.5$m/s 风速云图；(b) $v=1.5$m/s 风速云图；(c) $v=3$m/s 风速云图；(d) $v=4.5$m/s 风速云图；
(e) $v=6$m/s 风速云图

体呈递增趋势，但窟内风速分布规律基本一致。与主室相比，甬道内风速变化梯度较大，且甬道中央存在一个风速加强区。窟外风速越大，甬道中央的风速加强区越明显。与甬道相比，主室风速波动较小；随着窟外风速增加，主室风速波动也在增强。

选取两个研究平面 $Z=0.75$ 和 $X=0.75$ 的交线，分析窟内风速在洞窟进深方向的变化，如图5.6所示。可以看出，窟外风由窟门进入洞窟后，在甬道内 $0\sim0.5m$ 范围（风速加强区）内，窟内风速升高；在 $0.5\sim1.1m$ 范围内，风速将沿洞窟进深方向降低。窟内气流进入主室后，速度在 $1.1\sim1.7m$ 范围内略有回升，之后逐渐下降为0。窟外风速不同，窟内风速升高和降低的区间基本不变。随着窟外风速的增加，曲线在逐渐变陡，甬道风速加强区也逐渐明显。

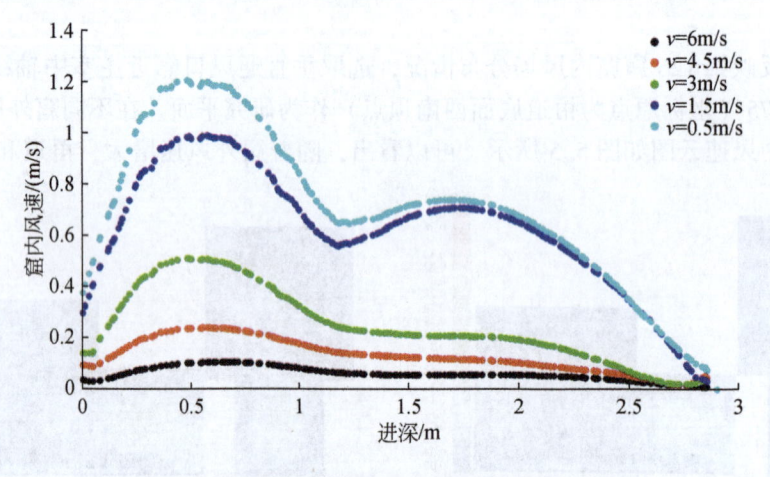

图5.6 不同窟外风速第126窟进深方向风速变化

由图5.7可知，窟外空气由窟门下部通风口进入窟内，窟内空气由上部通风口排出洞窟。窟外风进入洞窟后，分别在甬道东西（上下）壁面附近产生两个方向相反的涡，这两个涡靠近甬道侧边缘风速与甬道中央风速方向一致，矢量叠加在甬道中央形成风速加强区。这两个涡主要是在窟外风的风压作用和甬道壁面的对流换热作用共同影响下形成的。

图5.7 1.5m/s窟外风速条件下的第126窟窟内风速矢量图

第五章 麦积山石窟自然通风特性及调控措施研究

分析第30窟窟内风场，选取平面 $Z=2$、平面 $X=6.3$（坐标原点为前室底面西南顶点）作为研究平面。由图5.8可知，三个佛龛风速略有差异，变化规律一致。故选取平面 $X=6.3$ 作为研究平面即可。

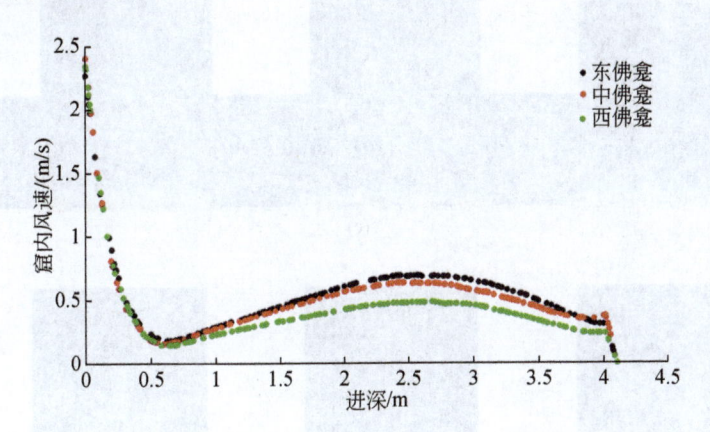

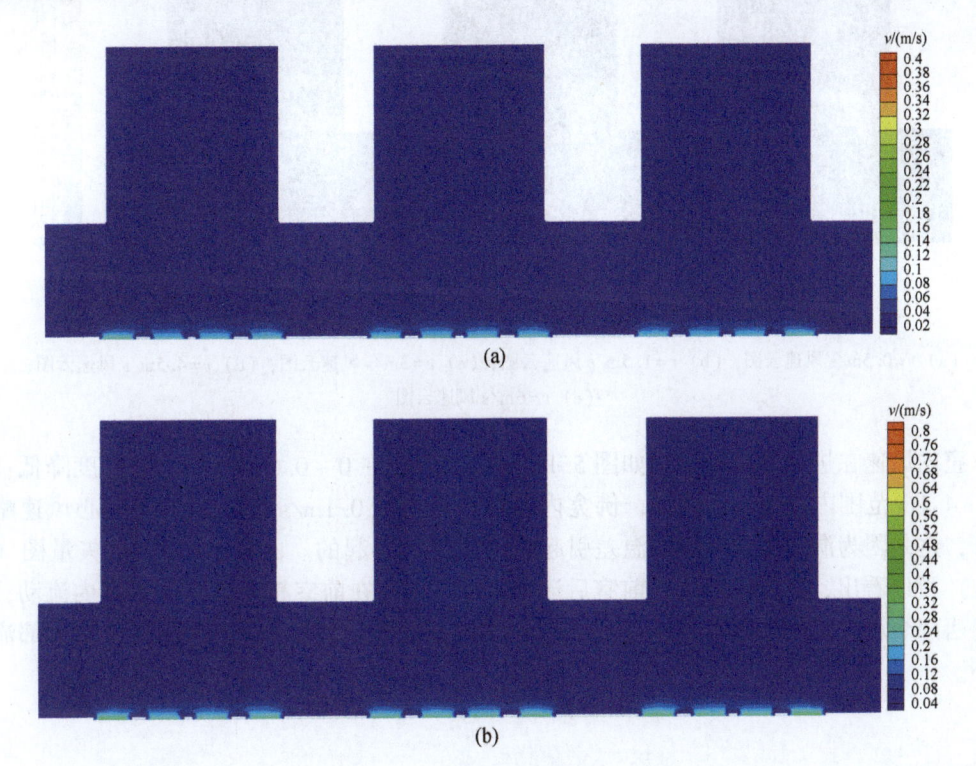

图5.8　1.5m/s窟外风速条件下的第30窟进深方向风速

由图5.9可以看出，在测试工况（窟外风速取6m/s），通风口附近风速变化梯度最大，前室和佛龛内风速比较稳定，均不大于0.02m/s。风速较大区域仅在窟门通风口附近，这说明窟内空气流动在通风口附近比较活跃。随着窟外风速的增大，前室和三个佛龛的风速呈递增趋势，前室和佛龛的风速变化梯度也在增加，但5种工况窟内风速分布规律基本一致。

(c)

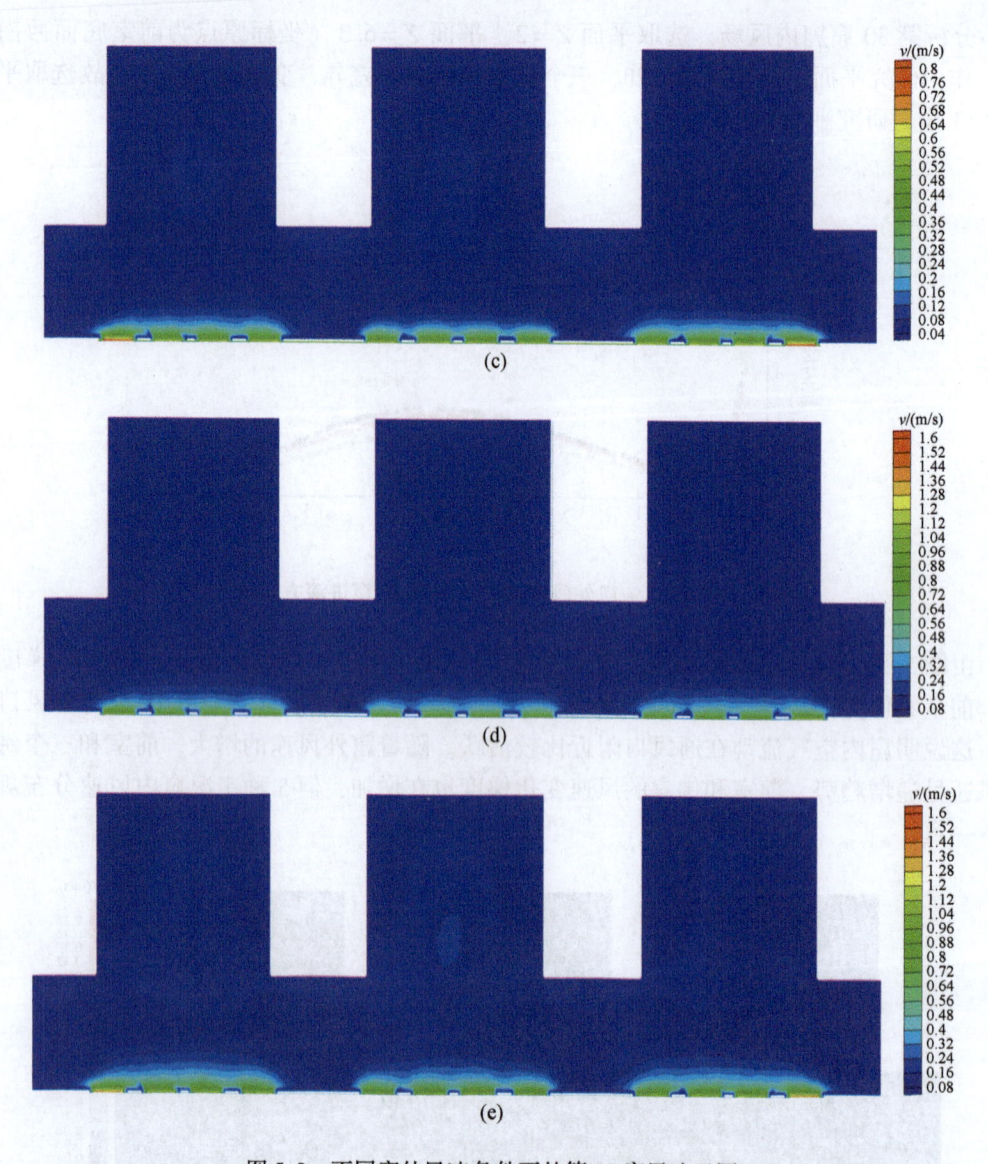

(d)

(e)

图 5.9　不同窟外风速条件下的第 30 窟风速云图
(a) v=0.5m/s 风速云图；(b) v=1.5m/s 风速云图；(c) v=3m/s 风速云图；(d) v=4.5m/s 风速云图；
(e) v=6m/s 风速云图

　　窟内风速在进深方向的变化如图 5.10 所示，风速在 0～0.6m 范围内大幅度降低；在 0.6～4.1m 范围内变化较为平缓，佛龛内风速基本上在 0.1m/s 左右。佛龛中心风速略微上升，这是因为洞窟进深方向的温差引起的热压作用引起的。由第 30 窟风速矢量图（图 5.11）可以看出，窟外空气进入前室后流动微弱，主要在前室靠近窟门的范围内流动，从东、西两个窟门流出洞窟；窟外空气从通风口下部进入前室，窟内空气从通风口上部流向窟外。

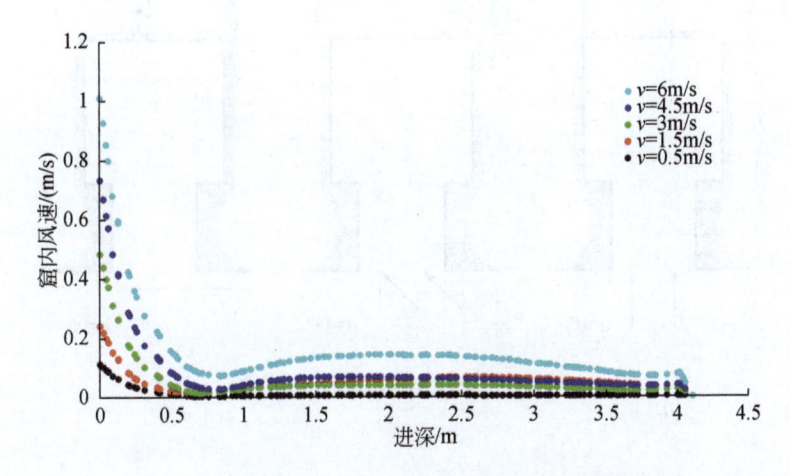

图 5.10　不同窟外风速条件下的第 30 窟进深方向风速

图 5.11　1.5m/s 窟外风速条件下第 30 窟窟内风速矢量图

综上所述，对于第 126 窟和第 30 窟，当窟外风速超过 1.5m/s 时，窟内风速均开始出现超过 ASHRAE 推荐的古建筑室内设计风速的上限值 0.25m/s，应采取一定的预警措施，以减少窟外大气环境通过洞窟单侧通风对窟内文物环境的扰动。

（二）窟外风向

阮芳等（2016）研究室外风向对单侧通风的影响时，考虑室外风向 S 在风向投射角 $\alpha=0°\sim360°$ 之间变化，结果表明：单侧通风建筑开口位于背风面时，整个开口气流速度几乎为 0。考虑到窟区主导风向以及对称性，将窟外风向 S 分别设置为风向投射角 $\alpha=0°$（正南）、$\alpha=45°$（西南）、$\alpha=90°$（正西）三种风向，如图 5.12 所示。将边界条件设为工况一的壁面温度，窟外风速设置为 1.5m/s，分别考察风向投射角 $\alpha=0°$、$\alpha=45°$、$\alpha=90°$ 时，窟内的风场分布。

选取平面 $Z=0.75$、$X=0.35$、$X=0.55$、$X=0.75$ 作为研究平面，第 126 窟风速云图如图 5.13 所示。可以看出，$\alpha=0°$ 时，平面 $Z=0.75$ 的风速分布均匀，大致呈东西对称，剖面 $X=0.35$、$X=0.55$、$X=0.75$ 的风速数值大小和分布规律基本相同。研究平面交线上的风速变化如图 5.14 所示，可以看出，三条直线上窟内风速在进深方向上均是先升后降，且交线 $X=0.55$ 的最大风速大于其他两条交线的最大风速。

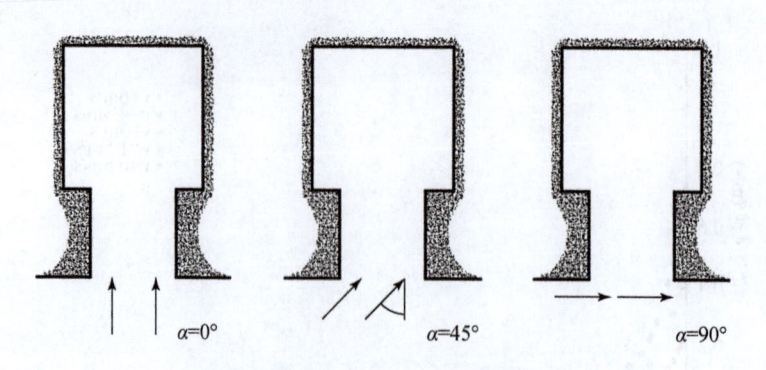

图 5.12　风向投射角设定示意图

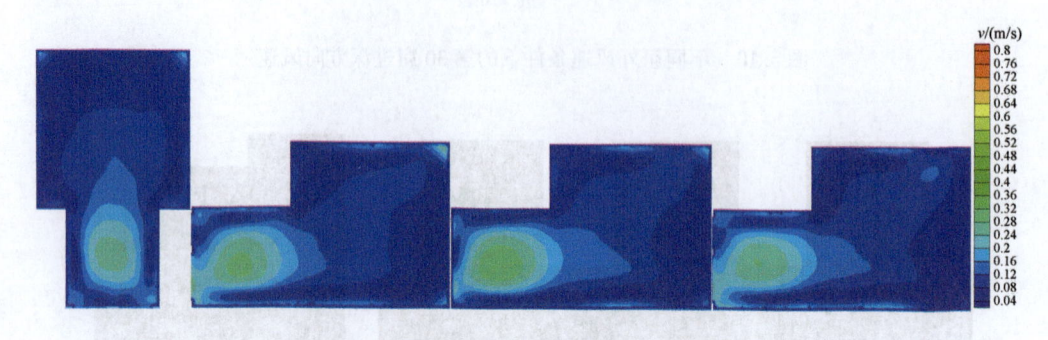

图 5.13　α=0°时第 126 窟窟内风速云图

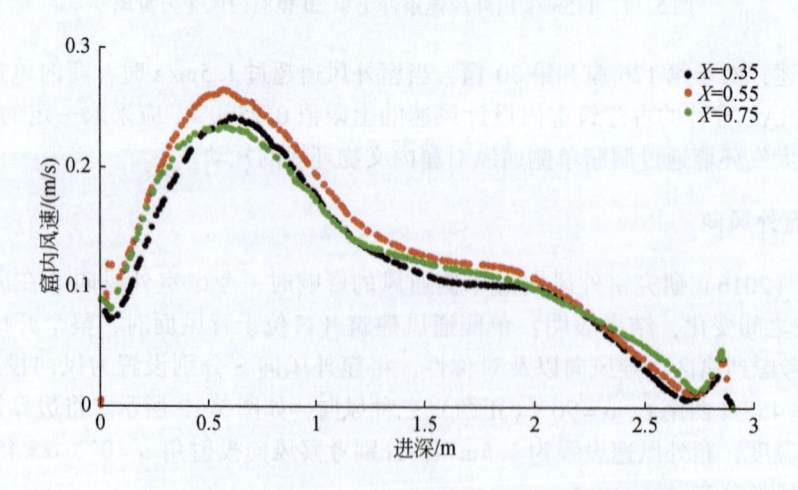

图 5.14　α=0°时第 126 窟内研究平面交线上的风速

由窟内风速图（图 5.14）可以看出 α=0°时窟内气流的流动情况，即窟外空气由窟门下部通风口流入窟内，窟内空气由窟门上部通风口排出窟外。窟外风由窟门进入洞窟后，在甬道的东西、顶底四个壁面形成四个涡，涡靠近甬道中央边缘的风速方向与甬道中央风速方向一致，矢量叠加形成风速加强区。这些涡主要是由风压作用和壁面对流换热作用共同影响形成的。交线 $X=0.55$ 穿过甬道中央，同时受到甬道四个壁面产生的涡影响，这时涡边缘风速与甬道中央风速的矢量叠加达到最大，从而风速的加强作用最强烈，这解释了交线 $X=0.55$ 的最大风速大于其他两条交线的最大风速。

$\alpha=45°$时，由第 126 窟窟内风速云图（图 5.15）可以看出：甬道西侧风速较大区域面积大于东侧风速较大面积，主室内风速差别不大，基本上在 0.2m/s 以下。窟内风速矢量图（图 5.16）可以解释这种规律，窟外风由窟门西侧通风口进入甬道后，风向仍为西南，一部分穿过甬道流向主室东侧，一部分受到甬道东侧壁面阻碍后，减速并改变流向，自窟门东侧通风口流出甬道，从而导致甬道西侧风速较大。

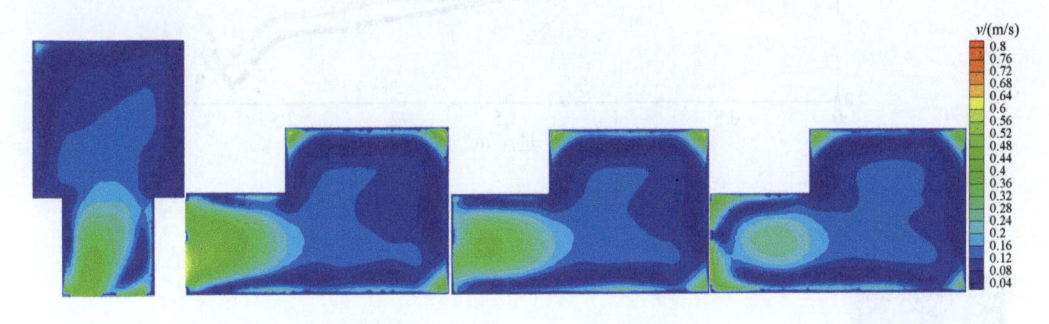

图 5.15　$\alpha=45°$时第 126 窟风速云图

图 5.16　$\alpha=45°$时第 126 窟风速矢量图

由图 5.17 可以看出，在甬道范围内，三条交线的风速差异很大，整体上呈现西侧风速大于东侧风速的规律；进入主室后，三条交线的风速大小和变化规律基本相似，风速基本在 0.1m/s 上下波动。这是因为窟外风斜向吹入洞窟时，甬道中央的风速加强区整体向西南偏移，从而造成三条交线甬道风速在数值上的差异。

从图 5.18～图 5.20 可得，$\alpha=90°$时，窟内风速在甬道降低幅度较大，主室风速在 0.1m/s 左右波动，较为稳定。平面风速分布较为均匀，大致呈东西对称，剖面 $X=0.35$、$X=0.55$、$X=0.75$ 的风速数值大小和分布规律基本相同。窟外空气由窟门西侧通风口进入甬道后，窟内气流主要在甬道前 60cm 范围内流动，从窟门东侧通风口流出甬道。

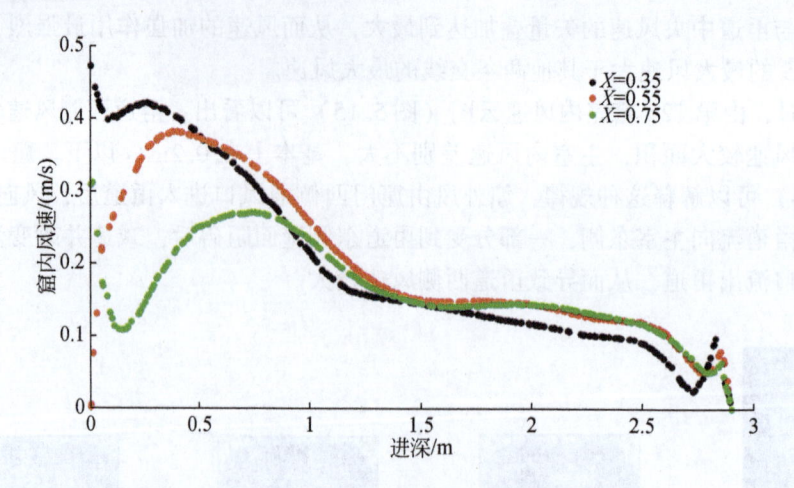

图 5.17　α=45°时第 126 窟研究平面交线上的风速

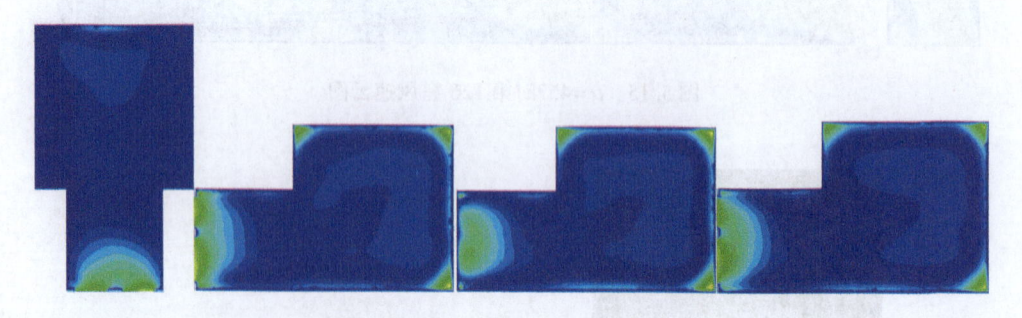

图 5.18　α=90°时第 126 窟风速云图

图 5.19　α=90°时第 126 窟风速矢量图

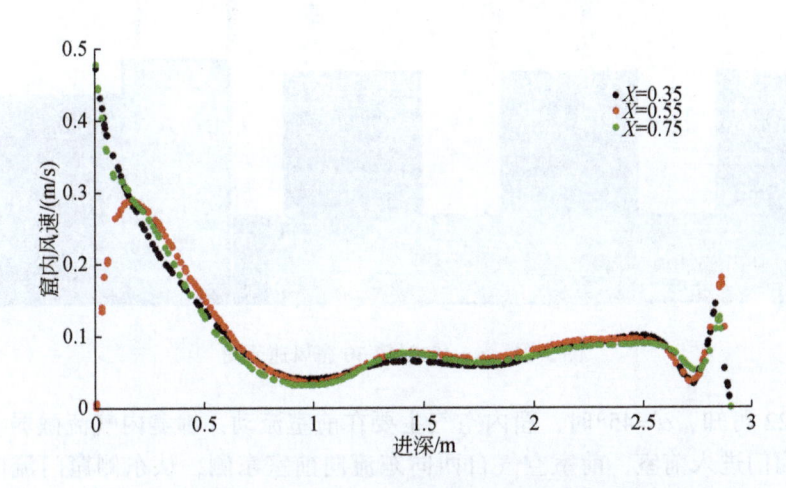

图 5.20　α=90°时第 126 窟研究平面交线上的风速

对于第 126 窟，风向投射角变化时，甬道风速差异很大，均出现超过 0.25m/s 的情况；主室风速较为稳定，基本都在 0.1m/s 以下。在 α=0°和 α=90°时，窟内风场大体以甬道中轴线东西对称。不同的是，α=0°时，窟内外空气交换下进上出，甬道中央存在风速加强区，甬道风速先升后降；α=90°时，窟内外空气交换为左进右出，甬道中央不存在风速加强区，甬道风速在进深方向递减。α=45°时，窟内外空气交换仍然为左进右出，由于风速加强区向甬道西南偏移，甬道风速呈现西侧区域大于东侧区域的规律。值得注意的是，α=45°和 α=90°时，主室顶底壁面与南北壁面交界处窟内风速较大，这是因为北壁面附近的涡边缘风速与顶底壁面附近的涡边缘风速矢量叠加形成的。

分析风向投射角对第 30 窟自然通风的影响时，洞窟平面选取垂直于窟门通风口 0.5 倍洞窟高度左右的平面 $Z=2$ 作为研究平面，选取平面 $X=6.3$ 作为研究平面。由平面 $Z=2$ 的风速云图可以看出，三个佛龛风速大小和分布规律相似，与风向无关，所以剖面选取 $X=6.3$ 作为研究平面是合理的。

由于窟门门框对窟外风的阻碍，窟外风由窟门通风口进入前室后，风速发生大幅度降低。三个佛龛风速分布规律相似，在数值上略有差异。这是因为三个佛龛壁面温度不同，壁面与窟内空气对流换热对佛龛内空气流动的影响造成的。窟内空气主要在窟门通风口附近流动，其他区域空气流动比较微弱。洞窟平面上，窟外空气由中窟门进入洞窟，窟内空气由东、西两侧窟门排出洞窟。洞窟剖面上，窟外空气主要从窟门通风口下侧流入洞窟，由窟门通风口上侧排出洞窟。由此，洞窟单侧通风路径较短，窟外气候通过单侧通风对窟内文物赋存环境的扰动较小。

从图 5.21 可以看出，α=45°时，前室风速变化明显，风速在数值和变化梯度上均大于三个佛龛，其中前室西窟门附近区域风速数值与变化梯度最大。三个佛龛风速分布比较均匀，分布规律相似，均沿佛龛进深方向衰减。与 α=0°时相比，前室和佛龛风速明显增加。这是因为窟外风斜向吹入窟内时，窟门通风口有一定的导风作用，同时，第 30 窟前室面阔较大，有利于窟内斜向气流流动。

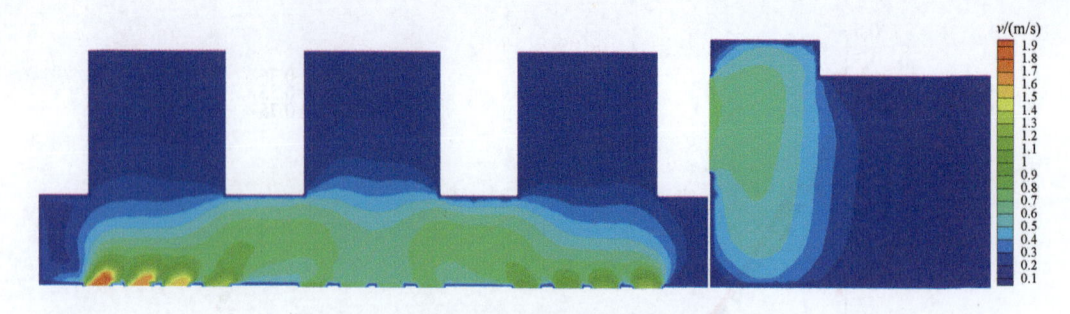

图 5.21　α=45°时第 30 窟风速云图

由图 5.22 可知，α=45°时，窟内空气主要在前室流动，佛龛内气流微弱。窟外空气主要从西侧窟门进入前室，前室空气自西向东流向前室东侧，从东侧窟门流向窟外。其中，一小部分空气流入佛龛，气流在前室和佛龛交界处迅速降低，佛龛风速基本在 0.1m/s 以下。在中窟门附近，窟外空气从中窟门西侧通风口进入前室后，一部分直接自中窟门东侧通风口排出前室；一部分并入前室自西向东的气流，从东侧窟门排出前室。

图 5.22　α=45°时第 30 窟风速矢量图

由图 5.23、图 5.24 可得，α=90°时窟内风场分布规律与 α=45°时风场分布规律相似。不同的是，进风口（西侧窟门）风速略小于 α=45°时进风口风速，剖面上风速较大区域面积小于 α=45°时剖面上风速较大区域面积，这是因为窟门对平行风的导风作用稍弱于对斜向风的导风作用。

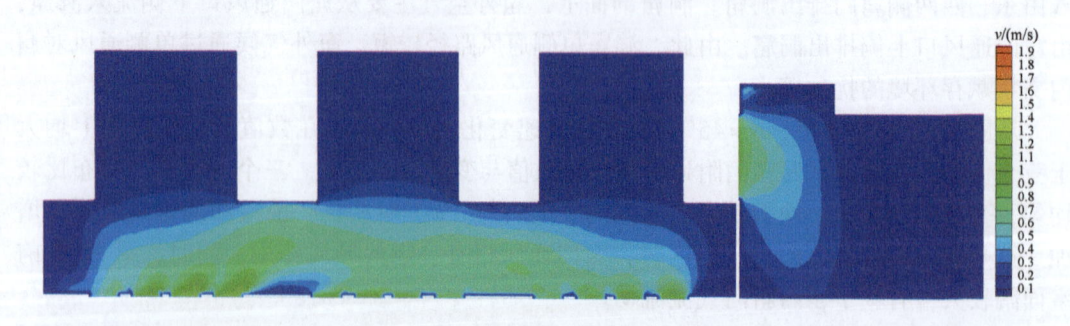

图 5.23　α=90°时第 30 窟风速云图

图 5.24 α=90°第 30 窟风速矢量图

选取平面 $Z=2$ 与平面 $X=6.3$ 的交线，三种风向窟内风速在进深方向的变化，如图 5.25 所示。可以看出，窟外风向为西南和正西向时，前室风速是正南向窟外风前室风速的 3~5 倍，且西南向窟外风窟内风速几乎略大于正西向窟外风。

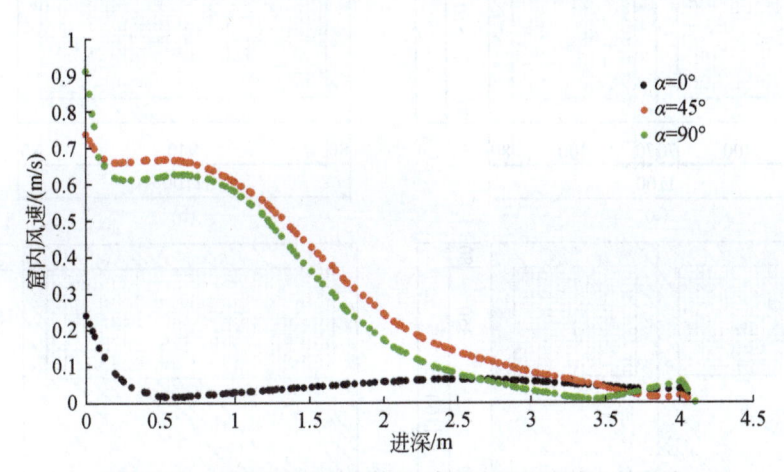

图 5.25 不同风向投射角第 30 窟研究平面交线上的风速

综上，窟外风不仅影响窟内风速大小，还影响窟内风场分布。对于第 126 窟，窟外风速不仅决定窟内风速的大小，还影响风速在进深方向的变化。窟外风速越大，窟内风速越大，窟内风速沿洞窟进深变化越快。风向投射角不同时，窟内风速差异不大，窟内风场分布与风向投射角关系紧密。对于第 30 窟，不同数值的窟外风速，窟内风速均在前室 60cm 范围内骤降后缓慢衰减，佛龛内风速较为稳定，基本上在 0.1m/s 以下。当 α=45°和 α=90°时，前室风速明显增加，三个佛龛风速较为稳定。α=135°与 α=180°的窟外风对洞窟单侧通风的影响与 α=45°和 α=90°类似，不再赘述。

五、窟门对洞窟自然通风的影响

(一) 第 126 窟

除了第126窟原有窟门 [图5.26 (a)]，麦积山中小型洞窟还有其他三种窟门形式。参考其他三种窟门形制，对第126窟窟门进行调整设计，增设了窟门A、窟门B、窟门C三种窟门，详细尺寸如图5.26 (b) ~ (d) 所示。

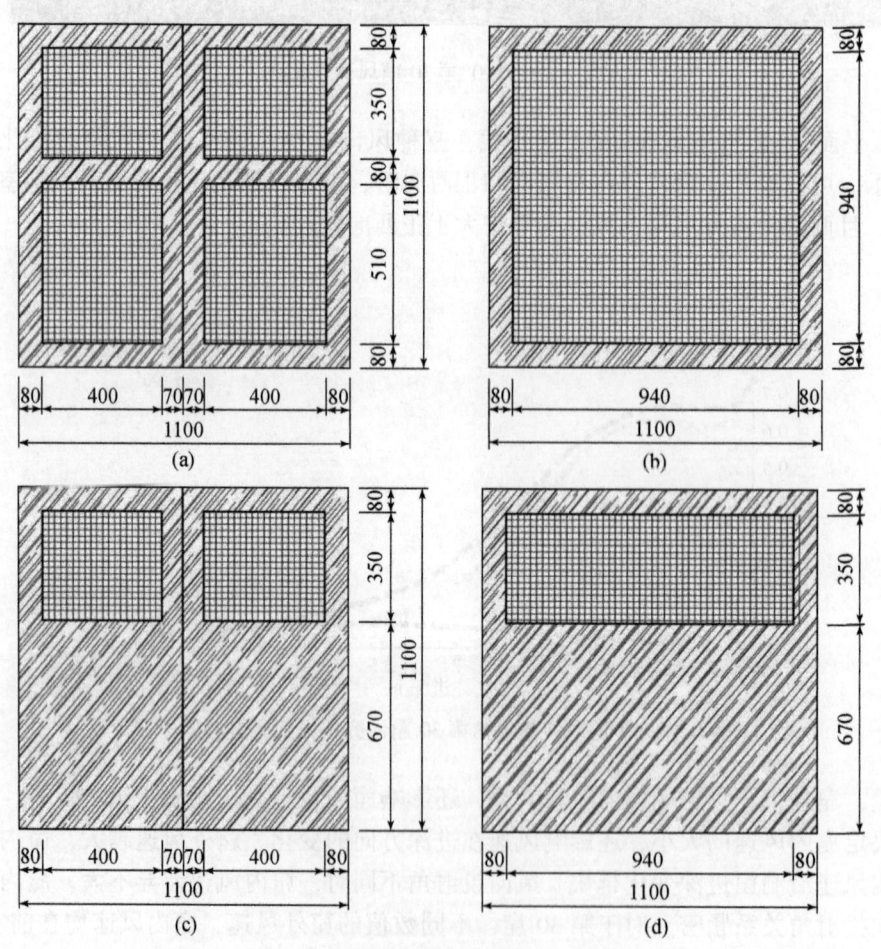

图 5.26 第 126 窟窟门形制调整设计（单位：mm）
(a) 原窟门；(b) 窟门 A；(c) 窟门 B；(d) 窟门 C

对于第126窟，窟外风速越大，窟内风速越大，且窟内风速在进深方向的变化梯度也在增加。当风速相同，窟外风向为西南时，窟内风速最大，且窟内风场分布不均最为明显。由此，本小节分析窟门形制对126窟单侧通风的影响时，窟外风分别设置为1.5m/s（风向S，风向投射角 $\alpha=0°$）和1.5m/s（S，$\alpha=45°$），壁面温度为工况一的实测值。窟外风为1.5m/s（S，$\alpha=0°$）时，126窟风速云图如图5.27所示。

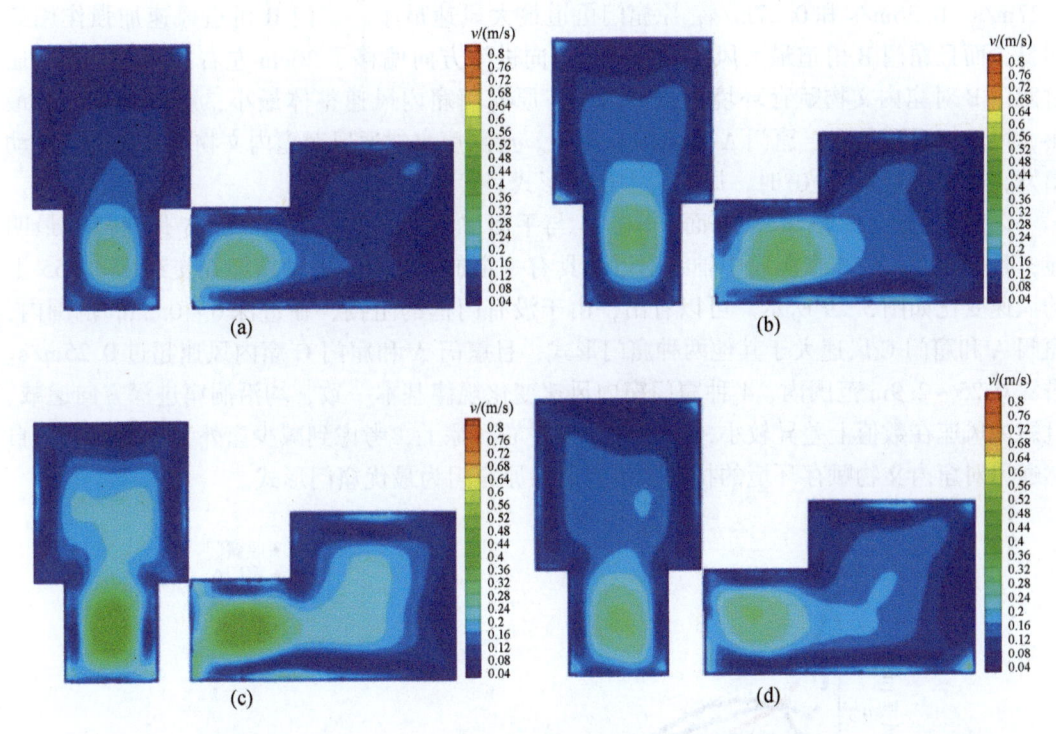

图 5.27　1.5m/s（S，α=45°）窟外风第 126 窟窟内风速云图

(a) 原窟门窟内风速云图；(b) 窟门 A 窟内风速云图；(c) 窟门 B 窟内风速云图；(d) 窟门 C 窟内风速云图

由图 5.27 可以看出，窟门 B 窟内风速较大，区域面积最大，且主室风速波动最明显；窟门 B 和窟门 C 窟内风速较大，区域面积相当；原窟门窟内风速较大，区域面积最小，主室风速最小，且较为稳定。为了更加直观地表示这种差异，选取两个研究平面的交线，分析交线上的风速变化，如图 5.28 所示。可以看出，4 种窟门形式在通风口处风速相差不大，均为 0.1m/s 左右；原窟门、窟门 A、窟门 B 和窟门 C 甬道最大风速依次为 0.23m/s、

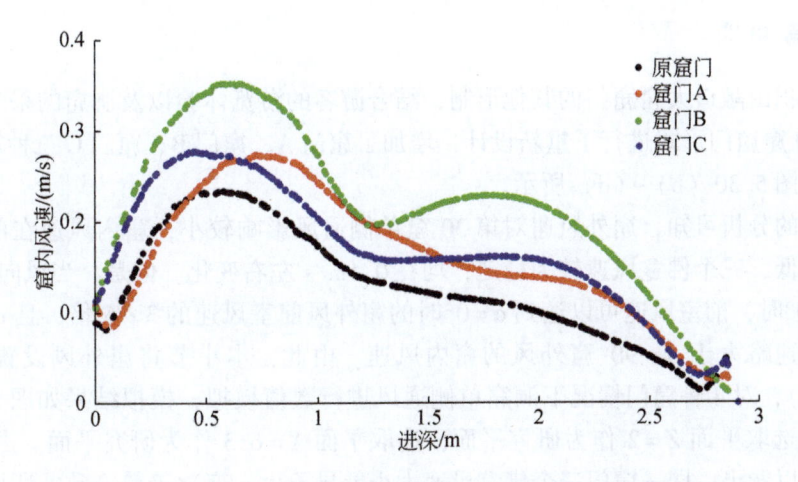

图 5.28　1.5m/s（S，α=0°）窟外风第 126 窟研究平面交线上的风速

0.27m/s、0.36m/s 和 0.27m/s,原窟门甬道最大风速最小。窟门 B 甬道风速加强作用最明显,而且窟门 B 甬道最大风速出现的位置向进深方向偏移了 20cm 左右,从而窟外风通过窟门 B 对窟内文物赋存环境的扰动最大。原窟门窟内风速整体最小,窟内风速波动最小,风速加强区最弱,窟门 A 和窟门 C 居中。从洞窟自然通风对窟内文物赋存环境的扰动出发,风向投射角 $\alpha=0°$ 时,原窟门为最优形式。

风向投射角 $\alpha=45°$ 时,平面 $X=0.75$ 与平面 $Z=0.55$ 的交线 $X=0.55$ 风速波动最明显,且交线 $X=0.55$ 在洞窟中轴线附近,具有一定的代表性。4 种窟门在交线 $X=0.55$ 上的风速变化如图 5.29 所示。可以看出,由于没有门框的阻挡,在进深 0~0.25m 范围内,窟门 A 和窟门 C 风速大于其他两种窟门形式,且窟门 A 和窟门 C 窟内风速超过 0.25m/s。进深 0.25~2.9m 范围内,4 种窟门窟内风速变化规律基本一致,均沿洞窟进深方向递减,且窟内风速在数值上差异较小,为 0.05m/s 左右。综上,考虑到减少窟外大气通过洞窟自然通风对窟内文物赋存环境的扰动,可以认为原窟门为最优窟门形式。

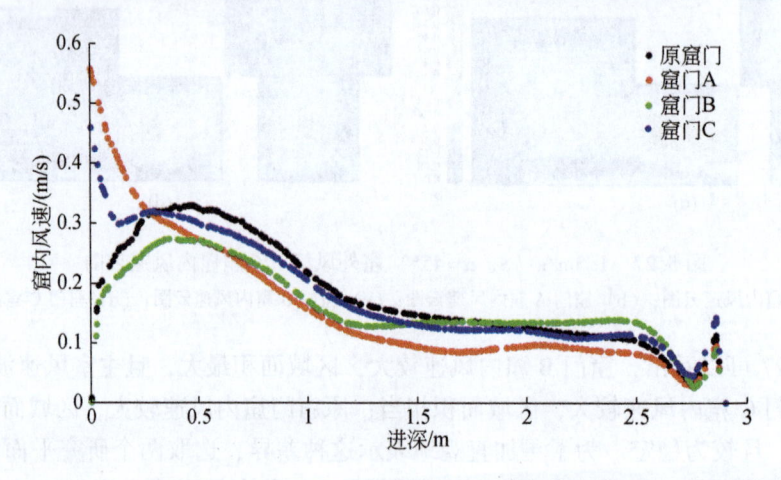

图 5.29　1.5m/s(S, $\alpha=45°$)窟外风第 126 窟研究平面交线上的风速

(二) 第 30 窟

参考麦积山敞口大窟窟门的其他形制,结合游客的游览体验以及洞窟的采光通风等需求,对第 30 窟窟门形式进行了重新设计,增加了窟门 A、窟门 B、窟门 C 三种窟门,窟门详细尺寸如图 5.30 (b)~(d) 所示。

由之前的分析可知,窟外风速对第 30 窟单侧通风影响较小,窟内风速在前室窟门附近大幅度降低,三个佛龛风速较为稳定,均在 0.1m/s 左右变化。但是,当风向投射角 $\alpha=45°$ 和 $\alpha=90°$ 时,前室风速可以达到 $\alpha=0°$ 时的窟外风前室风速的 3~5 倍,且 $\alpha=45°$ 窟外风的窟内风速略大于 $\alpha=90°$ 窟外风的窟内风速。由此,本小节将窟外风设置为 1.5m/s (S, $\alpha=45°$),对 4 种窟门情况下洞窟单侧通风进行数值模拟,模拟结果如图 5.31 所示。洞窟平面仍选取平面 $Z=2$ 作为研究平面,选取平面 $X=6.3$ 作为研究平面。由平面 $Z=2$ 风速云图可以看出,同一窟门三个佛龛风速大小差异不大,变化趋势一致,所以选取平面 $X=6.3$ 作为研究平面具有一定的代表性。三个佛龛进深方向的风速变化如图 5.32 所示。

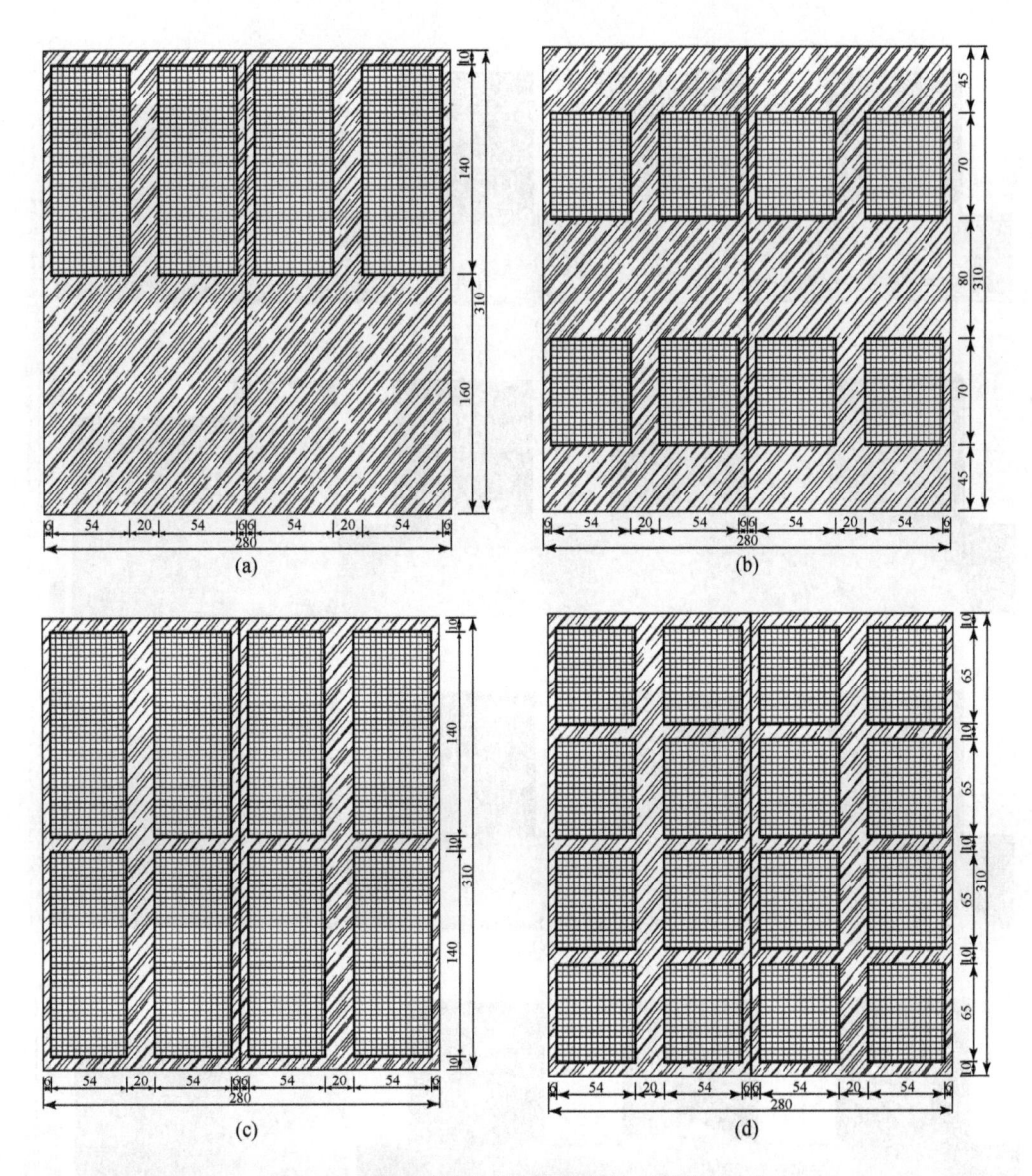

图 5.30　第 30 窟窟门形制调整设计（单位：cm）
(a) 原窟门；(b) 窟门 A；(c) 窟门 B；(d) 窟门 C

由图 5.31 可以看出，4 种窟门形式前室风速均大于佛龛风速，且前室风速变化梯度也大于佛龛风速变化梯度，这说明窟内空气流动主要发生在前室。4 种平面 $Z=2$ 风速较大区域面积相近，原窟门西侧窟门（进风口）风速最大，但剖面 $X=6.3$ 风速较大区域面积最小。窟门 A 佛龛内风速最大，风速波动明显，其他三种窟门佛龛内风速相近，佛龛内风场分布规律类似。

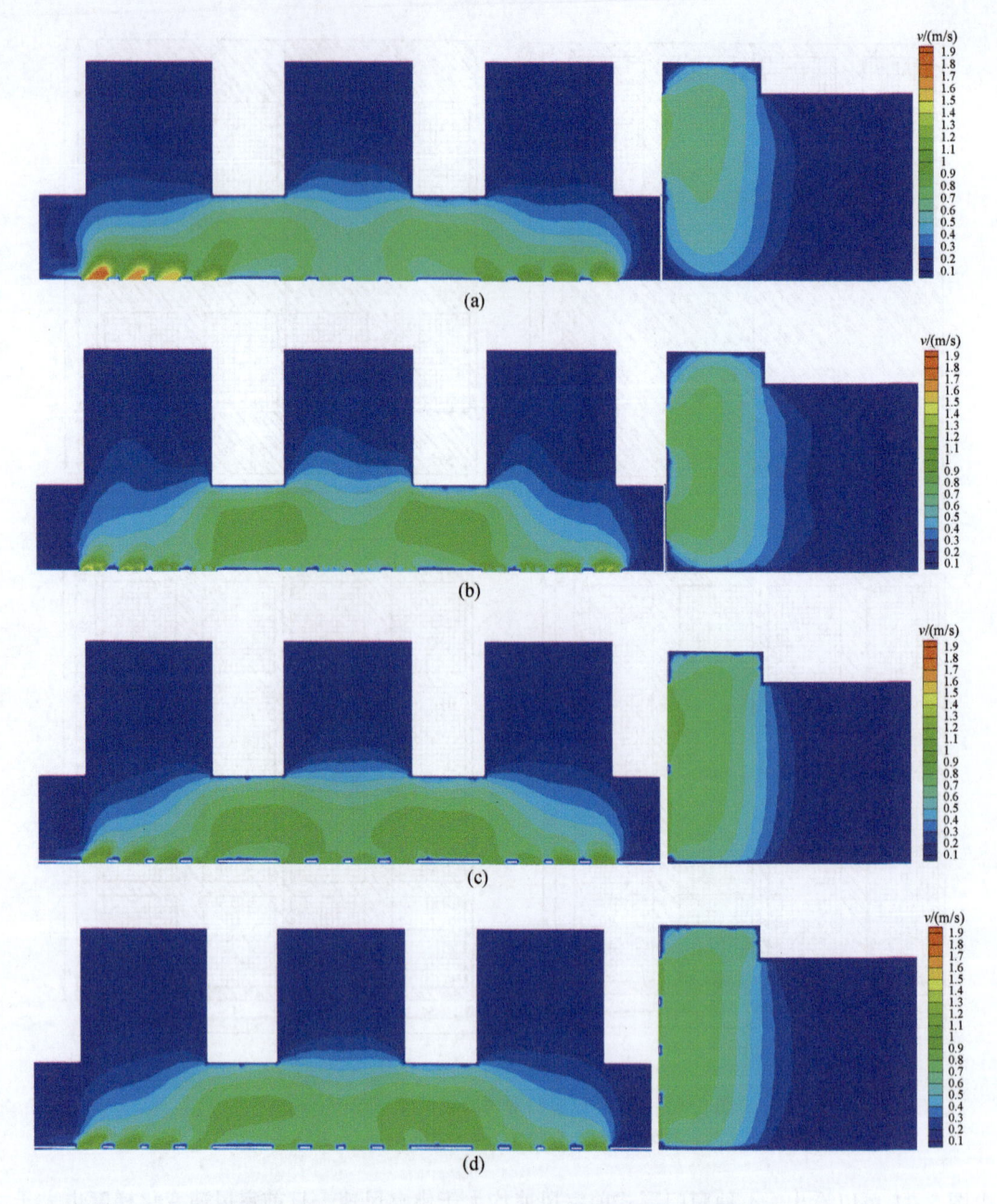

图 5.31　1.5m/s（S，$\alpha=45°$）窟外风第 30 窟窟内风速云图

(a) 原窟门窟内风速云图；(b) 窟门 A 窟内风速云图；(c) 窟门 B 窟内风速云图；(d) 窟门 C 窟内风速云图

由图 5.32 可以看出，在西侧窟门（进风口）和东侧窟门（出风口）附近，原窟门窟内风速大于其他三种窟门窟内风速；在中窟门附近，原窟门窟内风速小于其他三种窟门窟内风速。原窟门窟内风速在东西两侧窟门沿佛龛进深方向衰减较快，佛龛内风速与窟门 B 和窟门 C 佛龛风速几乎相同，均小于窟门 A 佛龛风速。对于第 30 窟这种面阔较大的洞窟，当风向投射角 $\alpha=45°$ 和 $\alpha=90°$ 时，窟外风由进风口进入窟内后，窟内气流在面阔方向流

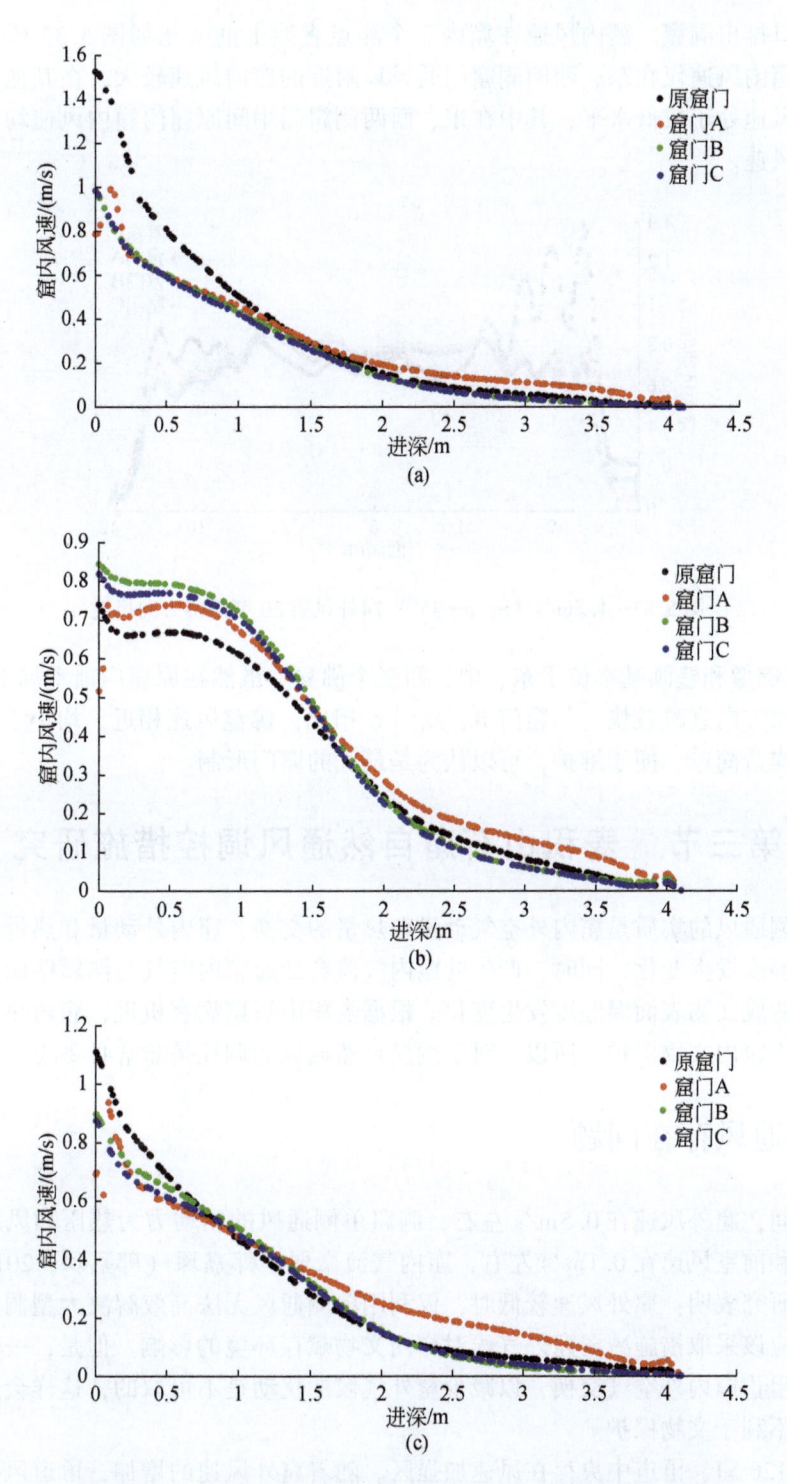

图 5.32　1.5m/s（S, $\alpha=45°$）窟外风第 30 窟进深方向风速
(a) 西佛龛进深方向风速；(b) 中佛龛进深方向风速；(c) 东佛龛进深方向风速

动,从出风口排出洞窟。窟内风速在窟内三个测点直线上的变化如图5.33所示,可以看出:原窟门窟内风速仅在东、西两侧窟门通风口附近的窟内风速较大,在其他面阔范围内原窟门窟内风速处于较低水平,其中在东、西两侧窟门中间原窟门窟内风速均小于其他三种窟门窟内风速。

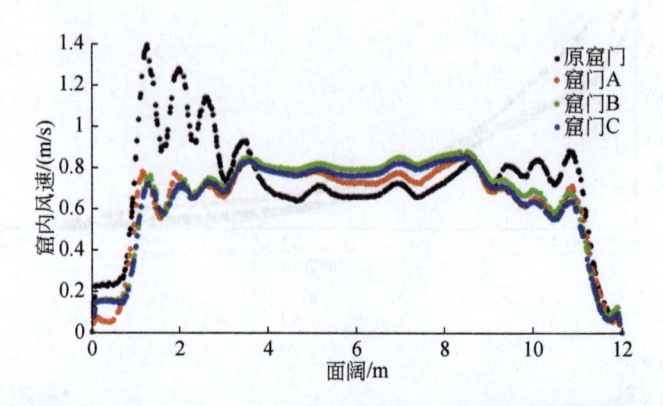

图5.33 1.5m/s(S,$\alpha=45°$)窟外风第30窟面阔方向风速

第30窟佛像和壁画基本位于东、中、西三个佛龛。虽然在原窟门前室局部风速较大,但风速在进深方向衰减较快。与窟门B、窟门C相比,佛龛风速相近,均小于窟门A。同时,原窟门构造简单、便于维护,可以认为是最优的窟门形制。

第三节 麦积山石窟自然通风调控措施研究

洞窟单侧通风的实质是窟内外空气动量和热量的交换,窟内外动量和热量的交换必然引起窟内温湿度发生变化,同时,产生的窟内气流会加速窟内空气与洞窟壁面产生水分与热量迁移,造成文物表面温湿度发生变化。根据麦积山石窟病害机理,窟内热湿环境的频繁变化不利于窟内文物保护。所以,对于洞窟自然通风的调控是非常必要的。

一、自然通风存在问题

测试期间,窟外风速在0.5m/s左右,洞窟单侧通风的驱动力为热压和风压共同作用为主,甬道和前室风速在0.1m/s左右,窟内气流微弱。郎嘉琛(郎嘉琛,2019)对窟内热湿环境的研究表明:窟外风速较低时,仅利用单侧通风无法高效解决大型洞窟窟内潮湿问题,反而应该采取措施减弱窟外气候对窟内文物赋存环境的影响。但是,一味地通过封堵通风口来阻止窟内外空气交换,以减少窟外气候的扰动是不可取的,这样会造成窟内湿空气积累,不利于文物保护。

对于第126窟,甬道中央存在风速加强区。随着窟外风速的增加,甬道风速上升幅度也在增加,如表5.7所示。风向投射角变化时,窟内风场分布也在改变。其中,$\alpha=0°$和$\alpha=90°$窟外风窟内风场左右对称;$\alpha=45°$窟外风甬道西侧风速大于东侧。这说明,窟外风对第126窟内风速影响较大,是窟内风环境不稳定的重要原因。

表5.7　第126窟甬道风速升高幅度　　　　　（单位：m/s）

窟外风速	甬道入口风速	甬道最大风速	甬道风速升高幅度
0.5	0.02	0.1	0.08
1.5	0.1	0.27	0.17
3	0.15	0.5	0.35
4.5	0.3	0.95	0.65
6	0.4	1.2	0.8

对于第30窟，窟外风速增加时，窟内风速在前室窟门附近骤降，在其他区域较为稳定，佛龛内风速基本在0.1m/s左右，前室可以有效缓冲窟外风对窟内微环境的扰动。但是风向投射角 α 由 $0°$ 变为 $45°$ 和 $90°$ 时，前室风速是正南向窟外风前室风速的3~5倍，而且窟内气流活跃的范围在从距离窟门处60cm以内范围增加到几乎整个前室。由此，窟外风向是影响第30窟洞窟自然通风的主要因素。

二、调控目标

稳定的窟内文物赋存环境对于麦积山石窟保护至关重要。麦积山景区地形复杂，气候多变，场地风环境较为复杂。极端天气必然会造成窟内风环境波动过大，对窟内环境造成过量扰动。因此，研究窟门的调控作用主要是为了从窟门的具体尺寸入手，减少窟内风速升高幅度，削弱窟内风环境波动，为窟内文物的保存提供一个稳定的风环境。

对于第126窟，调控目标主要为降低窟内风速峰值，降低窟内风速在甬道风速加强区的上升幅度，降低窟内风速在洞窟进深方向的变化梯度。对于第30窟，窟门对洞窟自然通风的调控主要是为了降低窟门通风口处的最大风速，减小前室风速较大区域的面积。

三、自然通风调控策略

（一）窟门尺寸优化

从降低窟外风对窟内微环境的扰动出发，考虑窟门构造的难易程度以及后续维护的繁简，第126窟和第30窟原有的窟门形制在中小型洞窟和大型洞窟的4种窟门形制中均为最优窟门形制。本小节将从门（窗）框的位置和尺寸入手，从减少窟外风对窟内微环境的扰动出发，对窟门进行优化设计，进一步降低窟外风对窟内微环境的扰动。对于建筑来说，门窗尺寸设计有行业规范可以参考。对于麦积山石窟，由于文物保护的特殊性，目前尚无窟门尺寸设计相关的规范可以遵循。只能参考已有窟门，对第126窟和第30窟窟门尺寸进行优化设计。

1. 第126窟

为了研究门框位置对第126窟洞窟自然通风的影响，保持原窟门通风口面积不变，调整下部通风口高度H，使门框位置发生变化，如图5.34所示。将窟外风设为1.5m/s（α=0°），分别将H设置为0.1m、0.2m、0.3m、0.4m、0.5m、0.6m和0.7m，对这7种门框位置下，洞窟的单侧通风进行数值模拟，甬道和主室中央风速与下部通风口高度H的关系如图5.35所示。

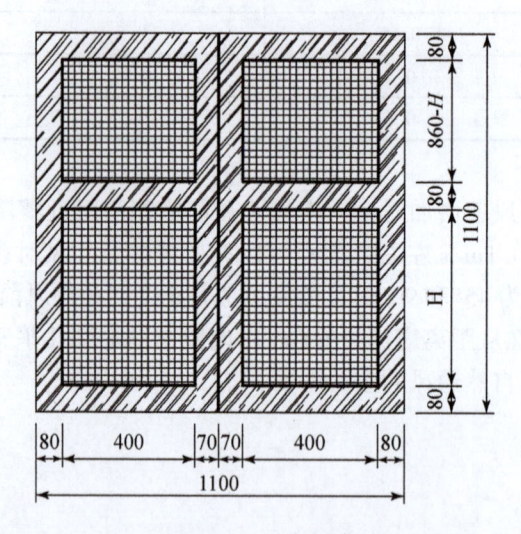

图5.34 第126窟窟门门框位置调整（单位：mm）

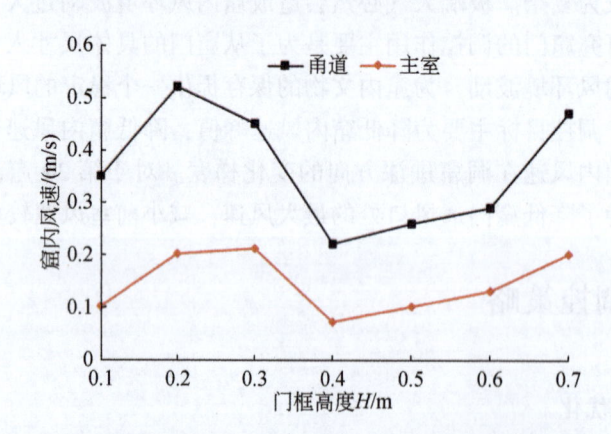

图5.35 第126窟窟内风速与门框位置关系

由图5.36可以看出，保持原窟门通风口总面积不变时，随着窟门门框高度H的增加，内部门框位置的提高，甬道风速和主室风速的变化规律基本一致，均是先升高后降低，H=0.4m时达到谷值后再次上升，可以认为，H=0.4m时甬道风速加强区最微弱，窟内风速波动最小。H=0.2m时，甬道风速最大，为0.52m/s；H=0.4m时，甬道风速最小，为0.22m/s；仅H=0.4m/s时，甬道风速小于ASHRAE推荐的古建筑室内设计风速的上限值0.25m/s。同时，甬道风速最大值和最小值的差值可达0.3m/s，这说明窟外风保持不变时门框位置与甬道风速关系紧密。与甬道风速相比，主室风速随H变化而产生的波动较小，且均小于ASHRAE推荐的古建筑室内设计风速的上限值0.25m/s，这说明门框位置的变化对主室风速影响较小。综上，可以认为窟门下部通风口高度 $H=0.4m$ 时的门框可以有效降低窟外风对窟内环境的扰动，削弱甬道的风速加强作用。

麦积山石窟洞窟窟门宽度基本上在 5~10cm 之间，将窟门下部通风口高度 H 设为 0.4m，门框宽度分别设为 5cm、8cm、10cm，建立洞窟三维模型，窟外风仍设置为 1.5m/s ($\alpha=0°$)，分别对这三种门框宽度情况下洞窟单侧通风进行数值模拟，窟内风速在洞窟进深方向的变化如图 5.36 所示。可以看出，门框宽度为 5cm 和 10cm 时，整体上窟内风速相差不大；门框宽度为 5cm 时，甬道最大风速超过门框宽度 10cm 甬道最大风速 0.03m/s，主室最大风速低于门框宽度 10cm 主室最大风速 0.05m/s。门框宽度为 8cm 时，整体上看，窟内风速在三种门框宽度中最小，低于门框宽度 5cm 和 10cm 时窟内风速 0.05~0.1m/s；门框宽度为 8cm 甬道风速加强区风速增加了 0.15m/s，均小于其他两种门框宽度甬道风速在风速加强区的升高幅度。三种门框宽度甬道风速均是先上升后下降，门框宽度 5cm 和 10cm 主室风速有所回升，在进深 1.8m 处开始下降，直至为 0。其中，门框宽度 10cm 主室风速回升较为明显，回升幅度约为 0.05m/s。门框宽度 8cm 主室风速在洞窟进深方向均匀下降，直至窟内气流静止。由此，门框宽度为 8cm 时，窟内风速最小，风速在洞窟进深方向的变化梯度最小，洞窟自然通风对窟内环境的扰动最小。

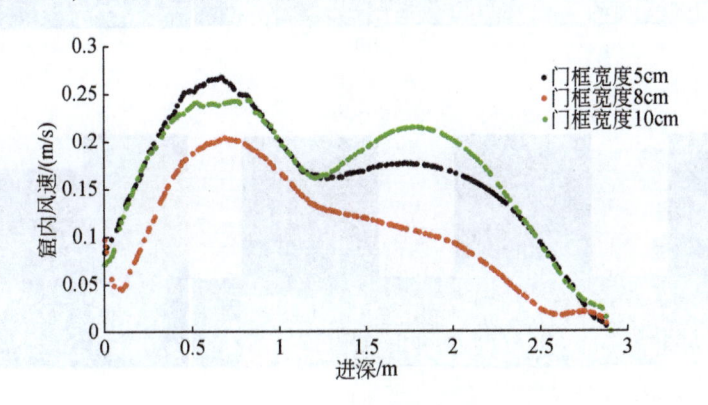

图 5.36 第 126 窟窟门不同门框宽度洞窟进深方向风速变化

2. 第 30 窟

在之前的分析中第 30 窟窟门 B 和窟门 C 情况下窟内风速云图对比分析可知，窟外风为 1.5m/s ($\alpha=45°$) 时，增加门框将通风口均分成多个面积相等的小通风口，窟内风速和风场分布规律基本一致。因此，在第 30 窟原窟门的基础上，将门框宽度分别设为 5cm、8cm 和 10cm，建立洞窟三维模型，窟外风设为 1.5m/s ($\alpha=45°$)，对洞窟单侧通风进行数值模拟。第 30 窟窟内风速云图如图 5.37 所示，窟内测点直线上的风速变化如图 5.38 所示。

由图 5.37 可以看出，门框宽度为 5cm 和 8cm 时，窟内风场分布规律基本相似，仅在西窟门附近略有差异，西窟门和东窟门附近的最大风速分别为 1.8m/s 和 1.4m/s；门框宽度为 10cm 时，佛龛内风速变化梯度有所增加，西窟门和东窟门附近最大风速分别为 2.1m/s 和 1.9m/s。由图 5.38 可以看出，三种宽度门框情况下窟内风速在测点直线上的风

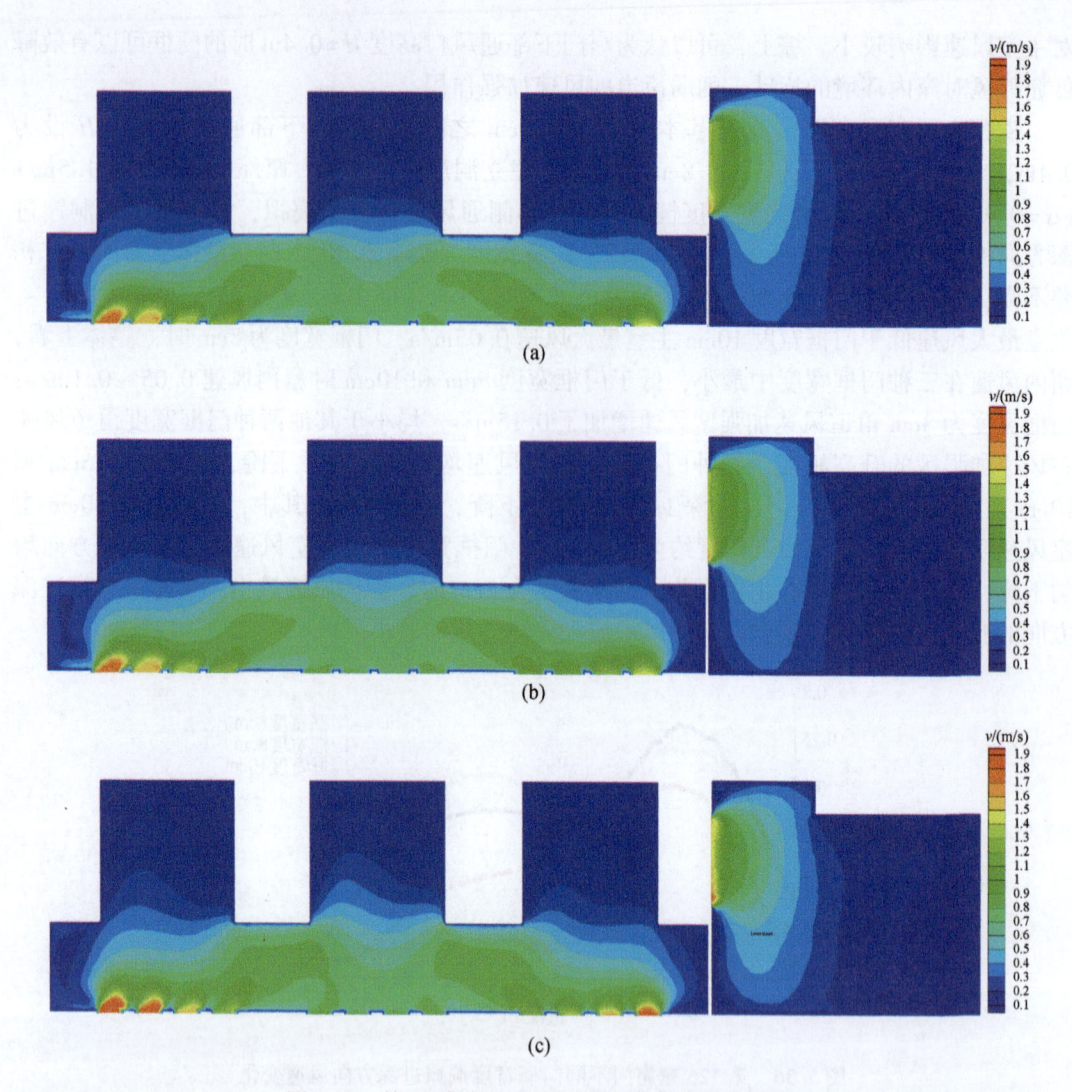

图 5.37　第 30 窟窟门不同门框宽度窟内风速云图

(a) 5cm 门框第 30 窟窟内风速云图；(b) 8cm 门框第 30 窟窟内风速云图；(c) 10cm 门框第 30 窟窟内风速云图

速差在 0.1m/s 左右，且呈现门框宽度 10cm>门框宽度 8cm>门框宽度 5cm 的规律。由此，从降低进风口和出风口的风速和前室风速的考虑，窟门门框不宜过宽，建议将门框宽度设置在 5~8cm 之间。

（二）窟外建（构）筑物

1. 半封闭廊道

第 30 窟前室可以有效缓冲窟外风对窟内环境的扰动，使得窟内风速在前室迅速衰减，佛龛风速始终保持在 0.1m/s 左右，为佛龛内文物提供一个气流速度较小且稳定的赋存环境。第 126 窟位于麦积山西崖石窟的最高层，窟外设置挑檐防止崖顶落石的危害发生和减小降雨对洞窟及窟内文物的影响，设有栏杆防止发生游客坠落等不安全事故发生（图

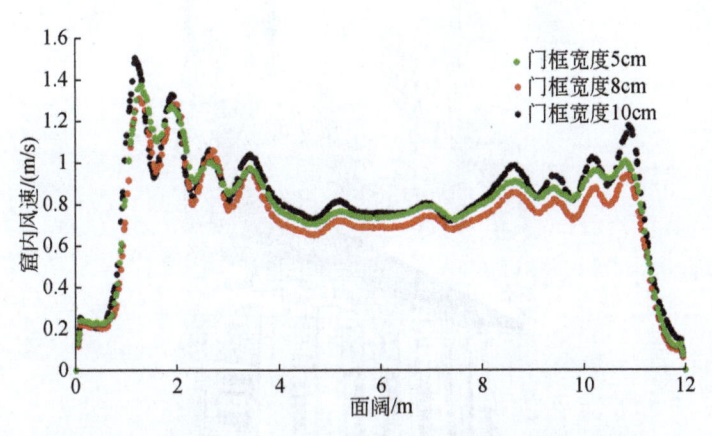

图 5.38　第 30 窟窟门不同门框宽度洞窟面阔方向风速变化

5.39）。若将栏杆加高，在栏杆上覆盖纱网，与挑檐相接，便可形成半封闭廊道，如第 9 窟，图 5.39（b），使得游客游览的安全性进一步提升。这个半封闭廊道对于第 126 窟来说，就相当于增加了一个附加前室，使得窟外风在进入洞窟前迅速下降，可以有效缓冲窟外风对窟内环境的扰动。

(a)　　　　　　　　　　　　　　(b)

图 5.39　第 126 窟和第 9 窟窟外实景
（a）第 126 窟窟外实景；（b）第 9 窟窟外实景

2. 窟檐建筑复原

第二章对麦积山石窟第 4 窟窟檐建筑进行了复原设计，复原后的 SketchUp 模型如图 5.40 所示。在窟门开启情况下，根据测绘图建立模型的尺寸，建立了两个模型，即无窟檐模型和有窟檐模型（图 5.41），通过 CFD 软件对第 4 窟有无窟檐两种情况的窟内风环境进行了数值模拟，得出结论：窟檐建筑复原后，窟内气流分布更加均匀，有利于维持洞窟内的环境稳定性。除了第 4 窟，麦积山石窟有窟檐建筑的洞窟还有第 1、3、5、28、30、49 窟等，这些洞窟基本上都是前壁开门的大型洞窟。第 4 窟窟檐建筑复原研究给麦积山大型洞窟的自然通风优化设计提供了一个新思路。第 30 窟位于东崖洞窟的最底层，存在一定的落石隐患，窟檐复原在一定程度上增加了将来开放参观的安全性，还有利于维持稳定的窟内气流环境。

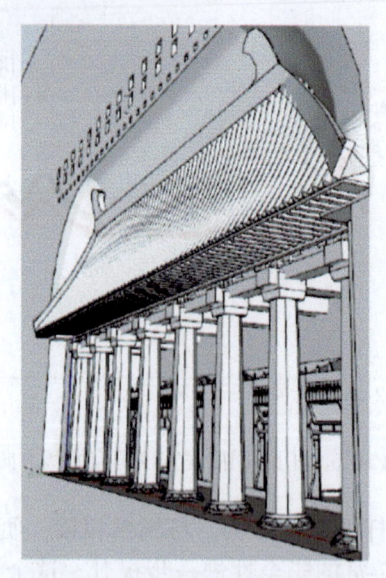

图 5.40 第 4 窟窟檐建筑复原模型

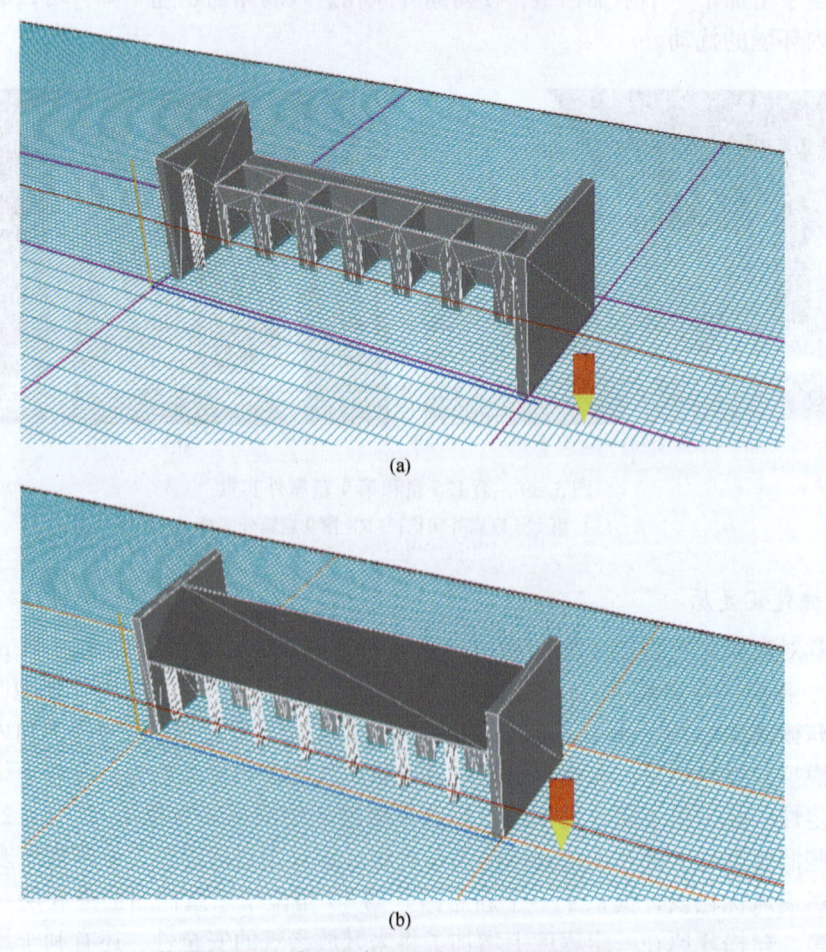

(a)

(b)

图 5.41 第 4 窟有无窟檐通风模型简化图
(a) 第 4 窟无窟檐通风模型简化图；(b) 第 4 窟有窟檐通风模型简化图

3. 模拟结果分析

图 5.42（a）（b）分别为第 4 窟夏季有无窟檐两种情况下的空气龄模拟图，从图 5.42（a）中可以看出：第 4 窟在现状下，窟廊部分的空气龄在 40~81s 之间，洞窟内的空气龄值平均分布在 73~89s 之间，5 龛~7 龛窟门的空气龄约为 60s，而 5 龛~7 龛的窟内最深处，空气龄达到了 130s，洞窟内空气龄的差值较大。如图 5.42（b）所示，复原了有窟檐的第 4 窟，窟门的空气龄约为 40s，窟内最大空气龄为 60s，各龛洞窟内的空气龄差值明显减小。

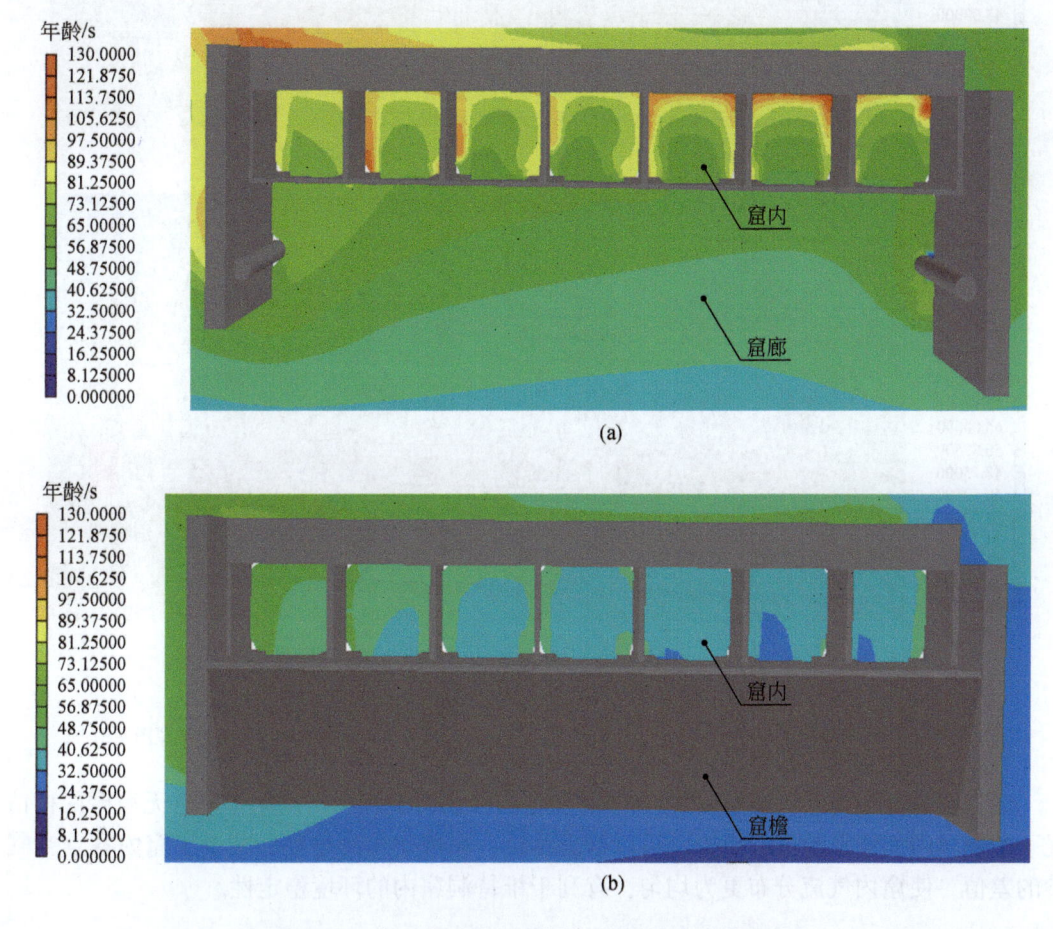

图 5.42 第 4 窟夏季有无窟檐时洞窟空气龄模拟图
(a) 第 4 窟夏季无窟檐时洞窟空气龄模拟图；(b) 第 4 窟夏季有窟檐时洞窟空气龄模拟图

图 5.43（a）（b）分别为第 4 窟冬季有无窟檐两种情况下的空气龄模拟图，从图 5.43（a）中可以看出。第 4 窟在现状下，窟廊部分的空气龄在 70~110s 之间，洞窟内的空气龄值平均分布在 90~120s 之间，6 龛窟门的空气龄约为 150s，而 5 龛~7 龛的窟内最深处，空气龄达到了 140s，洞窟内空气龄的差值较大。而如图 5.43（b）所示，复原了有窟檐的第 4 窟，窟内的空气龄平均分布在 60~80s 之间，窟内最大空气龄为 110s，各龛洞窟内各点的空气龄差值明显减小，气流分布更为均匀。

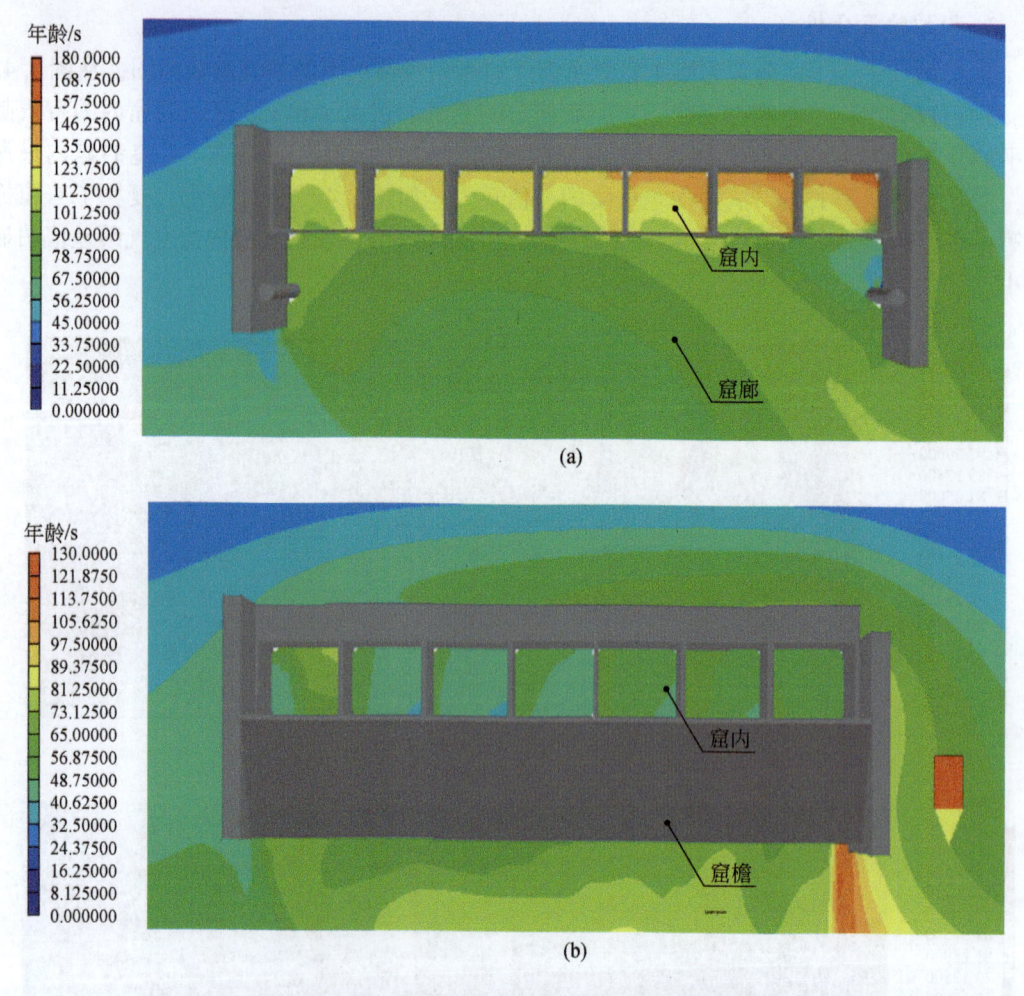

图 5.43　第 4 窟冬季有无窟檐时洞窟空气龄模拟图
(a) 第 4 窟冬季无窟檐时洞窟空气龄模拟图；(b) 第 4 窟冬季有窟檐时洞窟空气龄模拟图

通过本节分析可知，通过 CFD 软件对在窟门开启时麦积山石窟第 4 窟有无窟檐两种情况下的洞窟内的空气龄进行模拟，可以得出结论：窟檐建筑的修复，减少了窟内各点空气龄的差值，使窟内气流分布更为均匀，有利于维持洞窟内的环境稳定性。

第四节　小　　结

研究麦积山石窟不同形制洞窟自然通风特性，找出麦积山石窟自然通风的影响因素，通过对这些影响因素的定性、定量分析，研究窟内外空气交换规律，可以明确影响麦积山石窟自然通风的关键因素，最终为洞窟自然通风设计提供一些理论支撑。研究总结如下：

（1）通过模拟研究，验证 Fluent 软件预测石窟风环境的有效性。在此基础上，从窟外风和窟门形制两方面对第 126 窟和第 30 窟单侧通风进行数值模拟，分析了窟外风速和窟外风向对两个洞窟窟内风环境的影响。并比较不同窟门形制下，第 126 窟和第 30 窟风环境的差异，以减少窟外风的扰动为目标，选取了最优窟门形制。

（2）在窟门最优形制的基础上，从门框（窗）位置和门框宽度出发，对第126窟和第30窟单侧通风进行数值计算。对比分析模拟结果，对麦积山石窟窟门尺寸设计提供建议，为窟内环境调控和预防性保护提供依据。

第六章　麦积山石窟光环境研究

　　麦积山石窟光环境对窟内文物的保护和游客的参观效果均产生影响。自然光中，有些辐射对窟内壁画和佛像损害较大，光环境研究中，应尽量减少或者避免这类辐射对窟内文物的影响。同时，麦积山石窟作为宗教建筑，窟内视觉效果直接影响石窟所传达的宗教文化和精神，良好的窟内观赏效果能够最大限度地还原窟内视觉的真实性。因此，需要运用现代技术，设计适合麦积山石窟内外光环境保护的展示方案，最大限度地解决麦积山石窟展示和保护的矛盾，在保护石窟文物的前提下，将石窟内的佛像和壁画更好地进行展示。

第一节　麦积山石窟光环境现场实测

一、光环境测试方案

（一）石窟的选取

　　麦积山石窟光环境影响因素中的可变因素有采光口和栈道，因此，进行光环境实测研究时在东西崖栈道内外选择两组洞窟。其中东崖的是第34、37号窟，西崖的是第140、142号窟（图6.1）。第34、37号窟、第140、142号窟洞窟形制相同、尺寸接近，只是前者在栈道内且采光口面积小，后者在栈道外且采光口面积大，洞窟的基本情况如表6.1中所列。其他形制的洞窟，分别选取了第191窟，第155窟，第90窟，通过建模，分析麦积山石窟光环境情况。

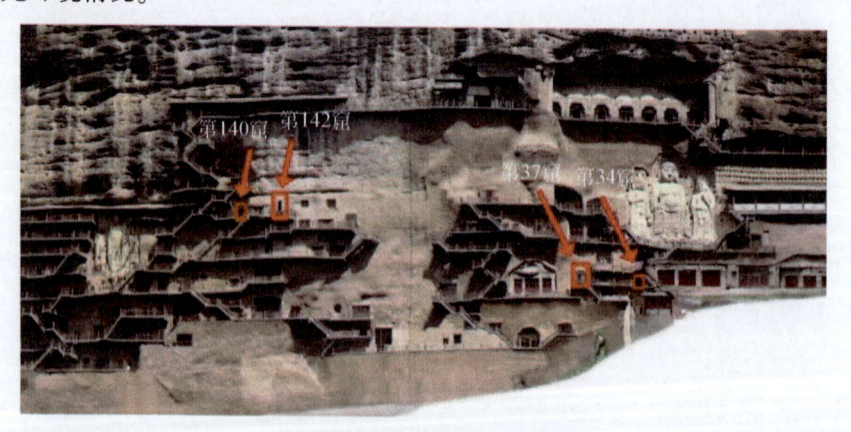

图6.1　洞窟位置示意图

表 6.1　洞窟基本情况介绍

洞窟编号	开窟年代	洞窟形制	宽×高×深/m	位置	窟内佛像
34	隋唐	平面马蹄形穹窿顶	2.45×2.53×1.80	东崖中部栈道内	窟内造像仅存一佛
37	隋唐	平面马蹄形穹窿顶	2.45×2.80×1.63	东崖中部栈道外	窟内现存一佛一菩萨
140	北魏三期	中型平顶方形窟	2.25×2.10×2.2	西崖中部栈道内	窟内现存三佛一菩萨一弟子
142	北魏三期	中型平顶方形窟	2.18×2.18×2.16	西崖中部栈道外	窟内供三佛身侧环立弟子、菩萨、金刚等

（二）测量方法

实测仪器选用 XYI-Ⅲ型光电池照度计，量程和读数方法均符合本次实测的基本要求。在具体操作测量水平散射照度时，需用遮光环遮挡自然直射光线，该照度计的订正系数选用 1.25。

在进行照度测量时应尽量避免误差所引起的数据不准确，因此，在测量时尽量严格按照《照明设计手册》里规定的测量方法进行照度测量，具体步骤为：①测量时，照度计先用大量程档位数，然后根据指示值的大小，逐渐找到合适的档位数，原则上不允许指示值在最大量程 1/10 范围内读数；②照度指示值稳定后进行读数，数字式照度计显示的读数，最后一位有时不稳定，应该记录出现次数较多的数字；③深色着装，防止测量人员的身影对接收器产生影响；④为提高测量的准确性，一个测点可取 2~3 次读数，然后取平均值。

（三）测点布置

实测时，从窟外栈道处开始设置测点，测点设定方法依据《照明测量方法》（GB/T 5700—2023）：对洞窟采光口照度的测量采用四角布点法，在采光口四个角进行照度测量，然后按照公式进行平均照度的计算；在窟内地面的照度测量采用中心布点法，该方法适用于水平照度的测量。因为洞窟的尺寸大小不一，有些进深不到 1m，因此选取测量的网格大小一般为 0.8~2m，网格形状为正方形或近似正方形，如图 6.2。

（四）反射比测试

光反射比与材质、颜色、粗糙度等有关，洞窟内各个界面的反射比会影响窟内光环境。根据《照明设计手册》（GB/T 5700），反射比的测量方法如图 6.3 所示，选择不受直接照射的被测表面，将照度计的接收器紧贴被测表面的某一位置，测其入射照度 E_r，然后将其接受面的感光面对准同一侧面的原来位置，沿垂直于被测面的方向逐渐后移，待照度计读数稳定后（该距离大约 30cm）测其照度 E_r，反射比按照下式求出

$$\rho_r = \frac{E_r}{E_R} \tag{6.1}$$

式中，E_r 为反射照度，lx；E_R 为入射照度，lx。

本章对窟内地面、佛像、墙面、栈道、栏杆、崖体、窟门分别进行反射比的测量，为

(a)　(b)

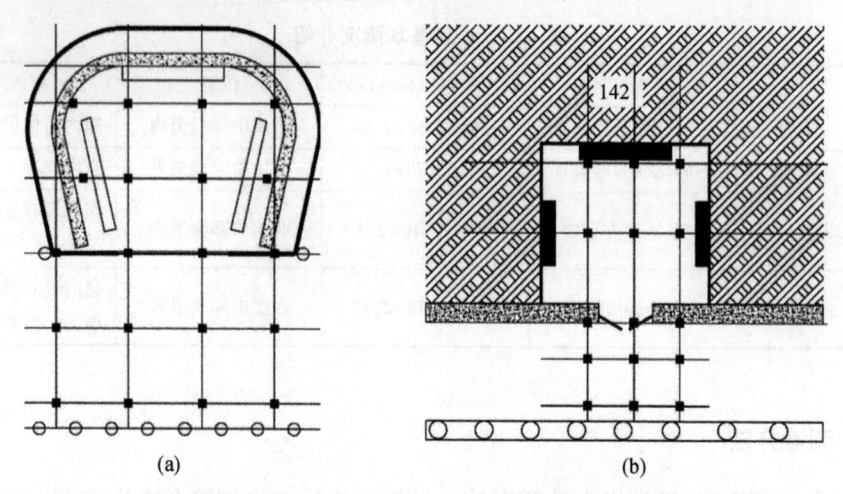

图 6.2　第 34、37、140、142 窟平面测点布置图
(a) 第 34、37 窟平面测点布置图；(b) 第 140、142 窟平面测点布置图

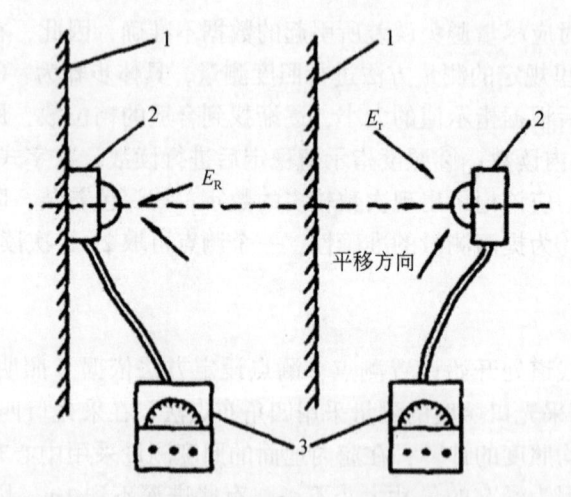

1-被照表面；2-接收器；3-照度计；E_r-反射照度；E_R-入射照度
图 6.3　反射比测量方法示意图

了避免误差，进行多次测量求平均值，测试结果如下：①第 34、37 洞窟地面 [图 6.4 (a)] 类似于灰砖，所测光反射比在 0.23~0.32 之间，第 140、142 洞窟地面 [图 6.4 (b)]，类似于土黄色凹凸不平土地，所测光反射比在 0.17~0.2 之间；②第 34、37 洞窟侧墙面为砖红色砂砾状 [图 6.4 (c)]，所测光反射比在 0.16~0.18 之间，第 140、142 墙面有些壁画颜色为深蓝色 [图 6.4 (d)] 光反射比在 0.007~0.008 之间；③第 34、37 窟佛像颜色偏红 [图 6.4 (e)]，饱和度偏低，测得光反射比为 0.2~0.24 之间，第 140、142 窟佛像和墙面颜色相近 [图 6.4 (f)]，所测反射比在 0.08~0.1 之间。影响窟内外光环境的还有石窟窟门、栈道、栏杆等，其中窟门为深红色的木门，栈道为混凝土栈道，栏杆为深红色金属栏杆，崖体为砖红色砂砾岩层，所测数据经过加权平均见表 6.2，反射比的测量和计算能够为后续的模拟分析提供基础数据。

图 6.4　第 34、37、140、142 窟的地面、窟面和佛像

(a) 第 34、37 洞窟窟内地面；(b) 第 140、142 洞窟窟内地面；(c) 第 34、37 洞窟窟面；(d) 第 140、142 洞窟窟面；(e) 第 34、37 洞窟佛像；(f) 第 140、142 洞窟佛像

表 6.2　第 34、37 和第 140、142 洞窟各界面反射比

位置	地面	侧面	佛像	木门	崖体	栈道	栏杆
第 34、37 反射比	0.280	0.172	0.228	0.172	0.220	0.230	0.190
第 140、142 反射比	0.186	0.088	0.092	0.120	0.220	0.230	0.190

二、照度测试

实测时间为洞窟对外开放时间 9:30~15:30，测试间隔为 1h，测试数据为 3 次测量的平均值。所选洞窟分别为东西崖的两组洞窟，对东崖洞窟窟内照度影响较大的时间段为上午，对西崖窟内照度影响较大的时间为下午。因此，测量窟内照度时，选取东崖测量时间为 9:30~11:30，西崖测量时间为 13:30~15:30。同时记录测量日期、天气、洞窟外栈道

尺寸等情况。

测试结果如表 6.3～表 6.10 所示，在全晴天有直射光的影响下，室内照度随着时间有较大的变化，全阴天没有直射光影响，测量数据相对稳定。

表 6.3 第 34 窟夏季窟内外照度实测值

第 34 窟照度测试日期：2017 年 6 月 28 日
19～33℃，晴天，微风

实测位置	栈道	窟外采光口	窟内地面	洞窟正面	窟内正佛像	窟内左侧面	窟内右侧面
实测数据	平均照度值 E/lx	平均照度值 E/lx	平均照度值 E/lx	平均照度值 E/lx	平均照度值 E/lx	平均照度值 E/lx	平均照度值 E/lx
上午 9:30～11:30	7482.85	4207.33	53.07	44.8	115.11	88.02	29.78

表 6.4 第 37 窟夏季窟内外照度实测值

第 37 窟照度测试日期：2017 年 6 月 28 日
19～33℃，晴天，微风

实测位置	栈道	窟外采光口	窟内地面	洞窟正面	窟内正佛像	窟内左侧面	窟内右侧面
实测数据	平均照度值 E/lx	平均照度值 E/lx	平均照度值 E/lx	平均照度值 E/lx	平均照度值 E/lx	平均照度值 E/lx	平均照度值 E/lx
上午 9:30～11:30	>20000	>20000	3515.7	413.56	629.78	655.34	233.16

表 6.5 第 140 窟夏季窟内外照度实测值

第 140 窟照度测试日期：2017 年 6 月 28 日
19～33℃，晴天，微风

实测位置	栈道	窟外采光口	窟内地面	洞窟正面	窟内正佛像	窟内左侧面	窟内右侧面
实测数据	平均照度值 E/lx	平均照度值 E/lx	平均照度值 E/lx	平均照度值 E/lx	平均照度值 E/lx	平均照度值 E/lx	平均照度值 E/lx
下午 13:00～15:00	>20000	15547.03	258.81	8.47	20.65	57.31	6.71

表 6.6 第 142 窟夏季窟内外照度实测值

第 142 窟照度测试日期：2017 年 6 月 28 日
19～33℃，晴天，微风

实测位置	栈道	窟外采光口	窟内地面	洞窟正面	窟内正佛像	窟内左侧面	窟内右侧面
实测数据	平均照度值 E/lx	平均照度值 E/lx	平均照度值 E/lx	平均照度值 E/lx	平均照度值 E/lx	平均照度值 E/lx	平均照度值 E/lx
下午 13:00～15:00	>20000	>20000	1394.723	32.94	199.34	202.43	37.68

表6.7　第34窟冬季窟内外照度实测值

第34窟照度测试日期：2018年1月24日
−10~3℃，阴天，微风

实测位置 实测数据	栈道 平均照度值 E/lx	窟外采光口 平均照度值 E/lx	窟内地面 平均照度值 E/lx	洞窟正面 平均照度值 E/lx	窟内正佛像 平均照度值 E/lx	窟内左侧面 平均照度值 E/lx	窟内右侧面 平均照度值 E/lx
上午9:30~11:30	1669.23	746.81	10.38	7.85	38.12	16.99	16.64

表6.8　第37窟冬季窟内外照度实测值

第37窟照度测试日期：2018年1月24日
−10~3℃，阴天，微风

实测位置 实测数据	栈道 平均照度值 E/lx	窟外采光口 平均照度值 E/lx	窟内地面 平均照度值 E/lx	洞窟正面 平均照度值 E/lx	窟内正佛像 平均照度值 E/lx	窟内左侧面 平均照度值 E/lx	窟内右侧面 平均照度值 E/lx
上午9:30~11:30	4639.16	2037.53	141.33	40.52	116.33	75.78	24.27

表6.9　第140窟冬季窟内外照度实测值

第140窟照度测试日期：2018年1月24日
−10~3℃，阴天，微风

实测位置 实测数据	栈道 平均照度值 E/lx	窟外采光口 平均照度值 E/lx	窟内地面 平均照度值 E/lx	洞窟正面 平均照度值 E/lx	窟内正佛像 平均照度值 E/lx	窟内左侧面 平均照度值 E/lx	窟内右侧面 平均照度值 E/lx
下午13:00~15:00	2864.42	1685.3	5.42	9.83	9.50	15.30	1.64

表6.10　第142窟冬季窟内外照度实测值

第142窟照度测试日期：2018年1月24日
−10~3℃，阴天，微风

实测位置 实测数据	栈道 平均照度值 E/lx	窟外采光口 平均照度值 E/lx	窟内地面 平均照度值 E/lx	洞窟正面 平均照度值 E/lx	窟内正佛像 平均照度值 E/lx	窟内左侧面 平均照度值 E/lx	窟内右侧面 平均照度值 E/lx
下午13:00~15:00	4633.00	2442.52	197.37	7.36	29.34	77.70	8.00

从全晴天所测窟内外平均照度数据可以看出，窟内外的照度相差很大，直射光照射的测点，照度骤然增加，有些洞窟全晴天窟内外照度差达到10000~20000lx，且洞窟内照度随着进深方向的变化，幅度较大，进深较大处照度严重不足，窟内均匀度较差。当游客从

窟外向窟内看时，暗适应时间过长，会造成眼睛的疲劳和不舒适。并且有些佛像和壁画受直射光照射较为严重，不利于文物的保护。

窟内照度计实测法在测量照度方面有一定的局限性：①实际上照度值不能准确地反映出人眼的真实视觉感受，视觉上的明暗还与窟面的反射比、窟内的光线分布等有关，洞窟内光环境较为复杂，用照度计测量不能反映每个影响因素，对窟内光环境情况也无法准确地反映；②在进行反射比测量时，洞窟壁画和佛像的脱落程度不同。而进行窟内壁面反射比测量时，只测量了部分窟面和佛像的反射比作为整个窟面和佛像的反射比，这对于后面的模拟，可能会造成一定的误差；③照度计的精度在测量较暗环境时可能产生较大的误差。如洞窟进深较大且窟门关闭时，北向窟面和南向窟面的壁面照度很低，实测照度数据基本在 0.1~0.2lx 之间浮动。

综上所述，因为麦积山石窟窟内外光环境较为复杂，照度计的测量受到多方面因素的影响，因此不能用一个洞窟的数据来代表整个石窟的光环境。测量选取两组四个洞窟进行测量，通过对石窟内光环境进行计算机的模拟分析，对石窟内外光环境做更加全面地评价和分析。

三、测试结果对比与分析

（一）洞窟采光口平均照度的对比分析

栈道对窟内外光环境有一定的影响，其中包括上部栈道对下部栈道的遮挡，楼梯对栈道的遮挡，栈道对采光口也有一定的遮挡。对栈道内外所选洞窟采光口进行照度实测，图6.5表示，在全晴天一天内连续测得第 34、37、140、142 窟采光口照度值。

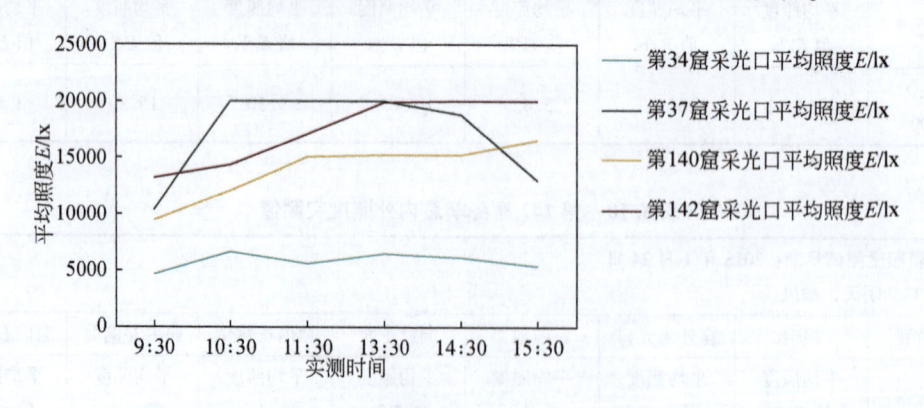

图6.5 洞窟采光口全晴天平均照度

从图6.5可以看出，无栈道遮挡的洞窟采光口照度值均高于有栈道遮挡的洞窟采光口平均照度值。测试期间东崖第37窟采光口照度与第34窟采光口照度值的最大差值为14416lx，最小差值为5792lx，最大差值出现在10:30，最小差值出现在15:30以后。而西崖第142窟采光口照度与第140窟采光口照度最大差值为4801.25lx，最小差值为2107.5lx，最小差值出现在10:30，最大差值出现在14:30以后，可见栈道的遮挡能减少直射光对采光口的照射,进而减少进窟内的直射光。从照度差最大值出现的时间可以得出,东西崖受东晒和西晒较为严重,应尽量遮挡太阳高度角较小的直射光。

第34与第37窟的照度差大于第140与第142窟的照度差,这是因为第34窟离栈道更近一些,受栈道遮挡更多,第140窟离栈道相对较远,受栈道遮挡没那么明显。由此可见,麦积山石窟栈道对洞窟采光有一定遮挡作用,根据洞口离栈道的距离、洞口位置以及尺寸形状的不同,遮挡效果各不相同。

(二) 洞窟照度均匀度分析

1. 窟外到窟内照度均匀度分析

人的眼睛从明到暗的适应时间较长,称为暗适应,游客参观时在栈道上进行观赏,若栈道的照度与窟内照度相差较大,游客暗适应时间较长,这会造成眼睛的疲劳和不舒适。而且栈道的平均宽度在1.2m,如果游客观察时间较长,在旅游高峰期会造成拥堵,这对文物的保护和洞窟的管理都是不利的,以下为全阴天和全晴天从栈道到窟内的平均照度变化对比分析图(图6.6~图6.9)。

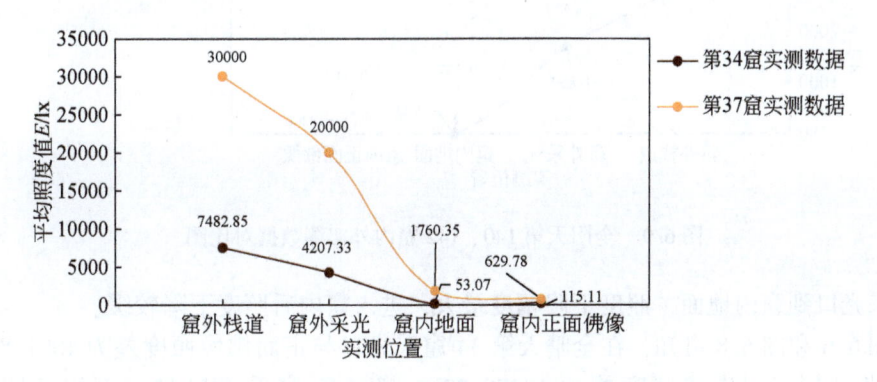

图6.6 全晴天第34、37窟内外实测数据对比图

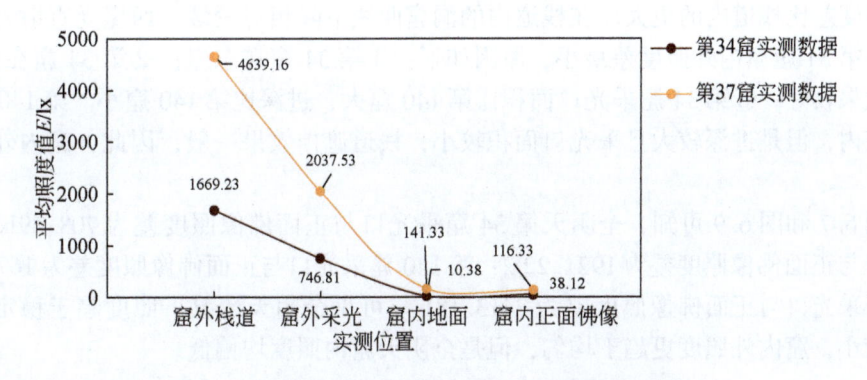

图6.7 全阴天第34、37窟内外实测数据对比图

由图6.6~图6.9中可以看出,所测洞窟无论位置是在栈道内外,窟内外照度分布都很不均匀,其中栈道照度最高,沿着进深方向递减,采光口照度差不多是栈道照度的一

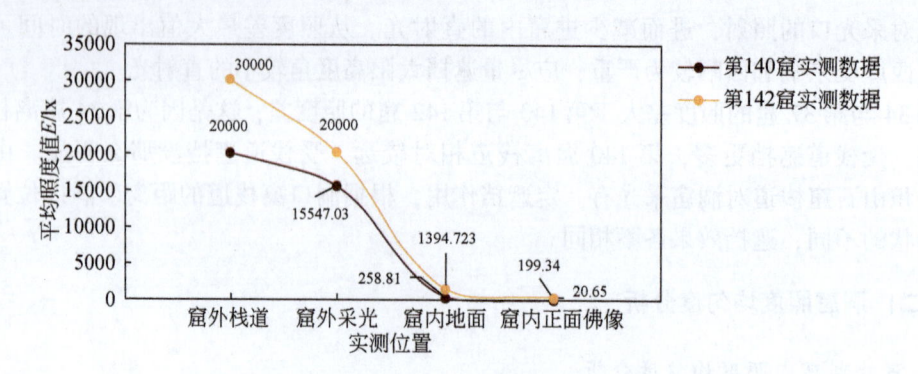

图6.8 全晴天第140、142窟内外实测数据对比图

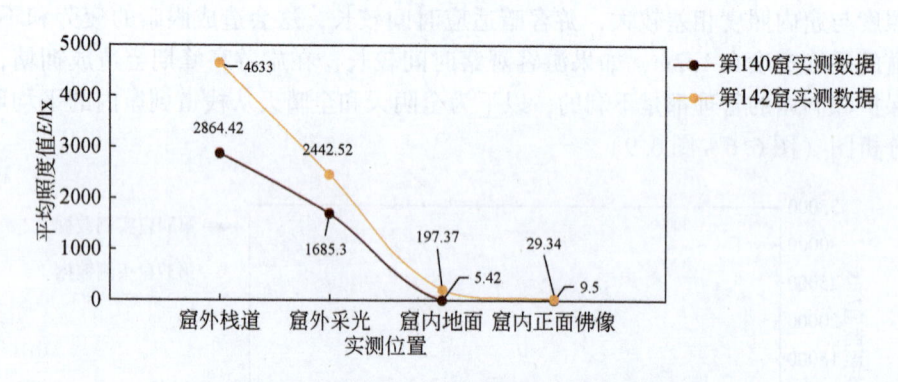

图6.9 全阴天第140、142窟内外实测数据对比图

半，从采光口到窟内地面，照度下降幅度最大，进入窟内后照度下降较缓。

由图6.6和图6.8可知，在全晴天第34窟采光口与正面佛像照度差为4091.89lx，第37窟采光口与正面佛像照度差为19370.22lx，第140窟采光口与正面佛像照度差为15526.38lx，第142窟采光口与正面佛像照度差为19800.66lx，可以得到全晴天栈道外的窟内外照度差比栈道内的更大。在栈道内的洞窟曲线下降相对较缓，西崖受直射光影响较大，其中第34窟窟内外照度差最小，原因如下：①第34窟在东崖；②第34窟在栈道内，且遮挡效果较好；③第34窟采光口面积比第140窟大，进深比第140窟小。第140窟虽然也在栈道内，但是进深较大且采光口面积较小，栈道遮挡效果一般，因此，窟内外照度差也较大。

由图6.7和图6.9可知，全阴天第34窟采光口与正面佛像照度差为708.69lx，第37窟采光口与正面佛像照度差为1921.22lx；第140窟采光口与正面佛像照度差为1675.80lx，第142窟采光口与正面佛像照度差为2413.18lx。可见全阴天情况下照度趋于稳定，直射光影响较小，窟内外照度更趋于均匀，但是全阴天窟内照度均偏低。

2. 窟内各墙面照度均匀度分析

视野内照度分布不均匀，会造成眼睛的不舒适，因此，窟内照度均匀度也是窟内光环境质量的一个重要指标。采光均匀度的计算可以用室内最低值与平均值之比，一般顶部采光均匀度相对较好，《采光标准》规定采光均匀度不小于0.7，侧面采光根据采光口的形状和尺寸，均匀度有高有低。麦积山石窟全部是侧面采光，其中对窟内照度均匀度影响最大的是采光口和栈道，以下对比分析了采光口和栈道对洞窟窟内均匀度的影响情况。表6.11是各个界面的照度以及算出的均匀度，图6.10是各个洞窟窟内的均匀度对比。

表6.11 洞窟各个界面的照度以及采光均匀度对比分析

实测位置	窟内地面 E/lx	窟内正面 E/lx	窟内左侧面 E/lx	窟内右侧面 E/lx	窟内平均照度 E/lx	采光均匀度
第34窟夏季	53.07	44.80	88.02	29.78	53.92	0.55
第37窟夏季	1760.35	475.35	348.50	128.95	678.29	0.19
第34窟冬季	10.38	7.85	16.99	16.64	12.97	0.61
第37窟冬季	61.74	20.22	38.76	12.19	33.23	0.36
第140窟夏季	258.81	8.47	57.31	6.71	82.83	0.08
第142窟夏季	1394.72	32.94	202.43	37.68	416.94	0.08
第140窟冬季	5.42	9.83	15.30	1.64	8.05	0.20
第142窟冬季	197.37	7.36	77.70	8.00	72.61	0.10

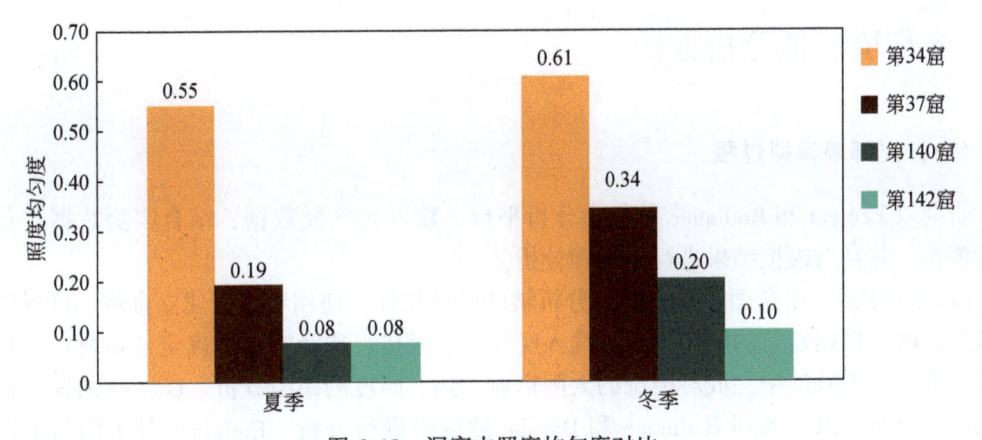

图6.10 洞窟内照度均匀度对比

从图6.10中可以看出，洞窟内均匀度较差，其中冬季比夏季窟内均匀度高，有栈道遮挡的比没栈道遮挡的窟内均匀度高，东崖洞窟比西崖洞窟窟内均匀度高。其中第34窟窟内均匀度最高，第142窟均匀度最差，可见窟内均匀度受洞窟位置、朝向和采光口形式的影响。

（三）洞窟采光系数分析

采光系数指在全阴天空漫射光照射下，室内给定平面上的某一点有天空漫反射光所产生的照度 E_n 与同一时间、同一地点且室外无遮挡水平面上有天空漫射光所产生的照度 E_w 的比值。其中，采光系数标准值是根据室外临界照度为5000lx制定的，若窟内照度达到150lx，采光系数应达到3%。表6.12是第34、37、140、142窟内部的采光系数值。

采光系数与采光口形式、洞窟进深、壁面反射比等因素有关。从表6.12中可以看出洞窟内采光系数普遍偏低，其中第 142 窟内采光系数最大，第 140 窟最小，虽然第 140、142 窟的进深比第 34、37 窟略大，且第 140、142 窟壁面的反射比均低于第 34、37 窟，但是第 142 窟采光口面积最大，而第 140 窟采光口面积最小，可见采光口的形式是影响洞窟内采光系数的主要因素。

表 6.12 各洞窟内的采光系数

窟号	34	37	140	142
窟内平均照度值 E_n/lx	10.38	141.33	5.42	197.37
无任何遮挡的平均照度值 E_w/lx	7957.90	7957.90	8328.50	8328.50
采光系数/%	0.13	1.78	0.07	2.37
规定采光系数值 DF/%	3.00	3.00	3.00	3.00

第二节 麦积山石窟光环境模拟研究

一、光环境模拟分析方法

（一）光环境模拟过程

研究以 Ecotect 和 Radiance 软件为分析平台，输入光气候数据，结合实测数据进行光环境模拟，并且对模拟结果进行验证和分析。

Ecotect 作为一个全面的技术性能分析辅助设计软件，使用者可以建立直观、可视的三维模型，然后根据建筑的特定情况，输入经纬度、海拔，选择时区，确定建筑材料的技术参数，即可在该软件中完成对模型的太阳辐射、热、照度的模拟分析。Ecotect 的模型在需要精确计算时可以导入到 Radiance 和 Daysim 软件中进行分析。Radiance 是美国劳伦斯伯克利国家实验室（lawrenveberkeley national laboratory，LBNL）开发的光环境模拟软件，采用反光线追踪算法，是比较权威的建筑采光模拟软件。具体的光环境模拟过程如图 6.11 所示。

（二）天空模型的选择

国际照明委员会（CIE）一般标准参考类型为晴天空、阴天空和中间天空三大类，其中每个大类天空含 5 小类不同的天空类型，它们涵盖了大多数的实际天空。Radiance 软件主要有三种天空模型，分别是 CIE 标准全阴天空、CIE 标准全晴天空、Perez 模型，英国学者 John Mardaljevic 曾经对 Radiance 的这三种天空模型进行了误差分析（Mardaljevic et al, 1999），国内也有许多学者论证了三种天空模型进行的采光模拟的精确性。考虑到所测数据时的天气分别是为冬季全阴天和夏季全晴天，因此麦积山石窟的模拟天空选择的是 CIE 标准全阴天空、CIE 标准全晴天空。

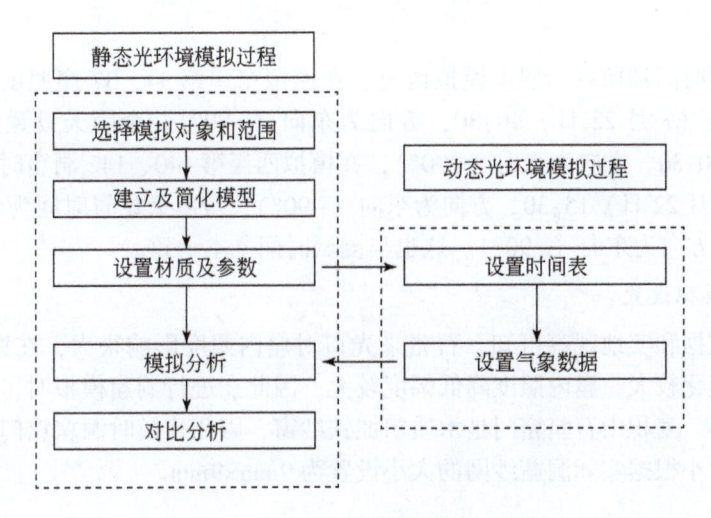

图 6.11　Radiance 软件模拟的主要流程

(三) 边界条件的确定

1. 模型建立

在光环境模拟之前需要建立洞窟模型，这需要根据需求适当简化模型。考虑到模拟以光学分析为目的，模型建立得越精细，计算机的负荷就越大，模拟速度就会减慢，有时候甚至会出现无法运行的情况。因此建立麦积山石窟的模型，将对光环境影响较小的崖体的凹凸，栈道栏杆的花纹凹凸以及洞窟外的线脚等都进行忽略。而对洞窟光环境影响较大的，如采光口、栏杆高度、栈道尺寸等都需要进行精确的建模，模型处理如图 6.12 所示。

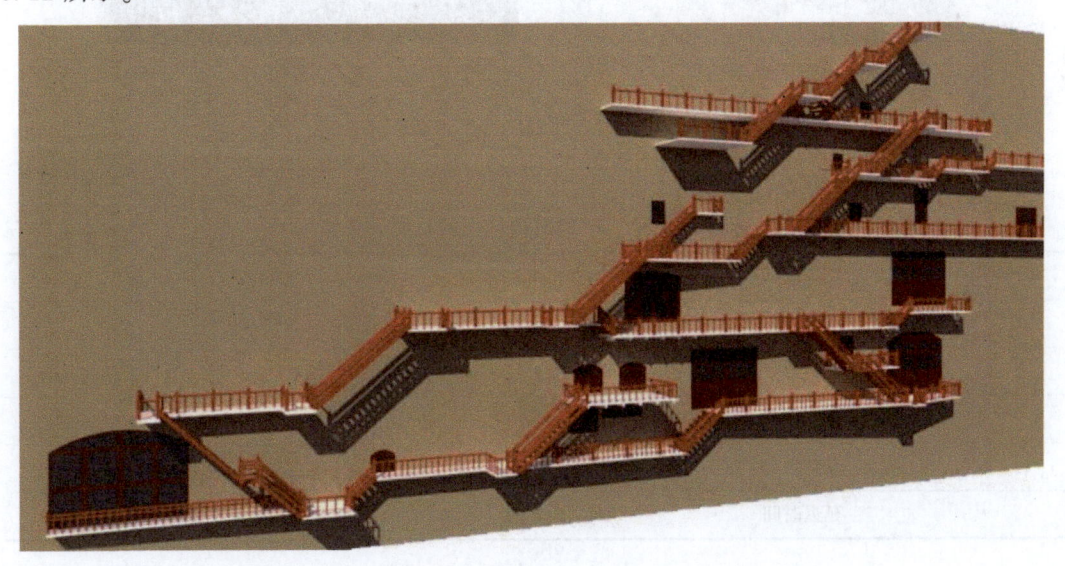

图 6.12　西崖崖体模型

2. 模拟时间

考虑到不同时间被照点的照度模拟情况，在模拟东崖第34、37窟照度时，全晴天设置时间为夏至日（6月22日）10:30，方向为东向（+90°），全阴天设置时间为冬至日（12月22日）10:30，方向为东向（+90°），在模拟西崖第140、142洞窟时全晴天设置时间为夏至日（6月22日）15:30，方向为东向（-90°），全阴天设置时间为冬至日（12月22日）15:30，方向为东向（-90°）。这也与测试时间基本一致。

3. 采光口模拟设置

通过测试数据和实地观察可知，石窟采光口对窟内照度影响很大，在窟门关闭前后，所测窟内照度变化较大，窟内照度降低幅度较大。因此在进行洞窟模拟时，应对窟门和采光口做详细建模。麦积山石窟窟门是木质门加铁纱窗，因此建模时洞窟窟门材质为红色木门，纱网孔的大小根据实际洞窟纱网的大小设置为9mm×9mm。

4. 材质设定

采光模拟时，需要定义材料的参数，如材料厚度、重量、U值、颜色反射率等。在麦积山石窟的采光模拟中，将地面材质的颜色反射率设定为0.282，发射率设定为0.9。图6.13是麦积山石窟窟门形式和模拟的效果图，表6.13是第34、37窟窟内地面的材质设置。

图6.13 麦积山石窟窟门形式及模拟效果图
（a）麦积山石窟窟门形式；（b）窟门模拟效果图

表6.13 第34、37窟窟内地面的材质设置参数

厚度	300mm
重量	20.854kg
U值	2.200W/m² · K
准入系数	2.200W/m² · K
衰减系数	1
延迟时间	0.3hrs

5. 结果输出

进行模拟网格设置时，因为有些洞窟的形状不是规则的长方形或者正方形，因此网格尺寸设置不宜过大，才能让网格覆盖整个模拟平面。根据不同尺寸设置不同数量的网格，网格大小一般为 0.1m×0.1m。图 6.14 为第 37 窟地面模拟时的网格设置图。

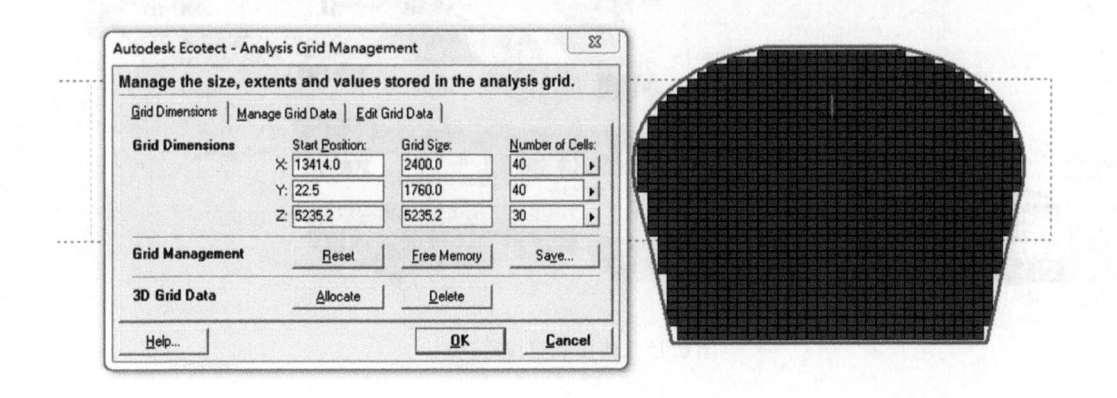

图 6.14　模拟分析的网格面

Ecotect 进行照度模拟时，可以用网格来模拟出照度数据值，但是不能模拟人眼的感觉，需要采用渲染工具。因此采用 Radiance 渲染平台，将 Ecotect 数据导入 Radiance 里面，渲染出窟内的真实天然光采光图像，以更直观地感受到窟内的采光情况。

二、洞窟采光口模拟分析

（一）采光整体分析

麦积山石窟光环境的研究不仅要研究窟内光环境情况，也要对窟外的光环境进行分析，因为窟外光环境会直接影响着窟内，并且游客的参观几乎全部在窟外栈道，因此研究窟外光环境有一定的必要性。影响麦积山石窟窟外光环境的主要是栈道，图 6.15 为西崖洞窟在夏至日 15:00 的窟外遮挡情况。

（二）全晴天采光口照度模拟图

经模拟分析可知，全晴天第 34 窟（在栈道内）采光口平均照度为 2692.46lx，第 37 窟（栈道外）采光口平均照度为 9101.48lx，第 37 窟采光口的平均照度是第 34 窟采光口平均照度的 3.4 倍（图 6.16，图 6.17）。

全晴天第 140 洞窟（栈道内）采光口的平均照度 5273.68lx，第 142 窟（栈道外）采光口平均照度为 16990.36lx，第 142 窟采光口平均照度是第 140 窟采光口平均照度的 3.2 倍（图 6.18，图 6.19）。

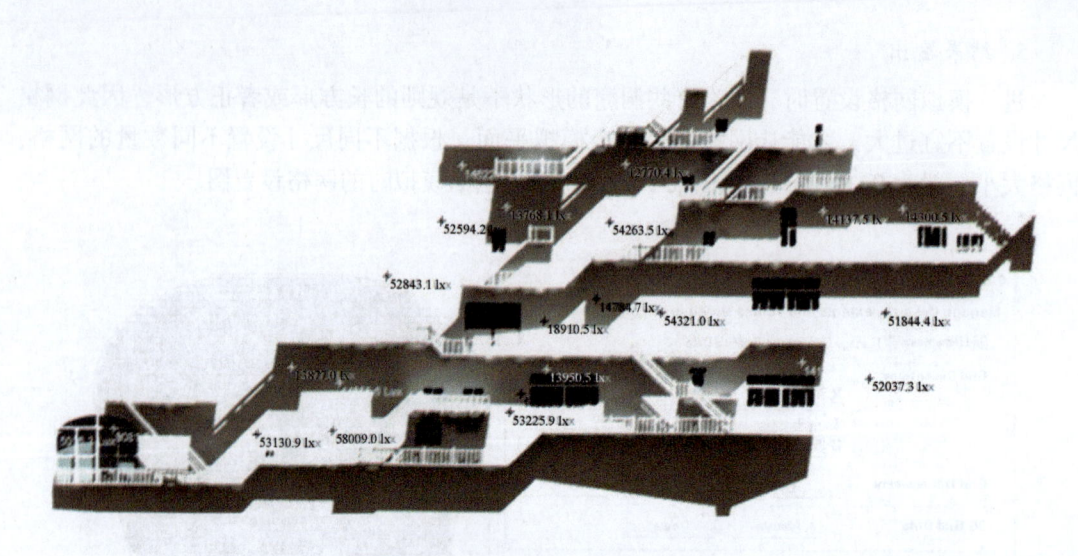

图 6.15　西崖洞窟栈道遮挡

(a)　　　　　　　　　　　　(b)

图 6.16　全晴天第 34 窟和第 37 窟采光口照度渲染图
（a）全晴天第 34 窟采光口照度渲染图；（b）全晴天第 37 窟采光口照度渲染图

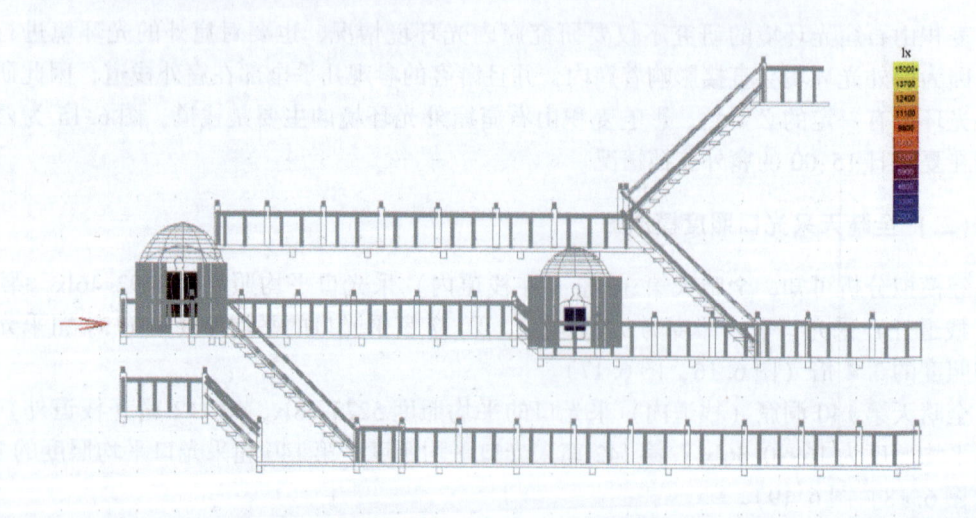

图 6.17　全晴天第 34、37 窟采光口照度模拟图

(a) (b)

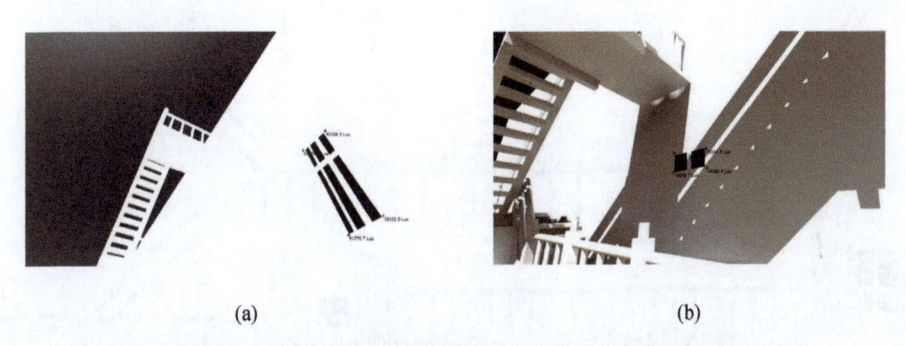

图 6.18　全晴天第 140 窟和第 142 窟采光口照度渲染图
(a) 全晴天第 140 窟采光口照度渲染图；(b) 全晴天第 142 窟采光口照度渲染图

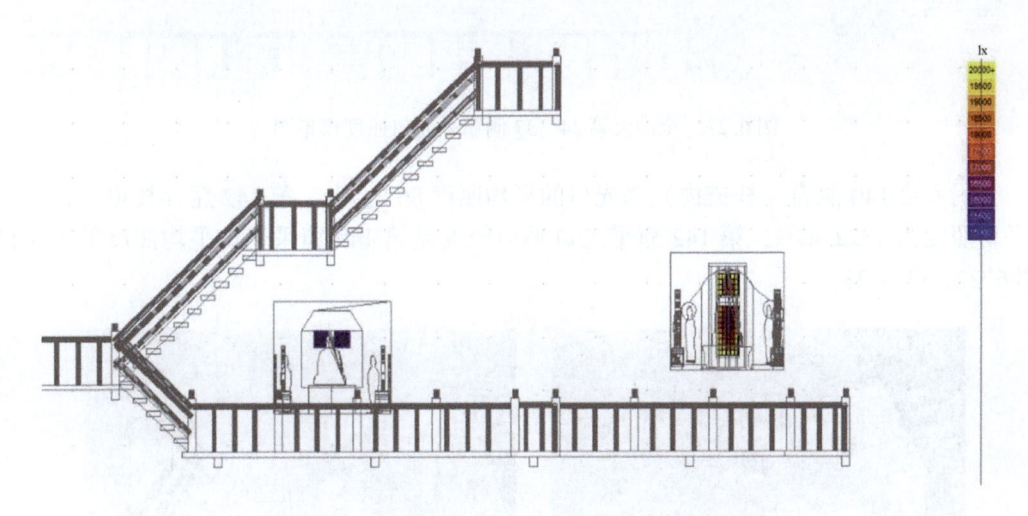

图 6.19　全晴天第 140、142 窟采光口照度模拟图

（三）全阴天采光口照度模拟图

全阴天第 34 窟（在栈道内）采光口平均照度为 367.22lx，第 37 窟（栈道外）采光口平均照度为 782.76lx，第 37 窟采光口的平均照度是第 34 窟采光口平均照度的 2.1 倍（图 6.20，图 6.21）。

(a) (b)

图 6.20　全阴天第 34 窟和第 37 窟采光口照度模拟图
(a) 全阴天第 34 窟采光口照度模拟图；(b) 全阴天第 37 窟采光口照度模拟图

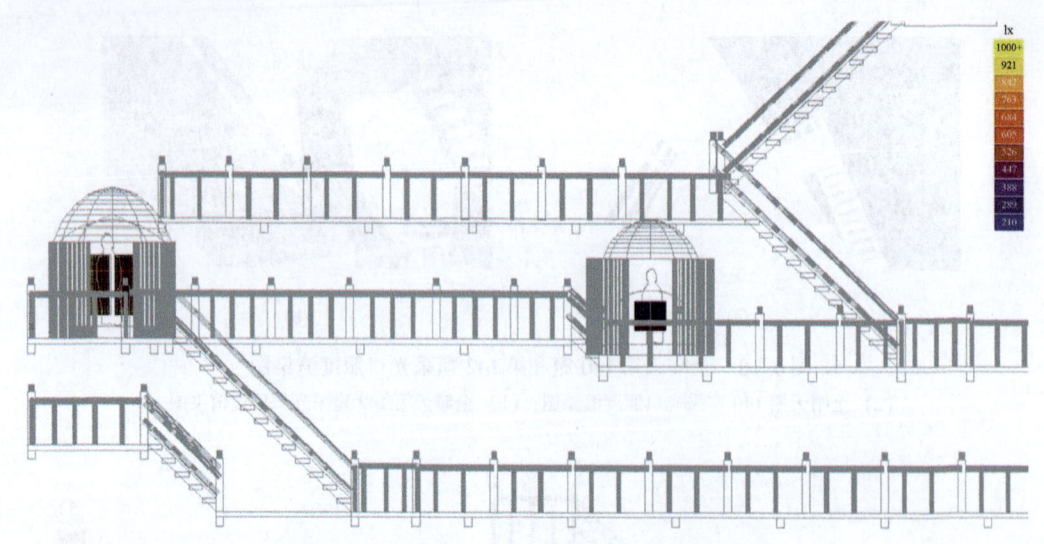

图 6.21　全阴天第 34、37 洞窟采光口照度模拟图

全阴天第 140 洞窟（栈道内）采光口的平均照度 867.08lx，第 142 窟（栈道外）采光口平均照度为 1322.47lx，第 142 窟采光口平均照度是第 140 窟采光口平均照度的 1.5 倍（图 6.22，图 6.23）。

图 6.22　全阴天第 140 窟和第 142 窟采光口照度模拟图
(a) 全阴天第 140 窟采光口照度模拟图；(b) 全阴天第 142 窟采光口照度模拟图

模拟时网格设置在纱窗网上，测试时照度计和窗框有一定厚度，因此，测试的数据应该是与采光口紧挨崖体的数据，模拟结果与实测数据相差不大，也验证了实测与模拟的准确性。从上述分析可得，在栈道内的洞窟（第 34、140 窟）采光口的照度均低于栈道外洞窟（第 37、142 窟）采光口的照度。在全阴天情况下，由于照度值没有直射光的干扰，采光口照度值相差相对较小。

三、洞窟窟内各界面照度模拟分析

（一）全晴天洞窟内照度模拟分析

在进行洞窟地面模拟时，将网格设置在离地面 200mm 的高度，在进行窟内正面模拟

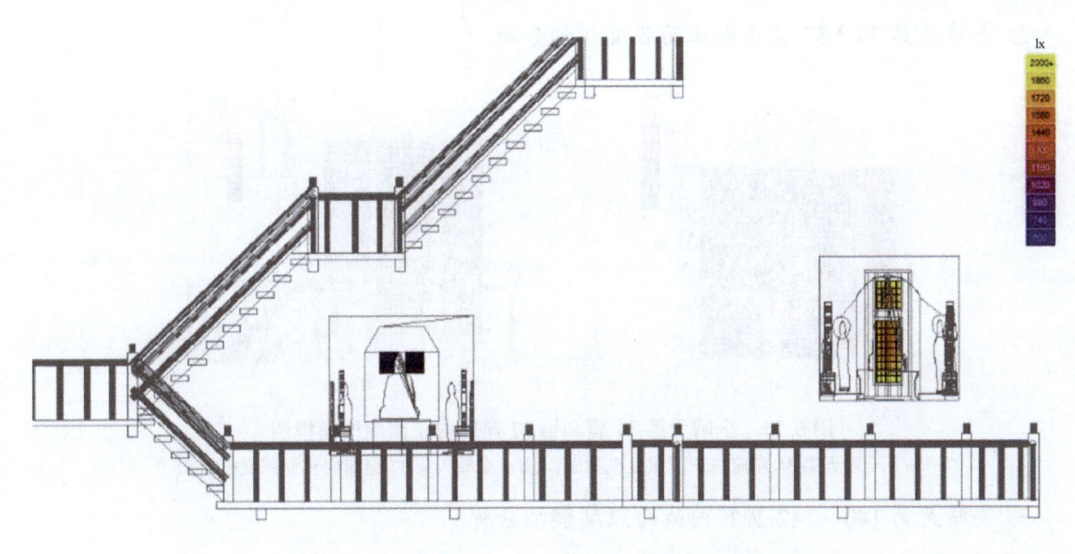

图 6.23 全阴天第 140、142 洞窟采光口照度模拟图

时,将网格设置正面佛像前部。

从图 6.24~图 6.25 可以看出,全晴天第 34 窟的地面平均照度为 33.65lx,第 37 窟窟内地面平均照度为 4284.04lx。第 37 窟照度高的原因是由于受到直射光的照射,在图 6.24 中也可以很明显地看出第 37 窟有两部分亮黄区域,这是该时刻直射光的照射区域,该区域照度骤然增加,照度比其他地方高出 4000lx 左右。这容易造成眩光,不利于游客的参观。同样的情况也出现在第 140、142 窟地面上(图 6.26 和图 6.27),第 140 窟眩光区域较小,第 142 窟眩光区域较大。因而可以通过在窟外加挡板来减弱眩光。此外,从洞窟正面模拟图对比可以看出,正面佛像的照度较高,周边墙面照度较低,这种明暗对比能让正面佛像凸显出来,有利于游客对佛像的观赏,但需要防止直射光照射对正面佛像造成的损害。

1. 全晴天第 34、37 窟窟内地面照度模拟分析

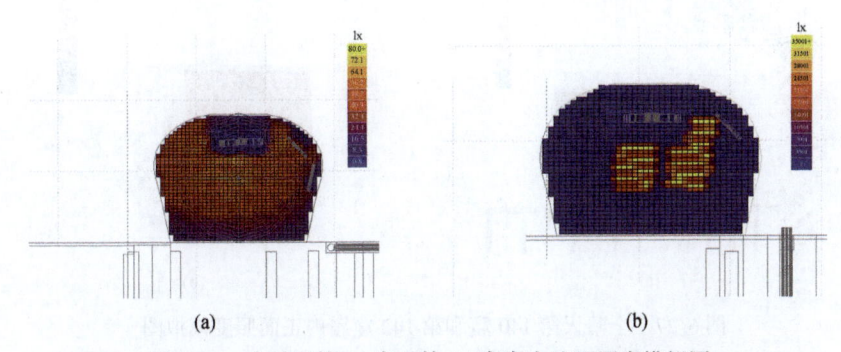

(a) (b)

图 6.24 全晴天第 34 窟和第 37 窟窟内地面照度模拟图
(a) 全晴天第 34 窟窟内地面照度模拟图;(b) 全晴天第 37 窟窟内地面照度模拟图

2. 全晴天第34、37窟窟内正面照度模拟分析

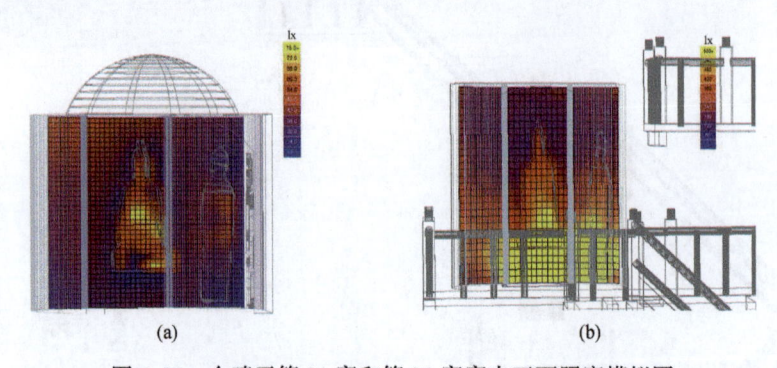

图6.25 全晴天第34窟和第37窟窟内正面照度模拟图
(a) 全晴天第34窟窟内正面照度模拟图；(b) 全晴天第37窟窟内正面照度模拟图

3. 全晴天第140、142窟窟内地面照度模拟分析

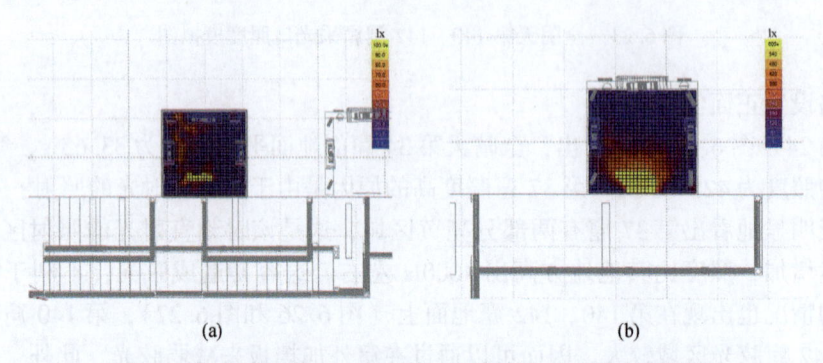

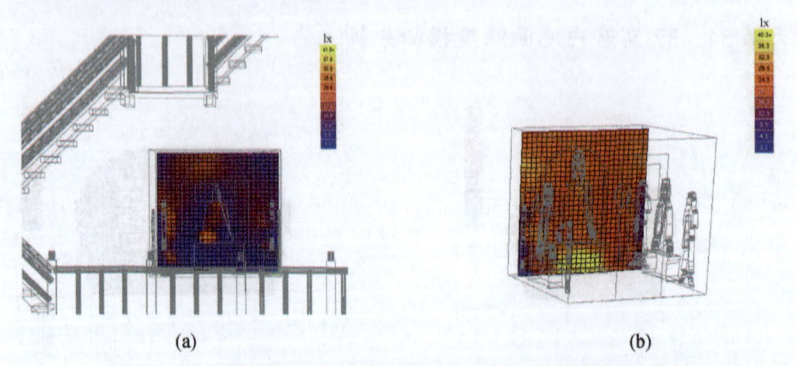

图6.26 全晴天第140窟和第142窟窟内地面照度模拟图
(a) 全晴天第140窟窟内地面照度模拟图；(b) 全晴天第142窟窟内地面照度模拟图

4. 第140、142窟全晴天正窟面墙面照度模拟分析

图6.27 全晴天第140窟和第142窟窟内正面照度模拟图
(a) 全晴天第140窟窟内正面照度模拟图 (b) 全晴天第142窟窟内正面照度模拟图

(二) 全阴天洞窟内照度模拟分析

从图6.28～图6.31可以看出，在全阴天，没有直射光的干扰，对窟内光环境影响

较大就是采光口的形式。分析时选取的第34和第37窟、第140和第142窟的洞窟形制和面积几乎相同,但是采光口面积不一样,内部采光相差很大。第37窟采光口面积是第34窟采光口面积的1.96倍,从图6.28~图6.29可以看出在全阴天第34窟地面平均照度为7.38lx,第37窟地面平均照度100.23lx,第37窟地面平均照度是第34窟的13.6倍,第37窟正面平均照度是第34窟正面平均照度的3.2倍。而第142窟采光口面积是第140窟采光口面积3.9倍,从图6.30~图6.31可以得到全阴天第140窟地面平均照度为6.58lx,第142窟地面平均照度为92.97lx,第142窟地面平均照度是第140窟的14.1倍,第142窟的正面平均照度是第140窟正面平均照度的2倍。由此可见,采光口面积越大,窟内各个面的照度会增加,其中地面照度增加最多,侧面照度增加较少。全阴天窟内正面和侧面照度普遍偏低,因为侧面采光沿着进深方向窟内照度逐渐减少,这使得游客在全阴天参观时看清楚窟内佛像和壁画需要的识别时间较长,观赏效果不佳,这时应考虑增加人工光来进行补充。

1. 全阴天第34、37窟窟内地面照度模拟图

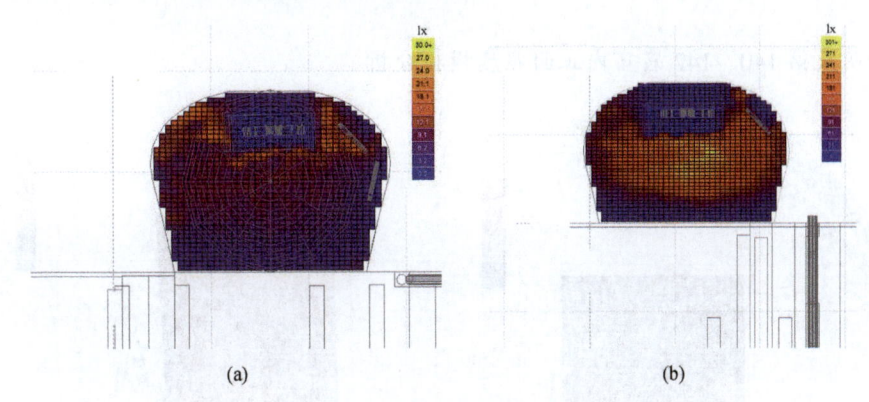

图6.28 全阴天第34窟和第37窟窟内地面照度模拟图
(a) 全阴天第34窟窟内地面照度模拟图;(b) 全阴天第37窟窟内地面照度模拟图

2. 全阴天第34、37窟窟内正面照度模拟分析

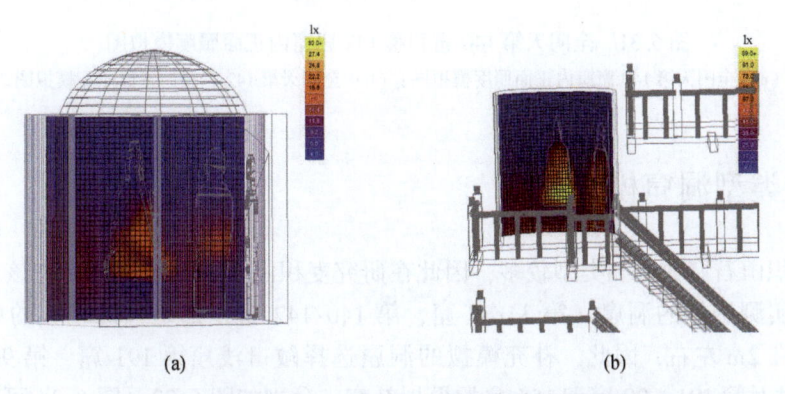

图6.29 全阴天第34窟和第37窟窟内正面照度模拟图
(a) 全阴天第34窟窟内正面照度模拟图;(b) 全阴天第37窟窟内正面照度模拟图

3. 全阴天第 140、142 窟窟内地面照度模拟分析

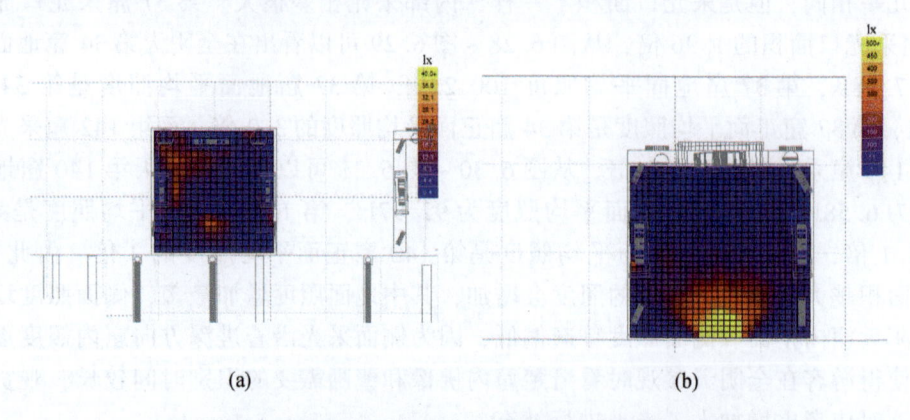

图 6.30　全阴天第 140 窟和第 142 窟窟内地面照度模拟图
（a）全阴天第 140 窟窟内地面照度模拟图；（b）全阴天第 142 窟窟内地面照度模拟图

4. 全阴天第 140、142 窟窟内正面照度模拟分析

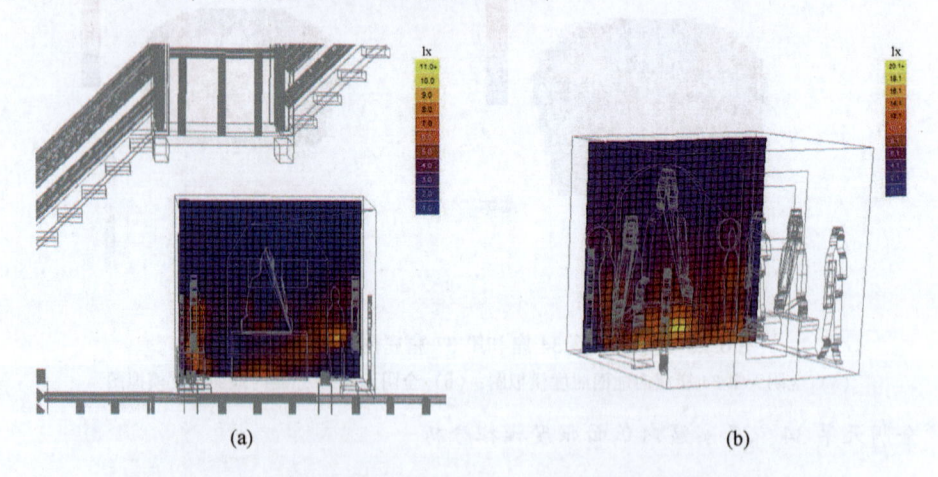

图 6.31　全阴天第 140 窟和第 142 窟窟内正面照度模拟图
（a）全阴天第 140 窟窟内正面照度模拟图；（b）全阴天第 142 窟窟内正面照度模拟图

四、其他类型洞窟模拟结果

由于麦积山石窟数量和类型较多，因此在研究麦积山石窟光环境时，应该对石窟进行分类分析。实测选择的洞窟（第 34/37 窟，第 140/142 窟）都是进深较大的中型尺寸石窟，进深均在 2m 左右，因此，补充模拟的洞窟选择敞口浅窟第 191 窟、第 90 窟和小龛 155 龛。通过对第 191、90 窟和 155 龛的模拟补充，分别如图 6.32～图 6.34 可以得出无任何遮挡的敞口浅窟第 191 窟在全晴天窟内照度过大，达到 900lx 以上，受直射光照射严重，有栈道遮挡的敞口浅窟第 90 窟，在全晴天窟内照度达到 300lx，全阴天照度为 150lx 左右。

洞窟面积较小的 155 龛，全晴天正面窟面的照度能达到 150lx 左右，左右侧面照度较低，在全阴天窟内照度偏低，不能满足游客的观看要求。因此，应该注意敞口浅窟的直射光照射问题，对于面积较小的小龛，在全阴天时窟内照度会偏低，可以通过改变采光口材质或者增加人工照明来改善。

1. 第 191 窟全晴天窟内亮度照度模拟图

图 6.32　全晴天第 191 窟窟内亮度渲染图和窟内照度伪色图
（a）全晴天第 191 窟窟内亮度渲染图；（b）全晴天第 191 窟窟内照度伪色图

2. 第 90 窟窟内亮度照度模拟图

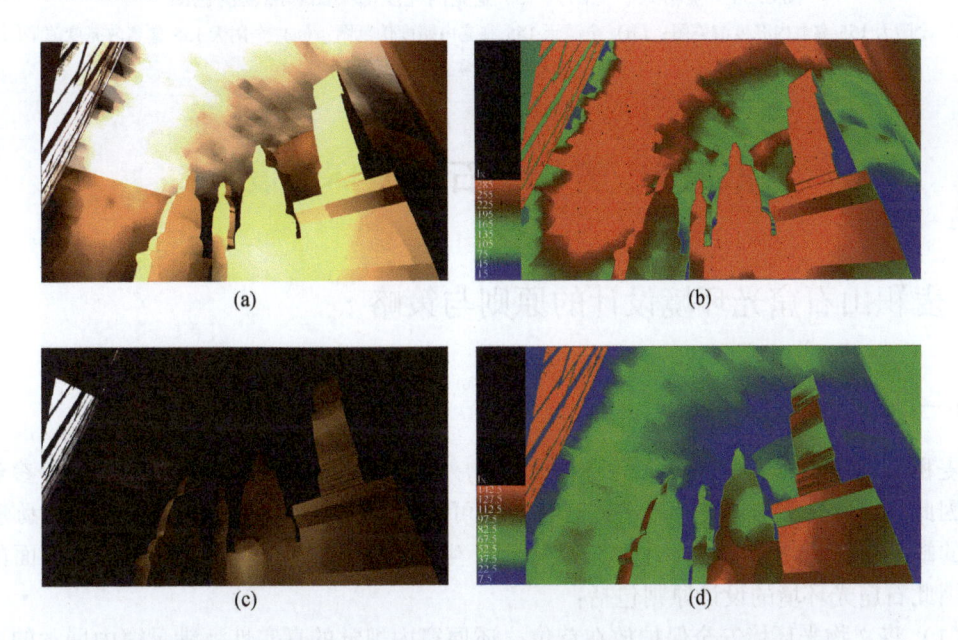

图 6.33　全晴天、全阴天第 90 窟窟内亮度渲染图和照度伪色图
（a）全晴天第 90 窟窟内亮度渲染图；（b）全晴天第 90 窟窟内照度伪色图；（c）全阴天第 90 窟窟内亮度渲染图；（d）全阴天第 90 窟窟内照度模拟图

3.155龛亮度照度模拟图

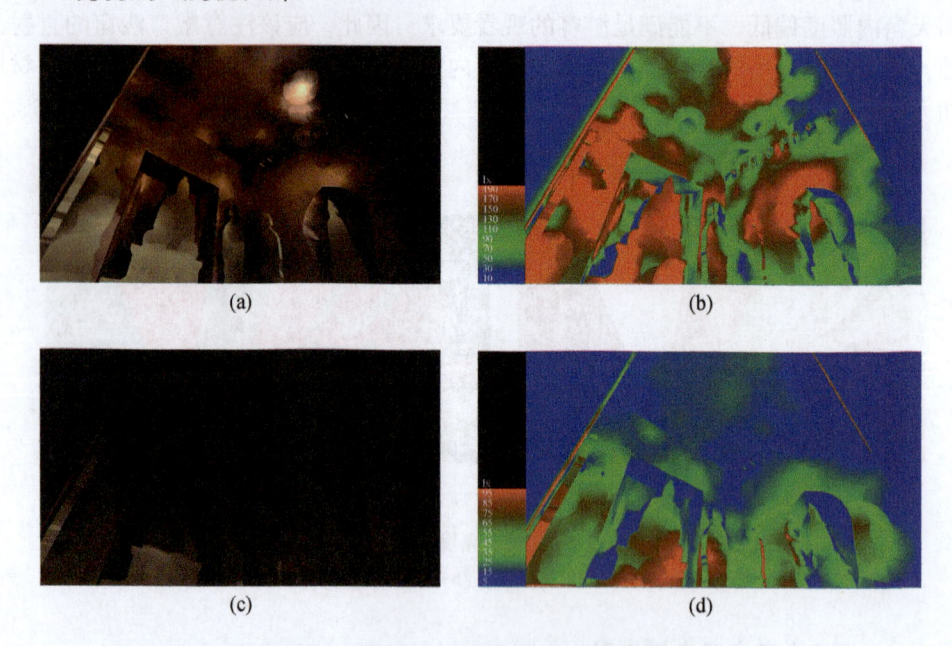

图6.34 全晴天、全阴天155龛龛内亮度渲染图和照度伪色图
(a) 全晴天155龛龛内亮度渲染图；(b) 全晴天155龛龛内照度伪色图；(c) 全阴天155龛龛内亮度渲染图；
(d) 全阴天155龛龛内照度伪色图

第三节 麦积山石窟光环境设计

一、麦积山石窟光环境设计的原则与策略

（一）光环境设计原则

麦积山石窟光环境设计除了需要保护文物外，还需要给游客提供良好的视觉参观环境。因此，设计需要对保护和展示同时考虑，可以将人工光配合自然光同时使用，弥补自然光的缺陷。石窟光环境的设计要满足物理、生理、心理、美学以及文化等各方面的要求，因此石窟光环境的设计原则包括：

（1）将文物光环境安全保护放在首位，还原窟内视觉的真实性，满足窟内展示的可识别性，解决洞窟保护和展示的矛盾。根据每个洞窟的实际情况选择不同的保护方式，营造具有保护文物和传播文化功能的空间场所。

（2）光环境设计时，不增加与石窟整体不和谐的因素，不造成石窟的二次伤害，对洞窟进行合理的光环境改善设计，使窟内光环境达到最佳状态。

(3) 对于需要增加人工照明的洞窟,以保护窟内文物为出发点,同时满足游客参观的视觉要求,根据文物保护和展示的相关规定,对光源的显色指数、照度、色温等因素进行考虑分析,从而达到满足视觉审美、保护展品并兼顾经济、环保、技术等要求。

(4) 结合洞窟的形制、尺寸以及窟内文物的种类位置等因素,选择合理的光源、灯具和照明方式,营造良好的观赏氛围(许思月和谷岩,2017)。

针对麦积山石窟的实际情况和特殊要求,麦积山石窟光环境设计还需遵循以下原则:①窟内照明将自然光作为首选,自然光不足时用人工照明进行补充;②避免窟内直射光的照射,尤其避免东西向太阳高度角较小的直射光的干扰,增加遮阳措施,风格与洞窟协调;③对采光口进行改善时,考虑洞窟对采光口的要求,在满足窟内照度的同时不影响窟内其他微环境(温度、湿度等)的变化;④在窟内增加人工照明时,选用合理的光源、灯具,考虑灯光布置位置和照明方式,营造良好的视觉氛围。

(二) 自然采光优化策略

结合洞窟文物保护和展示的规定要求,对进入洞窟内的自然光进行一定的控制和设计:

1. 窟内照度的控制

所测试的洞窟中,有些洞窟窟内照度不足,有些洞窟全晴天部分区域照度偏大。不同洞窟的位置、采光口、朝向等会出现不同的光环境情况。在光环境设计时,需要对窟内照度不足的地方给予补充,对照度偏大的区域进行控制。具体方法可以通过改变采光口材质、形状,窟外栈道等措施来实现。

2. 太阳直射光的控制

麦积山石窟大部分为东南向、西南向,且窟内正面佛像都是正对采光口,容易受到直射光照射。窟内佛像基座的高度、佛像与采光口的距离以及采光口尺寸的不同,受直射光影响程度也不同。有些敞口浅窟、全晴天窟内壁画和佛像受直射光照射较为严重,这不仅不利于窟内文物的保存,还容易产生眩光,影响游客参观的视觉效果。

3. 壁面避免眩光

眩光是在视野中由于亮度分布不均匀,存在极端对比,引起视觉不舒适感觉或者观察目标能力降低的现象。通过增加遮阳措施或者增加人工光源能够减少亮度对比,避免直接眩光。在麦积山石窟的自然采光中,无任何栈道遮挡的洞窟采光口更容易产生直接眩光。因此,改善采光口周围栈道形式也可以有效地降低洞口和窟内眩光。

(三) 照明设计技术策略

自然光营造的光环境虽然柔美、生动,但是变化较多不好掌握,单独用自然光去达到展品保护和展示的需求很难完成,因此,需要人工光来弥补自然光的局限性。但是人工光照明需要对光源进行合理的选择,包括显色性、照度、光谱等,还应该避免选择的光源对窟内温度、湿度等其他微环境造成不利影响。麦积山石窟人工光源应根据《博物馆照明设计规范》(GB/T 23863—2009) 来选择:

（1）选择的光源色温应控制在3300K以内；

（2）对于麦积山壁画较丰富的石窟，识别度要求较高，光源的显色指数应该大于90。有些洞窟窟内壁画较少，或者壁画受损严重，对辨色要求不高，可以选用显色指数高于60的光源。

二、麦积山石窟光环境优化设计

（一）栈道设计

麦积山石窟朝向为东南向、西南向，有些洞窟受太阳东西晒较为严重，如第191窟，需要增加遮阳措施，在建筑设计时，遮阳的基本形式有水平式、垂直式、综合式和挡板式，其中，挡板式遮阳能够有效地遮挡高度角较小正射窗口的阳光如图6.35所示。

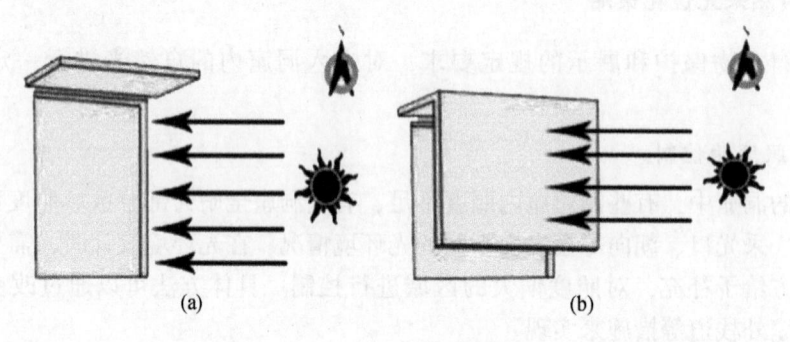

图 6.35　不同遮阳方式
（a）水平式遮阳；（b）挡板式遮阳

对于第37、142窟，因为窟外没有栈道遮挡，窟内地面会出现眩光，窟内照度分布不均匀，且窟外栈道和采光口照度偏大，致使窟内外照度差过大。游客在栈道参观时，参观效果不佳，因此建议类似洞窟增加窟外栈道。在做遗址保护时，《中国文物古迹保护准则》提出，将"最少干预"原则作为光环境保护设计的核心原则，在做窟外栈道设计时，不能破坏整个洞窟的协调性。

因此在第37窟南向增加踏步长1150mm，倾斜度为43°的楼梯，台阶高25mm，宽265mm，台阶个数为17个，斜向楼梯左侧预留900mm通道。在第142窟南北向各增加踏步长1000mm，倾斜度为43°的楼梯，台阶高25mm，宽265mm，左侧台阶个数是15个，右侧台阶个数为12个。这样可以最大限度对洞窟采光口进行遮挡。图6.36～图6.39是夏至日栈道的改善前后情况。

在进行栈道遮挡设计后，对采光口全年太阳辐射进行模拟，图6.40和图6.41是洞窟遮挡前后采光口的全年太阳辐射对比图。

(a) (b)

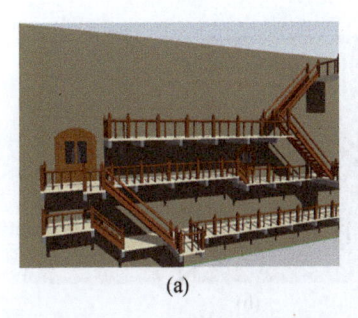

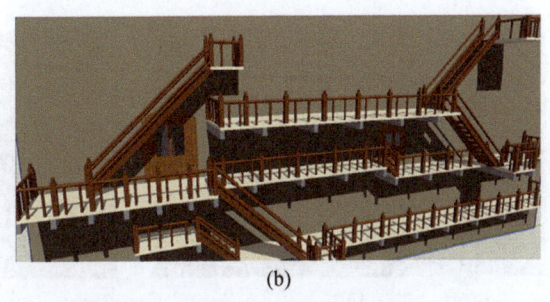

图 6.36　第 37、34 窟改善前后 8:30 洞窟阴影渲染图
(a) 第 37、34 窟改善前 8:30 洞窟阴影渲染图；(b) 第 37、34 窟改善后 8:30 洞窟阴影渲染图

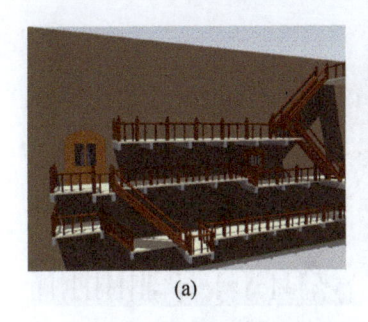

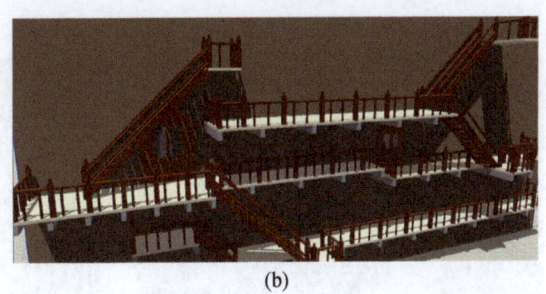

(a) (b)

图 6.37　第 37、34 窟改善前后 10:30 洞窟阴影渲染图
(a) 第 37、34 窟改善前 10:30 洞窟阴影渲染图；(b) 第 37、34 窟改善后 10:30 洞窟阴影渲染图

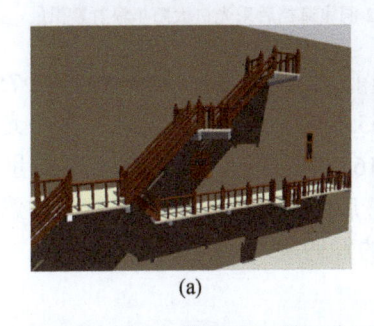

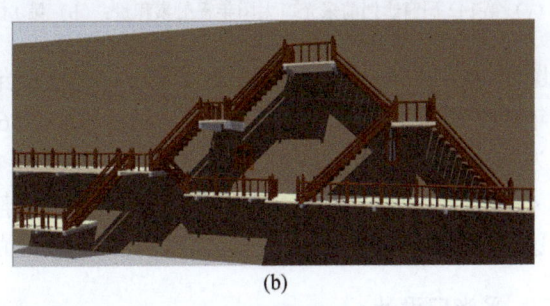

(a) (b)

图 6.38　第 140、142 窟改善前后 14:30 洞窟阴影渲染图
(a) 第 140、142 窟改善前 14:30 洞窟阴影渲染图；(b) 第 140、142 窟改善后 14:30 洞窟阴影渲染图

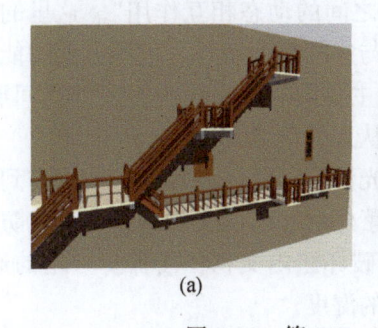

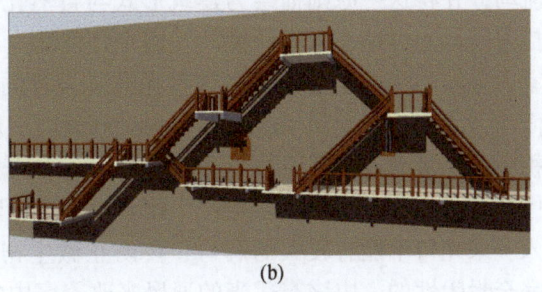

(a) (b)

图 6.39　第 140、142 窟改善前后 16:30 洞窟阴影渲染图
(a) 第 140、142 窟改善前 16:30 洞窟阴影渲染图；(b) 第 140、142 窟改善后 16:30 洞窟阴影渲染图

(a)   (b)

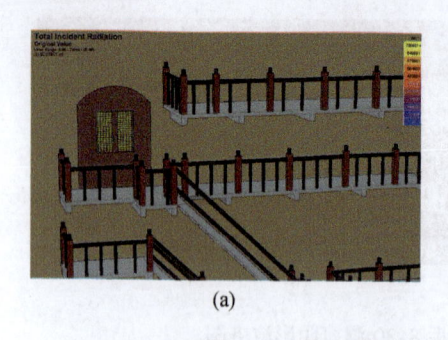

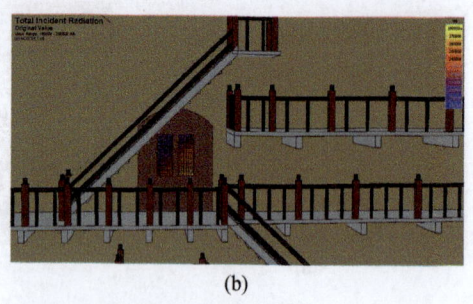

图 6.40　第 37 窟遮挡前后采光口太阳辐射年累积量
(a) 第 37 窟遮挡前采光口太阳辐射年累积量；(b) 第 37 窟遮挡后采光口太阳辐射年累积量

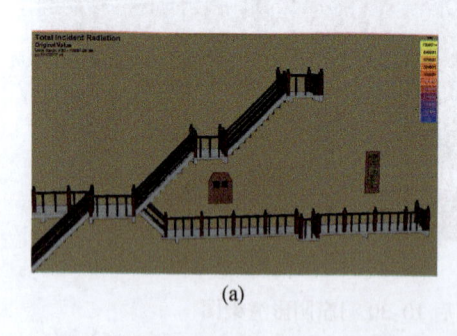

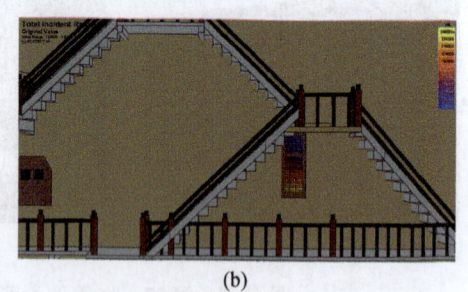

(a)   (b)

图 6.41　第 142 洞窟遮挡前后采光口太阳年辐射累积量
(a) 第 142 洞窟遮挡前采光口太阳年辐射累积量；(b) 第 142 洞窟遮挡后采光口太阳年辐射累积量

从图 6.40 和图 6.41 对比可以看出第 37 窟在遮挡前采光口年辐射量为 763569.75Wh，遮挡后年辐射量为 221004.2Wh，遮挡后减少了 542565.55Wh；第 142 窟遮挡前采光口年辐射量为 716838.19Wh，遮挡后采光口年辐射量为 168276.7Wh，遮挡后年辐射量减少 548561.49Wh。可见在遮挡后变化还是比较明显，调整后的栈道对采光口有较大的遮挡的作用，这使得窟内外照度差变小，同时提高游客参观的舒适度。

（二）采光口设计

约翰·迪尔曼·利莱的《可持续发展的更新设计》一书中有写道："建筑形式引导自然光的流动，并将这一原则描绘为建筑形式与自然光之间的动态相互作用"。这里的建筑形式包括空间形态设计、采光口设计、透光介质设计与空间界面设计，这些方面均能影响光线在室内空间的存在状态，也是进行光环境设计的主要内容。麦积山石窟的空间形态、空间界面均已确定，因此如果改变石窟内光环境应该从采光口形式入手。

麦积山石窟采光口材质应该具备以下作用。①透光性好：能让游客很好地欣赏到洞窟内的佛像和壁画；②紫外线投射性弱：能有效地防止紫外线对窟内文物的破坏；③防止微生物进入：采光口不能有较大的洞口，要防止微生物破坏窟内文物；④保持一定的通风：不能是完全封闭性的，应该有适当的通风来改善窟内的湿度。

如果将采光口换成透明玻璃会无法保证窟内的通风，将采光口材质换成百叶不能阻止一些微小的生物，如果蝇的进入，因此建议将采光口的铁质窗纱用防紫外线玻璃纤维纱窗代替（图6.42）。这种新型窗纱采用玻璃纤维单丝涂塑平织纱制成，玻璃纤维网格布层的网孔为长方孔，长方孔的边长为0.7~1mm，玻璃纤维网格布层由经线和纬线组成，经线和纬线的宽度为0.4mm，玻璃纤维网格布层两面均涂有吸水层，玻璃纤维织布层外层涂有防紫外线层，可以有效地防紫外线辐射，减少紫外线辐射的同时不影响采光，雨水天气时还可以迅速吸收滴到窗纱上的雨水，不影响通风。这种纱窗用在洞窟采光口的好处有：①透光性能好；②紫外线透射性低，自动滤光防紫外线照射；③阻挡蚊子、苍蝇等昆虫飞入，远离蚊蝇困扰，保持室内新鲜空气流通；④耐腐蚀、强度高、抗老化、防火性能好；⑤抗老化，使用寿命长，设计合理；⑥绿色环保，不含对大气层有害的氯氟化物（夏欣，2015）。

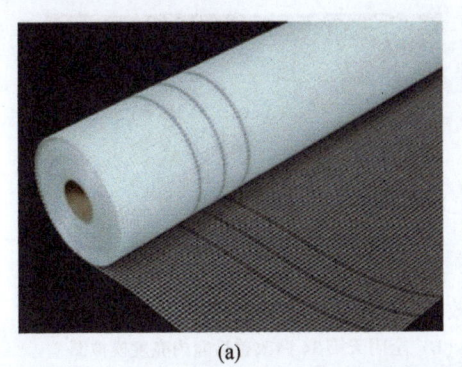

图6.42 玻璃纤维纱窗示意图
(a) 玻璃纤维纱；(b) 纱窗

由于洞窟为侧面采光，缺点是光线照度不均匀，容易造成在太阳照射垂直面上的照度过大，从而引起该区域内的眩光，还容易使正面佛像受到太阳直射光的损害。因此，改善采光口材质时，可见光透过率不宜过大，在照度不足的地方可以通过人工光来弥补。通过模拟对比，最后将洞窟采光口的铁质纱网用玻璃纤维纱窗替代后，控制采光口的透光率为0.4，以下是改善前后的第34、140窟全阴天和全晴天的窟内照度对比图（图6.43~图6.48）。

1. 第34窟全晴天改善前后亮度照度对比

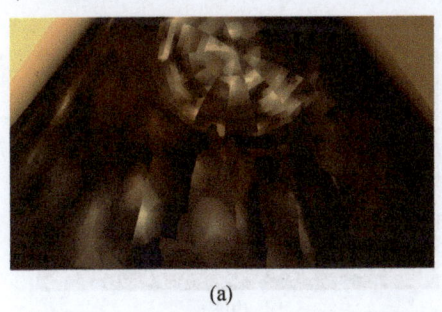

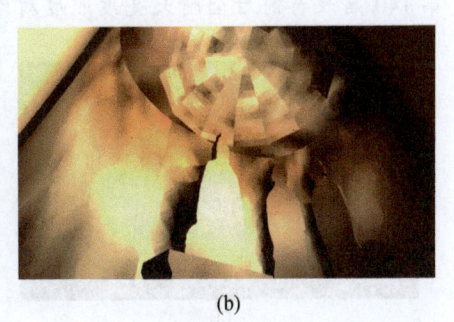

图6.43 全晴天第34窟改善前后窟内亮度模拟图
(a) 全晴天第34窟改善前窟内亮度模拟图；(b) 全晴天第34窟改善后窟内亮度模拟图

(a)   (b)

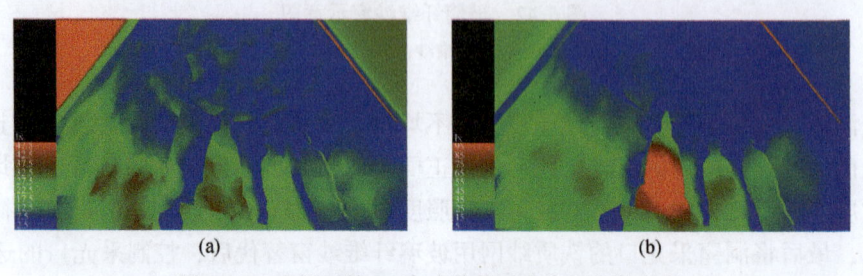

图 6.44　全晴天第 34 窟改善前后窟内照度伪色图
(a) 全晴天第 34 窟改善前窟内照度伪色图；(b) 全晴天第 34 窟改善后窟内照度伪色图

2. 第 34 窟全阴天改善前后亮度照度对比

(a)   (b)

图 6.45　全阴天第 34 窟改善前后窟内亮度模拟图
(a) 全阴天第 34 窟改善前窟内亮度模拟图；(b) 全阴天第 34 窟改善后窟内亮度模拟图

(a)   (b)

图 6.46　全阴天第 34 窟改善前后窟内照度伪色图
(a) 全阴天第 34 窟改善前窟内照度伪色图；(b) 全阴天第 34 窟改善后窟内照度伪色图

3. 第 140 窟改善前后全晴天亮度照度对比

(a)   (b)

图 6.47　全晴天第 140 窟改善前后窟内亮度模拟图
(a) 全晴天第 140 窟改善前窟内亮度模拟图；(b) 全晴天第 140 窟改善后窟内亮度模拟图

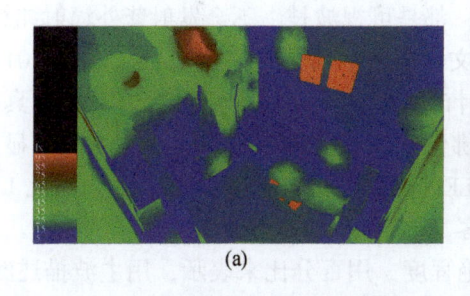

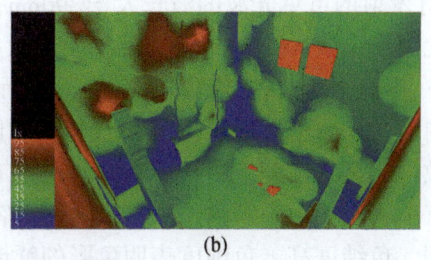

图 6.48　全晴天第 140 窟改善前后窟内照度伪色图
(a) 全晴天第 140 窟改善前窟内照度伪色图；(b) 全晴天第 140 窟改善后窟内照度伪色图

从图 6.43～图 6.48 可知，在采光口材质改变以后，窟内照度都有所提高，平均都提高 40～50lx，效果明显。但是改善后，第 140 窟在全晴天和全阴天、第 34 窟在全阴天情况下照度还是不足，如果采光口透射比增加过多，会增加直射光透射量，这样全晴天对窟内正面佛像直射光会较多，因此照度不足的区域应考虑增加人工光源。

三、麦积山石窟人工照明控制与调节

通过栈道和采光口设计，窟内照度有所增加，但是有些洞窟如第 140 窟，全阴天窟内照度仍不足，因此需要用人工照明来补充。但是人工照明使用不合理会给窟内文物造成一定的损害，有些灯具发出的光线中会有红外线和紫外线，如金属卤钨灯。并且灯具的照度要严格低于馆藏文物所允许的受照时间。因此，对于麦积山石窟的人工照明光环境设计，需要从保护窟内文物的角度出发，同时保证游客的良好视觉环境。照明设计需要对光源、灯具等进行选择，并对照度、照度均匀度、色温、眩光等因素进行综合分析，从而达到既满足视觉审美又能够保护展品的目的。

（一）LED 灯具

1. LED 灯具的发光原理

LED 是发光二极管，原理就是在半导体里注入电子能，注入的少数载流子和多数载流子复合时，多余的能量会以光的形式释放出来，这样电能能够转换成光能了。这种发光的二极管统称为 LED。

2. LED 作为洞窟照明具有的优点

第一，不会产生紫外线和红外线。照明产品不仅是艺术的表现工具，而且需要符合文物的保护要求，其中紫外线和红外线对窟内文物有不利影响，而 LED 光源几乎不含紫外线、红外线，这也使 LED 照明灯具在博物馆、美术馆有着大量的运用。

第二，色温低。国际博物馆协会（International Council of Museums, ICOM）明确提出博物馆展品人工灯具色温在 2900～6500K 之间，而符合要求的照明灯有金属卤化物灯和 LED 灯，其中卤钨灯也接近标准要求，LED 因为荧光粉的不同，色温在 3600～11000K 之间。但是金属卤化灯会产生紫外线，卤钨灯会产生红外线，这对文物的保护都是不利的。

而 LED 灯发射的可见光波的波长大于 390nm，都是可视波长，不会发射紫外辐射和红外辐射，因此洞窟选取 LED 作为补充照明不会对文物产生不利影响（Sommers et al., 2011）。

第三，显色指数高。在做洞窟光环境设计时，要最大限度地还原窟内文物的真实性，因此窟内的人工照明不能干扰游客欣赏窟内佛像和壁画，这就要求灯具有较高的显色性。显色指数是再现物体颜色的重要参数，白光 LED 的显色指数达到了 80~90，因此 LED 灯可以很好地将麦积山石窟内的文物展示给游客（周怀东，2013）。

第四，色纯度高。色纯度表明色彩的鲜艳程度，用百分比来表示，用主波描述颜色的程度，主波描述颜色越精确，其纯度就越高。LED 灯发射的可见波长，整个可见光光谱几乎被包含在内，光谱极为丰富。动态的色彩控制是 LED 灯的一个特点，亮度和暗度都可被调节，LED 三原色组合是靠脉冲宽度调制（PWM）来实现颜色变化的，颜色、灰度、亮度都可不间断变化，因此可以选择不同的光色组成需要的照度和颜色（王亚男，2008）。

第五，节能。LED 是一种绿色照明灯具，灯具节能达到 85% 以上，且 LED 灯性价比高，不用经常维修，耐久性较好。

（二）照明方式的选择

根据功效将光划分三种，分别为环境光、重点光、装饰光。因此，照明可分为环境照明、重点照明和装饰照明。

1. 环境照明

环境照明是满足空间内最基本的照度而设定的。有以下几种布局形式：①在顶棚安装直接照射灯具，可以通过控制灯具的照度和位置来调节空间内均匀度，但是容易造成眩光；②发光顶棚，能够防止眩光，在顶棚上安装漫反射器，通过漫反射器产生向下照射的光线；③悬挂反射灯具，将向上照明的灯具悬挂于顶棚，将顶棚照亮并反射到下方，这种方式会比直接照明的方式暗一些，但是可以避免眩光；④灯槽照明，将灯槽内光源发出的光线反射到顶棚或墙面，也是一种间接照明方式。

2. 重点照明

重要的展品需要凸显，因此需要高于环境照度的光线以突出展品。重点照明又分为垂直展面照明、立体展面照明、展柜照明。

3. 装饰照明

装饰照明主要为营造某种主题或氛围的场景而设置，一般是用灯具发出的颜色和形态来控制。

（三）人工照明模拟

麦积山石窟内的人工照明应根据不同洞窟的特点采用不同的照明方式。选取第 140 窟和第 155 窟进行人工照明模拟。第 140 窟三面都有佛像，且存有一菩萨和一弟子，整体照度偏低，其中正面佛像照度高于侧面佛像，现存的壁画不多，很多已经脱落，游客能看清楚佛像的形态即可。因此，第 140 窟的照明方式选择环境照明，而第 155 窟只有窟内两侧佛像和小龛内佛像照度不足，因此第 155 窟照明的方式选择重点照明。

1. 第 140 窟人工照明模拟

第 140 窟整个窟内照度偏低,需要环境照明来增加整体窟内照度,但是直接照明容易产生眩光,因此建议将光源外加灯罩且置于洞窟顶部,靠近采光口处,这样避免游客在观看窟内佛像时直接看到灯源而引起眩光。第 140 洞窟两侧窟面照度不足,正面佛像比两侧佛像照度略微偏高,因此选取灯源的配光曲线为漫射且两边扩散型光源,图 6.49 为光源的配光曲线。

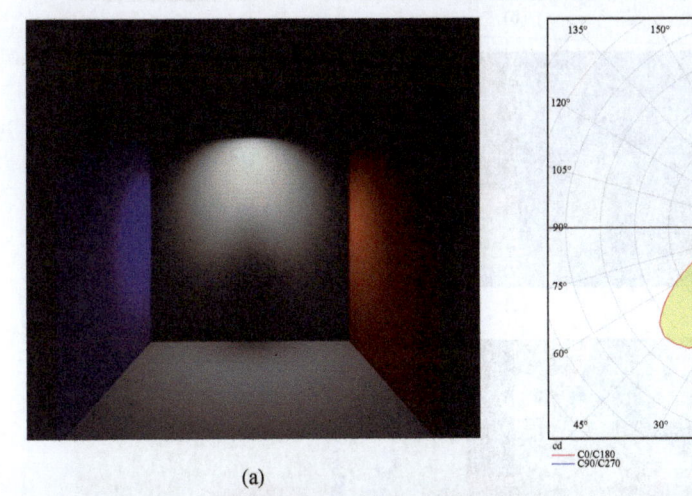

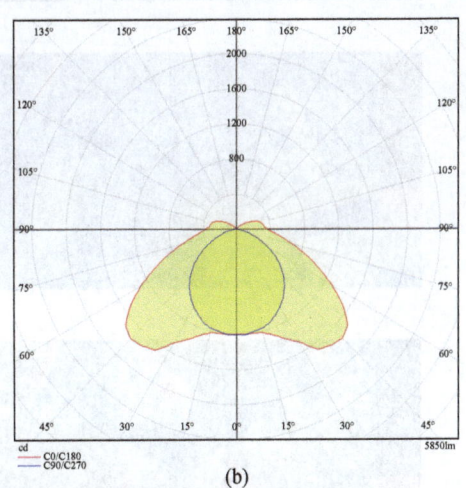

图 6.49 所选光源发光情况和光源配光曲线
(a) 所选光源发光情况;(b) 所选光源配光曲线

模拟所选灯源为 LED 漫射型灯,功率为 15W,图 6.50 为增加人工照明前后窟内亮度和照度模拟对比图,由模拟结果可知,在增加人工照明后窟内照度整体提高,而且佛像顶部照度相对偏高一些,营造出佛光的感觉。

2. 第 155 窟人工照明模拟

第 155 窟窟内两侧佛像和小龛内佛像照度不足,因此第 155 窟照明方式选择重点照明。选用的光源为射灯,光源配光曲线如图 6.51 所示。

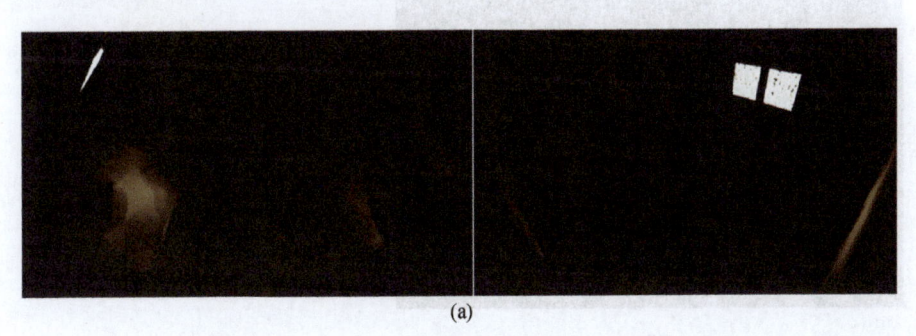

(a)

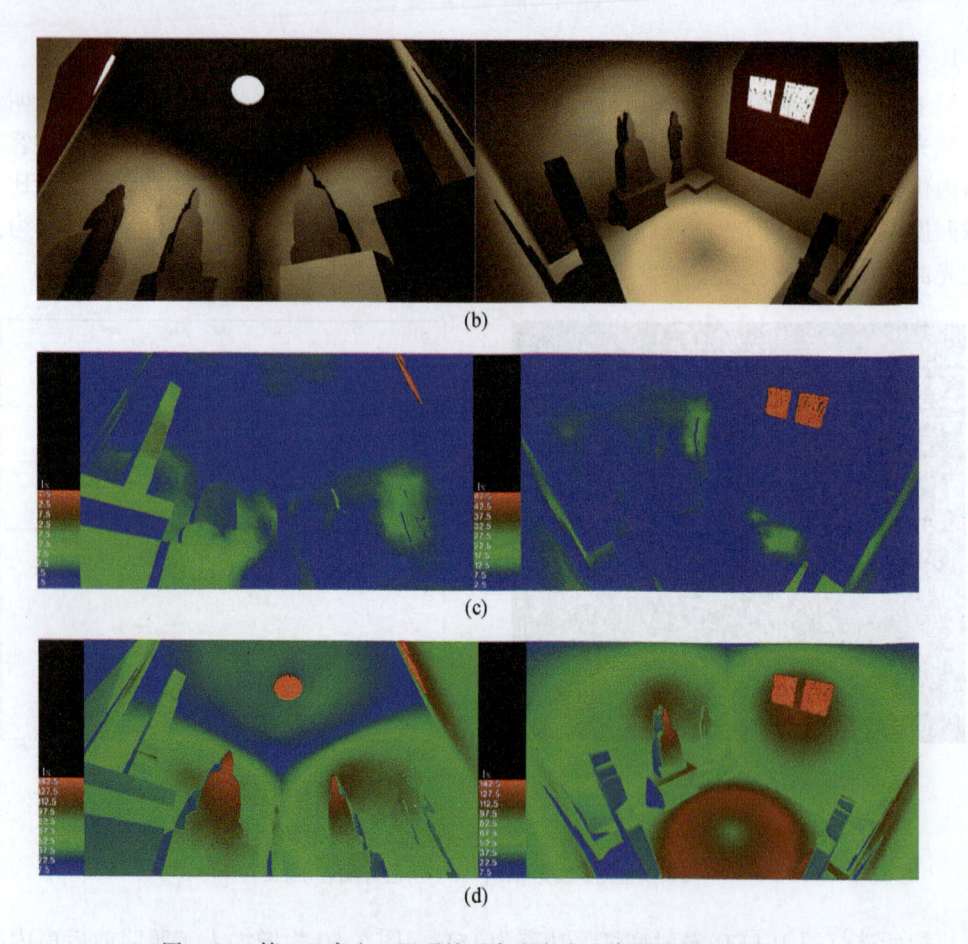

图 6.50 第 140 窟人工照明前后窟内亮度渲染图和照度伪色图

(a) 第 140 窟人工照明前窟内亮度渲染图;(b) 第 140 窟人工照明后窟内亮度渲染图;(c) 第 140 窟人工照明前窟内照度伪色图;(d) 第 140 窟人工照明后窟内照度伪色图

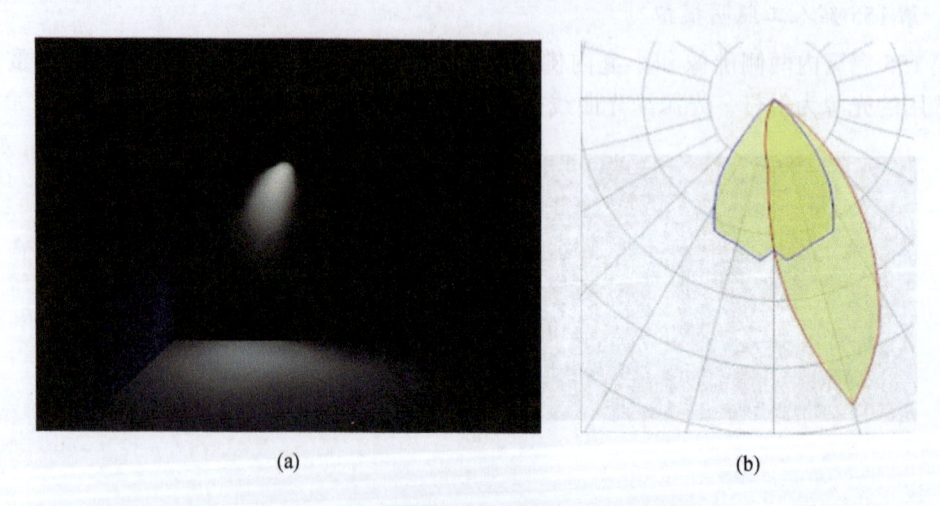

图 6.51 所选光源发光情况和光源配光曲线

(a) 所选光源发光情况;(b) 所选光源配光曲线

模拟所选光源为 LED 射灯，安装于窟顶，两侧各安装一个，每个光源功率为 10W，模拟照明前后窟内亮度如图 6.52 所示，可知在安装光源之前，窟内照度不均匀，窟龛内佛像照度不足。在安装光源后，佛像上部照度有所提高，且窟内整体均匀度有所改善。

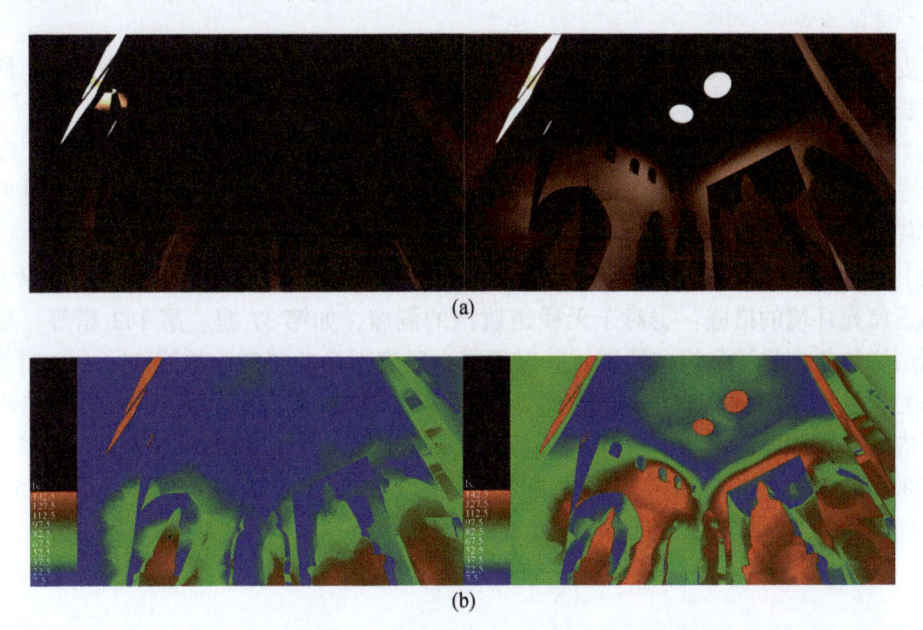

图 6.52　第 155 窟人工照明前后窟内亮度渲染图和照度伪色图
（a）第 155 窟人工照明前后窟内亮度渲染图；（b）第 155 窟人工照明前后窟内照度伪色图

（四）其他技术

1. 加设灯光感应开关

在洞窟内加设感应开关不仅可以节能，还能减少窟内文物的总曝光量。红外线感应开关是最常用的感应开关，常用的 LED 红外感应灯，是将 LED 灯和红外感应一体设计，集 LED 光源、红外感应和光敏控制系统、灯具于一体，可实现"人来灯亮，人走灯灭"（张贺飞和王海军，2016）。因此，建议洞窟增加灯光感应开关，并总结相应的技术指标：①检测到周围环境较亮时，感应器应该自动休眠；②感应器要有识别人体温度和室外温度的能力，可准确分析游客移动信号；③感应器具有一定的敏感度和适应性，不同天气情况都应保持良好的状态；④功率尽量小；⑤探测移动范围在 5m 之内（王勐，2014）。

2. 照明自动控制系统

石窟如若采用人工照明，增加照明自动化控制智能系统和窟内光环境实时监测、实时调节、实时预警系统能在很大程度上降低工作量，同时提高工作效率，实时监测也会对光环境的深入研究提供数据基础。自动照明控制系统的工作原理包括：当窟外光环境情况较好，窟内的照度能达到展示要求且不损害窟内文物时，对窟内的人工光进行实时关闭或者调节；当窟外自然光充分且没有直射光时，窟内的照度已经达到要求，智能系统对自然光可适当调节；当直射光较大时，采光口可随着太阳高度角的变化进行适当调节，减少进入窟内的直射光量。

第四节 小 结

以麦积山石窟为研究对象，通过对所选洞窟进行调研实测和计算机模拟分析，研究麦积山石窟光环境现状，并提出改善措施，总结如下。

（1）通过对洞窟的光环境实测和模拟，可以分析得出麦积山石窟光环境现状：①栈道对直射光有一定遮挡作用；②全晴天窟内外照度差过大，且无栈道遮挡的洞窟内外照度差大于有栈道遮挡的洞窟；③窟内照度分布普遍不均匀。

（2）对麦积山石窟光环境现状，从石窟光环境保护和展示的角度出发，提出以下改善麦积山石窟光环境的措施：①对于无栈道遮挡的洞窟，如第37窟、第142窟等，建议在洞窟周围增加斜向楼梯和横向栈道；②对于窟内照度不足的洞窟，如第34、140窟等，建议将采光口铁质纱窗换成玻璃纤维纱窗，经模拟，将第34、140窟的采光口材质改变以后，窟内的平均照度可以增加40~50lx；③对于进深较大，采光口面积较小的洞窟，在改变洞窟采光口材质后，窟内照度仍不能满足游客参观要求的洞窟，如第140、155窟等，建议在窟内增加人工照明，提升窟内照度和均匀度。

第七章　麦积山石窟佛像风化机理研究

麦积山石窟大佛受风化现象导致大佛多处部位出现岩粒脱落，影响了大佛的外观欣赏和视觉效果，也对文物保护产生了不利的影响。因此，分析影响麦积山石窟风化的各种自然要素，对麦积山石窟大佛风化的主要成因展开研究，是十分必要的。通过深入分析风化成因和制定有效的预防性保护策略，可以保护石窟大佛的完整性和美观性，延续其在文化历史上的重要地位。

第一节　麦积山石窟大佛风化因素

一、风化的定义及类型

（一）风化的定义

风化作用是指地表或接近地表的坚硬岩石、矿物与大气、水及生物接触过程中产生物理、化学变化而在原地形成松散堆积物的全过程。根据《中国大百科全书》地质学卷，风化作用（weathering）指"矿物和岩石在地表条件下发生的机械碎裂和化学分解作用的总称"。岩石作为不良导热体，当温度剧烈变化时，其表层与内部受热不均匀，产生膨胀与收缩，岩石表面形成裂隙，随时间推移，裂隙变大使岩石破裂。尤其是在气温变化突出的地区，岩石中水分的冻融交替会使岩石体积膨胀，进而导致岩石的碎裂。

岩石的风化在各种风化应力作用下，包括物理和化学变化。与其他动力地质作用相比较，引起岩石风化的应力很多，但主要是太阳热能、水溶液（地表、地下及空气中的水）、空气（O_2及CO_2等）及生物有机体等（陈利友和李珑，2011）。

跟岩石风化作用关系密切的因素有水分和温度，随着温度的升高，湿度越来越大，风化作用逐渐增强。物理风化一般发生在干燥的环境中，且随着温度的升高物理风化作用逐渐加强，但在湿润的环境中，化学作用影响较大。从地表风化壳厚度来看，风化壳厚度最大的地区一般温度高且水分多。

《地质学简明教程》给风化作用的定义是："处于地表或地表附近的各种岩石和矿物在水、空气、阳光、生物等的作用和影响下，发生破碎与分解的过程。"地质学上普遍把所有可以导致岩石、土体发生蜕化、破坏的因素统称为风化因子。以上定义更强调风化作用形成的岩石或雕刻发生崩塌、掉块或出现裂隙等现象，比较泛化。针对石窟保护中的风化定义限定在一个更小的范围内，即特指由于自然因素引起的雕刻品表面形成的空鼓、起翘、片状脱离、粉化、酥碱、变色掉色以及由风化裂隙形成的小型岩石分离体或悬挂体。

(二) 风化的类型

根据风化作用的因素和性质可将其分为三种类型：物理风化作用、化学风化作用、生物风化作用。

物理风化是指岩石在温度变化、冻融、有机体、水、风和重力等物理机械作用下崩解、破碎成大小不一碎屑和颗粒的过程。物理风化的方式主要分为温差风化、冰劈风化、盐类结晶与潮解作用和层裂作用。岩石由线胀和体胀系数不同的多种矿物组成，季节性或昼夜的温度变化、长期的热胀冷缩交替会使岩石发生不均匀缩胀而逐渐破碎。岩石裂隙中水分遇冷结冰并膨胀产生的巨大压力，使岩石崩解。植物根系的楔入是岩石破裂不可忽视的动因，流水、风力产生的磨蚀、切割、冲击，是常见而广泛的物理风化原因，会使岩石发生形态变化并破碎。物理风化只引起岩石的形态和体积大小的变化，但不使其矿物成分和化学组成发生明显的变化。物理风化使岩石通气透水，为进一步的化学风化和生物风化提供条件，为土壤发育提供基础条件。

岩石若发生化学成分的改变分解，则属于化学风化。一般来讲，在湿热地区，化学风化作用占主导地位。化学风化作用中表现最突出的是氧化作用、水及水溶液的作用。氧化作用主要是游离氧造成，它使低价元素变成高价元素，低价化合物变成高价化合物。含有低价铁的硅酸盐、硫化物最易受氧化作用影响，如黄铁矿氧化形成褐铁矿，其中的硫氧化后形成 H_2SO_4 并流失。水的作用主要有水化作用（水与矿物反应生成水合矿物，如赤铁矿变为褐铁矿）、水解作用（水电解生成的 H^+、OH^- 造成岩石破坏）。当水中含有溶质，尤其是酸性物质时，水的破坏作用就明显加强，其中最常见的是 CO_2 溶于水形成碳酸的溶蚀作用。

化学风化作用破坏了原有矿物、岩石，产生了新的矿物岩石，其最终产物只有少数几种，如残余红土、残余高岭石等。受元素化学性质的影响，矿物中风化出来的活泼元素会随水分而流失，留下性质稳定的元素。化学风化作用主要受岩石的地球化学特征的影响，不同岩石的化学活动性随化学成分的不同明显有所区别，风化作用较为强烈的地段一般会有容易被氧化、溶解的岩石出露区。岩石中不同矿物成分的差异，使得风化作用有明显区别。

有机界的作用对化学风化过程有着重要的影响。表现在坚硬的岩石表面出现微生物，如苔藓等。岩石的成分与生物吸收的成分有明显的不同，动植物的代谢所产生的氧气和有机酸等物质就会导致岩石的加速风化。

生物对岩石、矿物产生机械的和化学的破坏作用，称为生物风化作用。生物对母岩的破坏方式既有机械作用（如根劈作用），也有生物化学作用（如植物、细菌分泌的有机酸对岩石的腐蚀作用）。

生物风化是指受生物生长及活动影响而产生的风化作用，是生物活动对岩石的破坏作用，一方面引起岩石的机械破坏，另一方面植物根分泌出的有机酸，可以使岩石分解破坏。此外，植物死亡分解形成的腐殖酸也会对岩石有一定的分解作用。

二、风化因素

(一) 水

水对麦积山石窟大佛风化的影响主要体现在两个方面：一个是降水，一个是水汽。

降水对大佛石窟岩体的作用表现在：①暴雨对岩壁洗蚀冲刷使松动的岩石颗粒和切割体脱落，沿裂隙贯入发生物理机械潜蚀；②中雨小雨浸湿软化岩壁泥质物在饱水状态下发生水化作用，造成体积膨胀使岩体胀裂。雨后泥质物干燥收缩脱落，形成大量微细裂隙并逐渐扩大成空腔；③霭雨及雾气弥漫浸润沉淀在岩壁表面，降水成分复杂，与岩石组分、渗水及早期风化产物发生一系列化学作用生成各种可产生侵蚀破坏的盐类，使岩体表壁遭受强烈破坏；④降雨季节性分布使上述作用反复进行，历经数百年使岩壁风化破坏不断积累加剧（汪东云等，1994）。

水分对大佛石窟岩体的作用主要表现在：①水在土壤毛细管内的迁移运动产生毛细压力，对管壁产生破坏，低温下在土壤毛细孔中结晶，体积膨胀，对孔壁产生很高的压力，造成土体的破坏；②地下水的毛细上升造成可溶盐向表面的迁移与富集；③水可以造成黏土颗粒的膨胀以及机械强度的降低；④水分可以溶解对土壤微粒有黏结作用的物质，从而导致土壤崩解，如图7.1所示；⑤霉菌在含水高的土遗址上容易生长等。

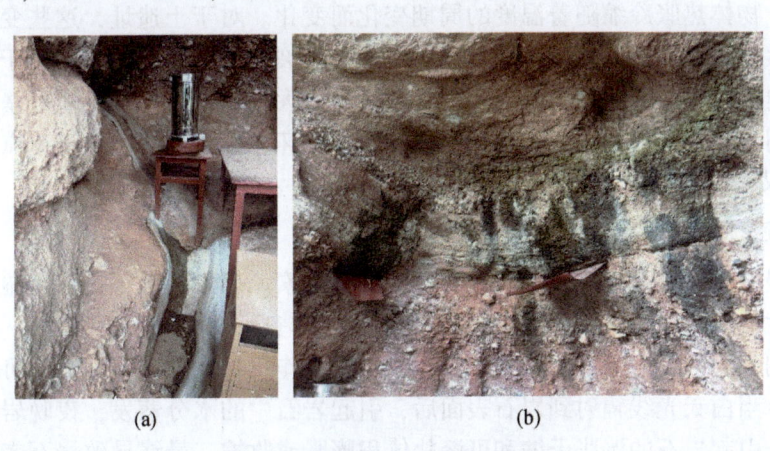

图 7.1　麦积山的渗水侵蚀现象
(a) 麦积山的渗水侵蚀；(b) 麦积山渗水现象

(二) 空气

空气对佛像的影响因素主要有以下几点：空气中的气体污染物、风速、温湿度。

1. 气体污染物

气体污染物包括 SO_2、CO_2、NO_2 等，可以被吸附能力强的土微粒吸附，并与水作用形成酸、碱或盐；或者直接在空气中变为酸碱盐溶液的微粒，再吸附到土体表面，破坏矿物及胶结物，产生膨胀能力较大的结晶，导致土体的风化。

2. 风速

麦积山石窟在小陇山林区边缘，处于东亚季风区内，受温湿的季风气候影响伴有霜和雾，夏季刮地方性阵性大风。大佛石窟裸露面积较大，造像岩壁大多暴露在露天之中，不可避免要遭受风的破坏作用（李海英和白玉星，2007）。特别是在西北干旱地区的石窟佛像遗址，多受风沙的破坏作用。风的压力、沙子的撞击与摩擦，对土体表面都有破坏作用（周双林，2003）。

3. 温度变化

温度变化引起的使岩石崩解破碎的作用，称为温差风化，昼夜温度的变化对于温差风化起着重要的作用。地表的岩石白天接受阳光辐射使表面受热膨胀，并且热量缓慢地向物体内部传递，因此，物体内部受外部热的影响很小，致使岩石内外在白天接受太阳辐射因热膨胀的体积、速度不同，产生了内应力；到夜间，岩石或物体的表面开始散热，体积发生收缩，但内部因日间持续传来的热量使体积发生膨胀。因此，岩石或物体表面与内部的体积膨胀和收缩的步调便不一致。一旦这样的过程持续进行，岩石的表层便在膨胀、收缩时产生的应力作用下发生裂隙。温差风化的强弱主要决定于温度变化的速度和幅度，昼夜温度变化的幅度越大，温差风化越强烈。温差风化的强弱还决定于岩石的性质，即矿物成分和岩石结构等（郭宏等，2004）。地表的温度通常要经历日变化与年变化等周期变化。常规情况下，物体热胀冷缩随着温度的周期变化而变化。对于土遗址，这些变化产生的张缩应力，必然导致土体稳定性的下降，具体表现为开裂、脱落等。另外，由于温度传导的梯度，导致内外收缩膨胀不均，产生张力，破坏也很大。这种现象在土遗址暴露于自然环境中时非常明显，即使保护性建筑也只能缓解这种破坏。并且，温度低于冰点时还导致水分结晶（周双林，2003）。

4. 湿度变化

空气中湿度的变化是土壤表面风化的重要影响因素。通常情况下，白天湿度低，晚上湿度高，温度低于露点时，水分会在土壤表面冷凝，造成土体表面风化破坏；湿度的循环变化可使迁到表面的可溶盐反复溶解结晶，产生破坏作用；高的空气湿度还可以促进霉菌的生长繁殖。当白天光线辐射到岩石表面后，引起岩石中的水分蒸发，夜晚岩石又从空气中吸收水分，引起岩石的湿胀干缩和可溶盐体积膨胀或收缩，最终导致岩石表层内部产生开裂。由于岩画保存地区的蒸发量是比较大的，尤其是雨季正是降雨量比较集中、日照时间较长的期间，因此，这一时间段岩体遭受物理风化最为严重。

（三）太阳辐射

太阳辐射是自然界中最强大的力量，就石窟文物本体而言，它可以使石窟文物表里层产生温度的差异分布，造成组成矿物颗粒的松动离解，使表层的彩绘和颜色发生变质、变色、脱色等现象。夏季强烈的太阳辐射，尤其是紫外线辐射，可软化矿物间的胶结物质成分，造成岩石矿物再生、分异、变色，进而降低其黏结能力，会加强风化作用。研究表明，石窟岩体风化主要原因是温差应力超过岩石本身抗拉强度。太阳辐射引起岩体的热胀冷缩，由气温的影响可知，当日光照射或气温升高时，石窟所在岩体表层随温度升高很快受热膨胀，而岩体内部由于岩石的导热性很差，还未受热，因此，内部岩体与表层岩体不能同步膨胀，在内外层之间便产生与表面方向垂直的拉力。气温下降时，岩体表层由于散热快而变冷收缩，这时岩体内部受到由岩体表面传来的热的影响，体积膨胀，致使岩体的外层受到张力。在上述拉张力反复作用下，便产生与岩体表面平行和垂直的裂缝，导致岩体碎裂；同时由于岩体反复增温，增强了岩石质点的热运动，削弱质点间的联系能力，加速岩体的碎裂。在上述各种方式作用下，岩体便从表层开始向内部发生层层剥落（丁梧秀等，2004）。

（四）生物

生物对岩体风化的影响主要体现在微生物和植物两个方面。对于微生物来说，霉菌的生长改变遗址的面貌，对土体表面产生机械破坏。霉菌在生长过程中产生一些有破坏作用的酸碱分泌物，破坏土壤的结构。对于植物来说，根系可扩张原有裂隙和产生新的裂隙，导致石头风化程度加剧，如藻类、菌类不断腐蚀岩石，带来石质损失和外观影响。风化因素往往相互交织，共同作用，形成复杂的病害。在初始风化作用影响下，石窟岩体的裂隙度增大，渗透性增强，风化碎屑的直径变小而表面积逐渐增大。一旦初始风化层被移走，下层即暴露到最外层，成为次级风化作用侵蚀的对象。这样层层循环，麦积山石窟的石雕逐渐失去棱角、纹饰等细部特征，失去原有的面貌。

三、麦积山石窟大佛风化

从麦积山石窟大佛所处地理位置和自然环境上来讲，其风化同时受物理、化学和生物风化作用的影响。

在石质文物中，砂岩类文物由于本身组成物质及结构的原因，疏松多孔、吸水率高，因此更容易受到风化腐蚀。而可溶盐溶解结晶形成的破坏能与各类风化结果形成相互促进的作用，会导致恶性循环。属于砂岩类的麦积山石窟，所处地区季候性显著，雨季分明且降雨量大，岩体内可溶盐易受温湿度变化影响，反复溶解结晶造成的膨胀收缩会对孔隙产生应力作用的破坏，使岩体变得疏松，强度降低，并产生粉化剥落的现象，从而更有利于风化腐蚀（丁薇，2016）。

岩石特征、气候和地形条件是控制岩石风化的主要因素。风化速率的差异也可以从不同类型的石碑上表现出来。气候和地势高低有着一定的联系，不同纬度的山岩，其温度与气候情况不同，植被物种分布也有差异。

对于麦积山的治理和保护，岩石特性是不能控制的内在因素，因此可以从其气候条件和地形上进行分析，通过环境保护法规政策、环保部门的努力来改善大气环境的治理问题。麦积山石窟属古近纪—新近纪砾岩，砂砾岩胶结泥质的风化作用会随空气的湿度变化，当湿度随气温变化发生变化时，哪怕是很轻微的变化都能够使得这种风化作用加速，尤其是像麦积山石窟，这对能够直接淋到雨水的窟龛和一些有渗水的洞窟破坏更为严重（李最雄，1985）。局部微气候环境特征的改良可以间接地减少风化作用的侵蚀，例如可以建造窟檐，改变文物雕刻的向阳背阳状况；修造防水雨篷、可移动窟檐等附属建筑，缩短光照的时间、避免雨水冲刷溅蚀，而这种被动式改变窟檐的手段也是为了防止风化的加剧。

麦积山所处地理位置距离市区几十千米，是我国国家重点风景名胜区。其所处位置气候湿润，植被茂密，远离市区化工厂，大气中无工业气体的排放，降雨量丰富却不会有酸雨的影响，化学风化影响较弱。微生物对麦积山大佛风化有一定影响，对于麦积山的微生物，其相关部门已制定预防对策。所以在麦积山特殊的环境气候下，需要对其化学、生物风化之外的物理风化因素展开研究，确定主要物理风化因素。麦积山石窟东西崖大佛塑于崖体壁面，长年累月接受阳光的直射，大佛泥塑躯体及周边岩体壁面因光照辐射使其内外温湿度发生差异变化，产生膨胀与收缩，长期作用结果使岩石及大佛表面发生了崩解破碎。同时，紫外线辐射会软化矿物间的胶结物质成分，降低岩石矿物的黏结能力，从而加快风化作用对本体的破坏。

第二节 麦积山石窟大佛物理环境测试

一、测试方案

（一）研究区域

考虑到麦积山石窟东西崖大佛的典型性，测试选取的研究对象是西崖大佛（第98窟）和东崖大佛（第13窟）。其中，西崖大佛由摩崖石胎泥塑一佛二菩萨造像组成，通高14m，宽10m，进深1m，造像正中立佛高12.2m，原作于北魏，北周、宋、元、明、清等不同历史均做过维缮，原貌已基本无存，现佛像头顶为低平细密的螺纹发髻，正中置肉髻珠，具有较浓郁的宋元佛像发髻特征（图7.2）。东崖大佛开凿于隋代，南宋绍兴年间重修。系摩崖浅龛，立面近方形，高17m、宽约18m。摩崖高浮雕石胎泥塑一佛二菩萨像，是麦积山现存最大的一组石胎泥塑造像。

图7.2 麦积山西崖大佛及窟龛群
（a）麦积山西崖栈道测点；（b）麦积山西崖大佛

第七章　麦积山石窟佛像风化机理研究

(二) 测试内容

为了研究环境因素对大佛壁面风化情况的影响，在夏季八月中旬和冬季一月中旬对麦积山石窟东西崖大佛进行全天的测试。测试内容包括东西崖大佛壁面温度、相对湿度、太阳辐射、风速。分析选取的测试时间段为2018年8月20日9:30~15:30、2018年8月26日9:30~14:30、2019年1月11日9:30~15:30。

(三) 测点布置

1. 第98窟西崖大佛

由于大佛高度较高，因此选取距离西崖大佛（第98窟）近处的栈道布置测点进行测试。a~h各测点分布如图7.3所示：a点栈道宽2.03m，a点距离上部顶棚3.261m，a点距离佛头3.418m；b点栈道宽1.449m，b点到a点垂直高度2.683m，b点距离佛壁面进深0.683m；c点栈道宽2.461m，c点距离2佛水平距离1.862m，c点到b点高度2.655m；d点栈道宽1.885m，d点到2佛水平距离1.943m，d点到f点水平距离9.746m，d点到c点高度3.696m；f点栈道宽1.794m，e点到f点水平距离3.046m，e点至地面距离2.608m；g点栈道宽1.997m，g点到1佛水平距离8.585m，g点到h点高度3.184m；h点栈道宽1.391m，h点到3佛水平距离2.729m，h点距离上部顶棚2.635m；1佛头部上部挑檐宽2.249m。

图7.3　西崖大佛测点分布

2. 第13窟东崖大佛

东崖大佛（第13窟）西侧无相应太多栈道口，测试相对困难，所以选取东崖大佛东侧佛像5个测点，如图7.4所示。通过a点测出佛脚相关数据，b点测出佛腿数据，c点测出佛臂和佛头数据，d点测出佛头数据。a点栈道宽2.657m；b点到c点高度5.143m，b点栈道宽2.686m；f点栈道宽1.422m；d点栈道宽2.455m，c点到d点高度10.476m；c点到1佛距离0.778m，c点栈道宽7.002m，c点栈道栏杆高1.105m；1佛高12m，宽4.446m。

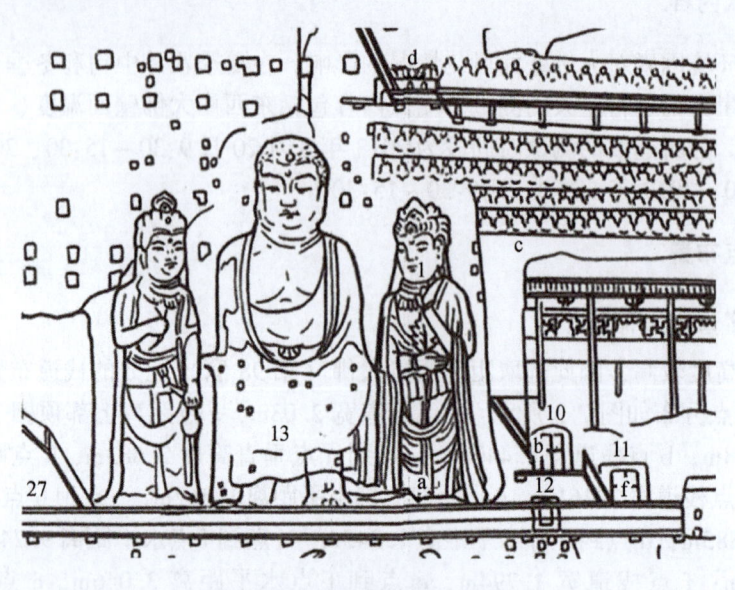

图7.4 东崖大佛测点分布

二、夏季东西崖大佛测试数据

（一）西崖大佛实测数据

图7.5（a）是夏季西崖大佛各部位的壁面温度整体分布情况，测试时间是9:30~15:30。佛腿和佛脚处的壁面温度在13:30后随时间变化上升幅度较大，佛头处相较其他部位变化幅度较小，大佛腿、脚部位变化幅度较大。图7.5（b）中可以看出夏季西崖大佛各部位相对湿度变化趋势随时间变化逐渐下降，佛头和佛脚东侧在12:30~13:30内下降幅度较

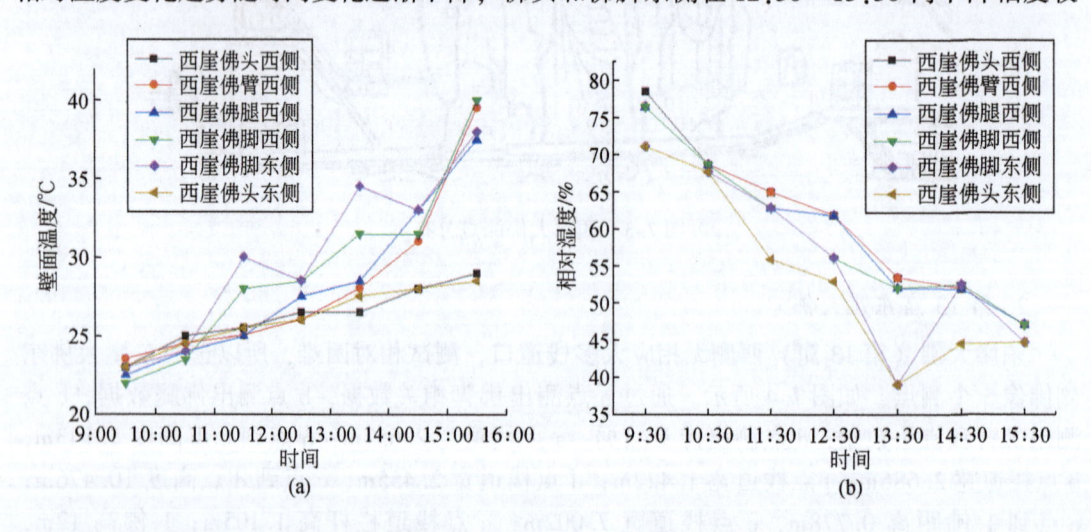

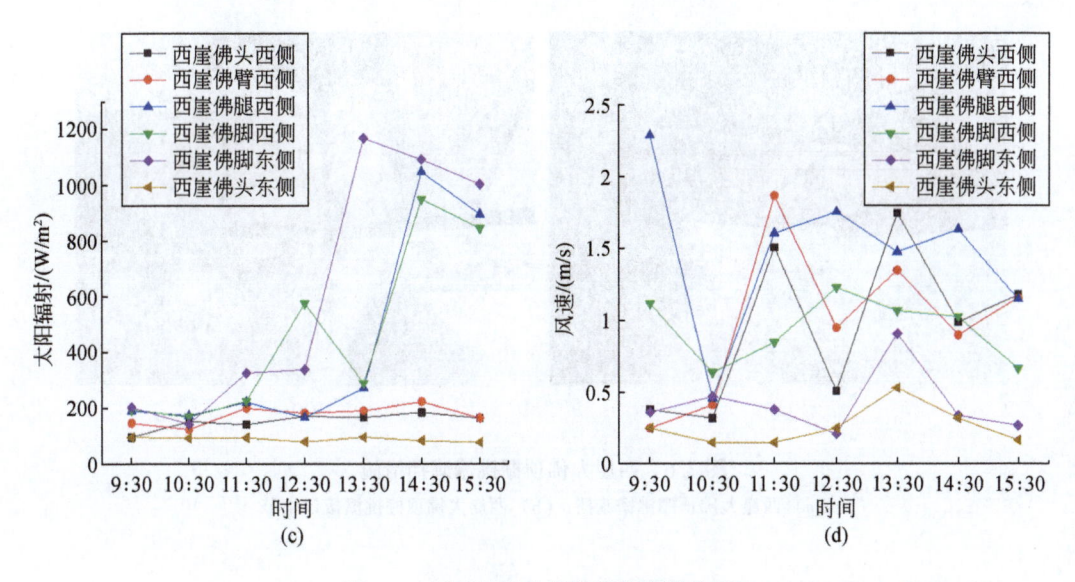

图 7.5 夏季西崖大佛各部位实测数据
(a) 西崖大佛各部位壁面温度变化；(b) 西崖大佛各部位相对湿度变化；(c) 西崖大佛各部位太阳辐射变化；
(d) 西崖大佛各部位风速变化

为明显，之后有小幅度上升。东侧的相对湿度下降速率比西侧大。由图 7.5 (c) 可知，在无云天气，夏季西崖大佛各部位太阳辐射在 9:30~11:30 随时间变化较小，大佛的腿、脚部在 11:30 之后变化幅度较大，佛脚东侧的太阳辐射在 13:30 达到最大值，之后下降，佛腿西侧和佛脚西侧的太阳辐射则在 14:30 达到最大值之后逐渐减小。夏季西崖大佛各部位的风速变化情况如图 7.5 (d) 所示，风速变化无明显规律，从测试数据上看，西崖大佛佛腿部位风速值最高。

结合表 7.1 可以看出，佛头和佛臂处的太阳辐射均值相对其他部位较小，变化幅度不大，这是因为在佛头上部有原先搭建的顶棚（图 7.6），上部有山体岩石遮挡，接收的太阳辐射量有限。

表 7.1 西崖大佛夏季风化因素测试值

第 98 窟西崖大佛测试日期：2018 年 8 月 20 日晴天，微风						
实测位置（9:30~15:30）	佛头西	佛头东	佛臂	佛腿	佛脚西	佛脚东
平均壁面温度值/℃	26.21	26.14	28.21	28.29	29.29	30.14
平均相对湿度值/%	60.99	53.76	60.69	60.19	59.46	56.34
平均太阳辐射值/（W/m²）	154.8	89.4	176.34	424.47	464.89	610.86
平均风速值/（m/s）	0.95	0.26	0.98	1.48	0.94	0.42

图 7.6　西崖大佛顶棚挑檐遮挡措施
(a) 西崖大佛顶棚挑檐遮挡；(b) 西崖大佛顶棚挑檐接口细节

(二) 东崖大佛实测数据

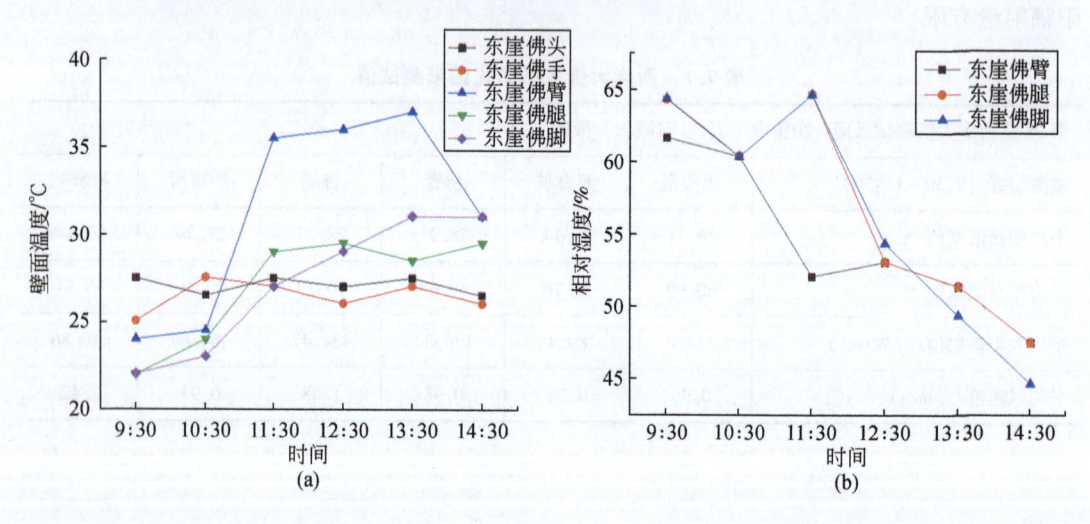

图 7.7 (a) 反映了夏季东崖大佛各部位的壁面温度变化情况，结合表 7.2 可以得到大佛的佛臂处壁面温度均值最高，佛头和佛手处壁面温度变化较为平缓。佛臂和佛脚的壁面温度在 10:30 后呈上升趋势，变化较为明显。佛臂的壁面温度最大值可达到 37℃。由图 7.7 (b) 和表 7.3 可以得到夏季东崖大佛的佛腿、脚处相对湿度变化趋于一致，在 11:30 达到最高值 64.7%，之后三个小时随时间变化逐渐减小，佛臂处的相对湿度值在 12:30 之后随时间降低。由图 7.7 (c) 可知，夏季东崖大佛佛脚处从 9:30~11:30 太阳辐射逐渐增大，最大值达到 737.40W/m^2，之后变化较为平缓，佛臂和佛腿的太阳辐射在 10:30~12:30 呈上升趋势，佛臂的太阳辐射在 12:30 达到最大值 628.98W/m^2。由图 7.7 (d) 可知夏季，佛臂、佛腿在 9:30~11:30 风速变化甚微，佛臂在 12:30 达到最大值 1.57m/s，佛腿在 13:30 达到最大值 1.34m/s，佛脚的风速变化不明显。

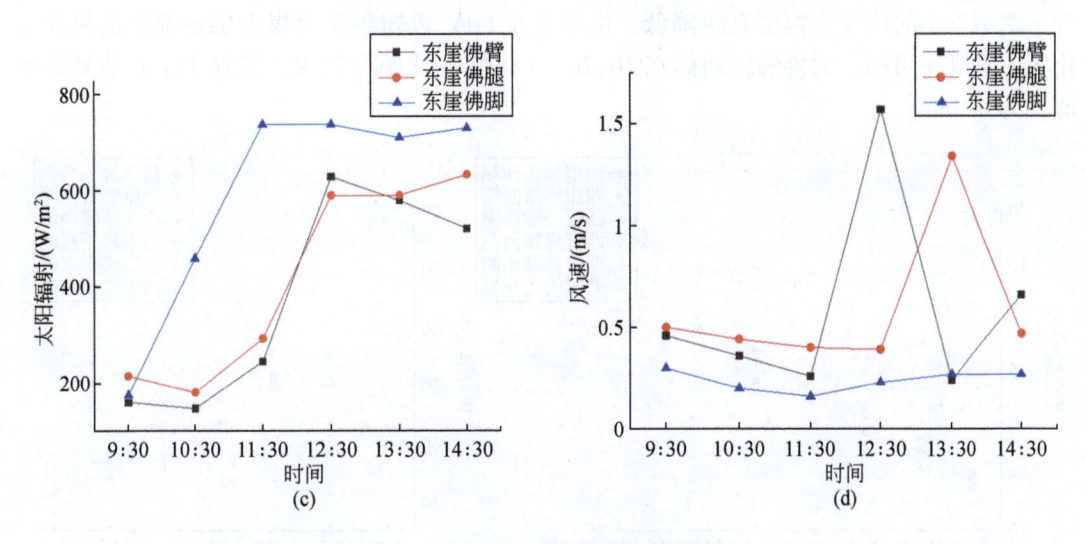

图 7.7 夏季东崖大佛各部位实测数据

(a) 东崖大佛各部位壁面温度变化；(b) 东崖大佛各部位相对湿度变化；(c) 东崖大佛各部位太阳辐射变化；
(d) 东崖大佛各部位风速变化

表 7.2　东崖大佛夏季风化因素测试值

第 13 窟东崖大佛测试日期：2018 年 8 月 26 日晴天，微风					
实测位置（9:30~14:30）	佛头	佛手	佛臂	佛腿	佛脚
平均壁面温度值/℃	27.08	26.42	31.33	27.08	27.17
平均相对湿度值/%	—	—	54.37	56.9	56.33
平均太阳辐射值/（W/m²）	—	—	380.56	416.98	591.60
平均风速值/（m/s）			0.59	0.59	0.24

三、冬季东西崖大佛测试数据

（一）西崖大佛实测数据

图 7.8（a）表示冬季西崖大佛各部位壁面温度的变化情况，可知冬季西崖大佛的壁面温度除了佛脚东侧，其他部位整体随时间变化呈上升趋势，佛脚东侧壁面温度在 12:30 达到最大值 14℃，之后三小时逐渐减少。图 7.8（b）反映了冬季西崖大佛在 9:30~11:30 各部位的相对湿度都有逐渐上升的趋势，且除了佛头西侧和佛臂西侧之外，其他部位达到最大值之后随时间逐渐减少。结合表 7.3 可以看出，在测试时间段内，西崖大佛的佛头东侧的相对湿度均值最大，为 50.39%。由图 7.8（c）可知，冬季西崖大佛除佛头东侧的太阳辐射变化不明显，其他各部位的太阳辐射的变化趋于一致。且在整个测试时间段内，佛头东侧的太阳辐射值最低，原因同夏季测试类似，因为佛头上部的山体岩石和顶棚的遮挡，导致其接受的太阳辐射有限。其他部位的太阳辐射在 9:30~12:30 内随时间变化逐渐上

升，之后三小时内变化幅度有所降低。由图7.8（d）可知冬季西崖大佛各部位的风速变化无明显规律可循，大佛佛脚西侧在10:30~12:30变化幅度较大，且在12:30达到最大值，为0.9m/s。

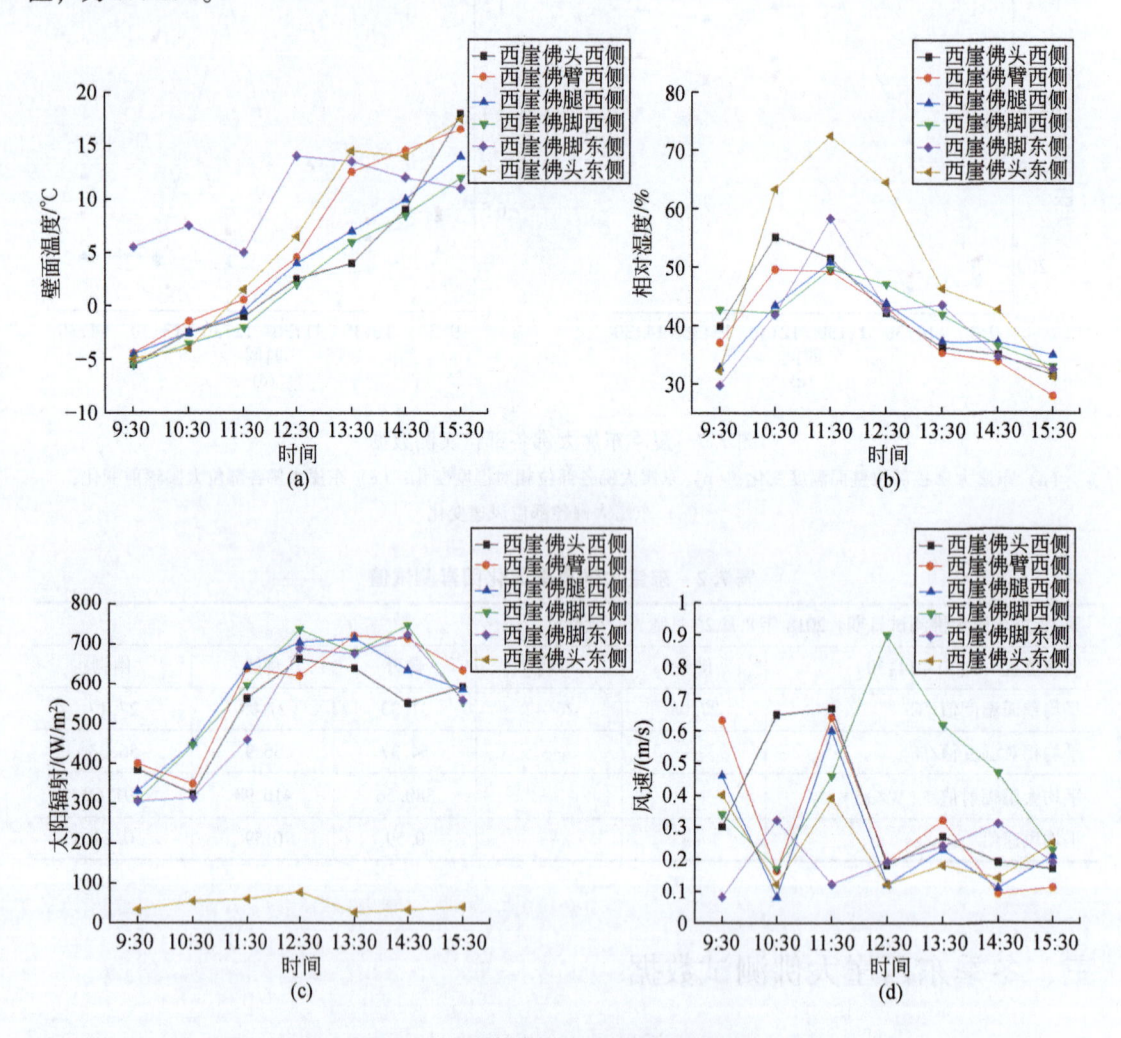

图7.8 冬季西崖大佛各部位实测数据
(a) 西崖大佛各部位壁面温度变化；(b) 西崖大佛各部位相对湿度变化；(c) 西崖大佛各部位太阳辐射变化；
(d) 西崖大佛各部位风速变化

表7.3 西崖大佛冬季风化因素测试值

第98窟西崖大佛测试日期：2019年1月11日晴天，微风						
实测位置（9:30~15:30）	佛头西	佛头东	佛臂	佛腿	佛脚西	佛脚东
平均壁面温度值/℃	3.5	6.43	6.07	3.93	2.5	9.79
平均相对湿度值/%	41.69	50.39	39.37	40.04	41.87	40.44
平均太阳辐射值/（W/m²）	530.57	46.06	579.86	580.14	580.43	530.71
平均风速值/（m/s）	0.35	0.23	0.31	0.26	0.46	0.21

(二) 东崖大佛实测数据

由图7.9 (a) 可知，冬季东崖大佛各部位壁面温度的变化情况，结合表7.4可以得到冬季东崖大佛的佛头和佛手部的壁面温度低于佛腿和佛脚处的壁面温度，整体的壁面温度变化呈上升趋势，大佛佛腿处壁面温度在14:30达到最大值26.5℃。大佛佛脚的壁面温度在9:30~12:30时间内变化幅度较大，之后3小时内变化较为平缓。从图7.9 (b) 可知，冬季东崖大佛各部位的相对湿度在11:30~15:30时间内呈下降趋势。大佛佛头的相对湿度在11:30达到最大值，为54.6%，大佛佛腿部的相对湿度同样在11:30达到最大值，为52.9%。图7.9 (c) 反映了冬季在10:30~12:30时间内东崖大佛各部位的太阳辐射逐渐上升，且大佛佛腿、佛臂和佛脚的太阳辐射强度在12:30达到最大值，分别为793W/m²、795W/m²和713W/m²，之后3小时内随时间逐渐降低。从图7.9 (d) 中可以看出冬季东崖大佛的风速变化无明显规律，大佛佛腿处的风速在13:30~15:30时间内变化幅度较大，在15:30达到最大值，为1.2m/s。

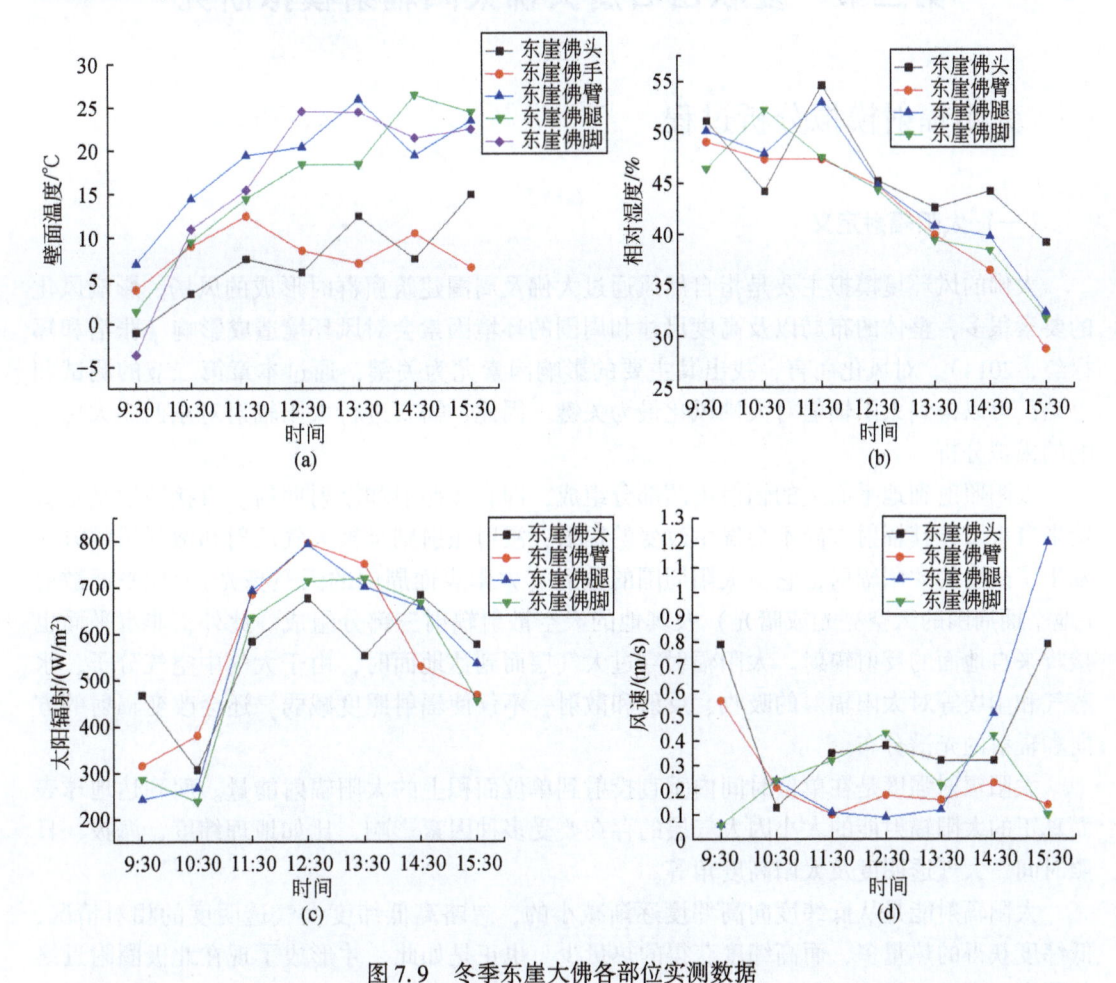

图7.9 冬季东崖大佛各部位实测数据
(a) 东崖大佛各部位壁面温度变化；(b) 东崖大佛各部位相对湿度变化；(c) 东崖大佛各部位太阳辐射变化；
(d) 东崖大佛各部位风速变化

表 7.4 东崖大佛冬季风化因素测试值

第 13 窟东崖大佛测试日期：2019 年 1 月 11 日晴天，微风

实测位置（9:30~14:30）	佛头	佛手	佛臂	佛腿	佛脚
平均壁面温度值/℃	7.29	8.29	18.64	16.21	16.59
平均相对湿度值/%	45.87	—	41.90	44.09	42.84
平均太阳辐射值/（W/m^2）	550	—	560.29	556.14	530.57
平均风速值/（m/s）	0.44	—	0.23	0.33	0.26

麦积山石窟复杂的微环境气候决定了东西崖大佛的风化是受多方面因素影响造成的，考虑到从上述测点来反映整个大佛的风化程度有一定的局限性，可以使用数字模拟的方式，更加直观、全面地阐释麦积山大佛风化程度的影响因素。

第三节 麦积山石窟大佛太阳辐射模拟研究

一、太阳辐射模拟分析过程

（一）太阳辐射定义

大佛的风环境模拟主要是指自然风通过大佛及周围建筑窟群时形成的风场。影响风化的要素很多，整体的布局以及高度尺寸和周围的环境因素会对风环境造成影响（张浩和郑禄红，2014）。对风化而言，找出其主要的影响因素尤为关键，通过本章第二节的测试和总结，可以得到太阳辐射对大佛风化最为关键。因此，需要进行太阳辐射对东西崖大佛影响的模拟分析。

太阳照射到地平面上的辐射由两部分组成，即直接照射和漫射照射。直接照射是指直接来自太阳，其辐射方向不会发生改变的辐射；漫射照射则是被大气反射和散射后的方向发生了改变的太阳辐射，它由太阳周围的散射（太阳表面周围的天空亮光）、地平面散射（地平面周围的天空亮光或暗光）及其他的天空散射辐射三部分组成。此外，非水平面也接收来自地面的反射辐射。太阳辐射穿过大气层而到达地面时，由于大气中空气分子、水蒸气和尘埃等对太阳辐射的吸收、反射和散射，不仅使辐射照度减弱，还会改变辐射的方向和辐射的光谱分布。

太阳辐射强度是在单位时间内垂直投射到单位面积上的太阳辐射能量。而到达地球表面真正的太阳辐射能的大小因大气层的存在要受多种因素影响，比如地理纬度、海拔、日照时间、大气透明度及太阳高度角等。

太阳辐射能是从低纬度向高纬度逐渐减小的，忽略高低纬度大气透明度的相对情况，低纬度获得的热量多，而高纬度获得的热量少。也正是如此，才形成了现在北极圈附近终年严寒，赤道地带全年气候炎热，四季葱绿的现象。物体表面在单位面积、单位时间所受到的太阳辐射能，一般以辐射照度表示。辐射照度的计量单位名称为"瓦特每平方米"，

表示符号为 W/m²。表 7.5 给出了热带、温带和比较寒冷地带的太阳平均辐射照度。

表 7.5 不同地区太阳平均辐射照度

地区	太阳平均辐射照度/（W/m²）
热带、沙漠	210~250
温带	130~210
阳光极少地区（北欧）	80~130

资料来源：刘琦，王德华．2016．《绿色建筑模拟技术应用 建筑日照》．北京：知识产权出版社．

（二）模拟软件

利用 Ecotect Analysis 太阳辐射模拟部分，可以更加直观、清楚地分析东西崖大佛一定时间段内太阳辐射量的分布情况。使用者首先建立直观、可视的三维模型，根据建筑的特定情况，输入经纬度、海拔，选择时区，确定建筑材料的技术参数，即可在该软件中完成对模型的太阳辐射、热的模拟分析（图 7.10）。

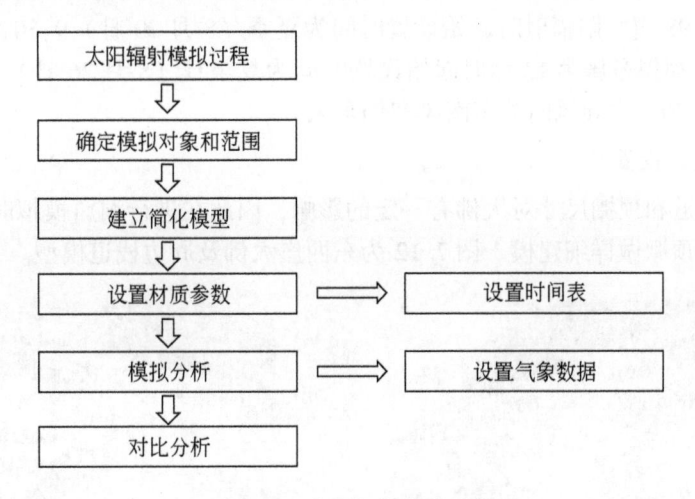

图 7.10 太阳辐射模拟过程

（三）模拟步骤

1. 模型建立

在太阳辐射模拟之前需要建立大佛模型，在建立模型时需要根据需求适当地简化模型。本次模拟主要是以太阳辐射分析为目的，而不是追求视觉的真实性，模型建立得越精细，计算机的负荷就越大，模拟速度就会减慢，并且对于为求视觉的真实性而增加的模型细微结构对太阳辐射影响较小。因此，本次建立麦积山石窟的模型，将忽略太阳辐射影响较小的崖体的凹凸部分，而对大佛周围栏杆（栏杆高度等）、栈道（尺寸）进行详细的建模（图 7.11）。

图 7.11　西崖大佛栈道模型图

2. 模拟时间

模拟西崖第 98 窟太阳辐射时起始设置时间为夏季（8 月 20 日）9:30，冬季为（1 月 11 日）9:30。在模拟东崖第 13 窟时起始设置时间为夏至日（8 月 26 日）15:30，冬季为（1 月 11 日）15:30，主导风向为东南风和偏东风。

3. 顶棚处模拟设置

大佛附近栈道和顶棚尺寸对大佛有一定的影响，因此在进行洞窟模拟时，应对大佛石窟附近栈道口和顶棚做详细建模。图 7.12 为东西崖大佛及周边栈道模型。

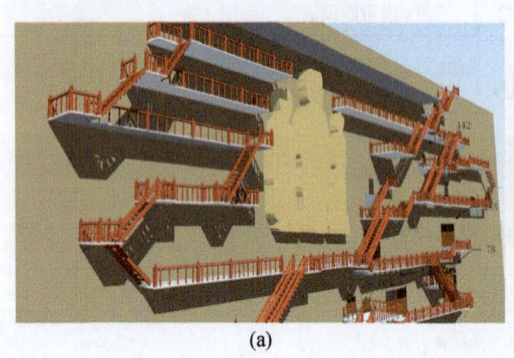

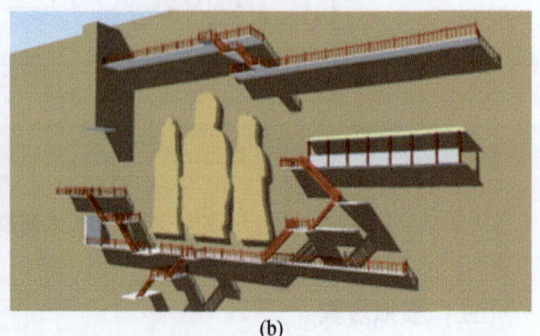

(a)　　　　　　　　　　　　　(b)

图 7.12　东西崖大佛及周边栈道模型
(a) 西崖大佛及周边栈道模型；(b) 东崖大佛及周边栈道模型

4. 模拟材质选择

在 Ecotect 里面有专门的材质设置，自行定义材料的各个参数，可以添加材料构造，其中常见的有材料厚度、重量、U 值，还有一些不常见的准入系数（admittance）、衰减系数（thermal decrement）、延迟时间（thermal lag）。在透明材料的设置时，延迟时间和衰减系数分别由辅助太阳能的热系数和折射率所替代，其中与光有关的系数就是不透明材质的内外表面颜色反射比和透明材质的可见光透过率、折射率。

5. 输出结果

在进行模拟网格设置时，大佛造像的形状不是规则的长方形或者正方形，因此在设置时候尽量将网格设置精细一些，才能让网格覆盖整个模拟界面。根据不同尺寸设置不同数量的网格，网格大小一般为 0.1m×0.1m。

二、大佛太阳辐射模拟分析

（一）夏季大佛太阳辐射模拟分析

1. 西崖（第98窟）大佛壁面8月太阳辐射模拟分析

图 7.13（a）为西崖大佛壁面 8 月累计太阳辐射的分布情况，整个大佛壁面累积的太阳辐射比佛身周围的要高出很多，这是因为佛身壁面相对于崖体壁面凸起，太阳照射下会造成阴影遮挡，所以接收到的太阳辐射比大佛壁面少。崖体壁面从佛头位置处向下 8 月累计太阳辐射大致在 55200～87600Wh 范围内，大佛壁面佛身整体都在 120000Wh 左右。图 7.13（b）为西崖大佛壁面 8 月日均太阳辐射的分布情况。大佛壁面处，从佛头中部至佛肩处日均太阳辐射在 3280Wh 左右，其余部位日均太阳辐射在 4000Wh 左右，崖体壁面太阳辐射同 8 月累计一样，呈相似的分布状态，佛头处崖体壁面向下的太阳辐射都处在 2200～2920Wh 范围内。

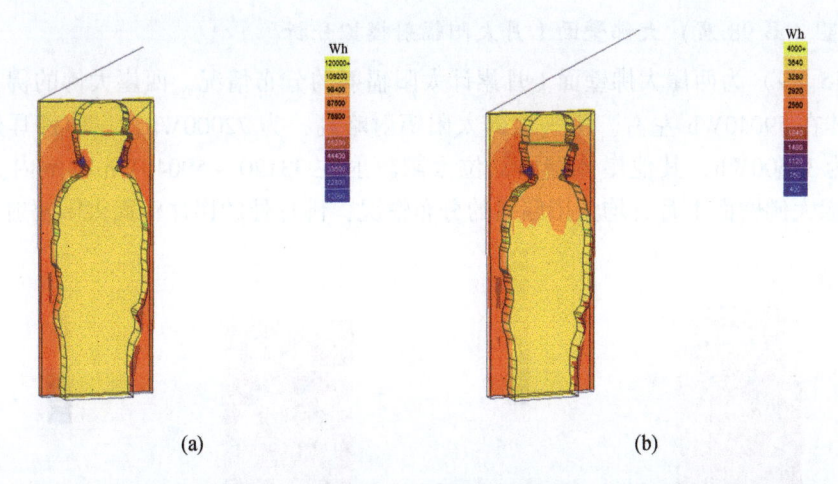

图 7.13　西崖（第98窟）大佛壁面8月累计太阳辐射和日均太阳辐射模拟图
（a）西崖（第98窟）大佛壁面8月累计太阳辐射模拟图；（b）西崖（第98窟）大佛壁面8月日均太阳辐射模拟图

2. 东崖（第13窟）大佛壁面8月太阳辐射模拟分析

图 7.14（a）为东崖大佛壁面 8 月累计太阳辐射的分布情况，同西崖大佛类似，整个大佛壁面累积的太阳辐射比佛身周围的要高出很多，东崖崖体壁面的太阳辐射在顶部达到 120000Wh，与佛身壁面的太阳辐射一致，之后向下逐渐减少，大致在 55200～98400Wh。图 7.14（b）为东崖大佛壁面 8 月日均太阳辐射的分布情况，东崖大佛的崖体壁面在顶部

达到1190Wh，之后在佛颈处逐渐增大至1760Wh。东崖大佛壁面的太阳辐射除了佛头位置是1760Wh，佛身其他部位大致均为2140Wh。

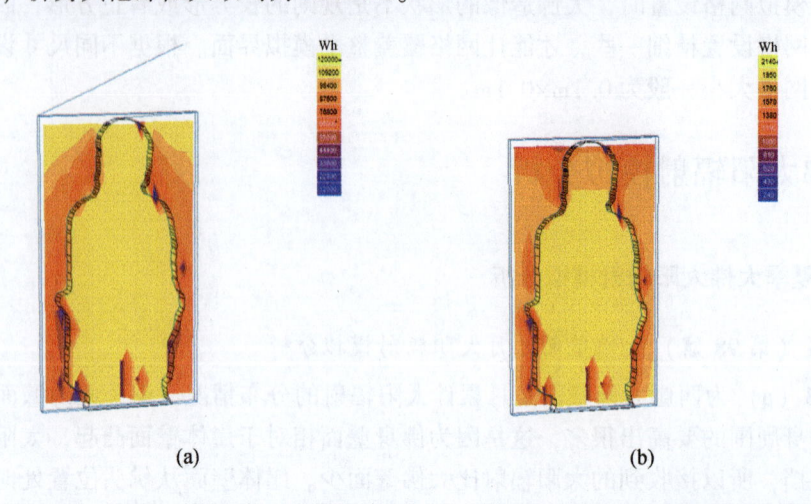

图7.14　东崖（第13窟）大佛壁面8月累计太阳辐射和日均太阳辐射模拟图
（a）东崖（第13窟）大佛壁面8月累计太阳辐射模拟图；（b）东崖（第13窟）大佛壁面8月日均太阳辐射模拟图

（二）冬季大佛太阳辐射模拟分析

1. 西崖（第98窟）大佛壁面1月太阳辐射模拟分析

图7.15（a）为西崖大佛壁面1月累计太阳辐射的分布情况，西崖大佛的佛身壁面太阳辐射整体在59040Wh左右，佛头顶部太阳辐射略高，为72000Wh，崖体佛耳处的累计太阳辐射为39600Wh，其他崖体壁面部位太阳辐射在33120~59040Wh范围内。图7.15（b）为西崖大佛壁面1月日均太阳辐射的分布情况，佛耳处的崖体壁面太阳辐射比其他部

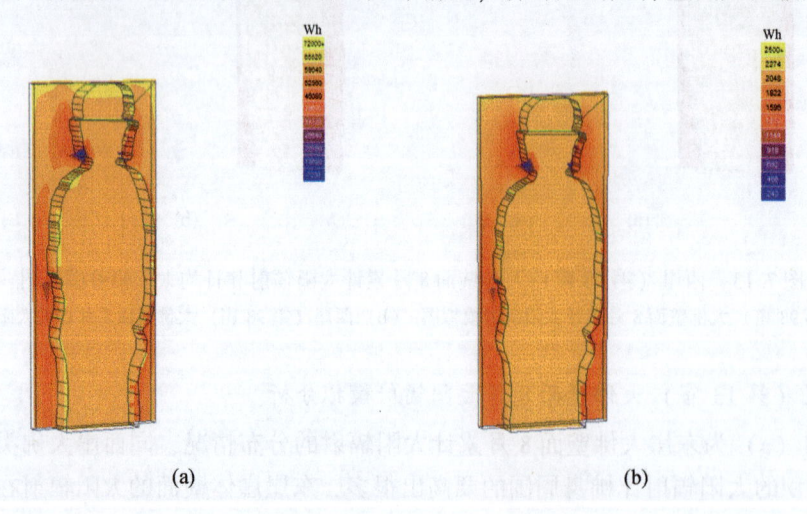

图7.15　西崖（第98窟）大佛壁面1月累计太阳辐射和日均太阳辐射模拟图
（a）西崖（第98窟）大佛壁面1月累计太阳辐射模拟图；（b）西崖（第98窟）大佛壁面1月日均太阳辐射模拟图

位要低，最低为466Wh，整个佛身壁面日均太阳辐射值为2048Wh，佛腿处的崖体壁面日均太阳辐射比佛腿处低。

2. 东崖（第13窟）大佛壁面1月太阳辐射模拟分析

图7.16（a）为东崖大佛壁面1月累计太阳辐射的分布情况，整个佛身壁面的累计太阳辐射值都比较一致，为64000Wh。佛头处和崖体壁面交接处，佛臂与崖体壁面靠近处，包括佛腿与崖体靠近部位的累计太阳辐射值会略有降低。图7.16（b）为东崖大佛壁面1月日均太阳辐射的分布情况，同1月东崖大佛累计太阳辐射的分布态势一致，整个佛身壁面处的日均太阳辐射比较一致，为1950Wh。佛头处的崖体壁面、佛臂和佛腿处的崖体壁面的日均太阳辐射有所降低，在1000~1760Wh范围内。

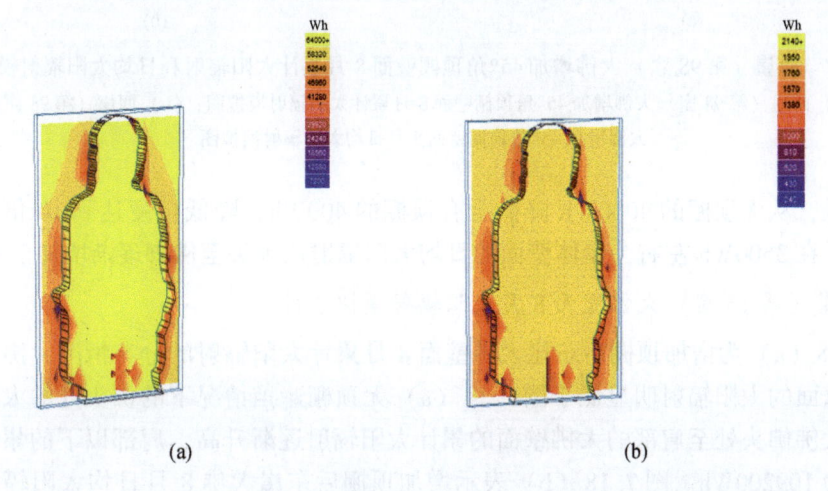

图7.16 东崖（第13窟）大佛壁面1月累计太阳辐射和日均太阳辐射模拟图
（a）东崖（第13窟）大佛壁面1月累计太阳辐射模拟图；（b）东崖（第13窟）大佛壁面1月日均太阳辐射模拟图

三、大佛顶棚太阳辐射模拟分析

（一）夏季增加45°角顶棚后的太阳辐射模拟分析

1. 西崖（第98窟）大佛壁面8月太阳辐射模拟分析

西崖（第98窟）有后来围护的顶棚设施，在此用45°角顶棚来模拟东西崖大佛加上顶棚设施后的太阳辐射量的变化情况。

图7.17（a）为增加顶棚后，大佛壁面和附近崖体壁面的累计太阳辐射量的分布情况。相比于图7.13（a）可以发现，增加顶棚后的佛头顶部的太阳辐射量明显降低，佛头顶部及附近崖体壁面的累计太阳辐射量相比于无顶棚的累计太阳辐射量要减少大约100000Wh。佛头之下的大佛壁面其他部位的累计太阳辐射量逐渐增加至109200Wh。崖体壁面的太阳辐射从上至下逐渐增加至66000Wh。图7.17（b）为增加顶棚后西崖大佛壁面8月日均太阳辐射的分布情况，相比于图7.13（b）可以看出，大佛顶部的日均太阳辐射

(a) (b)

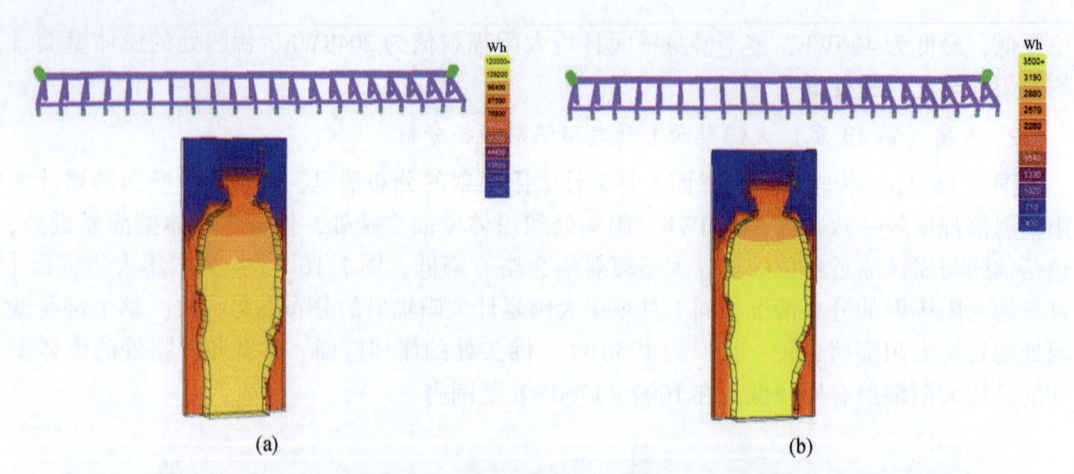

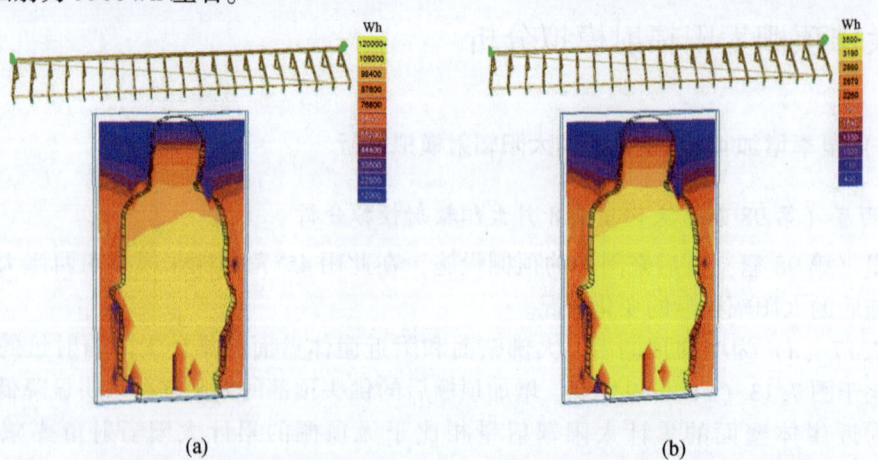

图 7.17 西崖（第 98 窟）大佛增加 45°角顶棚壁面 8 月累计太阳辐射和日均太阳辐射模拟图
（a）西崖（第 98 窟）大佛增加 45°角顶棚壁面 8 月累计太阳辐射模拟图；（b）西崖（第 98 窟）
大佛增加 45°角顶棚壁面 8 月日均太阳辐射模拟图

有显著降低，从无顶棚的 4000Wh 降低至有顶棚的 400Wh，降低幅度达到 10 倍。佛身下部位依旧是在 3500Wh 左右，崖体壁面的日均太阳辐射从佛头至佛脚逐渐增加至 1950Wh。

2. 东崖（第 13 窟）大佛壁面 8 月太阳辐射模拟分析

图 7.18（a）为增加顶棚后东崖大佛壁面 8 月累计太阳辐射的分布情况，佛头顶部及附近崖体壁面的太阳辐射明显低于图 7.14（a）无顶棚遮挡情况下的佛头处的太阳辐射强度。东崖大佛佛头处至肩部的大佛壁面的累计太阳辐射逐渐升高，肩部以下的累计太阳辐射基本都为 109200Wh。图 7.18（b）表示增加顶棚后东崖大佛 8 月日均太阳辐射的分布情况，相对于图 7.14（b）可以得到，在佛头处及附近的崖体壁面的太阳辐射会有所降低，日均太阳辐射同累计太阳辐射的分布相似，大佛壁面从肩部往下都相对比较一致，日均太阳辐射为 3500Wh 左右。

(a) (b)

图 7.18 东崖（第 13 窟）大佛增加 45°角顶棚壁面 8 月累计太阳辐射和日均太阳辐射模拟图
（a）东崖（第 13 窟）大佛增加 45°角顶棚壁面 8 月累计太阳辐射模拟图；（b）东崖（第 13 窟）
大佛增加 45°角顶棚壁面 8 月日均太阳辐射模拟图

（二）冬季增加 45°角顶棚后的太阳辐射模拟分析

1. 西崖（第 98 窟）大佛壁面 1 月太阳辐射模拟分析

图 7.19（a）表示了增加 45°角顶棚后，1 月西崖大佛累计太阳辐射的分布情况。从图中可以看出，相比于图 7.15（a），西崖大佛壁面的佛身上半部分累计太阳辐射是 57420Wh，下半部分是 63000Wh。大佛头顶处及附近崖体壁面的累计太阳辐射低于大佛壁面的累计太阳辐射。图 7.19（b）表示增加 45°角顶棚后，1 月西崖大佛日均太阳辐射的分布情况。相比于图 7.15（b）可以看出，西崖大佛壁面太阳辐射不再那么均匀分布，佛头处的日均太阳辐射要略低于佛身的日均太阳辐射。崖体壁面的日均太阳辐射低于大佛佛身壁面的日均太阳辐射。

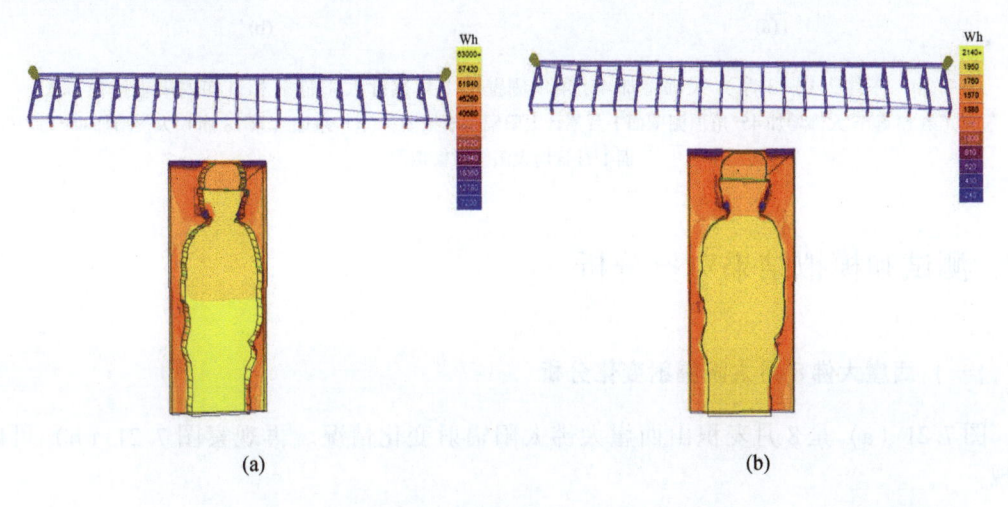

图 7.19 西崖（第 98 窟）大佛增加 45°角顶棚壁面 1 月累计太阳辐射和日均太阳辐射模拟图
（a）西崖（第 98 窟）大佛增加 45°角顶棚壁面 1 月累计太阳辐射模拟图；（b）西崖（第 98 窟）大佛增加 45°角顶棚壁面 1 月日均太阳辐射模拟图

2. 东崖（第 13 窟）大佛壁面 1 月太阳辐射模拟分析

图 7.20（a）表示了增加 45°角顶棚后，1 月东崖大佛累计太阳辐射的分布情况。从此可以直观看出，加顶棚后，佛顶部及周围的累积太阳辐射为 35100～46260Wh，而不加顶棚的累计太阳辐射为 64000Wh，相比于图 7.16（a），由于顶棚的遮挡作用，东崖大佛佛头顶处附近崖体壁面的累计太阳辐射要明显低于不加顶棚时的累计太阳辐射。图 7.20（b）表示增加 45°角顶棚后，1 月东崖大佛日均太阳辐射的分布情况。对比图 7.16（b）可以得到，不加顶棚的东崖大佛佛头处日均太阳辐射为 1950Wh，加了顶棚之后的日均太阳辐射强度变为 1570～1760Wh。因此，东崖大佛佛头处及周围的日均太阳辐射强度要低于不加顶棚时的日均太阳辐射强度，顶棚的遮挡起了至关重要的作用。

(a) (b)

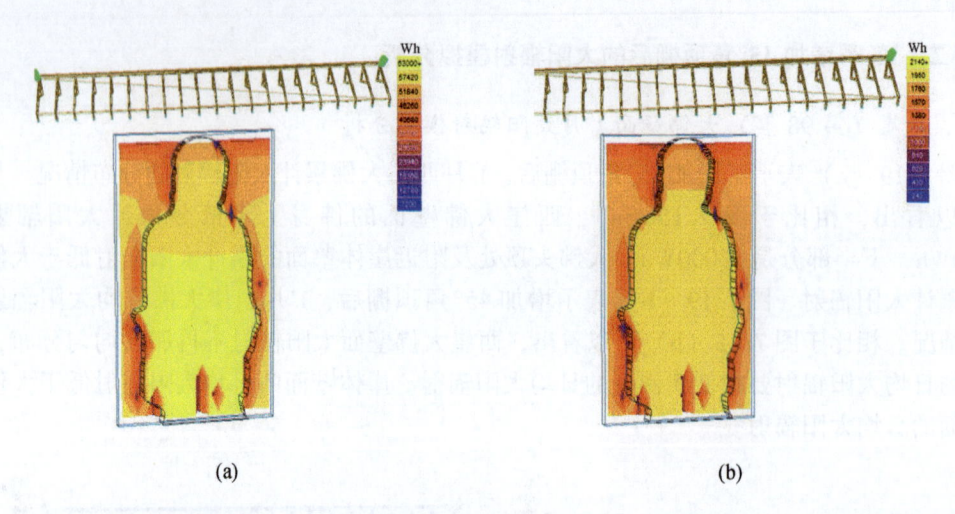

图 7.20 东崖（第 13 窟）大佛增加 45°角顶棚壁面 1 月累计太阳辐射和日均太阳辐射模拟图
(a) 东崖（第 13 窟）大佛增加 45°角顶棚壁面 1 月累计太阳辐射模拟图；(b) 东崖（第 13 窟）大佛增加 45°角顶棚壁面 1 月日均太阳辐射模拟图

四、测试和模拟结果对比分析

（一）西崖大佛 8 月太阳辐射变化分析

图 7.21（a）是 8 月麦积山西崖大佛太阳辐射变化情况。再观察图 7.21（b）可以发现：

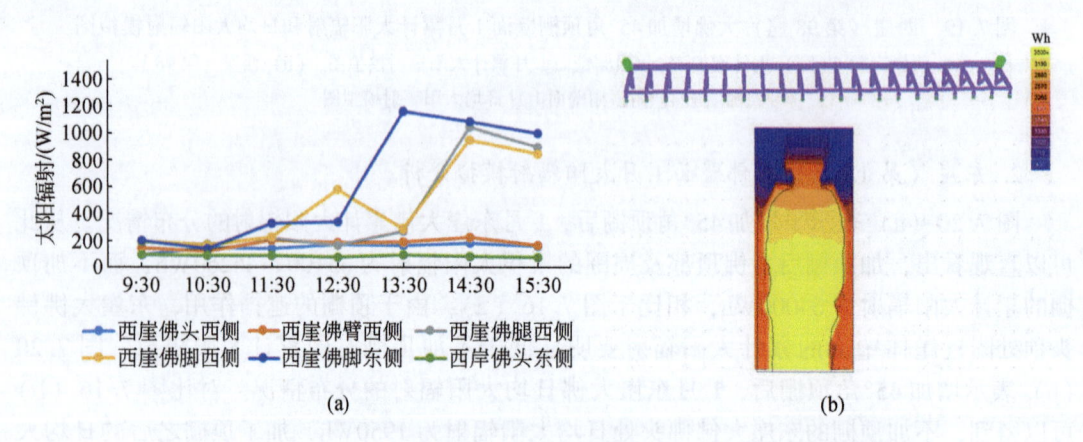

(a) (b)

图 7.21 麦积山西崖大佛各部位 8 月太阳辐射变化和日均太阳辐射量模拟图
(a) 西崖大佛各部位 8 月太阳辐射变化；(b) 8 月麦积山西崖大佛日均太阳辐射量模拟图

（1）因为顶棚的缘故，大佛头部的太阳辐射累积强度较弱，比大佛手臂处和腿脚处低很多；因为大佛周围相对于大佛进深大，加上山体和树林的遮挡，所以大佛周围的太阳辐射强度比大佛本体要低得多，这在大佛的中部和下部分可以从模拟图中充分体现出来；

(2) 从图 7.21 (a) 可知,西崖大佛佛脚和佛腿部位太阳辐射量随时间的推移呈上升趋势,波动比较大,尤其是在 13:30~14:30,这也可以充分说明图 7.21 (b) 中西崖大佛 8 月日均的太阳辐射强度在大佛中下部位比上部要高得多;

(3) 从图 7.21 (a) 中还可以得到,大佛头部和手臂处即上中部位的太阳辐射强度随时间变化波动较小。这也从图 7.21 (b) 中得到证实,大佛的上部日均的太阳辐射强度确实比较低。

(二) 太阳高度角对西崖大佛太阳辐射的影响

通过对西崖大佛第 98 窟冬至、夏至日日影分析,可以得出以下结论:在无防护太阳辐射措施,直接接受太阳辐射的情况下,冬季的大佛接收到的太阳辐射比夏季的更为均匀。如图 7.22 所示,这是因为冬季太阳高度角比夏季小,冬季来自太阳的光线角度较夏季的更为平缓。

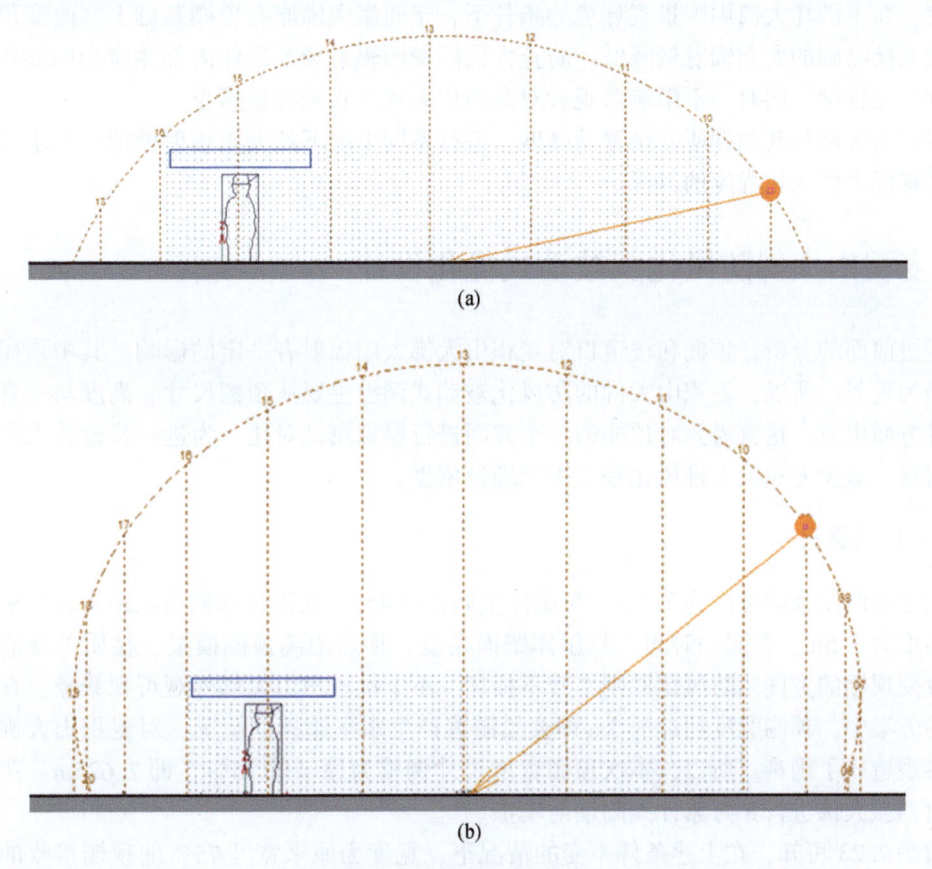

图 7.22 冬夏季太阳高度角
(a) 冬季太阳高度角;(b) 夏季太阳高度角

第四节　麦积山石窟大佛风化被动式调控设计

一、麦积山石窟大佛被动式调控策略

麦积山石窟大佛不仅向人们直接展现这经历沧桑风雨的壮观景象，还为整个麦积山增添了很多其他的景观元素。因此，保护麦积山大佛避免风化侵蚀，可以提供良好的视觉参观环境。这需要将被动式调控设计与避免太阳辐射影响相结合。总之，以文物保护层面为基本出发点，需要结合现有条件减少直射太阳辐射对大佛的影响，以及提供被动式措施等对大佛防风化设计进行探讨。

对于麦积山东西崖大佛的风化现状，被动式调控设计是指在最大限度上降低大佛的风化程度。在不破坏大佛周围景观环境的条件下，于西崖大佛原有顶棚基础上，改变顶棚尺寸，使其接收到的太阳辐射量降低，防止大佛因壁面辐射导致岩体内部热应力的改变，进而加剧风化程度。同时，不影响参观者对东西崖大佛的直观视觉感受。

通过对大佛与其顶棚所处位置及高度，进行不同工况下的太阳辐射模拟，力求达到最大限度降低大佛风化程度的目标。

二、麦积山大佛防风化及被动式优化设计

经过前面的分析，顶棚和栈道口对麦积山大佛太阳辐射有一定的影响，其中顶棚对其影响最为重要。所以，麦积山大佛的防风化被动式调控主要从顶棚尺寸、高度与垂直面的角度等方面出发。这就需要对顶棚的各个方面进行模拟测试对比，为进一步改善太阳辐射的辐射量，减少麦积山大佛风化程度提供理论依据。

（一）顶棚尺寸

设定的西崖顶棚宽度为3.5m，与崖体壁面角度45°，大佛顶部最高点距离顶棚横梁的垂直高度为3.5m。在同一时间，与崖体壁面角度、顶点距离顶棚横梁、材质不变的情况下，改变顶棚的宽度。防风化原则本着不损坏、不干扰麦积山大佛外观可视景象。在原本拟定的方案中，顶棚宽度超过3.5m即会给游客产生水平遮挡的情况，对麦积山大佛的游览和参观造成了困难。所以，本次顶棚宽度尺寸调整为原来的75%，即2.625m。在此基础上对西崖大佛进行8月累计太阳辐射模拟。

由图7.23可知，在上述条件不变的情况下，宽度为原来宽度75%的顶棚接收的太阳辐射量相比于原来更多一些，这是因为宽度大的顶棚遮挡的入射光线较多，接收到的太阳辐射量也相对较少。所以，在之前模拟设定的顶棚宽度即是最大限值。顶棚宽度超过3.5m会对麦积山大佛造成视觉遮挡，影响游客的参观；小于3.5m的顶棚宽度会使大佛接收到更多的太阳辐射量，导致风化的加剧。

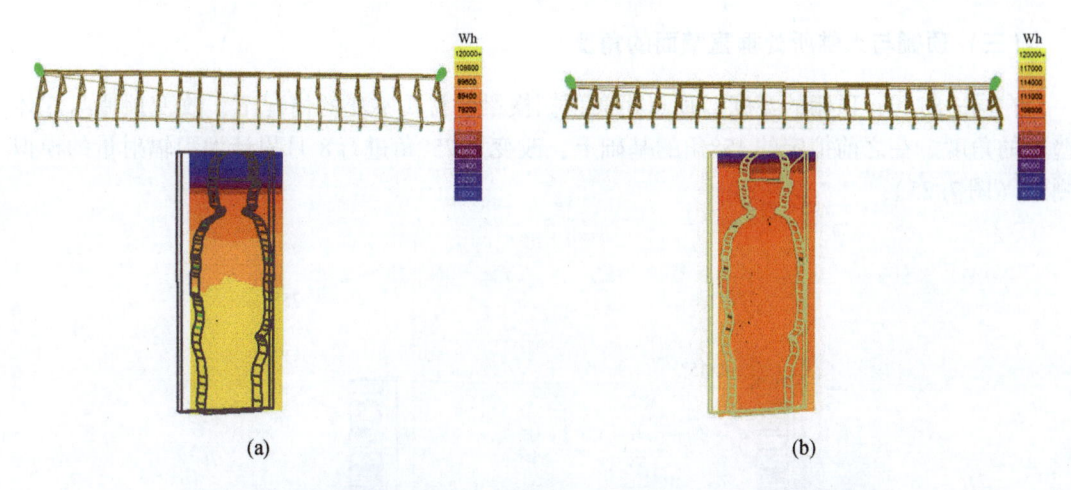

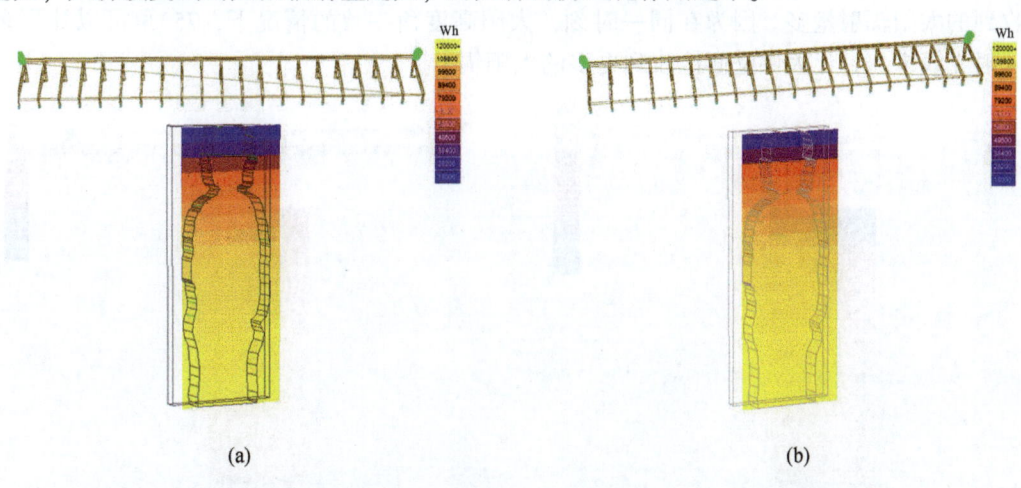

图 7.23 顶棚宽度为 3.5m 和 2.625m 西崖大佛 8 月累计太阳辐射量
(a) 顶棚宽度为 3.5m 西崖大佛 8 月累计太阳辐射量；(b) 顶棚宽度为 2.625m 西崖大佛 8 月累计太阳辐射量

（二）顶棚距大佛顶点高度

西崖大佛最高点距离顶棚横梁的垂直高度为 3.5m。在其他尺寸不变的情况下，将大佛最高点距离顶棚横梁的垂直高度提高 0.5m，即大佛最高点距离顶棚横梁的垂直高度（以下简称高度）为 4m，再进行 8 月累计太阳辐射量的模拟分析。

如图 7.24 所示，顶棚高度为 4m 的大佛接收到的太阳辐射量比顶棚高度为 3.5m 要大。从图 7.24 中色条的变化可知，高度 4m 的接收到的太阳辐射量变化比高度 3.5m 快，顶棚高度为 3.5m 的大佛经过 8 个过渡色块趋于一致，而顶棚高度 4m 的大佛经过 7 个过渡色块就趋于一致。所以，在其他尺寸不变的情况下，大佛最高点距离顶棚横梁的垂直高度越大，大佛接受到的太阳辐射量越大，对大佛的防风化作用越小。

图 7.24 顶棚高度为 3.5m 和 4m 的西崖大佛 8 月累计太阳辐射量
(a) 顶棚高度为 3.5m 西崖大佛 8 月累计太阳辐射量；(b) 顶棚高度为 4m 西崖大佛 8 月累计太阳辐射量

(三) 顶棚与大佛所处垂直壁面的角度

在同一时间，顶棚的宽度、顶点距离顶棚横梁、材质不变的情况下，改变顶棚与崖体壁面的角度。在之前拟定的45°角的基础上，改变为75°角进行8月累计太阳辐射量的模拟测试（图7.25）。

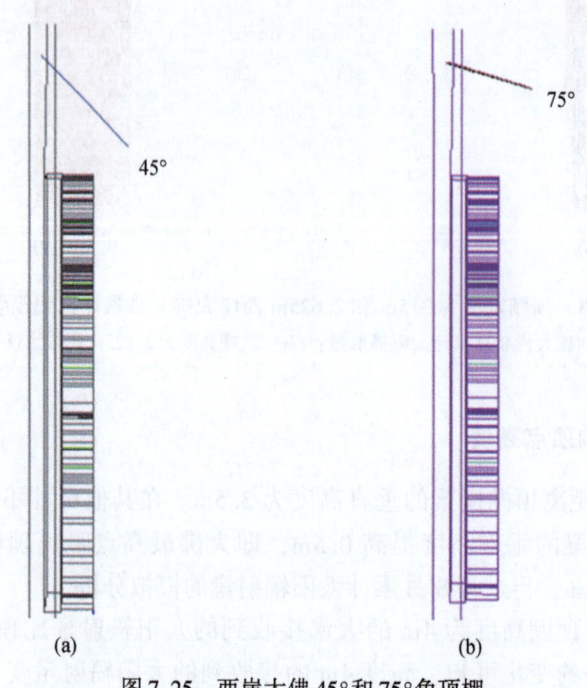

图 7.25 西崖大佛 45°和 75°角顶棚

（a）西崖大佛 45°角顶棚；（b）西崖大佛 75°角顶棚

由图 7.26 可知，在其他条件不变的情况下，与崖体壁面角度为 75°的顶棚要比 45°的接收到的太阳辐射量多。因为在同一时刻，太阳高度角一致的情况下，75°角可以让更多的入射光线进入，让大佛壁面接收到更多的太阳辐射。

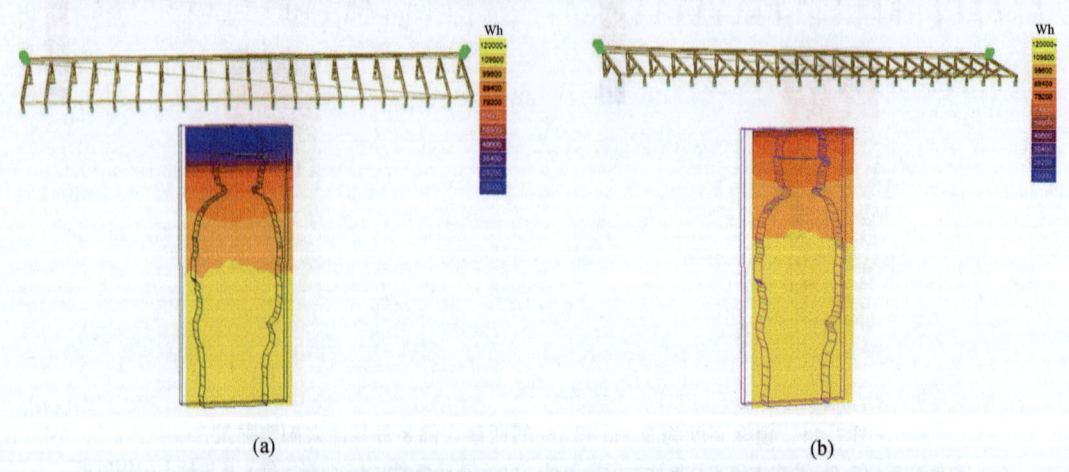

图 7.26 西崖大佛 45°和 75°角顶棚 8 月累计太阳辐射量

（a）西崖大佛 45°角顶棚 8 月累计太阳辐射量；（b）西崖大佛 75°角顶棚 8 月累计太阳辐射量

第五节 小　　结

以麦积山石窟东西崖大佛为研究对象，对所选第98、13窟进行物理环境测试，重点研究了麦积山石窟东西崖大佛的物理风化因素的影响机理。结合实测数据分析和计算机模拟，给出太阳辐射对麦积山石窟大佛的影响程度，重点阐述了大佛在有无防护措施情况下太阳辐射量的变化情况及其分布规律。最终提出改善麦积山大佛物理风化程度的被动式调控策略，具体结论如下。

（1）对所选东西崖大佛的风化因素进行实测和模拟，得到麦积山东西崖大佛环境变化现状：西崖大佛各部位随时间推移到正午时分壁面温度呈上升趋势，相对湿度有所下降，风速变化无明显规律，太阳辐射在无云天气随时间呈上升趋势；东崖大佛各部位壁面温度随时间上升，相对湿度随时间降低，太阳辐射在12:30前呈上升趋势之后变化甚微。

（2）针对麦积山石窟东西崖大佛的风化现状，从太阳辐射的角度出发，提出以下改善麦积山大佛风化现状的意见和建议：在不破坏原有周围景观植被的基础上，对西崖原有顶棚进行尺寸调整，增加顶棚的宽度可以减少大佛的太阳辐射量，进而减少因太阳辐射导致的大佛风化加剧；在适当尺寸范围内，不宜大量提高顶棚的垂直高度，否则会加剧大佛的风化侵蚀；尽量不要增加顶棚与崖体壁面的角度，否则也加剧大佛的风化侵蚀。

第八章　麦积山核心景区声景观研究

"听"作为人类认识世界不可或缺的重要途径之一，应当在景观设计方式中引起重视。遗产型风景名胜区作为一种特殊的公共空间，具有深厚的文化意义。在满足人们休闲游憩的基础上，对遗产型景区的景观进行深入设计，这对发扬中华文化、延续中国文明以及开拓景观设计思维有至关重要的意义。本章以天水麦积山核心景区的声景观为研究对象，对麦积山核心景区客观声环境物理数据、声景观现状和主观问卷调查进行分析，结合主观和客观的研究结果对其声景观质量进行评价，并提出适宜可行的声景观优化建议，为以后同类型的遗产型风景名胜区声景观设计提供必要的参考。

第一节　麦积山核心景区声景观评价方式和内容

一、麦积山核心景区类型及边界范围

作为丝绸之路文化长廊的途经地和佛教文学、艺术、建筑等的重点研究地，麦积山石窟有着无与伦比的地位。其享有诸如"世界文化遗产""国家5A级旅游景区""国家级风景名胜区""中国国家森林公园""国家地质公园""全国重点文物保护单位""中国四大石窟之一"等多项盛名。

在甘肃省第十三届人民代表大会常务委员会第五次会议上，修订通过并公布《甘肃省麦积山风景名胜区条例》中，将麦积山风景名胜区总体划分为一级、二级和三级保护区，核心景区为一级保护区。因此，麦积山核心景区是指麦积山石窟规划管理和文物单位保护区划衔接图中的重点保护区。麦积山核心景区是国家级旅游景区，它以申报遗产点麦积山石窟为重点，结合遗存舍利塔、瑞应寺等历史性景点规划整个景区。除了引人入胜的石窟、瑞应寺之外，麦积山核心景区的边界范围还包括了通往麦积上河村、草滩村、教场的道路和上河沟水系脉络。

根据风景名胜区的类型划分方式以及麦积山核心景区的特性，确定本章研究的麦积山核心景区为壁画石窟类景区，属于遗产型的风景名胜区。

二、麦积山核心景区声景观研究思路

结合麦积山核心景区的历史性、人文性的特点，根据风景名胜区长足发展的目标，以社会、自然、人文三个层面从声景观的角度寻找与发展目标相契合的关键点是提升景观价值。

提升景观价值是风景名胜区被公众认可、保护利用及可持续发展的方式，也是顺应并

达到发展目标的重要手段。然而，不同类别的风景名胜区的景观价值体现和评价方式的侧重点不同，从良好的声景观设计以提升麦积山核心景区的景观价值来实现其更好发展，反推其声景观的发展目标，并以此梳理出麦积山核心景区声景观的评价方式和评价内容，可以为麦积山核心景区声景观的研究和优化策略提供新思路（图8.1）。

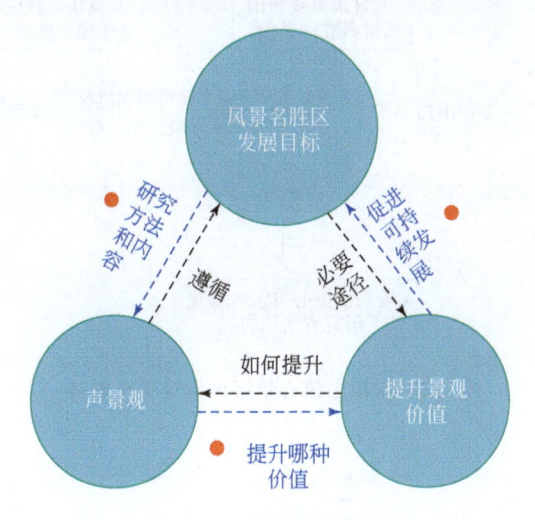

图 8.1 研究思维导图

（一）研究对象发展目标

不同于其他观赏性的风景名胜区，麦积山核心景区为遗产型风景名胜区，具有较为特殊的地位。遗产型风景名胜区所包含的诸多有价值的文化、艺术元素是值得当地政府、居民及社会相关从业者精心呵护的地方文化品牌，是应当被保护、传承和大力扶持的项目。按照《风景名胜区总体规划标准》（GB/T 50298—2018）中对风景名胜区的发展原则要求，遗产型风景名胜区应以传承、保护和发扬为目标，适当还原历史，结合当下，将其原本风貌展现给世人，为未来留有余地，走可持续发展之路。所以，麦积山核心景区声景观的发展目标即声景观的营造、保留和传承应满足该规范的要求。

（二）提升研究对象的景源价值

根据《风景名胜区总体规划标准》（GB/T 50298—2018）对风景名胜区的景观价值评价的要求和文献研究，遗产型风景名胜区除本身具有的生态价值和美学价值之外，所包含的最重要的景源价值是历史价值，这种价值更需要进行深度挖掘（图8.2）。声景观作为体现遗产型风景名胜区的历史文化的重要内容之一，应该得到相应的发展，塑造良好的历史性和人文性声景观将有利于风景名胜区的价值提升和可持续发展。

（三）确定研究方法和内容

从社会、自然和文化三个角度对遗产型风景名胜区声景观的营造、保留和传承进行分析，具体框架如图8.3所示。从社会角度来讲，人是社会生活中的重要角色，人的生产方

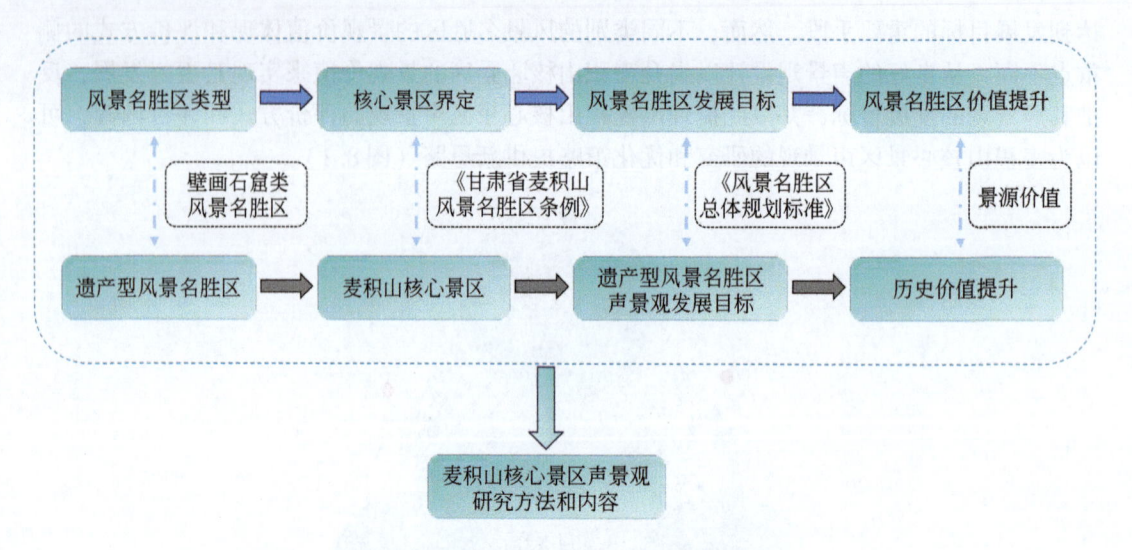

图 8.2　麦积山核心景区声景观研究思路

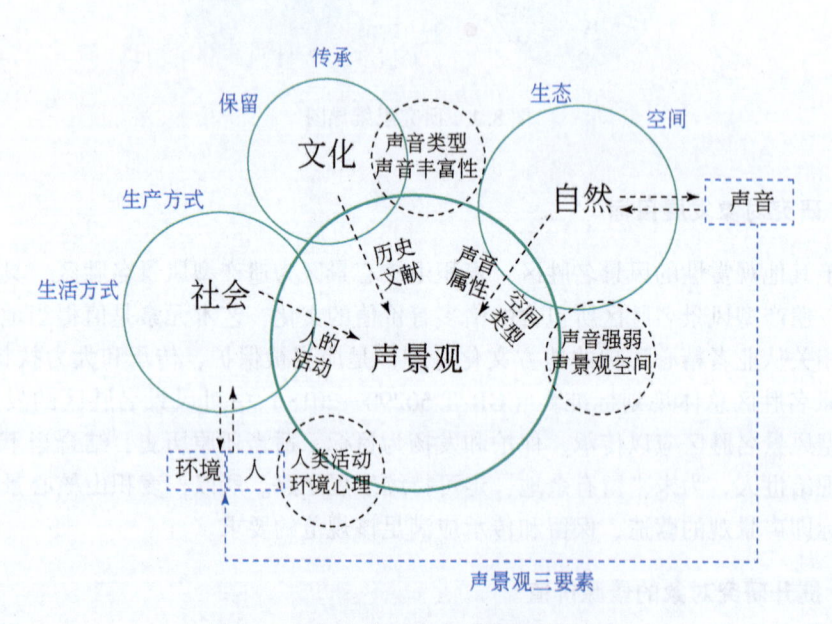

图 8.3　麦积山核心景区声景观研究方法

式、生产活动和生活活动都会制造出不同类型的声音,也会营造出不同的声景观。遗产型风景名胜区声景观的社会属性在于它的开放性、公平性,任何参与其中的人或其他生物都可以营造声景观;从自然角度来讲,人或其他生物自身都有自然属性,同理,声音也具有自然属性。对于一个地区,何种声音是值得保护的,何种声音是需要避免的,何种能够成为该地区特色声音被人们感知和深刻记忆的,在不同的空间中声音对人的心理影响如何,人们对这些声音有什么样的感受和评价等,这些是需要研究者实地调查和解决的问题。尽管声音本身易受空间介质等影响而消逝,但从宏观角度上来说,声音是随着文明的消逝而消逝的,一种文明消失,那么代表该文明的声音也将不复存在,因此,对具有文化和美学意义的声音进行保留和传承对于遗产型风景名胜区的意义至关重要，同时对保留和传承这些声音的方式提出了更高的要求。现代越来越多的电子音频充斥在人们身边，除了这些人工设备之外，是否还有别的方式能够更好地保留声音，创造丰富的声景空间是值得探讨的；从文化角度来讲，没有文字的远古时期，人们靠声音传递信息，声音的高低、强弱、音调大小等可以让同伴辨认安全、觅食、危险等信号；在没有相关的录音、通信设备的历史年代，一部分声音无法保存而消逝，一部分被人们传承下来；各个地区不同方言类型代表着特定地域文化，相似的方言类型之间可能存在着某种社会文化关联。无数例子证明了声音本身就是文化的一部分。遗产型风景名胜区的精神内核就是传承和弘扬我国的历史文化，因此，对研究对象麦积山核心景区的历史进行挖掘，再现其历史风貌，是创造良好声景观的必要手段。

综合麦积山核心景区的属性，社会、自然、文化三个方面的具体分析和基础研究理论，得到声景观研究的几个关键点：声音属性特性、声景观空间、生产方式和生活方式。即声音类型频率、声音丰富性、声压的大小强弱、声景观功能空间、人对声音的主观评价。这些确定为麦积山核心景区声景观的具体研究内容，并且根据这些研究内容，选择适当的评价方式对麦积山核心景区声景观进行评价和优化，评价内容如图 8.4 所示。

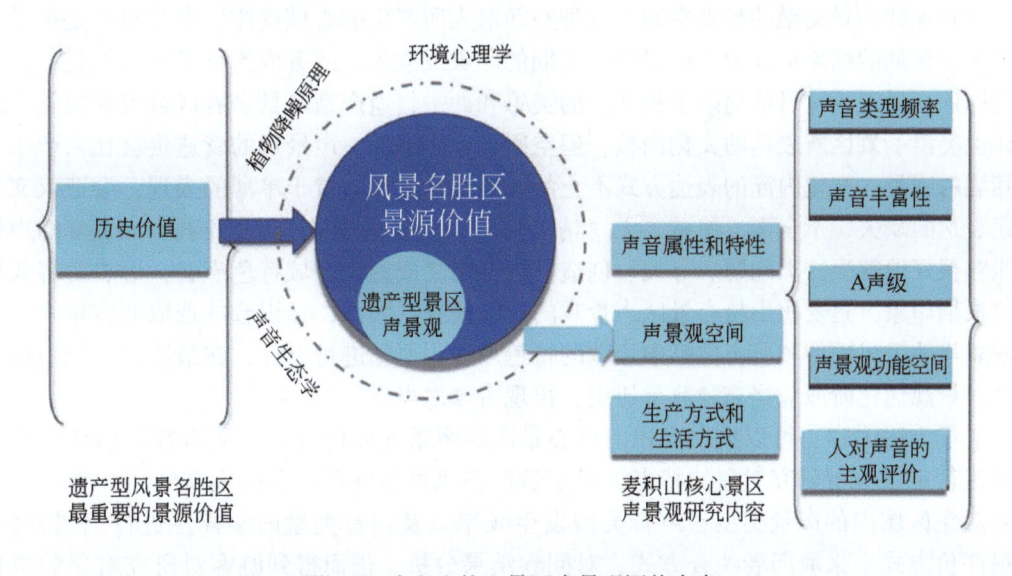

图 8.4　麦积山核心景区声景观评价内容

三、麦积山核心景区声景观评价和优化方法

声音自身具有响度、频率、音调、音色等物理属性，且会随着时间空间的改变而变化。声音的这种不确定性和不可捕捉性，导致不可能全面地对每个发声本体进行可控操作。对测点区域的 A 声级进行测试，同时对测点区域内出现的声音类型进行分析，有利于评价该景区的整体声环境状况，也利于剖析出该景区可以存在的声音类型以及需要避免和消除的噪声类型，从而能在优化角度上提出可以增添的背景音、标志音等声音要素。所

以，对声音本身物理属性用仪器测试测点的 A 声级值为准，并与相关规范进行对比分析；而声音的人文属性则从声音的类型进行分析，将研究对象所包含的声景要素分为正面声景要素和负面声景要素。评价方法为声音类型频率（POS）评价和声音多样性指数（SDI）评价，POS 评价是指在声漫步中，游客能听到的每种类型的声音出现的次数，SDI 评价是指测试场所的声音资源丰富度（张秦英等，2019）。采用这两种评价方式能够剖析研究对象的声音资源现状，直观反映该区域内的声景资源构成。仪器测试结果反映声音的物理属性结果，POS 评价和 SDI 评价反映声音的人文属性结果，综合这三个客观属性调查结果得出研究对象的声景观质量结果。

声场的分布与景区的景观设计有关。有一定规律和秩序的景观设计，声场的分布就会有规律可循，营造的声景观也会很和谐。基于研究对象的景观空间现状，从环境心理学与植物降噪原理的角度对景区的声景空间进行分析，能够初步划分出景区的声景观功能分区，符合声音生态学理论中声音—人—环境三者相互作用关系的原则。声景观的概念决定了声景观最终的反馈是人的感受，因此人对景区的主观评价将成为研究的可靠依据。对更明确的声景观功能分区方式将从主观评价中应用相关统计学方法进行聚类划分。

声景观即声景交融的景观空间，这种空间对人所产生的心理反应、审美感受是声景观的结果，深刻的结果会成为人们对景区长期的印象或意象，或者成为该景区甚至是一座城市的标识。景观设计目前局限于视觉上的美感和冲击，遗产型风景名胜区景观在视觉上的设计也突出了景区所表达的文化内核，但空间具有多维性，声景观的营造更会让人产生身临其境的感受。文化内涵的表达方式不止静态的视觉景观，过于单薄的表现，会造成文化内涵表达的缺失、不全面，使游客无"情"可依，没有精神层面上的寄托，而良好的声景观能够很好地解决这类问题。寻找、创造标识音使之成为该地域特色声音，形成游客或居民的长期印象，是麦积山核心景区声景观的最终任务。因此，标识音的选取非常重要，应当依靠当地民风民俗和历史文献中记载的特色声音为原则进行设计，在最终的麦积山核心景区声景观优化阶段应当充分尊重历史，再现古今之声。

基于上述内容，可以提出麦积山核心景区的声景观评价方式：从声音的物理属性声压级进行定量分析研究对象的特点，对于遗产型风景名胜区特有的人文特质，将采取对研究对象区域内的声景类型、声音类型发生频率以及声音类型的多样性进行归纳分析。主观评价方式上采取问卷调查方式，对问卷结果分析，进而得到游客对研究对象的声景观评价和具体的声景观分区。从客观定量和主观定性两方面，围绕研究对象的遗产型风景名胜区特质进行综合评价并得出结论，再根据文献结合调研现状，对研究对象的历史文化中的声景观加以整理，围绕遗产型风景名胜区文化内核提出相应的优化建议。因此，研究将麦积山核心景区声景观优化结论指向性引导至时间和空间两个维度上的探讨，从提取历史文化中的声景观和规划景区中现存的声景观两个方面提出可行性建议。

第二节 麦积山核心景区声景观现状调查

一、麦积山核心景区声景观现状

麦积山形状如"麦垛",故得麦积之名。其核心景区的雨季多在7~9月,雨过天晴会形成著名的"麦积烟雨"景观。景区以山地为主,形成良好的山地景观,动物、植物资源类型丰富。植被茂密,覆盖在山上、坡地以及道路两侧形成森林生态系统,是优质的"天然氧吧"(图8.5)。人工开发程度仅限于为数不多的周边村落、车行道路、景点开发管理区。由于受这些建成环境的影响程度较小,麦积山核心景区尚处于较为原始的状态,人为干预较少。

图 8.5 "麦垛"形石窟外观

作为闻名于众的"四大石窟"之一,麦积山石窟景区具有丰富的植被资源(图8.6),吸引了不少游客、朝圣者、科研人员前来游赏和研究。然而麦积山核心景区现状与其所具有的重要地位并不匹配。麦积山石窟入口处车行道和人行道并没有较大的区分,入口仅有景观置石标识此处为石窟入口。游客在前往石窟入口广场的岔路口处,游客盥洗室方向延伸出一条三级园路,被当地人称为"麦积山石窟全景最佳拍摄点",然而场地过小且基础设施摆放杂乱,导致游客在拍摄、观赏麦积山石窟全景时出现拥堵现象,等待拍摄又浪费游览时间。由于景区路线过于单一,沿途只有敬香台、占道经营和售卖麦积山石窟文化衍生物以及摄影的商贩,游客沿着该线路一直爬到上窟的检票入口广场也只有几个树荫下的长椅来休憩。石窟上由于景区游览时间有限,加之大部分窟龛均出于保护作用而被木门封闭起来,游客只能从门外的空隙中观看或听导游讲解之后匆匆而归,使游客游览时感觉都是在走栈道。石窟外的游客步道上有不同的植物加以围合形成半封闭空间,道路前进方向即为景观视觉通廊,视线范围较为狭窄,引导游客快速通过。绿植覆盖范围大,植物生长多为自然原生形态无修剪痕迹。广场上的瑞应寺背靠麦积山,寺与山构成较为完整的传统寺庙景观格局,在寺内拍摄寺庙建筑结合麦积山石窟的景观成为游客绝佳的选择。瑞应寺景观现状较为良好,山门、大雄宝殿、东西厢房、钟鼓楼等寺庙建筑形式较为完整,在植物方面，山门左右配有大片竹子和其他植物，寺中间配有两株低矮灌木，除此之外，均以草坪铺地。瑞应寺内已无僧人，变为麦积山石窟文化衍生物的售卖点和合作商业用途的茶室，东西厢房则空无一物。整个寺庙布置甚为简单，游客在此主要进行观赏、购买文创、摄影、休憩的活动。文创售卖点不时传出悦耳的古典乐曲，寺内的建筑及植物配置所形成的整体环境氛围安静古朴。这些较为粗浅的游览方式使得游客乘兴而来败兴而归（陈满杰，2019）。同时，这种景区游览规划也使得麦积山石窟景区声场现状得以形成。除麦积山石窟景区之外，核心景区范围内通往草滩村、麦积村上河、教场的三条一级道路及其道路两旁的自然景观形成的声景观也值得研究。麦积村上河主要是当地村民的居住地和村民为生计而经营的农家乐，通往教场的道路也有几家经营良好的农家乐，并且该条道路是去麦积山石窟的必经之路。而草滩村道路是草滩村村民下山的道路，少有游客，经过麦积村上河或教场道路到达麦积区其他地方。由此可见，三条一级道路的主要通行人员和功能都非常明显，制造声音的声源也较为单一，主要为车行声、游客声及鸟叫声。

图8.6 景区丰富的植被资源

二、麦积山核心景区声景调查方法

声漫步法（soundwalks）是指沿着游客游览路线对每个声景点的声景观状况进行调查分析。声漫步法对研究者的专业背景有一定的要求，需要对声景有一定的认识，同时对现场实地环境较为熟悉。调查主要应用声漫步法对麦积山核心景区声景观进行研究，测量以及记录各声景点的连续等效A声级，同时在各声景点向游客随机发放问卷调查，对麦积山核心景区的植物群落进行基础调查。由于研究对象地势特殊，测点依据麦积山石窟景区导游图和麦积山石窟规划管理图选择麦积山核心景区中具有代表性的景观节点。

为满足《声环境质量标准》（GB 3096—2008）规范要求，调研选择无雨雪天气、风速为5m/s以下的环境进行测量，测量时调研人员手持声级计并举至与人头平齐的高度（平均身高1.65m）。为了使研究测量结果具有科学性、严谨性、准确性，同一时间段内，每个测点进行10min测量，以其加权平均值来确定该节点的等效A声级，记录这10min之内的最大声压级和声音类型。为了与游客游览时间保持一致并保证数据的有效性，各测点的测试时间均需在8:00~12:00和14:00~18:00之内完成，未测完的测点数据则根据此时间段顺延至第二天。测试的同时,随机向游客发放调查问卷,主要调查游客对麦积山核心景区不同声景资源的好感度、麦积山核心景区的声景舒适度、声音响度。

声景点按照道路空间的规划可分为 4 大区域和 25 个测点(图 8.7 和图 8.8)。R1 区:教场道路—麦积山石窟入口;R2 区:麦积山石窟入口—瑞应寺;R3 区:通往草滩村的盘山公路—与麦积村上河道路交汇处;R4 区:麦积村上河—麦积山石窟入口。

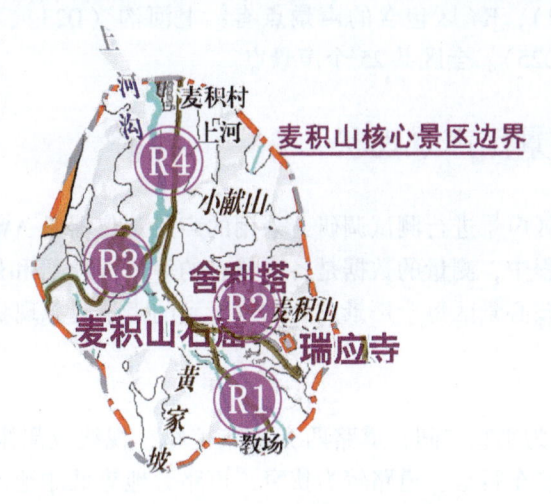

图 8.7 麦积山核心景区声景点分区

图 8.8 麦积山核心景区声景点分布图

R1 区包含的声景点有:教场道路(D1)、麦积山石窟(人车分流)入口(D2);R2 区包含的声景点有:敬香处(D3)、石窟景区人行道路(D4)、观景台(D5)、石窟入口广场（D6）、瑞应寺（D7）、西崖第59窟（D8）、西崖第90窟（D9）、西崖第117窟（D10）、西崖第127窟（D11）、西崖第163窟（D12）、西崖第135窟（D13）、西崖第150窟（D14）、西崖出口廊道（D15）、东崖第4窟（D16）、东崖第9窟（D17）、东崖第13窟（D18）、东崖第29窟（D19）；R3区包含的声景点有：盘山公路入口（通往草滩村）（D20）、盘山公路中段（通往草滩村）（D21）、麦积山核心景区范围内盘山公路后段（通往草滩村）（D22）；R4区包含的声景点有：上河沟（D23）、麦积上河村出口道路（D24）、游客中心（D25）。全区共25个声景点。

三、麦积山核心景区声景现状

对麦积山核心景区声景进行测试调研，采用的声景观仪器是 AWA6228+型多功能声级计。声漫步法测试过程中，测量的数据是各声景点的等效 A 声级和最大声压级。在测试过程中，记录了麦积山核心景区每个声景点处的可听到的声景资源现状，主要为以下几点。

（一）R1区

教场道路（D1）为垂直空间，道路两旁遍布植物，视线仅局限于道路空间，是通往麦积山核心景区的主要车行道，道路较为狭窄，道路旁地势低洼地区植被茂盛，形成一片森林景观，在林间缝隙可以看到上游的河水缓缓流下来形成一条浅溪。存在的声音资源类型有：汽车声、摩托车声、鸟叫声、脚步声、小溪声、交谈声、昆虫声、机械施工声，主导声音类型为车行声。

麦积山石窟（人车分流）入口（D2）处人行和车行开始分离，除了上下班的通勤大巴车外，上石窟的道路则是以人行为主，石窟入口处靠近崖体的一侧有水槽，水流很细也做雨天排水之用。商贩在入口处叫卖声音不绝于耳，用于商业性质的马儿和骆驼系在石窟入口的树上，自发形成的导游组织在山下吆喝生意。在此存在的声音类型有：马铃铛声、游客声、导游声、汽车声、电动车声、摩托声、脚步声、商贩叫卖声、水流声、移动路障声、小孩哭闹声、搬桌子声，主导声音类型为游客所发出的各类声音。R1区以车行声和游客声为主导音。

（二）R2区

敬香处（D3）有一敬香台，台下有售卖礼佛用香的商贩，此处为拍摄石窟全景的绝佳拍摄点，主要的声音类型有：游客声、导游声、商贩交谈声、脚步声、商贩叫卖声、游客拍照声、儿童嬉戏声、唱歌声、游戏声、拍打声、鸟叫声、蝉鸣声、手机设备声、巡警车警笛声。商业形态如图8.9所示，测点的主导声音为游客声。

石窟景区人行道路（D4）与入口有较大高差形成一条陡坡，游客悠闲地在此行走或购买文创，靠近崖体一侧的水槽一直延伸至入口处，水流声较为明显。主要存在的声音类型有：儿童嬉戏声、游客声、脚步声、手机设备通讯声、流水声、鸟叫声、叫卖声、虫鸣声、塑料购物袋声、导游声、商贩交谈声、老人拐杖声。测点的主导声音为游客声。

观景台（D5）位于游客盥洗室延伸方向上的小路上，空间较为拥挤，主要为游客拍

第八章 麦积山核心景区声景观研究

图8.9 麦积山核心景区商业形态

照所用,导游会引导游客在此拍摄不同角度下的石窟全貌,但并无标识牌或基础设施暗示此观景台,游客鲜少自发发现该场所。因此,观景台处的声景资源丰富度不如其他场所。声音类型主要有:导游声、游客声、脚步声。测点的主导声音为导游声。

石窟入口广场(D6)空间开敞,是游客休息的主要场所,但座椅设置数量少,广场两边设置了绿化,中间则只有一棵树,人群利用的空间主要集中在入口广场的左侧树下的座椅,摄影商贩也集中在此。存在的主要声音类型有:游客声、脚步声、鸟鸣声、儿童嬉戏声。测点的主导声音为游客声。

瑞应寺(D7)人流较多,寺的功能已经全部转化为商业,寺内以售卖文创为主,文创店内传出音乐声,增添佛寺古朴的气氛,东西厢房成为游客拍照地、茶室,吸引游客前来购买、休憩、拍摄等。存在的声音类型主要有:音乐声、导游声、游客交谈声、儿童吵闹声、拍摄声、脚步声。测点的主导声音为游客声、音乐声。

在石窟上,视野通透,远处山峦覆盖着层层叠叠的植被,由于距离的原因,高处所能听到的声音较低处更为丰富、层次更明显。西崖第59窟(D8)处能听到:脚步声、游客交谈声、鸟叫声、远处导游声、唱歌声。西崖第90窟(D9)的声音类型主要有:脚步声、鸣笛声、交谈声、窟下游客声、导游声、巡警车鸣笛声。西崖第117窟(D10)是保护级别较高的石窟,在游赏时的价格相对高一些,故而游客数量少,存在的声音类型也较少:有鸟叫、游客声。西崖第127窟(D11)存在的声音类型:有汽车鸣笛声、施工声、游客交谈声、广播声、鸟叫声。西崖第163窟(D12)的声音类型有:游客嬉戏声、脚步声、鸟叫声。西崖第135窟(D13)存在的声音类型为:交谈声、脚步声、施工声、鸟鸣声、风声、虫鸣声。西崖第150窟(D14)存在的声音类型为:鸟叫声、水滴声(雨后水雾湿气滴落在上窟檐)、脚步声、游客交谈声、导游声。西崖出口廊道(D15)为下西崖石窟的唯一出口,在观赏完这一伟大工程之后,游客多以休闲娱乐的心态进行放松,此地存在的声音类型为:游客交谈声、儿童嬉戏声、脚步声、唱歌声。东崖第4窟(D16)存在的声音类型为:施工声、导游声、游客声、鸟鸣声、拍摄声、风声、脚步声。东崖第9窟(D17)存在的声音类型为:交谈声、脚步声、风声、树叶声、鸟叫声、通讯声。东崖第13窟(D18)存在的声音类型为:脚步声、游客声、蝉鸣声。东崖第29窟(D19)存在的声音类型为：游客声、脚步声、风声、鸟叫声、蝉鸣声、手机通信声、树叶声。石窟上的测点主导声音为游客所发出的各类型声音。R2 区以游客声和导游声为主导声音。

（三）R3 区

盘山公路入口（通往草滩村）（D20）存在的声景资源类型有：鸟叫声、农用三轮车声、游客大巴声、私家小轿车声、摩托车声、电子设备声、脚步声、游客交谈声、马车及马铃铛声。盘山公路中段（D21）存在的声景资源类型有：远处导游声、车行声、汽车鸣笛声、上空飞机声、电子通信声、鸟鸣声、脚步声。D20 和 D21 测点的主导音均为车行声。麦积山核心景区范围内盘山公路后段（通往草滩村）（D22）存在的声音类型有：车行声、鸣笛声、鸟叫声、上空飞机声、虫鸣声、蛙叫声、风吹树叶声，该测点的主导声为鸟叫声。R3 区以车行声和鸟叫声为主导声音。

（四）R4 区

上河沟（D23）是上河沟的支流，水流较浅且未进行设计（图 8.10），水流流向下游时发出清脆的响音，存在的声音类型有：水声、树叶声、车行声、鸟叫声、虫鸣声，该测点的主导声为鸟叫声。麦积上河村出口道路（D24），存在的声音类型有：车行声、游客声、鸟叫声、虫鸣声，该测点的主导声为车行声。游客中心（D25）主要以餐饮业为主，午餐和晚餐时最为热闹，游客在此进行休憩，品尝当地特色菜肴，存在的声音类型有：烹饪声、叫卖声、游客交谈声、电子设备声，该测点的主导声为游客声。R4 区以鸟叫声、车行声和游客声为主导声音。

图 8.10 麦积山核心景区 R4 区调查照片

四、麦积山核心景区声景观调查结果

（一）正、负面声景要素

早在 20 世纪 80 年代，麦积山风景名胜区就享有了"国家自然与文化双遗产""国家森林公园"的盛名。森林声音在人的生理和心理上有潜移默化的影响，有研究指出，森林声音会使人的心率上升、呼吸频率下降、皮肤电导率降低，愉悦的森林声音会对人的心理产生积极影响（郝泽周等，2019）。根据之前对不同类型森林声景观的研究和对声景要素的评价（陈飞平和廖为明，2012），将麦积山核心景区分为正面声景要素和负面声景要素。正面声景要素包括：鸟鸣声、蛙叫声等为大多数人常见的不反感的动物声、微风声、流水声、植物声等自然声；受传统文化的熏陶而产生的民俗声；游客休闲游憩声等生活声；响度适中的音乐器械声等。负面要素包括：狂风暴雨声、雷电声、野兽声等自然声；嬉戏打闹、儿童尖叫声、频率较高的生活噪声；与景区氛围不和谐的施工声、喇叭声、鸣笛声等人工声。根据对正、负面声景要素的划分，结合上述麦积山核心景区声景资源现状，将所有出现的麦积山核心景区声景要素类型归纳如下。

1. 正面声景要素

自然声中的正面声景要素有：鸟鸣声、溪水声、虫鸣声、水滴声、风声、树声、蛙叫声。生活声中的正面声景要素有：交谈声、游客声、音乐声。

2. 负面声景要素

生活声中的负面声景要素有：商贩系在马身上的铃铛声、叫卖声、小孩哭闹声、儿童嬉戏声、拍打声、游戏声、拍摄声、塑料购物袋声。人工声中的负面声景要素有：车行声、机械设备声、鸣笛声、电子通信声、广播声、飞机声等。

正、负面声景要素的归类，可以作为优化麦积山核心景区声景观的理论基础，采用正向设计的方法加强受人们喜爱的正面声景要素，采用负向设计对负面声景要素进行掩蔽、消除，采用零设计的方法维持对声景观影响不大的声景要素。

（二）植物类型与游客行为需求

从植物具有的降噪功能与环境心理学相结合的角度，从麦积山核心景区植物资源现状、游客行为需求和空间需求出发，初步分析并划分出麦积山核心景区声景观的动、静声景观功能分区。

生态结构决定了物种多样性和物种分布的状况，这对该区域的声音环境有直接影响，会进一步影响到声景要素的形成和声景观质量。麦积山核心景区森林群落包括植物群落和动物群落，本章主要从植物群落垂直生态结构分析植物的降噪作用。植物群落垂直生态结构中，植物划分为乔木层、灌木层和草本层（表8.1）。

麦积山核心景区的大乔木资源有：胡桃、旱柳、刺槐、刺楸、云杉、山桃、忍冬、夹竹、樟树、槭树、菩提树、石榴、玉兰、龙爪柳、楝、马尾松、圆柏、椴树、椿树、栎、朴树、化香树、白皮松、青窄槭、接骨木、龙柏、黄连木、桉树、无花果、木通、盐肤木、红豆杉、樱花、臭檀吴萸、山矾、蒲桃、白蜡木、鱼尾葵、美国山核桃、垂柳、侧柏、山杏、小叶杨、花椒、银钟花、木芙蓉、合欢、梓树、楝叶吴萸、油松、榧树、榉树、国槐、龙爪槐、构树等。

现状中灌木或小乔木资源有：山白树、榆叶梅、胡枝子、鼠李、忍冬、野棉花、黄刺梅、蜡梅、珍珠梅、迎春花、黄杨、商陆、美人梅、枸子、八角枫、火棘、黄栌、胡椒木、胡颓子等。

表 8.1　麦积山核心景区植物种类及其植物降噪划分表

大乔木资源	针叶乔木	白皮松、马尾松、龙柏、侧柏、圆柏、云杉、油松等	中频段降噪效果较强	
	阔叶乔木	刺楸、山桃、忍冬、夹迷、樟树、槭树、菩提树、石榴、玉兰、龙爪柳、楝、椴树、椿树、栎、朴树、化香树、青窄槭、接骨木、黄连木、桉树、无花果、木通、盐肤木、红豆杉、樱花、臭檀吴萸、山矾、蒲桃、白蜡木、鱼尾葵、美国山核桃、垂柳、山杏、小叶杨、花椒、银钟花、木芙蓉、构树、合欢、梓树、楝叶吴萸、榿树、榉树、胡桃、旱柳、刺槐、国槐、龙爪槐等	高频频段降噪效果较强	
灌木（或小乔木）资源	常绿/阔叶灌木	山白树、榆叶梅、胡枝子、鼠李、忍冬、野棉花、黄刺梅、蜡梅、珍珠梅、迎春花、黄杨、商陆、美人梅、枸子、八角枫、火棘、黄栌、胡椒木、胡颓子等	减噪效果比乔木好	
草本资源		吉祥草、葎草、唐松草、鬼针草、蛇床、车轴草、天葵、蜀葵、板蓝、艾、显子草、天明精、蓝猪耳、万寿菊、费菜、蒿、紫菀、冻绿、龙胆、薄荷、马兰、毛茛、毛草龙、风轮菜、白茅、茜草、唐松草、一年蓬、京芒草、野豌豆、沿阶草、拂子茅、萱草、鸢尾花等	有一定的降噪作用	
		箬竹、淡竹叶、箭竹、石竹、刚竹		
藤本资源		臭鸡矢藤、三叶木通、白英、南蛇藤、铁线莲、五叶地锦等	—	

草本植物资源有：吉祥草、葎草、唐松草、鬼针草、箬竹、淡竹叶、箭竹、蛇床、车轴草、天葵、蜀葵、板蓝、艾、显子草、天明精、蓝猪耳、万寿菊、费菜、蒿、紫菀、冻绿、龙胆、薄荷、马兰、毛茛、毛草龙、风轮菜、白茅、茜草、唐松草、一年蓬、京芒草、野豌豆、沿阶草、拂子茅、石竹、刚竹、萱草、鸢尾花等。

现存的藤本植物资源有：三叶木通、白英、南蛇藤、铁线莲、五叶地锦、臭鸡矢藤等。

张明丽等（2006）认为5种形式的植物林带降噪能力从大到小排列为针叶林、常绿阔叶林、落叶阔叶林、常绿灌木、落叶灌木。刘佳妮（2007）认为在低频声音下，针叶树的降噪能力优于阔叶树。还有学者对草本降噪效果进行研究，认为草本的吸附噪音的能力优于森林（Bashir et al., 2015），草坪比裸露的地面降噪效果更好。结合之前的研究将本章统计的植物种类及其植物降噪能力进行划分如表8.1所示。

麦积山核心景区的植物种类丰富，但因其为山体景观，植物栽植除了检票入口场至石窟范围内稍有设计，其余范围几乎均以野生为主，植物呈乔木-灌木、乔木-藤本、乔木-草本、藤本-草本、乔木-灌木-草本等随机结合的方式，少有人工设计的痕迹。有研究认为（郑思俊等，2006），在600Hz以上的高频声段下，植物的枝干也能起到隔声作用，尤其是在1000Hz以上时，植物的隔声量可达到4~6dB。并且在群落30m林带的噪声衰减实验中，对比得出乔灌结合的复合型群落结构降噪性能比灌木林好，群落结构层次越紧密，降噪效果越明显。更有研究进一步指出，前灌后乔的配置方式不如乔灌木隔行混种配置方式的减噪效果好。因此，基于麦积山核心景区这种原生山体森林植物群落的植物配置方式，乔灌木较少为人工干预，视觉上虽不像城市公共空间中的景观呈现得整齐统一，但对于噪声的控制具有一定的作用。

从环境心理学的角度来说，人们更愿意在树荫下行走、休息。在植被稀少的公共空间中行走，噪声对人的心理产生的负面情绪比植被繁多的地区更大。从麦积山核心景区声景观现状可以看出，麦积山核心景区的声场分布较为杂乱，呈散点状分布，整体缺乏秩序，没有明显的动静分区，也没有景区标识音。生态知觉理论指出，人的审美倾向受愉悦与恐惧的心理的影响（Liu et al., 2014），这也与陈满杰（2019）得出的游客对麦积山满意度较差相吻合。这是因为没有全面考虑到人群行为特点导致的。

根据实地调查时所观察到的人群年龄段分析，可将麦积山核心景区人群分为幼年、青年、中年、老年四个人群构成模块。幼年孩童通常是在父母、长辈带领下来开阔视野的，但其大脑前额叶皮层、心理发育不够成熟，不能全面地认知空间氛围和控制情绪，在景区会出现不合时宜的哭闹、大喊大叫、嬉笑玩耍等情形。幼年所需要的是一个引导的、动态的、积极活跃的安全的外部空间。而青年接受外界信息的能力较强一些，长期积累的知觉经验和基本的心理需求也会随之增长。不同性格、教育背景下，每个青年来该景区的目的不同，所发生的行为也有相应变化。有的是为了写生、摄影、开阔视野，有的是为了当导游做兼职，有的是仅仅为了放松心情。所以相应地，在景区产生招揽顾客、座椅上拍摄写生、随心所欲地行走或蹲在路边等这些动作行为。青年的行为需求虽然较为多样，但有一个较为普适的空间需求就是动静结合、新鲜、创意。因此，幼年和青年人更需要动态空间区。中年人和老年人的游赏方式较为缓慢，多以健步、听导游讲解、休息为主，较多喜好安静、舒适的休憩环境，更需要静态空间区。但对于游客聚集最多的麦积山石窟区域，景区留给游客休息的空间并不充足。

结合以上对植物和人群心理的分析，麦积山核心景区声景观功能区大致可分为动态声功能区和静态声功能区两大分区。因此，植物围合方式及其所带来的降噪效果也会随之作出相应的变化。游客步行参观的石窟区域以静态声景功能区为主，这主要是烘托场所气氛，避免人为干扰破坏游赏环境和游客游赏心情。考虑到干道通行功能，故除游客步行参观的石窟区域之外，麦积山核心景区其余空间的声景功能区以动态为主，但仍要对车行声、鸣笛声等噪声加以控制，防止对其主要游赏空间的干扰。静态声功能区又可将其分为较为活跃声景功能区和安静声景功能区，因石窟位于高处，与游客登山步道相距较远，且有山体、挡土墙等障碍物消耗声能，根据声音的传播属性原理，可将远离石窟的区域设置为较为活跃区，近邻石窟的区域设为安静区。安静区则应加强整体安静气氛，规范商贩摊位并移至较为活跃区，规范整体景观元素，及时清理与石窟景观不和谐的施工作业工具、土坑等，以增加景区好感度和游客游赏兴趣，如图8.11所示。

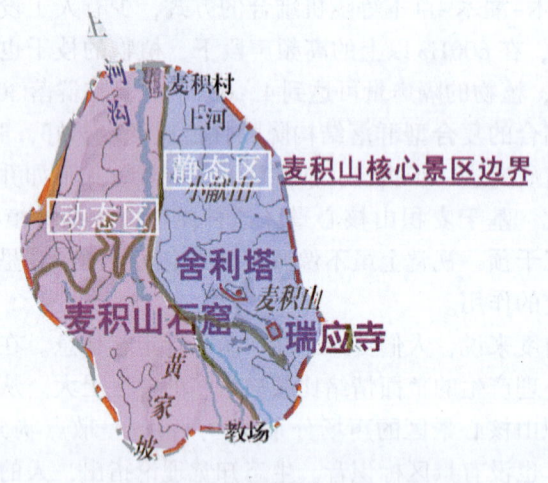

图8.11 麦积山核心景区声景观动静分区

按照这种功能区划分，结合不同的植物配置方式，受不同区块的空间氛围影响，游客不仅能增强对麦积山核心景区的整体声音意向，也会规范自身的行为。人、环境与声音互相牵制，有闹有静，使景区更有活力，声场分布也会具有一定规律性。

第三节 麦积山核心景区声景观质量评价

一、麦积山核心景区声景观客观评价

声景观的客观评价主要依据声音的物理属性，利用噪声仪、声级计等仪器对声音的声级进行测量，现在众多研究应用A声级来进行评价。同时，还可以采用声音类型频率（POS）和声音多样性指数（SDI）来对声音要素进行分析。这两个指标均能从客观角度说

明麦积山核心景区声景的物理属性,对其进行分析可以进一步了解麦积山核心景区的声景构成情况和构成特征。

(一) 等效 A 声级结果及评价

根据声景资源现状,用声级计对各测点进行测量后,将麦积山核心景区 25 个声景点的等效 A 声级汇总如表 8.2~表 8.5 所示。

表 8.2　R1 区各声景点测量结果

测点	D1	D2
$L_{eq,T}$/[dB(A)]	50.7	58.6
L_{max}/[dB(A)]	72.9	77.5

表 8.3　R2 区各声景点测量结果

测点	D3	D4	D5	D6	D7	D8	D9	D10	D11
$L_{eq,T}$/[dB(A)]	60.4	53.7	70.9	60.1	70.3	56.2	56.0	52.8	52.2
L_{max}/[dB(A)]	75.1	74.0	87.3	82.0	101.8	77.6	75.1	68.5	69.3

测点	D12	D13	D14	D15	D16	D17	D18	D19
$L_{eq,T}$/[dB(A)]	54.0	53.1	57.1	58.1	53.7	52.1	51.9	44.1
L_{max}/[dB(A)]	71.7	71.2	84.8	79.0	76.5	73.2	75.7	75.5

表 8.4　R3 区各声景点测量结果

测点	D20	D21	D22
$L_{eq,T}$/[dB(A)]	59.2	56.5	49.1
L_{max}/[dB(A)]	79.8	79.6	80.9

表 8.5　R4 区各声景点测量结果

测点	D23	D24	D25
$L_{eq,T}$/[dB(A)]	50.7	59.3	59.8
L_{max}/[dB(A)]	68.3	80.6	74.9

由声景点等效 A 声级分布图(图 8.12)可以得到:在 25 个测量的声景点中,R2 区的等效 A 声级值最高,除了 D3、D4、D5、D6、D7 处声级很高之外,R2 区其他声景点的声级相对趋于稳定,也就是说景区入口处(人车分流)和靠近入口处的声音最为嘈杂,人为活动、设备或其他物理声音较为丰富。R1 区、R3 区、R4 区均为干道,三个区的等效 A 声级均值为 55.49dB。由这三个区各声景点的等效声级值可知:行车所发出的声音对麦积山核心景区的声景有着较大影响,由此推测在无车行发出的噪声时该景区的声音环境将达

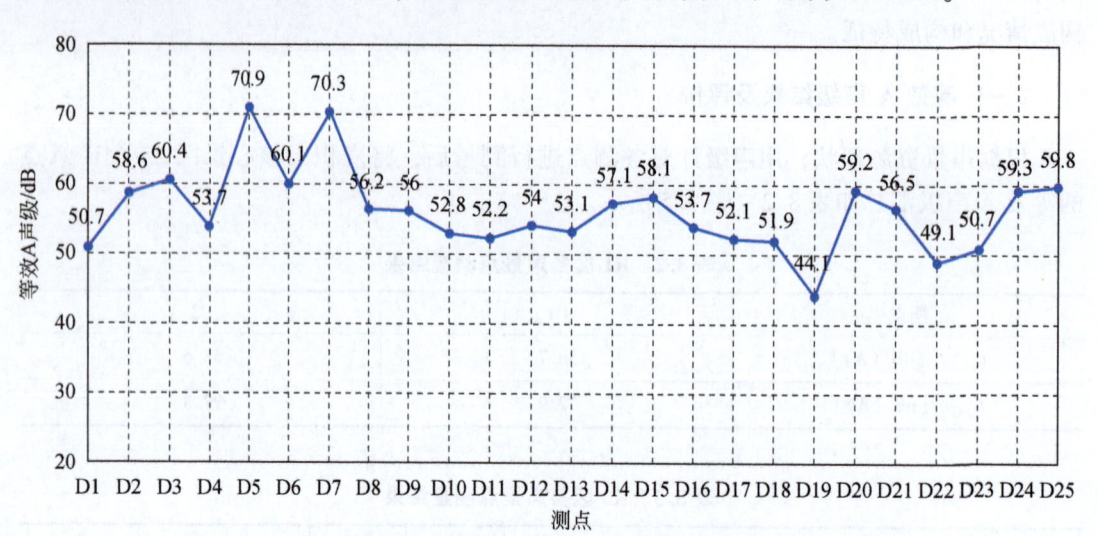

到良好的状态。经汇总计算可得，麦积山核心景区平均等效 A 声级为 56.02dB。

图 8.12 麦积山核心景区主要声景点等效 A 声级分布图

根据《风景区噪声管理办法》，我国风景名胜区噪声应达到国家规定的《声环境质量标准》（GB 3096—2008）。而麦积山核心景区属于市郊区，按规定需要参考规范《声环境功能区划分技术规范》（GB/T 15190—2014），结合规范中4.2 与 8.2 条规定，麦积山核心景区应区域划为 1 类声环境功能区（城市区域环境噪声适用区划分技术规范，2014），因此将麦积山核心景区的声环境与 1 类声环境质量标准做对比。《声环境质量标准》（GB 3096—2008）对各类型的声环境做了明确规定，1 类声功能区的昼间噪声限值为 55dB，而麦积山核心景区的平均等效 A 声级在 56.02dB，在 25 个测点中，有 13 个测点的等效 A 声级已超过规定的噪声限值 55dB。因此，需要对噪声加以控制，否则会影响游客的观赏效果。

（二）POS 评价

根据声源类别的不同，将麦积山核心景区所有的声景资源划分为：自然声景资源、人工声景资源、生活声景资源三类。自然声景资源包括树叶声、鸟鸣声、溪流声、虫鸣声、蛙叫声、风声、植物声等自然声音；人工声景资源包括机械声、施工声、交通声、电子通讯声等设备声音；生活声景资源包括交谈声、嬉戏声、娱乐声等人为发出的声音。

根据声景资源现状，对麦积山核心景区的声景资源构成类型进行统计，如表 8.6 所示。

表 8.6 麦积山核心景区声景资源构成

一级声源分类	二级声源分类	声景资源名称
自然声景资源	鸟鸣声、虫鸣声等动物声、风声、植物声、水声等自然声音	鸟鸣声、溪流声、虫鸣声、水滴声、风声、树叶声、蛙叫声

续表

一级声源分类	二级声源分类	声景资源名称
生活声景资源	交谈声、嬉戏声、娱乐声等人为发出的声音	脚步声、游客声、交谈声、马铃铛声、导游声、叫卖声、移动路障声、小孩哭闹声、搬桌子声、儿童嬉戏声、唱歌声、游戏声、拍打声、购物声、老人拐杖声、拍摄声、烹饪声
人工声景资源	机械声、施工声、交通声、电子通信声等设备声音	车行声、机械施工声、电子通信声、鸣笛声、音乐声、广播声、飞机声
总计/种		31

根据声景资源现状提到的声音次数和声音类型频率进行了整理，结果如图 8.13～图 8.16 所示。

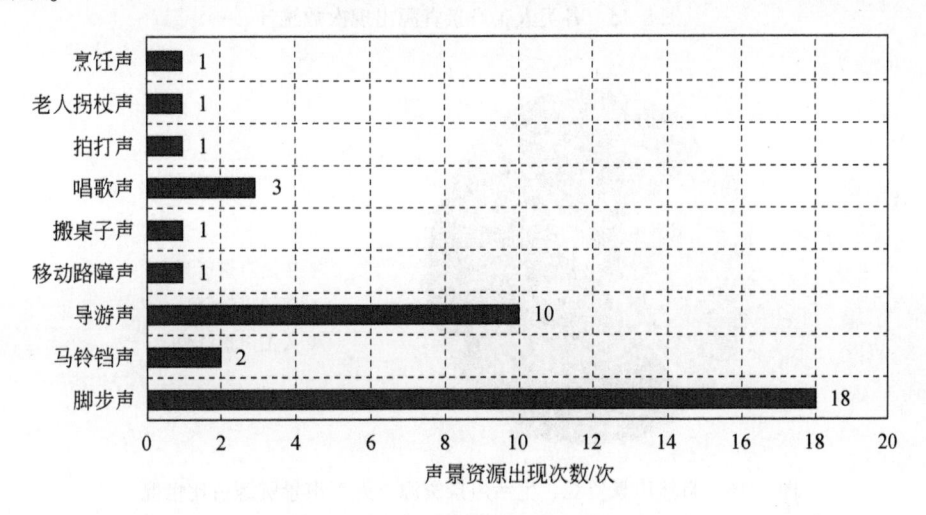

图 8.13　各类生活声景资源出现次数统计

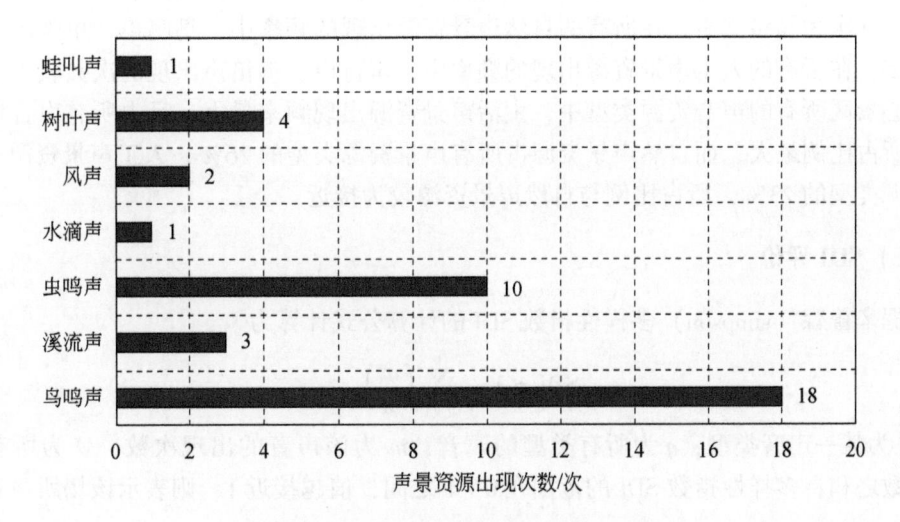

图 8.14　各类自然声景资源出现次数统计

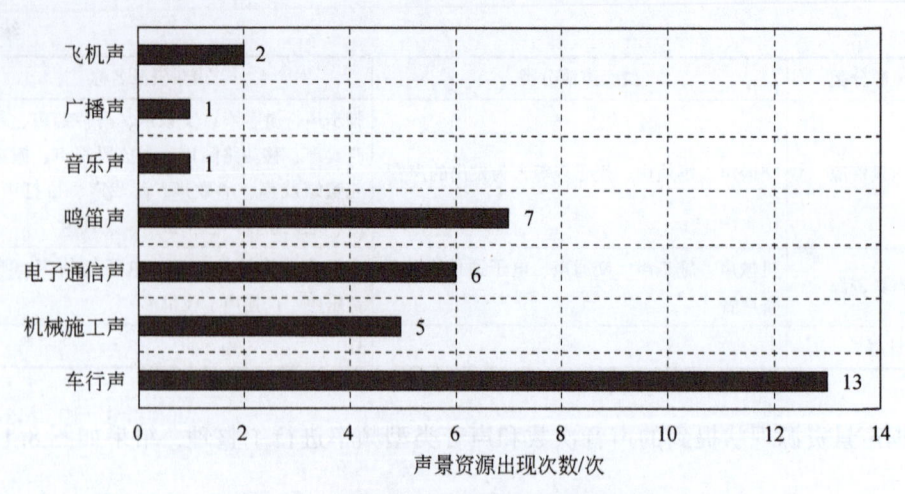

图 8.15 各类人工声景资源出现次数统计

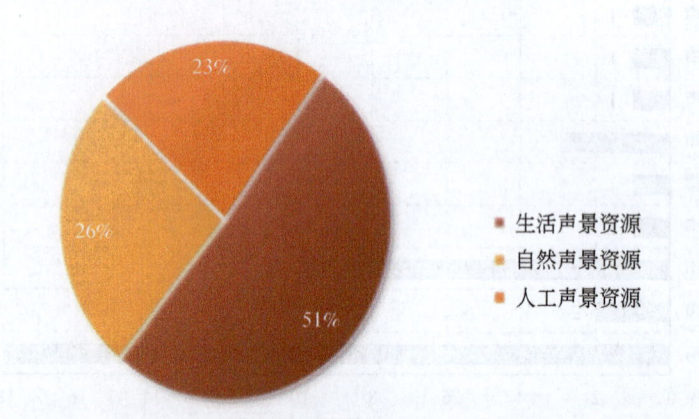

图 8.16 自然声景资源、生活声景资源、人工声景资源占比情况

由上述可知,在所有生活声景资源出现的频率中,脚步声、导游声、唱歌声出现的次数较多,其次为马铃铛声。在所有的自然声景资源出现的频率中,鸟鸣声、虫鸣声出现的次数较多,在所有的人工声景资源出现的频率中,车行声、鸣笛声出现的次数较多。在麦积山核心景区所有的声音资源类型中,生活声景资源出现频率最大,且占所有声音资源的51%,所占比例最大,而自然声景资源占所有声景资源类型的26%,人工声景资源占所有声景资源类型的23%,所占比例与自然声景资源较为接近。

(三) SDI 评价

根据辛普森(simpson)多样性指数 SDI 的计算公式计算为

$$\mathrm{SDI} = 1 - \sum_{i=1}^{q}\left(\frac{m}{M}\right)^2 \qquad (8.1)$$

式中,i 为某一声音类型;q 为所有类型的声音;m 为该声音的出现次数;M 为所有声音出现次数之和;多样性指数 SDI 的范围在 0~1 之间,值越接近 1,则表示该场所声音丰富度越高。

根据上述计算公式对数据进行处理得出结果如表 8.7 所示。

表 8.7 麦积山核心景区声音多样性指数分析

		生活声景资源		自然声景资源		人工声景资源	
SDI（总）	0.9333	脚步声	0.0533	鸟鸣声	0.2130	车行声	0.1380
		交谈声	0.0278	溪流声	0.0059	机械施工声	0.0204
		马铃铛声	0.0007	虫鸣声	0.0657	电子通信声	0.0294
		游客声	0.0237	水滴声	0.0007	鸣笛声	0.0400
		导游声	0.0164	风声	0.0026	音乐声	0.0008
		叫卖声	0.0026	树叶声	0.0105	广播声	0.0008
		移动路障声	0.0002	蛙叫声	0.0007	飞机声	0.0033
		小孩哭闹声	0.0007				
		搬桌子声	0.0002				
		儿童嬉戏声	0.0026				
		唱歌声	0.0015				
		游戏声	0.0002				
		拍打声	0.0002				
		购物声	0.0002				
		老人拐杖声	0.0002				
		拍摄声	0.0015				
		烹饪声	0.0002				
SDI（各类）			0.8682		0.7009		0.7673

由上述结果可知：在生活声景资源、自然声景资源、人工声景资源三个类别中，生活声景资源的 SDI 值>人工声景资源的 SDI 值>自然声景资源的 SDI 值，即生活声景资源的声音丰富度最高，人工声景资源次之，自然声景资源的声音丰富度最低。人工声景资源中车行声所占比重较大，车行声为人工声景资源中最大的噪声源。自然声景资源的声音丰富度低与我们人类的活动有关，旅游、开发等影响了某些陆地类动物的活动，占据了其原有的生存空间，因森林繁茂，加之温湿度适中，故鸟类的活动并未受很大程度的干扰，鸟类声音成为自然声景资源中最为广泛和最具标志性的声音。但三类声的总 SDI 值为 0.9333，声音多样性指数接近 1，因此可得出结论，麦积山核心景区的声景观声音丰富度较高。

二、麦积山核心景区声景观主观评价

（一）问卷构成及信度、效度检验

1. 问卷构成

调查问卷主要从四部分进行，首先是采集被调查者的相关基础信息，性别、年龄和职业是了解问卷参与人构成情况的基础。由于性别和年龄的不同,可能会对调查结果产生一定的影响。其次是对所在景点的声景舒适度进行评价。然后对在景区可能听到的25种不同类型的声要素让游客对其的喜爱程度进行评价。最后,对麦积山核心景区声环境整体安静度进行评价。

在本次问卷调查过程中,随机发放了共167份问卷,其中有效问卷161份,无效问卷6份。有效问卷中,女性有79人参与本次调查,占调查对象的49%,男性有82人参与本次调查,占调查对象的51%,男女比例接近1∶1。职业类型有自由职业、学生、研究员、工人、教师、商人、农民、无业人员、导游等。各年龄段总人数(不计性别)以及各类型职业人数占比如图8.17、图8.18所示。

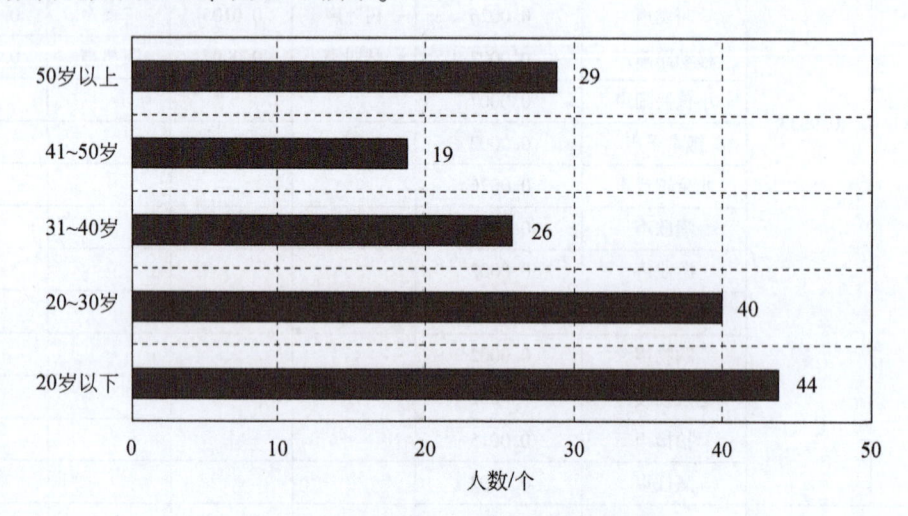

图 8.17 参与调查的游客各年龄段人数

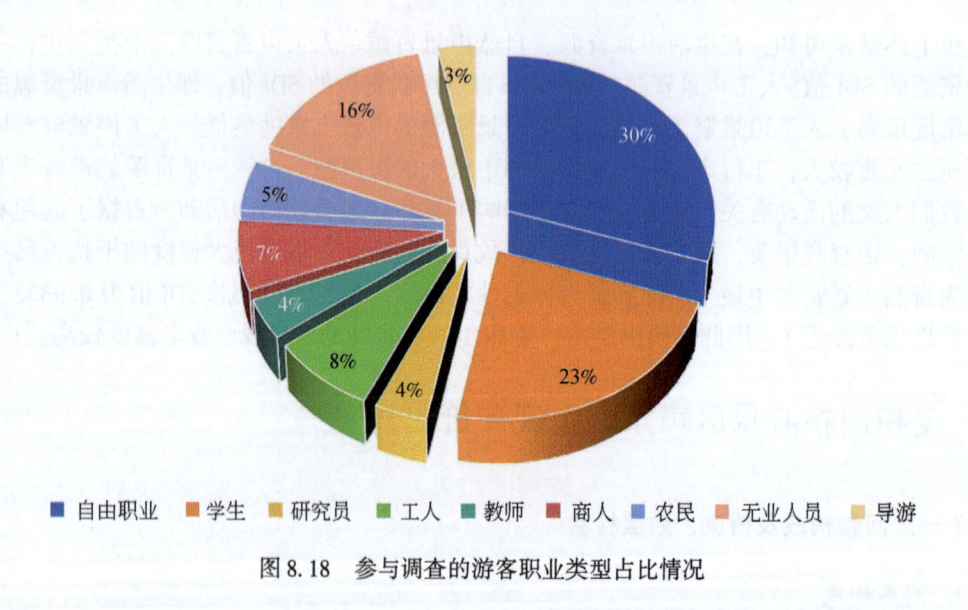

图 8.18 参与调查的游客职业类型占比情况

2. 信度、效度检验

在本次问卷调查过程中，问卷的有效率为 96.41%。为了保证调查问卷得到的数据是科学可靠的，需要先进行信度和效度分析。通常情况下，一份合格的调查问卷信度要求的克隆巴赫系数（cronbach's alpha）检验值要不低于 0.7，而对效度的要求是检验统计量（KMO）的检验值也不低于 0.7，只有同时满足信度和效度的最低要求，才能说明样本的数据是科学合理的。

对麦积山核心景区声景观调查问卷的总量表进行克隆巴赫系数值检验，检验结果如表 8.8 所示。从表中的检验结果可以看出，调查问卷总量表的克隆巴赫系数值大于 0.7，信度在可接受的范围内，说明本次调查问卷的结果内部一致性较好，具有较高的可信度。

表 8.8　调查问卷的信度检验结果

研究量表	克隆巴赫系数	项数
总量表	0.815	24

本章使用 SPSS 中的 KMO 统计量和巴特利特球形检验对调查问卷的结果进行效度分析，其中 KMO 统计量是为了检验变量之间的偏相关性，它的检验值决定调查问卷的统计数据是否适合做因子分析，巴特利特球形检验用于检验相关阵是否为单位阵。只有当 KMO 统计量的检验系数大于 0.5，巴特利特球形检验的显著性概率 P 值小于 0.05 时，问卷才具有较好的效度。检验结果如表 8.9 所示。

表 8.9　总量表的 KMO 统计量和巴特利特球形检验结果

取样足够度的 KMO 统计量度量		0.822
巴特利特球形检验	近似卡方	1193.474
	df	107.000
	Sig.	0.000

注：df-自由度；Sig-显著性（significance），即 P 值。

从表中的检验结果可以看出，总量表的 KMO 统计量检验值大于 0.7，并且巴特利特球形检验的显著性概率 P 值都为 0.000，说明两种量表的效度都达标，而且可以进行因子分析。

（二）语义差异法评价

研究所用的主观评价方法是以心理声学为理论基础，讨论的重点是人们对接收到的声音的喜好程度，将这种喜好度划分几个层级，研究人们对不同声音的主观感受。一般地，主观评价方法有评分法、语义差异法、排序法、成对比较法等。

采用语义差异法（SD 法）研究游客对不同声景的声舒适度、安静度、不同声要素的喜好度进行评价。语义差异法首先要制定与调查相关的形容词，每个调查对象都具有一对形容词，这两个形容词分别呈现同一层面的两个极端的意义，在两个极端的形容词中间划分若干量度，并用相关程度的形容词表示该量度（孙崟崟，2012）。一般地，语义差异法分为 7 段式评价等级（表 8.10）和 5 段式评价等级（表 8.11）。

表 8.10　语义差异法 7 段式评价等级

多	3	2	1	0	-1	-2	-3	少
	极度	非常多	较多	中立	较少	非常少	极度少	

表 8.11　语义差异法 5 段式评价等级

多	2	1	0	-1	-2	少
	非常多	有些多	中立	有些少	非常少	

从游客对麦积山核心景区声景观的声舒适度、安静度、声景要素喜好度进行评价（表 8.12），采用 5 段式评价等级对以下 3 对量度形容词进行评价。各声景点的喜好度、安静度、声舒适度评价指标，根据每个测点的总分值与该声景点的有效问卷数量的比值计算（罗颖，2019）。

表 8.12　麦积山核心景区声景观评价所选的量度形容词

声景要素喜好度	非常喜欢（2分）	喜欢（1分）	无感（0分）	讨厌（-1分）	非常厌恶（-2分）
安静度	非常安静（2分）	安静（1分）	不吵也不安静（0分）	吵闹（-1分）	非常吵闹（-2分）
声舒适度	非常舒适（2分）	较为舒适（1分）	无明显感受（0分）	较不舒适（-1分）	非常不舒适（-2分）

$$S_j = \frac{\sum Q_{ij}}{M_j} \quad (i,j = 1,2,\cdots,n) \tag{8.2}$$

式中，M_j 为第 j 个测点调查得到的有效问卷数；Q_{ij} 为第 i 个游客对第 j 个测点的声舒适度、安静度和声景要素喜好度的评分值。汇总得出麦积山核心景区声景观的安静度、声舒适度的结果如图 8.19 所示。

根据上述统计结果分析可知声舒适度最低的声景点为 D22（-0.2）、D4（0.833）、D18（0.857），声舒适度最高的声景点为 D21（2）、D23（2），其余声景点声舒适度评分均在 1 及以上，说明麦积山核心景区整体声舒适度较好。安静度最低的声景点为 D25（-0.75）、D15（-0.286）、D20（-0.2）、D22（-0.2）。D25 为游客中心，是游客在参观游览活动之后品尝当地特色、休闲憩息的场所，游客众多，人声鼎沸。D15 是西崖出口廊道。D20 是盘山公路入口通往草滩村，也是麦积村上河到麦积山石窟这条道路的岔路口，来往人数多，车辆多，故较为嘈杂。安静度最高的声景点为 D7（1）、D23（1.333）。D7 为瑞应寺，因寺里营造的古朴静谧的氛围，大多数游客在瑞应寺进行的主要活动为买文创纪念品，相比石窟景观，这里并不是游玩的重点区域，因此，生活声少，人工声占主要地位。但综合 4 个分区来看，麦积山核心景区声景观整体安静度偏低。

麦积山核心景区声景要素喜好度评价结果统计如表 8.13 所示。

根据上述统计结果，对 25 个声景点中游客所听到的声景要素喜好度结果进行整理，

第八章 麦积山核心景区声景观研究

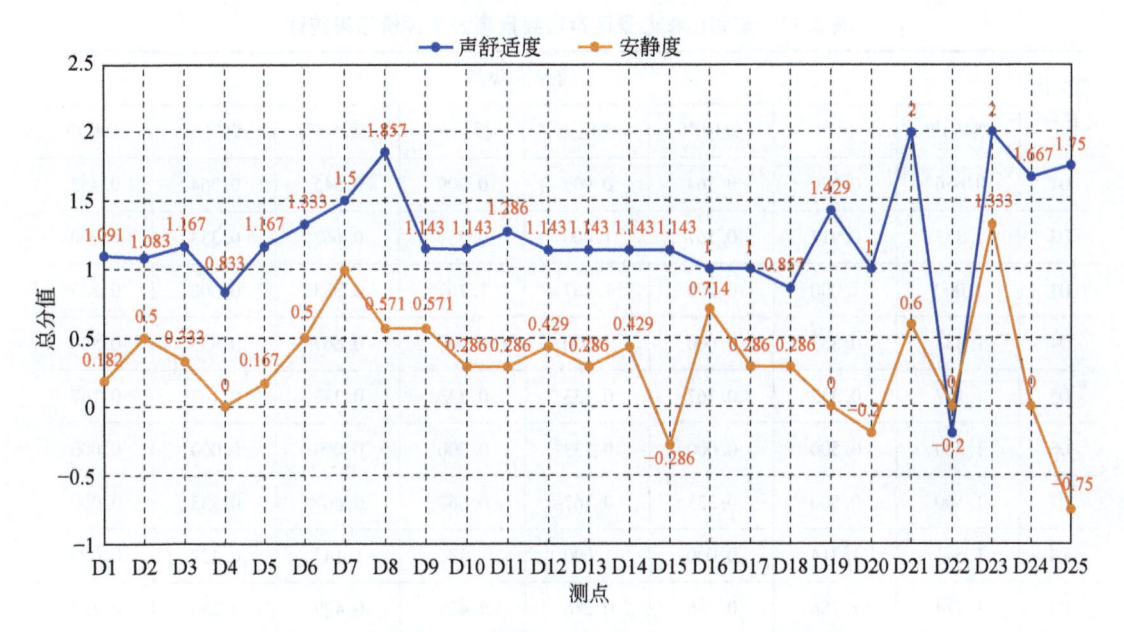

图 8.19 麦积山核心景区声舒适度、安静度评价结果统计

得出游客对各测点声景要素的喜好度顺序结论：

D1 声景点声景要素喜好度从高到低排序为：溪流声＝缓流声＝树叶声＞虫鸣声＞鸟鸣声＝风声＝脚步声。声景要素喜好度较低的为：鸣笛声、广播声。

D2 声景点声景要素喜好度从高到低排序为：鸟鸣声＞溪流声。声景要素喜好度较低的为：儿童喧闹声、车行声、鸣笛声、施工声。

D3 声景要素喜好度从高到低排序为：鸟鸣声＝风声＞虫鸣声＞树叶声＞溪流声＝缓流声＞落叶声。声景要素喜好度最低的为：施工声。

D4 声景要素喜好度从高到低排序为：鸟鸣声＞溪流声＝缓流声＞虫鸣声。声景要素喜好度较低的为：猫叫声、游客声、广播声、扫地声、车行声、鸣笛声、施工声、叫卖声。

D5 声景要素喜好度最高的为：鸟鸣声。声景要素喜好度较低的为：施工声、叫卖声。

D6 声景要素喜好度最高的为：鸟鸣声。声景要素喜好度较低的为：脚步声、儿童喧闹声、车行声、虫鸣声、叫卖声、鸣笛声。

D7 声景要素喜好度最高的为：鸟鸣声。声景要素喜好度最低的为：叫卖声。

D8 声景要素喜好度从高到低排序为：风声＝树叶声＞鸟鸣声＞虫鸣声＞缓流声＞滴水声＞溪流声。声景要素喜好度较低的为：叫卖声、车行声。

D9 声景要素喜好度从高到低排序为：鸟鸣声＞虫鸣声＞风声＝树叶声＞脚步声＝游客声。声景要素喜好度较低的为：鸣笛声、施工声。

D10 声景要素喜好度从高到低排序为：鸟鸣声＞虫鸣声＞滴水声＝树叶声。声景要素喜好度较低的为：唱歌声、车行声。

D11 声景要素喜好度从高到低排序为：鸟鸣声＝风声。声景要素喜好度最低的为：叫卖声。

表 8.13　麦积山核心景区声景要素喜好度评价结果统计

喜好度评价	声景资源类型							
	鸟鸣声	风声	蛙叫声	溪流声	缓流声	滴水声	鸡鸣声	犬吠声
D1	0.636	0.636	0.364	0.909	0.909	0.545	0.364	0.455
D2	1.333	0.917	0.167	1.000	0.750	0.667	0.333	0.000
D3	2.000	2.000	0.500	1.167	1.167	0.833	0.500	0.333
D4	1.333	0.333	0.000	1.000	1.000	0.667	0.333	0.500
D5	1.167	0.333	0.167	0.333	0.333	0.333	0.167	0.167
D6	1.500	0.500	0.000	0.333	0.000	0.000	0.000	0.000
D7	1.500	0.500	0.333	0.167	0.667	0.667	0.333	0.000
D8	1.571	1.714	0.000	1.000	1.286	1.143	0.429	0.000
D9	1.714	1.286	0.286	0.286	0.429	0.429	0.286	0.429
D10	1.714	0.857	0.571	0.857	0.714	1.000	0.000	0.286
D11	1.429	1.429	0.286	0.429	0.000	0.000	−0.143	−0.143
D12	0.857	1.000	0.000	0.429	0.429	1.000	0.143	0.000
D13	0.857	1.000	0.000	0.429	0.429	1.000	0.143	0.000
D14	1.000	0.571	0.429	0.571	0.571	0.429	0.000	0.000
D15	0.857	0.857	0.286	1.000	0.857	0.429	0.000	0.000
D16	1.429	1.571	0.429	0.857	0.714	0.429	0.000	0.000
D17	1.429	1.143	0.429	0.571	0.571	0.429	0.000	0.000
D18	1.143	0.857	0.143	0.714	0.714	0.714	0.000	0.000
D19	1.571	1.000	0.286	1.000	0.714	0.286	0.000	0.000
D20	1.000	0.400	0.800	0.200	0.000	0.400	0.000	0.000
D21	1.000	0.800	0.000	0.200	0.400	0.000	0.000	0.000
D22	1.250	1.000	0.000	0.500	0.000	0.250	0.250	0.250
D23	1.000	1.000	0.000	1.000	1.000	1.000	0.667	0.000
D24	1.333	1.333	0.667	1.333	1.000	0.333	0.667	0.667
D25	1.000	0.750	0.000	1.500	1.000	0.000	0.000	0.250

续表

喜好度评价	声景资源类型									
	猫叫声	树叶声	虫鸣声	落叶声	脚步声	叫卖声	游客声	儿童喧闹声	唱歌声
D1	0.091	0.909	0.818	0.545	0.636	0.545	0.545	0.091	0.182
D2	0.083	0.833	0.750	0.750	0.417	0.000	0.000	-0.083	0.333
D3	0.333	1.667	1.833	1.000	0.833	0.667	0.833	0.667	0.500
D4	-0.167	0.833	1.000	0.833	0.667	-1.000	-0.167	0.000	0.000
D5	0.000	0.167	0.000	0.000	0.000	-0.333	0.167	0.167	0.333
D6	0.000	0.167	-0.500	0.000	-0.167	-0.500	0.167	-0.167	0.000
D7	0.000	0.833	0.667	0.333	0.833	-0.333	0.500	0.500	0.333
D8	0.000	1.714	1.429	0.714	0.571	-0.143	0.571	0.429	0.857
D9	0.000	1.286	1.571	0.714	1.000	0.714	1.000	0.857	0.286
D10	0.000	1.000	1.143	0.571	0.714	0.000	0.429	0.571	-0.143
D11	0.143	0.857	0.571	0.571	0.429	-0.286	0.286	0.000	0.429
D12	0.000	0.857	0.714	0.857	0.000	0.000	-0.143	0.000	0.000
D13	0.000	0.857	0.714	0.857	0.000	0.000	-0.143	0.000	0.000
D14	0.000	0.714	0.857	0.571	0.429	0.000	0.429	0.571	0.571
D15	0.000	0.429	0.429	0.143	0.429	-0.286	0.429	0.429	0.000
D16	0.000	1.000	0.857	1.000	0.571	0.286	0.429	0.286	0.000
D17	0.000	0.857	0.000	1.000	0.286	0.143	0.286	-0.143	0.000
D18	0.000	1.143	1.000	0.429	0.429	-0.571	0.143	0.143	0.286
D19	0.000	1.143	1.143	0.571	0.429	0.286	0.429	0.429	0.429
D20	0.000	0.600	0.600	0.000	1.000	0.000	-0.400	0.000	0.000
D21	0.000	1.000	0.200	0.400	0.000	0.400	0.000	0.000	0.200
D22	0.000	1.500	1.000	0.000	0.750	-0.500	0.000	-0.500	0.000
D23	0.000	1.667	1.000	1.000	1.000	0.333	0.667	0.333	0.000
D24	0.333	1.333	0.333	1.333	0.667	0.667	0.333	0.667	0.667
D25	0.000	0.500	0.250	-0.250	-0.250	0.250	1.000	0.750	0.750

续表

喜好度评价	声景资源类型				
	广播声	车行声	鸣笛声	施工声	扫地声
D1	−0.364	0.000	−0.182	0.273	0.182
D2	0.000	−0.167	−0.167	−0.167	0.000
D3	0.167	0.333	0.500	0.000	0.500
D4	−0.167	−0.667	−0.833	−0.833	−0.333
D5	0.333	0.333	0.333	−0.167	0.167
D6	0.167	−0.167	−0.500	0.000	0.000
D7	0.333	0.167	0.333	0.000	0.167
D8	0.000	−0.286	0.143	0.000	0.143
D9	0.429	0.286	−0.143	−0.286	0.714
D10	0.000	−0.143	0.000	0.000	0.429
D11	0.000	0.000	−0.143	0.000	0.000
D12	0.000	0.000	0.000	−0.286	0.000
D13	0.000	0.000	0.000	−0.286	0.000
D14	0.429	0.143	−0.714	−0.571	0.000
D15	0.143	−0.143	−0.857	−0.286	0.000
D16	0.000	−0.286	−0.286	0.143	0.000
D17	−0.286	0.143	0.000	0.000	0.000
D18	−0.286	−0.571	−0.571	−0.429	0.000
D19	0.286	0.571	0.429	0.000	0.000
D20	0.000	−0.400	−0.200	0.000	0.000
D21	0.000	0.200	0.200	0.200	0.200
D22	0.000	0.000	−0.250	−0.750	0.000
D23	0.667	0.000	0.000	0.000	0.000
D24	0.333	0.667	0.667	0.667	0.333
D25	−0.250	0.000	0.000	−1.000	0.000

D12 声景要素喜好度从高到低排序为：风声＝滴水声。声景要素喜好度较低的为：游客声、施工声。

D13 声景要素喜好度从高到低排序为：风声＝滴水声。声景要素喜好度较低的为：游客声、施工声。

D14 声景要素喜好度最高的为：鸟鸣声。声景要素喜好度较低的为：施工声、鸣笛声。

D15 声景要素喜好度最高的为：溪流声。声景要素喜好度较低的为：车行声、叫卖声、施工声、鸣笛声。

第八章　麦积山核心景区声景观研究

D16 声景要素喜好度从高到低排序为：风声>鸟鸣声>树叶声>落叶声。声景要素喜好度较低的为：车行声、鸣笛声。

D17 声景要素喜好度从高到低排序为：鸟鸣声>风声>落叶声。声景要素喜好度较低的为：儿童喧闹声、广播声。

D18 声景要素喜好度从高到低排序为：鸟鸣声>树叶声>虫鸣声。声景要素喜好度较低的为：广播声、施工声、叫卖声、车行声、鸣笛声。

D19 声景要素喜好度从高到低排序为：鸟鸣声>树叶声=虫鸣声>风声=溪流声。声景要素喜好度较低的为：鸡鸣声、犬吠声、猫叫声、施工声、扫地声。

D20 声景要素喜好度较高的为：鸟鸣声=脚步声。声景要素喜好度较低的为：鸣笛声、游客声、车行声。

D21 声景要素喜好度从高到低排序为：鸟鸣声=树叶声。声景要素喜好度较低的为：蛙叫声、滴水声、鸡鸣声、犬吠声、猫叫声、脚步声、游客声、儿童喧闹声、广播声。

D22 声景要素喜好度从高到低排序为：树叶声>鸟鸣声>风声=虫鸣声。声景要素喜好度较低的为：鸣笛声、叫卖声、儿童喧闹声、施工声。

D23 声景要素喜好度从高到低排序为：树叶声>鸟鸣声=风声=溪流声=缓流声=滴水声=虫鸣声=落叶声=脚步声。声景要素喜好度较低的为：蛙叫声、犬吠声、猫叫声、唱歌声、车行声、鸣笛声、施工声、扫地声。

D24 声景要素喜好度从高到低排序为：鸟鸣声=风声=溪流声=树叶声=落叶声>缓流声。声景要素喜好度较低的为：滴水声、猫叫声、虫鸣声、游客声、广播声、扫地声。

D25 声景要素喜好度从高到低排序为：溪流声>鸟鸣声=缓流声=游客声。声景要素喜好度较低的为：落叶声、脚步声、广播声、施工声。

对上述统计结果中喜好度较高和较低的声景要素进行统计分析，能够较全面地概括出游客对各类声景资源的喜好程度，得出最受游客喜爱和厌恶的声景要素如图 8.20 和图 8.21 所示。

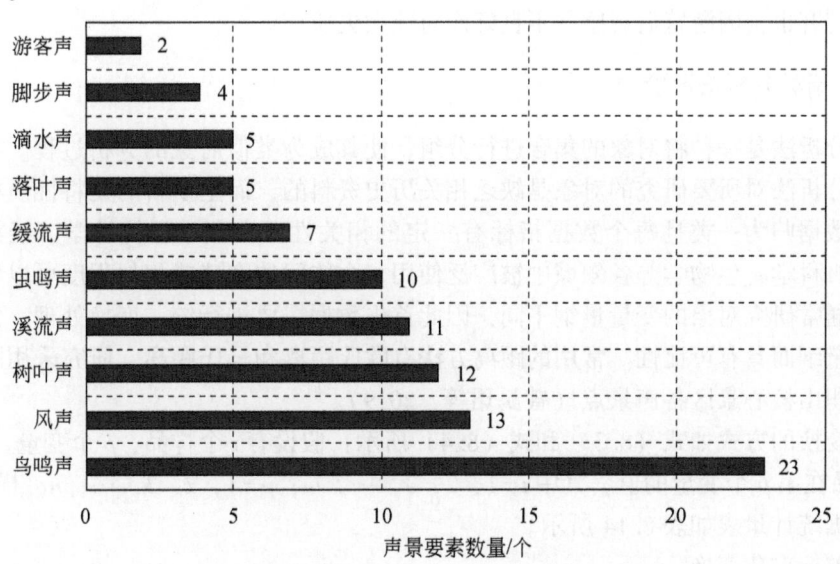

声景要素	数量/个
游客声	2
脚步声	4
滴水声	5
落叶声	5
缓流声	7
虫鸣声	10
溪流声	11
树叶声	12
风声	13
鸟鸣声	23

图 8.20　受游客喜好度较高的声景要素数量统计

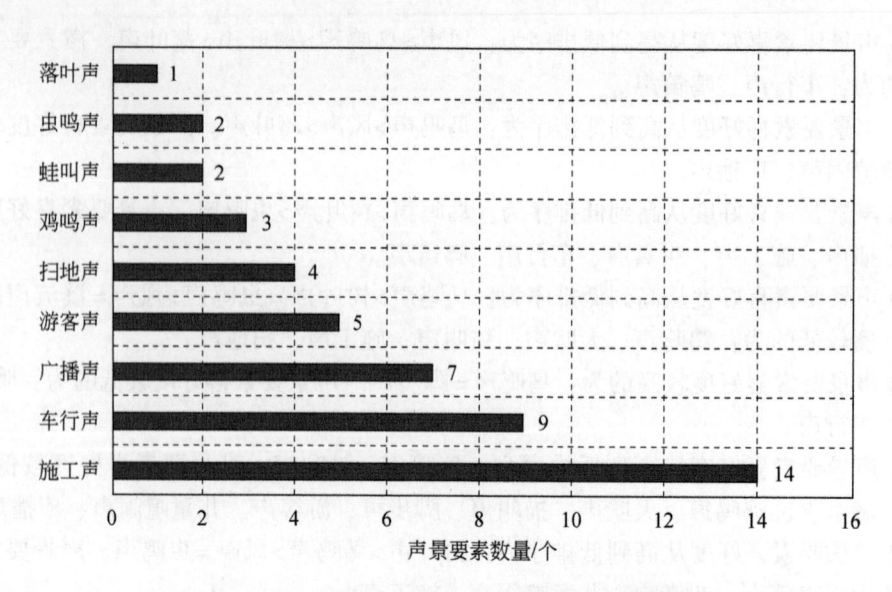

图 8.21 受游客喜好度较低的声景要素数量统计

综上所述，在 25 个声景点中，声景要素喜好度最高的是鸟鸣声，其次为风声、树叶声、溪流声等。在喜好度较高的评价中，自然声景要素占大多数，可以认为是人的自然属性和原始自然崇拜、城市中自然声景元素的缺失、城市噪声过多等原因，人们更愿意回归自然、聆听自然之声，以此来缓解压力，放松身心。而在这 25 个声景点中，声景要素喜好度最低的为施工声，其次为鸣笛声、车行声、叫卖声、广播声等，人工声在声景要素喜好度较低评价中占较大比例，其次为生活声。遗产型文化景区以熏陶游客的文化涵养为主要目的，使游客更全面地认识我国古代历史，该类型的景区更应营造出静谧、古朴、教育的氛围，凸显历史时代感，而出现较多的是与景区氛围不和谐的人工声、生活声，如施工声、鸣笛声、儿童喧闹声等，会破坏遗产型风景名胜区所传达的"场所精神"，有悖于原始理念，游客也会因游览后观感并不良好而对此大失所望。

（三）聚类分析法评价

聚类分析法是一种将对象的集合进行分组，使其成为类似对象的分析过程。与分类不同，聚类分析法对所要研究的对象是缺乏相关历史资料的，而主要目的是将性质相同或相似的对象数据归为一类且每个数据指标有一定的相关性，在数学、统计学、经济学、医学、计算机科学、生物学等各领域中被广泛使用。个体间的亲疏或相似程度可以通过距离来测量。通常研究对象的变量量纲不同，因此首先数据需要进行统一变换处理，使变量数据成为无量纲而具有可比性。常用的距离方法有欧氏距离和马氏距离，研究采用欧氏距离来分析麦积山核心景区各声景点（曾懿珺等，2019）。

数据变换的方式如式（8.3）和式（8.4）所示：假设有 i 个样品，p 个变量，$X_{i,p}$ 表示第 i 个样品在第 p 个变量的值，其中 $i=1, 2, 3, \cdots, m$；$p=1, 2, 3, \cdots, n$。样品由 $X_{i,p}$ 描述。数据统计量表如表 8.14 所示。

标准差标准化变换：

$$X'_{i,p} = \frac{X_{i,p} - \overline{X}_p}{S_p} (i=1,2,3,\cdots,m; p=1,2,3,\cdots,n) \tag{8.3}$$

式中，i 为样品个数，$i=1, 2, 3, \cdots, m$；p 为变量个数，$p=1, 2, 3, \cdots, n$；$X_{i,p}$ 为第 i 个样品在第 p 个变量的值；$\overline{X}_p$ 为第 p 个变量的平均值；S_p 为第 p 个变量的标准差。

数据变换是为了将各变量能够放在一起进行比较，更易于统计和分析。欧氏距离的计算方法为

$$D_{i,p} = \sqrt{\sum_{i=1}^{n}(X^*_{i,p} - X^*_{p,i})^2} \tag{8.4}$$

式中，$D_{i,p}$ 为样本 i 与样本 p 之间的相似距离。

表 8.14 样品数据及统计量表

样品	变量					
	X_1	X_2	X_3	X_4	$\cdots$	X_p
1	$X_{1,1}$	$X_{1,2}$	$X_{1,3}$	$X_{1,4}$	$\cdots$	$X_{1,n}$
2	$X_{2,1}$	$X_{2,2}$	$X_{2,3}$	$X_{2,4}$	$\cdots$	$X_{2,n}$
3	$X_{3,1}$	$X_{3,2}$	$X_{3,3}$	$X_{3,4}$	$\cdots$	$X_{3,n}$
$\vdots$	$\vdots$	$\vdots$	$\vdots$	$\vdots$	$\vdots$	$\vdots$
m	$X_{m,1}$	$X_{m,2}$	$X_{m,3}$	$X_{m,4}$	$\cdots$	$X_{m,n}$
平均值 $\overline{X}$	X_1	X_2	X_3	X_4	$\cdots$	X_n
标准差 S	S_1	S_2	S_3	S_4	$\cdots$	S_n

系统聚类分析除了需要度量个体与个体之间的距离外还需要度量类与类间的距离，距离最近、最为相似的类先被合并为一类。分类方法分为：最短距离法、最长距离法、组间平均联接法、组内平均联接法、重心法、中位数法、离差平方和法。其中组间平均联接法，是以两类个体中两两之间距离的平均数作为类间距离。

将数据结果进行统计，用欧氏距离中组间平均联接法对每个测点样本间的相似距离进行分析，得出结果见表 8.15、表 8.16。

表 8.15 数据变换处理结果

描述统计					
	个案数	最小值	最大值	平均值	标准差
声舒适度	25	-0.200	2.000	1.22640	0.445306
安静度	25	-0.286	1.333	0.36092	0.363745
鸟鸣声	25	0.636	2.000	1.26492	0.329557
风声	25	0.333	2.000	0.95148	0.428719
蛙叫声	25	0.000	0.800	0.24572	0.237205
溪流声	25	0.167	1.500	0.71140	0.376783
缓流声	25	0.000	1.286	0.62616	0.370595

续表

描述统计					
	个案数	最小值	最大值	平均值	标准差
滴水声	25	0.000	1.143	0.51932	0.344346
鸡鸣声	25	-0.143	0.667	0.17888	0.225699
犬吠声	25	-0.143	0.667	0.12776	0.208558
猫叫声	25	-0.167	0.333	0.03264	0.103813
树叶声	25	0.167	1.714	0.95464	0.418881
虫鸣声	25	-0.500	1.833	0.73516	0.519208
落叶声	25	-0.250	1.333	0.55768	0.402371
脚步声	25	-0.250	1.000	0.46692	0.366421
叫卖声	25	-1.000	0.714	0.01356	0.430179
游客声	25	-0.400	1.000	0.31160	0.358479
儿童喧闹声	25	-0.500	0.857	0.23988	0.338926
唱歌声	25	-0.143	0.857	0.24052	0.276100
广播声	25	-0.364	0.667	0.07736	0.253354
车行声	25	-0.667	0.667	0.00052	0.314542
鸣笛声	25	-0.857	0.667	-0.08964	0.395846
施工声	25	-1.000	0.667	-0.15112	0.362765
扫地声	25	-0.333	0.714	0.10008	0.210611
有效个案数（成列）	25				

表8.16 测点样本间的欧氏距离结果

近似值矩阵									
个案	欧氏距离								
	1：D1	2：D2	3：D3	4：D4	5：D5	6：D6	7：D7	8：D8	9：D9
1：D1									
2：D2	1.45								
3：D3	2.74	2.65							
4：D4	2.52	1.90	3.78						
5：D5	2.28	1.97	3.84	2.82					
6：D6	2.82	2.31	4.47	2.93	1.46				
7：D7	2.09	1.72	2.91	2.75	1.80	2.43			
9：D9	2.32	2.39	1.84	3.38	3.09	3.62	2.14	2.36	
10：D10	1.67	1.44	2.18	2.33	2.37	2.88	1.65	2.03	1.79
11：D11	2.11	1.50	3.01	2.65	1.90	1.96	1.89	2.54	2.40
12：D12	1.77	1.12	3.08	2.27	1.89	2.32	1.93	2.44	2.61

续表

近似值矩阵

个案	欧氏距离								
	1：D1	2：D2	3：D3	4：D4	5：D5	6：D6	7：D7	8：D8	9：D9
13：D13	1.76	1.14	3.08	2.24	1.88	2.33	1.97	2.45	2.63
14：D14	1.80	1.47	3.06	2.19	1.92	2.37	1.72	2.59	2.13
15：D15	1.79	1.68	3.46	2.02	1.95	2.15	2.33	2.89	2.86
16：D16	1.69	1.23	2.26	2.55	2.61	2.75	2.00	2.03	1.97
17：D17	1.73	1.29	3.00	2.58	1.90	2.06	2.01	2.68	2.63
18：D18	1.86	1.22	3.09	1.43	2.32	2.49	2.07	2.25	2.63
19：D19	1.82	1.59	2.05	2.88	2.19	2.93	1.83	2.03	1.92
20：D20	2.11	2.00	3.82	2.51	1.97	2.28	2.24	3.42	3.02
21：D21	2.04	1.89	3.45	3.23	1.77	2.00	1.91	2.84	2.78
22：D22	2.68	2.26	3.61	2.38	2.72	2.97	2.87	3.41	3.02
23：D23	2.32	2.12	2.52	3.20	3.26	3.62	2.04	1.90	2.32
24：D24	2.31	2.51	2.27	3.82	3.10	3.79	2.74	2.61	2.68
25：D25	2.56	2.48	3.63	3.26	2.45	2.80	2.68	3.05	3.20

近似值矩阵

个案	欧氏距离								
	10：D10	11：D11	12：D12	13：D13	14：D14	15：D15	16：D16	17：D17	18：D18
10：D10									
11：D11	1.96								
12：D12	1.80	1.67							
13：D13	1.79	1.66	0.14						
14：D14	1.78	1.72	1.69	1.70					
15：D15	1.96	1.93	1.95	1.90	1.43				
16：D16	1.41	1.51	1.67	1.70	1.80	2.02			
17：D17	1.82	1.34	1.41	1.40	1.93	1.94	1.38		
18：D18	1.63	1.72	1.51	1.50	1.54	1.55	1.69	1.88	
19：D19	1.55	1.72	1.94	1.92	1.80	2.17	1.72	1.84	2.16
20：D20	2.14	1.93	2.05	2.01	2.05	1.96	2.40	2.11	1.98
21：D21	2.40	1.67	1.72	1.74	2.13	2.39	2.15	1.69	2.42
22：D22	2.60	2.26	2.36	2.34	2.52	2.57	2.62	2.50	1.92
23：D23	2.22	2.78	2.38	2.44	2.44	2.96	2.07	2.67	2.65
24：D24	2.52	2.79	2.88	2.86	2.93	3.14	2.44	2.46	3.32
25：D25	2.84	2.73	2.79	2.81	2.27	2.33	2.80	2.75	2.68

续表

近似值矩阵

个案	欧氏距离							
	19：D19	20：D20	21：D21	22：D22	23：D23	24：D24	25：D25	
19：D19								
20：D20	2.48							
21：D21	1.97	2.28						
22：D22	2.75	2.28	3.10					
23：D23	2.29	3.33	2.58	3.57				
24：D24	1.95	3.42	2.67	3.91	2.60			
25：D25	2.51	3.36	2.54	3.62	3.16	3.34		

为使上述结果更直观，用垂直冰柱图来分析各类间相似度（图8.22）。垂直冰柱图横坐标表示个案名称，纵坐标为聚类数目，棕色柱条表示个案直条，白色冰柱表示相似度直条，在聚类数目为25时，无个案直条，未进行聚类，从下端开始分析，共有23个相似度直条，代表可将25个测点分为24类，以此类推直至相似度直条消失。

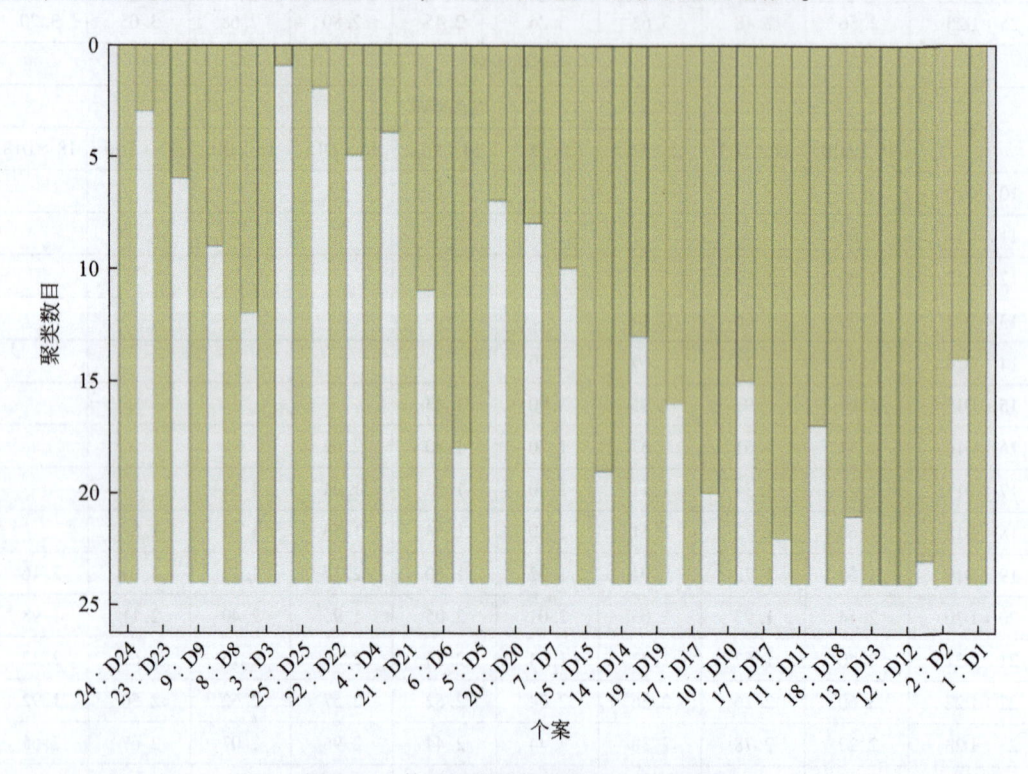

图8.22 使用组间平均联接的垂直冰柱图

根据图8.22可知，将25个测点聚类为0~5类时对于本章研究较为适用。由于垂直冰柱图无法表示每个测点间的具体相似距离，故对此绘制出麦积山核心景区25个声景观

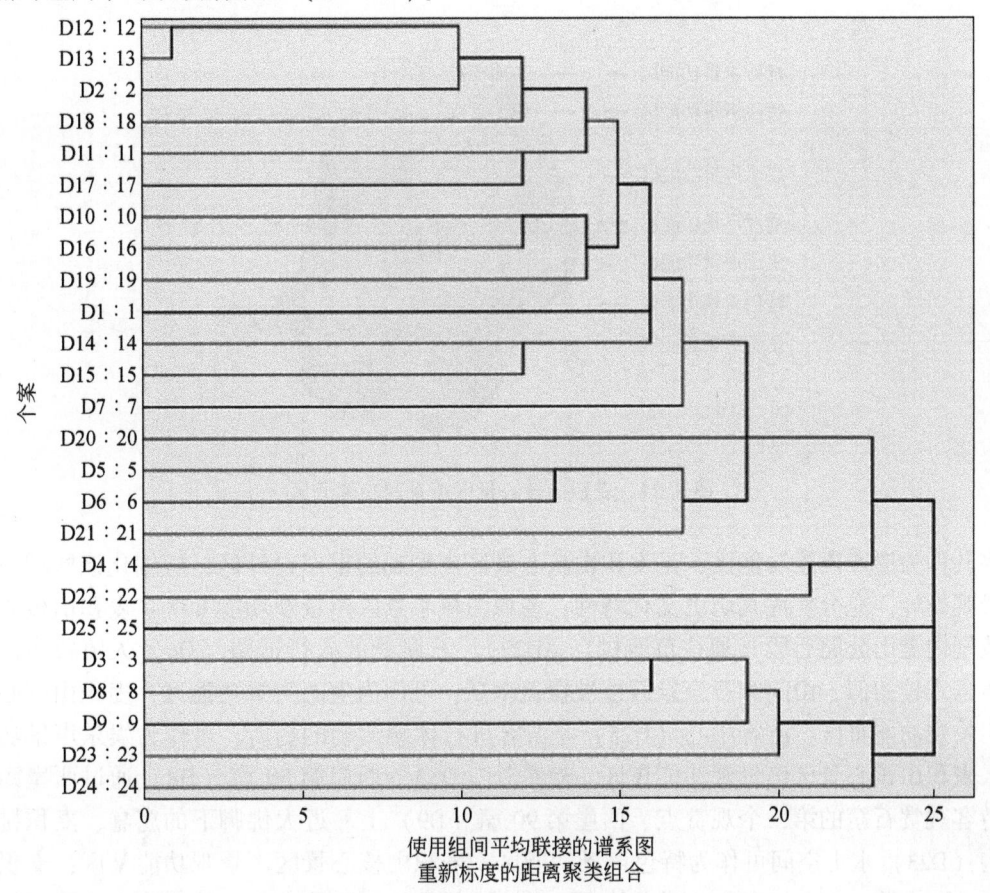

测点的组间平均联接谱系图（图 8.23）。

图 8.23　使用组间平均联接的谱系图

根据声景观舒适度、安静度和声景要素喜好度将麦积山核心景区 25 个测点聚类，选取 5 类作为麦积山核心景区声景观的聚类数目。由图 8.23 可知，各测点垂直标度间的距离为 21，在 R1 区、R2 区、R3 区、R4 区 4 个大功能区中，同一功能区各测点间的垂直标度距离较大，说明麦积山核心景区各景观节点的声景观特征不明显，功能分散不集中，声景观空间和设计现状功能空间吻合度不高。

测点 D1、D2、D5、D6、D7、D10 至 D21 归为第一类，即 R1 区、R2 区（除测点 D3、D4、D8、D9）和 R3 区（测点 D21）为麦积山核心景区声景观功能Ⅰ区。D4、D22 归为第二类，即麦积山核心景区声景观功能Ⅱ区。D25 为第三类，即声景观功能Ⅲ区。D3、D8、D9、D23 归为第四类，即声景观功能Ⅳ区。D24 为第五类，即声景观功能Ⅴ区。结合测点位置图可发现，由于声音传播在不同高度上的衰减、混响、声波的叠加和交叉等原理，原本规划设计上属于同一功能区的却不在同一声景功能区中，因此根据各节点的声景观性质做出如下划分，声景观功能分区图如图 8.24 所示。

麦积山核心景区声景观功能Ⅰ区：主要集中在教场道路（D1）、石窟景区（人车分流）入口（D2）、石窟入口广场（D6）、瑞应寺（D7）及石窟，根据测点位置、分区属性

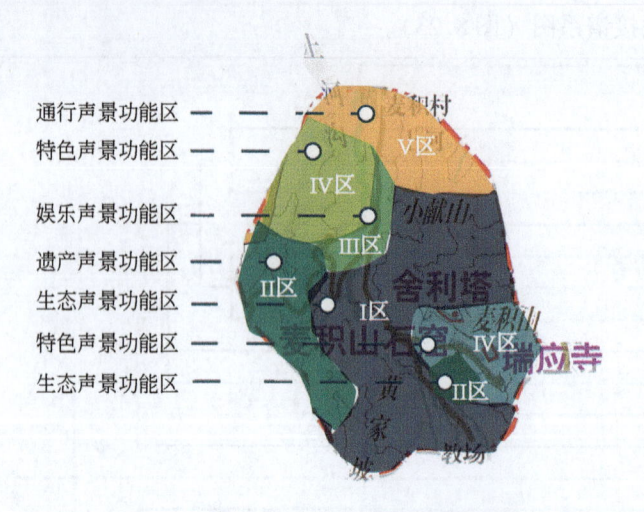

图8.24 麦积山核心景区声景观功能分区

可将其作为遗产声景功能区，是麦积山核心景区声景观的重点设计区，应细化该区域内的声景观设计，充分发挥其历史文化特性；麦积山核心景区声景观功能Ⅱ区：麦积山核心景区范围内盘山公路后段（通往草滩村）（D22）、石窟景区人行道路（D4）人流较多，两者声景观较相似，山间和石窟景区植被覆盖率高，可作为生态声景功能区；麦积山核心景区声景观功能Ⅲ区：游客中心（D25）是游客进行休憩活动的场所，可作为娱乐声景功能区；麦积山核心景区声景观功能Ⅳ区：敬香处（D3）、西崖第59窟（D8）通过西崖廊道后游客观赏石窟的第一个观赏点、西崖第90窟（D9）上靠近大佛脚下的窟龛、麦积村上河沟（D23）水上空间可作为特色声景功能区；麦积山核心景区声景观功能Ⅴ区：麦积上河村出口道路（D24）为景区下山的出口道路，与其他区的节点相比重要程度较弱，作为通行声景功能区。

三、评价结果

（一）客观评价结果

研究在麦积山核心景区范围内共选择了25个声景点，并根据节点性质的不同划分为R1、R2、R3、R4四个区域。对各声景点的A声级、不同声音类型出现的声音类型频率（POS）和声音多样性指数（SDI）进行分析后总结出以下客观评价结果。

（1）R2区为游客重点游赏区，但R2区的A声级值最高。麦积山核心景区平均等效A声级为56.02dB，已超过我国现行规定的《声环境质量标准》（GB 3096—2008）中1类声功能区的昼间噪声限值55dB，说明麦积山核心景区昼间噪声较大，需对其噪音加以控制。

（2）在所有的生活声出现的频率中：脚步声、导游声、唱歌声出现的次数较多，其次为马铃铛声。在所有的自然声出现的频率中：鸟鸣声、昆虫声出现的次数较多。在所有的人工声出现的频率中，车行声、鸣笛声出现的次数较多。

在麦积山核心景区所有的声音资源类型中，生活声出现频率最大，占所有声音资源的51%，所占比例最大，而自然声与人工声占所有声景资源类型的比例相对持平。

（3）生活声的声音丰富度最高，人工声次之，自然声的声音丰富度最低。鸟类声音成为自然声中最为广泛和最具标志性的声音。但三类声的总SDI值为0.9333，声音多样性指数接近1，因此可得出麦积山核心景区的整体声景观声音丰富度较高的结论。

（二）主观评价结果

对问卷调查结果进行整理分析，主要采用语义差异法（SD法）对麦积山核心景区声景观的声舒适度、安静度和声景要素喜好度结果进行评价；同时，应用聚类分析法对声舒适度、安静度、声景要素喜好度结果进行聚类，分类结果即为麦积山核心景观声景功能分区。得出的主观评价结果如下。

（1）声舒适度最低的声景点为D22、D4、D18，声舒适度最高的声景点为D21、D23，其余声景点声舒适度评分均在1及以上，说明麦积山核心景区整体声舒适度较好。

（2）安静度最低的声景点为D25、D15、D20，安静度最高的声景点为D7、D23。但综合4个分区来看，麦积山核心景区声景观整体安静度偏低，与客观得出的结论相符。

（3）在25个声景点中，声景要素喜好度最高的是鸟鸣声，其次为风声、树叶声、溪流声等。在喜好度较高的评价中，自然声景要素占大多数。

在这25个声景点中，声景要素喜好度最低的为施工声，其次为鸣笛声、车行声、叫卖声、广播声等。人工声在声景要素喜好度较低评价中占较大比例，其次为生活声。

（4）根据聚类分析法对数据处理得出的欧氏距离结果、垂直冰柱图和谱系图可知：麦积山核心景区各景观节点的声景观特征不明显，功能分散不集中，声景观空间和设计现状功能空间吻合度不高。

结合聚类结果与节点性质，可将麦积山核心景区声景观划分为5类功能分区，分别为：遗产声景功能区、生态声景功能区、娱乐声景功能区、特色声景功能区、通行声景功能区。遗产声景功能区是麦积山核心景区声景观的重点设计区，应当细化该区域内的声景观设计，充分发挥其历史文化特性；生态声景功能区以体现其动、植物声景资源等生态特性为主；特色声景功能区在景观节点处进行优化加强其景观特性；娱乐声景功能区以游客各项游览活动为主，通行声景功能区以交通通行为主，但均需对噪声加以控制。

因此综合上述客观、主观评价结果可知，麦积山核心景区整体声景资源丰富度较高，生活声类型较其他类型声音丰富；安静度低，主客观结果相吻合，需要对噪声加以控制；麦积山核心景区声景观声舒适度较好；自然声景要素受游客喜爱程度高，应继续维持这一现状，保护自然声。人工声受游客喜爱程度低，为营造良好的文化景区游赏氛围，应尽量避免与景区不和谐的声音，如施工声、鸣笛声、叫卖声等，采取错时施工、限制车流以及游客数量、与景区隔有一定距离的定点摊位售卖商品等措施来保护麦积山核心景区声景观，同时提高使用功能和声景观空间功能的吻合度，以声景观功能空间为基础进行设计，使其声景观更具鲜明特色，保留和传承麦积山核心景区文化，提升麦积山核心景观的景观价值。

第四节 小 结

以麦积山核心景区声景观为研究对象，对麦积山核心景区声景观现状、正负面声景观要素及现状部分植物进行了基础调研和分析，并采用客观和主观相结合的评价方式进行整体评价，最后根据研究结果提出相关优化建议。得出的主要结论如下。

（1）客观评价结论：在麦积山核心景区设定的25个测点中，有13个测点的等效A声级已超过规定的噪声限值55dB。麦积山核心景区昼间噪声较大需对噪音加以控制；麦积山核心景区所有的声音资源类型中，生活声出现频率最多，而自然声和人工声所占比例相对持平；麦积山核心景区整体声音丰富度较高。生活声的声音丰富度最高，人工声次之，自然声的声音丰富度最低。

（2）主观评价结论：麦积山核心景区整体声景舒适度较好，整体声景观安静度偏低。在麦积山核心景区声景观喜好度较高的评价中，自然声景要素占大多数，而人工声在声景要素喜好度较低评价中占较大比例，其次为生活声；根据聚类分析法结果，麦积山核心景区各景观节点的声景观特征不明显，功能分散不集中，声景观空间和设计现状功能空间吻合度不高。可将麦积山核心景区声景观划分为5类声景功能分区，分别为：遗产声景功能区、生态声景功能区、娱乐声景功能区、特色声景功能区、通行声景功能区。

（3）声景观优化建议：根据调查研究对正、负面声景要素的梳理、结合植物降噪与环境心理学以及主、客观评价结果，对麦积山核心景区声景观提出对声景观要素的正、负、零向设计，对声景观功能区的优化设计以及创造声景观音乐三个方面的优化建议；对于麦积山石窟此类代表佛教文化的文物古迹，提出在本身具有佛事文化活动性质的节点进行历史文化声景观活动建议，以加深游客印象、加强文化输出。

第九章 结论与展望

第一节 结 论

麦积山石窟遗址保护物理环境的研究，对于当前湿润半湿润地区石窟类遗址的研究具有十分重要的意义。本书通过环境监测、数值模拟、数据分析等方法对麦积山石窟的物理环境进行全面系统的研究，不仅有利于揭示湿润半湿润地区石窟文物劣化的机理，丰富湿润半湿润地区石窟类遗址保护的理论体系，还能够推动相关技术的发展和创新。通过构建先进的物理环境调控体系，提升文物保护的科技含量，为湿润半湿润地区遗址的保护提供技术示范。本书主要进行了以下的研究。

(1) 麦积山石窟建筑空间研究

利用倾斜摄影、计算机模拟等现代科技手段，构建了高精度的大尺度窟区模型，为研究提供了可视化的基础；选取了麦积山石窟现存规模最大的北周仿宫殿式崖阁建筑第4窟作为研究对象，进行了建筑复原设计，并结合历史文献资料和考古发现，以及对类似建筑的研究，尝试还原该窟檐建筑的原貌和历史面貌，为后续的保护修复工作提供了重要参考。

(2) 麦积山石窟微气候及材料物性参数测试研究

通过洞窟微气候及物性参数测试，得到麦积山石窟微气候及地仗层物性参数特点如下：洞窟单侧通风驱动力以热压和风压共同作用为主，风压和热压单独作用的情况较少，窟内风速随窟内外温差呈递增关系，且大致呈线性关系；较为封闭的大型窟和小型窟呈现以年为周期的低温低湿到高温高湿的循环，大型窟和小型窟热湿环境分布呈现从窟门到后壁温度夏季逐渐降低、冬季逐渐升高的趋势，相对湿度夏季逐渐升高、冬季逐渐降低的趋势；土沙比对热物性参数的影响小于湿物性参数，与含沙量高的试样相比，水蒸气渗透系数和平衡含湿量含沙量低的试样相对较高，而且高湿度环境下差值变大。

(3) 麦积山石窟热湿环境特性及调控策略研究

基于多孔材料热湿耦合传递理论，建立了麦积山石窟热湿环境数值模型，并通过第101窟的实测结果验证了全年热湿环境分析模型的有效性，并采用分析模型揭示了不同影响因素作用下麦积山石窟窟内空气热湿环境的变化特征。在此基础上，提出了石窟热湿环境的被动式调控措施和主动式调控措施，并模拟分析了不同调控措施的具体效果。被动式调控措施包括窟门、崖阁和自然通风；主动式调控措施包括机械通风、除湿通风、升温降湿和控温控湿。被动式措施可以提高窟内温湿度的稳定性，主动式措施能够降低夏季窟内相对湿度，因此麦积山石窟可以通过主被式结合的方式，达到热湿环境的调控目的。

(4) 麦积山石窟自然通风特性及调控措施研究

研究麦积山石窟不同形制洞窟自然通风特性，找出影响麦积山石窟自然通风的影响因素，通过对这些影响因素定性、定量分析，研究窟内外空气交换规律，可以明确影响麦积山石窟自然通风的关键因素。从窟外风和窟门形制两方面对第126窟和第30窟单侧通风进行数值模拟，分析了窟外风速和窟外风向对两个洞窟窟内风环境的影响。并比较不同窟门形制下，第126窟和第30窟风环境的差异，以减少窟外风的扰动为目标，选取了最优窟门形制。该研究最终为洞窟自然通风设计提供一些理论支撑。

（5）麦积山石窟光环境研究

通过进行洞窟的光环境现场实测和模拟，分析得出麦积山石窟光环境现状。并从石窟光环境保护和展示的角度出发，提出以下改善麦积山石窟光环境的措施：对于无栈道遮挡的洞窟，建议在洞窟周围增加斜向楼梯和横向栈道；对于窟内照度不足的洞窟，建议将采光口铁质纱窗换成玻璃纤维纱窗，增加纱窗的透光率；对于进深较大，采光口面积较小的洞窟，在改变洞窟采光口材质后，窟内照度仍不能满足游客参观要求的洞窟，建议在窟内增加人工照明，提升窟内照度和采光均匀度。

（6）麦积山石窟佛像风化机理研究

针对麦积山石窟东西崖大佛的风化现状，从太阳辐射的角度出发，提出以下改善麦积山大佛风化现状的意见和建议：在不破坏原有周围景观植被的基础上，在西崖原有顶棚的基础上进行尺寸调整，增加顶棚的宽度可以减少大佛的太阳辐射量，进而减少因太阳辐射导致的大佛风化加剧；在适当尺寸范围内，不宜大量提高顶棚的垂直高度，否则会加剧大佛的风化侵蚀；尽量不要增加顶棚与崖体壁面的角度，否则也会加剧大佛的风化侵蚀。

（7）麦积山核心景区声景观研究

以麦积山核心景区声景观为研究对象，对麦积山核心景区声景观现状、正负面声景观要素及现状部分植物进行了基础调研和分析，并采用客观和主观相结合的评价方式进行整体评价，最后根据研究结果提出相关优化建议：将麦积山核心景区声景观划分为5类声景功能分区，分别为遗产声景功能区、生态声景功能区、娱乐声景功能区、特色声景功能区、通行声景功能区；根据调查研究对正负面声景要素的梳理、结合植物降噪与环境心理学以及主客观评价结果，对麦积山核心景区声景观提出对声景观要素的正、负、零向设计，对声景观功能区的优化设计以及创造声景观音乐等方面的优化建议。

第二节 展望

在4年的时间内，作者取得了较为丰富的成果，但许多内容仍需进一步深入研究。为了推动麦积山石窟及其他湿润半湿润地区石窟类遗址的保护工作，建议在今后的研究中，从以下几个方面进行展开。

（1）湿润半湿润地区遗址病害与热湿环境变量之间的关系研究

湿润半湿润地区气候条件对遗址的病害有重要的影响，通过研究热湿环境变量与遗址病害的关系，可以深化对湿润半湿润地区遗址劣化机制的认识，为文物保护理论的发展提供科学依据。

（2）多因素耦合作用下湿润半湿润地区遗址的环境预测模拟分析研究

湿润半湿润地区遗址病害是由环境中多因素耦合作用形成的，因此研究多因素耦合作用下湿润半湿润地区遗址的环境预测模拟分析对于制定科学有效的保护措施至关重要。通过综合运用现场监测、实验模拟、数值模拟和机器学习等方法，建立湿润半湿润地区遗址的环境预测模型，可以系统地模拟气候环境对遗址病害的作用关系，为文物保护提供坚实的理论和实践基础。

（3）以预防性保护为目的的石窟类遗址物理环境调控技术方法研究

以预防性保护为目的的石窟类遗址物理环境调控技术方法研究，旨在通过科学手段和技术方法，提前识别和控制可能对石窟遗址造成损害的环境因素。通过建立环境监测系统、进行数值模拟与分析、制定动态调控方案，全面了解和预测环境变量对石窟材料的影响，提前采取有效的保护措施，防止病害发生，确保遗址的长期稳定和安全。

（4）多学科融合的湿润半湿润地区遗址保护体系研究

旨在综合运用环境科学、材料科学、考古学、建筑学等多个学科的知识和技术，全面提升遗址保护的科学性和系统性。多学科的协同合作不仅提升了遗址保护的技术水平，也为未来相关研究提供了创新思路和实践路径，促进遗址保护领域的可持续发展。该体系的建立，不仅有助于保护和传承湿润半湿润地区的文化遗产，还对全国遗址保护具有重要的参考价值。

参 考 文 献

陈飞平，廖为明．2012．森林声景观评价指标体系构建的探讨．林业科学，48（04）：56-60．

陈港泉．2016．敦煌莫高窟壁画盐害分析及治理研究．兰州：兰州大学．

陈丽萍．2016．计算流体力学—有限体积法基础及其应用．苏州：苏州大学出版社．

陈利友，李珑．2011．浅析风化带的定义及划分．四川水利，32（04）：56-59．

陈满杰．2019．基于模糊综合评价法遗产地游客满意度研究——以麦积山为例．平顶山学院学报，34（05）：60-67．

丁薇．2016．砂岩类文物的盐破坏及保护研究．昆明：云南大学．

丁梧秀，陈建平，冯夏庭，周辉，王士民．2004．洛阳龙门石窟围岩风化特征研究岩土力学，（01）：145-148．

董广强．2000．麦积山石窟气象初步观测．敦煌学辑刊，(1)：78-83．

董玉祥．1983．麦积山石窟的分期．文物，(6)：18-30．

敦煌研究院麦积山石窟艺术研究所考古研究室．2017．麦积山石窟第4窟散花楼外檐下仿木构件再勘察 文物，(11)：61-74．

甘肃省麦积山风景名胜区条例．2018．甘肃日报，2018-11-30（009）．

郭宏，韩汝玢，黄槐武，谢日万，蓝日勇．2004．广西花山岩画物理风化机理及其治理．文物科技研究，2（00）：97-106．

国家气象科学数据中心．2019．网址：http://data.cma.cn/

韩占忠，王敬，兰小平．2004．FLUENT—流体工程仿真计算实例与应用．北京：清华大学出版社，1-35．

郝泽周，王成，徐心慧，王艳英，张昶，段文军，王子研，金一博．2019．深圳城市森林声景观对人体心理及生理影响分析．西北林学院学报，34（03）：231-239．

何盛，徐军，吴再兴，等．2017．毛竹与樟子松木材孔隙结构的比较．南京林业大学学报（自然科学版），(02)：157-162．

洪昕晨．2017．森林公园声景观评价与优化研究．福建农林大学．

胡丽．2018．中国石窟之美的地质解析．中国自然资源报．

郎嘉琛．2019．麦积山石窟窟内热湿环境研究．西安建筑科技大学．

李海英，白玉星．2007．太阳能技术在建筑中应用的综合策略．工业建筑，（03）：10-13+25．

李魁山，张旭，韩星等．2009．建筑材料等温吸放湿曲线性能实验研究．建筑材料学报，12（01）：81-84．

李永辉．2010．发掘时における古墳壁画の保存環境に関する研究．京都：京都大学．

李裕群．2003．北朝晚期石窟寺研究．北京：文物出版社，第117-121页．

李裕群．2013．麦积山石窟东崖的崩塌与隋代洞窟判定．第2期，第91-93页．

李哲伟．2014．莫高窟洞窟前室对窟内热湿环境调控机理研究．西安：西安建筑科技大学．

李最雄．1985．炳灵寺、麦积山和庆阳北石窟寺石窟风化研究．文博，（03）：66-75．

李最雄．2005．丝绸之路石窟壁画彩塑保护．北京：科学出版社．

梁思成．1983．营造法式注释．北京：中国建筑工业出版社．

刘大龙，赵辉辉，刘向梅，等．2017．不同含水率下生土导热系数测试及对建筑能耗的影响．土木建筑与环境工程，（01）：20-25．

刘加平. 2010. 建筑物理. 北京：中国建筑工业出版社.

刘佳妮. 2007. 园林植物降噪功能研究. 杭州：浙江大学.

刘佑荣，唐辉明. 1999. 岩体力学. 武汉：中国地质大学出版社.

柳孝图. 2010. 建筑物理（第三版）. 北京：中国建筑工业出版社.

龙天渝等. 2013. 流体力学（第二版）. 北京：中国建筑工业出版社，7-295.

罗颖. 2019. 青城山声景观质量评价研究. 西安：西安建筑科技大学.

麦积山石窟所反映出的北朝建筑. 1998. 傅熹年建筑史论文集. 北京：文物出版社，105-116.

麦积山石窟艺术研究所考古研究室. 2008. 麦积山第4窟庑殿顶上方悬崖建筑遗迹新发现. 文物，（9）：71-75.

秦晓燕，王彩霞，张家峰. 2015. 麦积山国家地质公园丹霞地貌分类及形成机制探讨. 甘肃地质，（4）：88-93.

阮芳. 2016. 单开口自然通风特性的实验与模拟研究. 长沙：湖南大学.

邵明安，王全九，黄明斌. 2006. 土壤物理学. 北京：高等教育出版社.

隋晓凤，于明志，彭晓峰. 2009. 含湿沙导热系数的测试与实验研究. 热科学与技术，（01）：20-24.

孙晓峰. 麦积山石窟的历史与艺术. 中国文化遗产，2016（1）.

孙崟崟. 2012. 城市公园声景评价与营造. 泰安：山东农业大学.

汪东云，张赞勋，付林森，姚金石，谢本立. 1994. 宝顶山石窟岩体风化破坏的作用因素分析. 工程地质学报，（02）：54-65.

王福军. 2004. 计算流体动力学分析—CFD软件原理与应用. 北京：清华大学出版社.

王江丽. 2016. 敦煌莫高窟通风调节与控制技术研究. 西安：西安建筑科技大学.

王勐. 2014. LED灯具红外自控系统设计. 城市建设理论研究：电子版，（22）：3711-3712.

王亚男. 2008. 三基色白光LED光源照明质量改善的应用研究. 重庆：重庆大学.

夏朗云，白凡，张采繁，等. 2008. 麦积山石窟第4窟庑殿顶上方悬崖建筑遗迹新发现附：麦积山中区悬崖坍塌3窟龛建筑遗迹初步清理. 文物，（09）：71-86+1.

夏欣. 2015. 一种防紫外线玻璃纤维窗纱，CN204541704U.

许思月，谷岩. 2017. 博物馆展示空间人工光环境设计. 大众文艺，（21）.

杨婷. 2011. 麦积山石窟防渗防潮技术研究. 兰州：兰州大学.

殷宗泽. 2007. 土工原理. 北京：中国水利水电出版社.

余如洋，黄少鹏，张炯，等. 2020. 二连盆地白音查干凹陷和乌里雅斯太凹陷岩石热导率测试与分析. 岩石学报，（02）：621-636.

曾懿珺. 2019. 大型城市公园声景类型研究. 南京：东南大学.

张浩，郑禄红. 2014. 基于Ecotect与Phoenics的居住区景观设计微气候模拟. 山西建筑，40（22）：10-12.

张贺飞，王海军. 2016. 一种红外感应的LED照明灯具，CN205071412U.

张明丽，胡永红，秦俊. 2006. 城市植物群落的减噪效果分析. 植物资源与环境学报，（02）：25-28.

张秦英，胡杨，李丹丹. 2019. 基于声漫步的天津水上公园声景观评价研究. 中国园林，35（09）：48-52.

张晴原，杨洪兴. 2012. 建筑用标准气象数据手册. 北京：中国建筑工业出版社.

张睿祥. 2015. 麦积山石窟北朝至隋窟檐建筑的初步研究. 兰州：兰州大学.

张亚旭. 2018. 莫高窟196窟壁画保存现状研究. 西安：西北大学.

赵明华，王贻荪. 2000. 土力学与基础工程. 武汉：武汉工业大学出版社.

郑思俊，夏檑，张庆费. 2006. 城市绿地群落降噪效应研究. 上海建设科技，（04）：33-34.

中国国家标准化管理委员会. 2006. 建筑材料及制品的湿热性能吸湿性能的测定. GB/T 20312-2006.
周怀东. 2013. LED 照明技术在博物馆的应用浅析. 照明工程学报, 24（5）: 45-50.
周双林. 2003. 土遗址防风化保护概况. 中原文物,（06）: 78-83.
周勇. 2019. 逐日太阳辐射估算模型及室外计算辐射研究. 西安: 西安建筑科技大学.
朱飙, 李春华, 方锋. 2010. 甘肃省太阳能资源评估. 干旱气象, 28（2）: 217-221.
住房和城乡建设部. 2019. 土工试验方法标准. GB/T 50123-2019.
Anderson R B. 1946. Modifications of the Brunauer, Emmett and Teller Equation1. Journal of the American Chemical Society, 68（4）: 686-691.
Awbi, Hazim B. 2002. Ventilation of buildings. London: Routledge.
Bashir Imran, Taherzadeh Shahram, Shin Ho-Chul, Attenborough Keith. 2015. Sound propagation over soft ground without and with crops and potential for surface transport noise attenuation. The Journal of the Acoustical Society of America, 137（1）: 154-164.
Bear J. 1988. Dynamics of fluids porous Media. American Elesvier Publishing Company.
Blagodatsky S, Smith P. 2012. Soil physics meets soil biology: Towards better mechanistic prediction of greenhouse gas emissions from Soil. Soil Biology and Biochemistry, 47: 78-92.
Camille Allocca, Qingyan Chen, Leon R. Glicksman. 2003. Design analysis of single-sided natural ventilation. Energy and Buildings,（3）: 785-795.
Chia-Ren Chu, Y-H. Chiu, Yi-Ting Tsai, Si-Lei Wu. 2015. Wind-driven natural ventilation for buildings with two openings on the same external wall Energy and Buildings, 108, 365-372.
Chowdhury M M I, Huda M D, Hossain M A, et al. 2006. Moisture sorption isotherms for mungbean（Vigna radiata L）. Journal of Food Engineering, 74（4）: 462-467.
Coelho G B A, Silva H E, Henriques F M A. 2018. Calibrated hygrothermal simulation models for historical Buildings. Building and Environment, 142: 439-450.
Datta A K. 2007. Porous media approaches to studying simultaneous heat and mass transfer in food processes. I: Problem Formulations. Journal of Food Engineering, 80（1）: 80-95.
E. Dascalaki, M. Santamouris. 1995. Predicting single sided natural ventilation rates in buildings. Solar Energy, 55（5）: 327-341.
HM Künzel. 1995. Simultaneous heat and moisture transport in building components. One- and two-dimensional calculation using simple parameters. Stuttgart: Fraunhofer IRB Verlag.
Huang P, Chew Y M J, Chang W-S, et al. 2018. Heat and moisture transfer behaviour in Phyllostachys edulis（Moso bamboo）based Panels. Construction and Building Materials, 166: 35-49.
Huerto-Cardenas H E, Leonforte F, Aste N, et al. 2020. Validation of dynamic hygrothermal simulation models for historical buildings: State of the art, research challenges and Recommendations. Building and Environment, 180: 107081.
Incropera F P, Dewitt D P. 2006. Fundamentals of Heat and Mass Transfer. John Wiley & Sons.
Jiang Liu, Jian Kang, Holger Behm, Tao Luo. 2014. Effects of landscape on soundscape perception: soundwalks in city parks. Landscape and Urban Planning, 123.
Koronthalyova O, Holubek M. 2017. Effect of particular material parameters on wetting process of capillary-porous material. International Conference of Numerical Analysis & Applied Mathematics. AIP Publishing LLC.
Mardaljevic. 1999. Daylight Simulation: Validation, Sky Models and Daylight Coefficients. De Montfort University.
Millington R J, Quirk J P. 1961. Permeability of porous Solids Transactions of the Faraday Society, 57: 1200.
Peleg M. 1993. Assessment of a Semi-Empirical four Parameter General Model for Sigmoid Moisture Sorption Iso-

therms. Journal of Food Process Engineering, 16 (1): 21-37.

Peng C. 2016. Calculation of a building's life cycle carbon emissions based on Ecotect and building information modeling. Journal of Cleaner Production, 112: 453-465.

Promis G, Douzane O, Tran Le A D, et al. 2018. Moisture hysteresis influence on mass transfer through Bio-based building materials in dynamic State. Energy and Buildings, 166: 450-459.

Shi L, Zhang H, Li Z, et al. 2018. Analysis of moisture buffering effect of Straw-based board in civil defence shelters by field measurements and numerical Simulations. Building and Environment, 143: 366-377.

Sommers M, Mayer M J, Sekela W D, et al. 2011. LED lighting systems for product display cases: WO, US8002434.

Warren, J. E., P. J. Root. 1963. The Behavior of Naturally Fractured Reservoirs. Society of Petroleum Engineers Journal. 3: 245-255.

后 记

麦积山石窟遗址保护物理环境研究是湿润半湿润地区石窟类遗址保护一个十分重要的课题。本书是在敦煌研究院、麦积山石窟艺术研究所的支持下，由西安建筑科技大学在国家自然科学基金"多场耦合作用下麦积山石窟热湿环境调控理论与技术研究"研究成果的基础上撰写而成，希望本书的出版能为我国湿润半湿润地区石窟类遗址保护起到抛砖引玉的作用。

"多场耦合作用下麦积山石窟热湿环境调控理论与技术研究"课题组主要是由闫增峰教授带领的科研团队组成。团队成员姚珊珊博士，郎嘉琛、周娇娇、周宝发、薛芳慧、吴楚雄、杜怡、雷馥铭硕士直接参与课题研究并完成学位论文。

其中姚珊珊于 2023 年在博士论文中对麦积山石窟气候环境、窟内微气候环境及地仗层热湿物性参数进行了分析，并完成了麦积山石窟热湿环境分析模型。这部分内容在第一章、第三章和第四章进行了介绍。

朗嘉琛于 2019 年在硕士论文中对麦积山石窟窟内热湿环境进行了分析，这部分内容在第三章进行了介绍。

周娇娇于 2019 年在硕士论文中对麦积山石窟第 4 窟进行了窟檐建筑复原设计，这部分内容在第二章进行了介绍。

雷馥铭于 2024 年在硕士论文中建立了麦积山石窟大尺度窟区模型，这部分内容在第二章进行了介绍。

周宝发于 2021 年在硕士论文中对麦积山石窟自然通风特性及窟门优化设计进行了研究，这部分内容在第五章进行了介绍。

薛芳慧于 2018 年在硕士论文中对麦积山石窟光环境现状进行了研究，并提出适合麦积山石窟光环境保护展示方案，这部分内容在第六章进行了介绍。

吴楚雄于 2019 年在硕士论文中对麦积山石窟大佛风化机理进行了分析，并提出改善麦积山石窟大佛风化程度的被动式调控策略，这部分内容在第七章进行了介绍。

杜怡于 2021 年在硕士论文中对麦积山核心景区声景观进行了分析，并提出了 5 类声景功能分区的划分及声景观优化建议，这部分内容在第八章进行了介绍。

除以上人员外，其他课题组成员毕文蓓、张君杰、李昊、倪平安、郑卓欣、岳英俊也在实验测试和课题研究工作中做了许多贡献，作者对所有课题组成员在研究过程中所付出的努力表示感谢！在专著编撰工作中，张铎、杨晨雪、付景朋等同学做了许多具体图形处理和文字编辑工作。前前后后关心支持课题的同仁很多，在此不一一列举，对所有关心和支持课题研究的同志们表示衷心感谢！

后　记

　　本书得到敦煌研究院张正模研究员，麦积山石窟艺术研究所马千研究员、徐博凯副研究员的大力支持，他们对课题测试工作和研究内容提出了宝贵的建设性意见。麦积山石窟艺术研究所的胡军舰老师、徐鹏老师、李瑞祥老师、张斌老师、马耀祖老师在现场调研测试工作中给予了极大的支持。中国建筑科学研究院的孙立新研究员、曲军辉老师、张松浩老师在材料实验的工作中也给予了指导。作者在此对他们表示衷心的感谢！